21世纪高等院校经济管理类规划教材
江西省第五届全省普通高等学校优秀教材二等奖

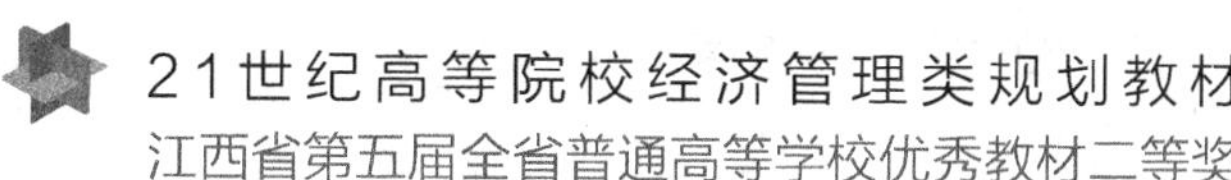

企业战略管理
（第2版）

□ 舒辉　主编
□ 张必风　朱力　副主编

人 民 邮 电 出 版 社
北　京

图书在版编目（CIP）数据

企业战略管理 / 舒辉主编. -- 2版. -- 北京 : 人民邮电出版社, 2016.8（2023.1重印）
21世纪高等院校经济管理类规划教材
ISBN 978-7-115-43139-4

Ⅰ. ①企… Ⅱ. ①舒… Ⅲ. ①企业战略－战略管理－高等学校－教材 Ⅳ. ①F272

中国版本图书馆CIP数据核字（2016）第166480号

内 容 提 要

全书共分 4 篇 11 章。第Ⅰ篇介绍企业战略和战略管理的基本概念；第Ⅱ篇介绍战略管理过程第一阶段“战略分析”的内容，主要包括外部环境分析、企业内部条件分析、企业使命与目标；第Ⅲ篇介绍战略管理过程第二阶段“战略选择及制订”的内容，主要包括公司战略、竞争战略、战略制订与选择、战略要素与战略文件；第Ⅳ篇介绍战略管理过程第三阶段“战略实施与控制”的内容，主要包括战略实施要点，领导、组织和文化，战略评价与控制。

本书按战略管理过程组织内容，追求教材结构与战略管理过程的一致性。各章内容主要包括学习要点及目标、关键概念、引导案例、教学内容、本章小结、复习与思考、案例分析。正文内配有一定数量的视野拓展、案例、补充阅读、名人名言等栏目。

本书提供多媒体课件、习题参考答案、补充习题集（含参考答案）、文字及视频教学案例、模拟试卷等资料，索取方式参见“配套资料索取说明”。

本书可作为经济管理类各专业本科生的教材，还可作为企业管理人员的培训教材和自学参考书。

◆ 主　　编　舒　辉
　副 主 编　张必风　朱　力
　责任编辑　万国清
　责任印制　沈　蓉　彭志环
◆ 人民邮电出版社出版发行　　北京市丰台区成寿寺路 11 号
　邮编　100164　　电子邮件　315@ptpress.com.cn
　网址　http://www.ptpress.com.cn
　固安县铭成印刷有限公司印刷
◆ 开本：787×1092　1/16
　印张：18.25　　　　2016 年 8 月第 2 版
　字数：437 千字　　　2023 年 1 月河北第 12 次印刷

定价：45.00 元

读者服务热线：（010）81055256　印装质量热线：（010）81055316
反盗版热线：（010）81055315
广告经营许可证：京东市监广登字20170147号

第 2 版前言

本书第 1 版出版于 2010 年 12 月，并于 2012 年 12 月获得江西省第五届全省普通高等学校优秀教材二等奖（赣教高字〔2013〕54 号）。在经历了近一年的酝酿与写作工作之后，本次修订终于成稿，现就以下三个方面做出说明。

一、为什么进行修订

1. 外部环境发生了巨大的变化，对战略管理的相关理论与实践提出了新的课题，从而使企业战略管理的相关理论、研究与实践发生变化，这在客观上要求对本教材进行修订。本书第 1 版出版至今已 5 年有余。这在 5 年间，无论是国际经济形势，还是国内经济形势都已经发生了变化，从而使企业的竞争环境更加复杂。在当今网络经济蓬勃兴起的时代，尤其是在进入“互联网+”的时代，战略决策与战略管理已经成为企业把握时代发展脉搏，寻找发展机遇的重要手段，这无论是对实体经济体而言，还是对虚拟经济体来说，都是不可或缺的。

2. 在 5 年间的教学使用过程中发现第 1 版教材有待进一步完善之处，需要进行修订。“为学生和教师提供一本有价值、内容最新和编写得体的企业战略管理教材”是本次修订的目的与准则。为实现这一目标，我们对第 1 版教材逐页进行了修改、更新、补充与完善。第 2 版中加入了新的企业战略管理研究成果和实际做法，以及大量新鲜企业战略管理案例。

二、第 2 版的特色及新增、调整的内容

本次修订对第 1 版教材进行了全面的梳理、校勘，纠正了存在的问题，并对各章内容进行了必要的增加与删减，以求表述更为简洁、流畅，内容更为充实，编排更为合理。第 2 版的特色及新增、调整的内容主要体现在以下四个方面。

1. 第 2 版继续采用第 1 版的框架结构和逻辑安排，即依然采用由绪论、战略分析、战略选择及制订、战略实施与控制四大板块组成的结构体系。

2. 根据教学需要，调整了某些章节的内容，提高了全书内容的递进性和可操作性。主要包括以下几方面。

（1）对原“第二章　外部环境分析”的内容进行了重新编写，并补充了一些新内容。即按“外部环境分析基础、宏观环境分析、行业环境分析、竞争对手分析、战略环境分析技术”五模块的结构编排，以便更加符合现实中对外部环境分析的思路——宏观大环境分析、中观行业环境分析、微观竞争对手分析。

（2）对原“第三章　企业内部条件分析”的内容进行了重新编写，并补充了一些新内容。按“企业内部条件分析的性质、企业内部关键条件审视、企业价值链与竞争优势、标杆管理、企业内部条件分析技术”的顺序编排。除“企业内部条件分析技术”一节的内容没有变化外，其他四节的内容都与第一版有很大的变化。

（3）在“第四章　企业使命与目标”中对“企业使命”一节内容按“企业使命的含义与层次、企业使命陈述的内容、企业使命陈述的核心要素、企业使命陈述应注意的几个问题”进行重新编排，并补充了一些新内容。

3. 增加了一些新内容，主要有以下几项。

（1）在“第一章　企业战略与战略管理”中，增加了“企业战略管理面临的挑战”一节内容。

（2）在“第二章　外部环境分析”中，增加了“外部环境分析基础”和“竞争对手分析”两节内容；同时在“战略环境分析技术”一节中补充了“战略环境预测方法和技术”方面的内容。

（3）在“第三章　企业内部条件分析”中，增加了“企业内部条件分析的性质”和“标杆管理”两节新内容；在“企业内部关键条件审视”一节中增加了“企业资源和能力”“企业核心能力的概念和标准”和“企业内部资源审视的关键要素”等方面的新内容。

（4）在“第四章　企业与目标使命”的“企业使命”一节中，新增了“企业使命的层次”“企业使命陈述的核心要素”等方面的内容，同时对“企业使命陈述的内容”进行全新的表述；在“战略目标”一节中，对“战略目标的特征”进行全新的表述。

（5）在“第五章　公司战略”中，对“多元化战略”一节的内容进行了补充，新增了“多元化战略的利弊及适用条件”方面的内容。

（6）在各章的复习与思考中，以“名词解释”“单选题”“多选题”“判断题”“简答题”“论述题”“计算题”的模块结构全面取代了第1版中“复习与思考”的单一模块形式，同时新增了大量的复习题，以帮助读者更好地理解、掌握与巩固所学习的知识要点。

（7）针对第1版中存在的学生/读者无法准确判断复习与思考题答案正确与否的问题，第2版特为书中“复习与思考”部分配套了相应的参考答案，为提高学生/读者的学习效率提供帮助。

4. 大量更新与补充了案例导入、视野拓展、案例分析、补充阅读等栏目内容，并进一步提高了案例内容的针对性和指导性。

经过以上的修改、补充与调整，本版的结构更加符合现实中企业战略管理的基本规律。

本书的修订大纲由舒辉拟定，并经全体作者共同商讨后确定，全书共十一章。舒辉组织策划并统筹协调编写工作，具体分工为：舒辉承担第七至第十一章的修订工作；张必风承担第一至第六章的修订工作；此外，朱力承担了第四至六章的前期修订工作；书稿最后由舒辉总纂、修改、审阅定稿。

在修订过程中，我们力求严谨、新颖，突出本书的特色；同时，还参阅、汲取和引用了大量国内外有关企业战略管理方面的书刊资料和业界的研究成果，并尽可能地在书中参考文献中加以引注。在此向有关专家学者一并表示感谢，同时对人民邮电出版社的大力支持表示感谢；对徐健、杨晓玲曾经为本书所做出的贡献表示感谢，他们是本书第1版的主要合作者，他们的工作在第2版中仍有所体现。

由于编者水平有限，书中难免存在疏漏与不足之处，恳请读者给予批评指正。

舒　辉

2016年6月

于江西财经大学

第 1 版前言

“企业战略管理”课程是管理类专业的专业基础课，是工商管理专业的核心专业课，是一门系统研究战略管理全过程的基本原理和方法的课程。对管理类专业的高年级学生开设“企业战略管理”课程，是为了达到以下四个目的：一是希望通过本课程的学习，使学生深入了解企业经营战略的基本构成和具体知识，掌握企业战略管理活动所涉及的基本内容与工作程序，能从战略层面上考虑企业的总体发展；二是希望通过本课程的学习，有助于学生充分融合所学的专业知识、能力，深刻理解管理的内涵，从战略高度看待管理；三是希望通过本课程的学习，帮助学生学会从战略角度规划自己的发展生涯，从而有利于学生在未来的人生发展历程中，正确规划就业与创业；四是希望通过本课程的学习，确保学生能做到灵活运用本课程所学到的理论知识与相关分析工具，为企业制订出一份规范的战略报告。本书借助针对特定企业制订战略报告的全过程模拟训练，一方面可使学生对战略管理课程的理论体系有一个较为完整的理解和认识，另一方面有助于学生把握“企业战略管理”课程的精髓，同时学到一项有效的辅助未来实际工作的技巧。

为了有效地实现上述课程教学目的，本书在广泛参考国内外相关资源的基础上，结合国内外研究成果编排出了以绪论、战略分析、战略选择及制订、战略实施与控制四大板块为主体的教材体系。本书从介绍企业战略与战略管理基本概念出发，遵循战略分析、战略选择、战略制订、战略实施、战略评价、战略控制的思路，分析了企业战略管理过程中的各个阶段所涉及的相关问题、理论、技术与方法等方面的知识。本书的内容具有以下几方面的特色。

（1）结构严谨。本书在编写过程中，对所讨论的内容按战略管理过程来进行组织，即依据战略管理活动过程的逻辑关系对各章节作了精心安排，努力使各章节之间实现有机联系，环环相扣，全书体系构成一个和谐的整体，并力求实现教材结构与战略管理过程的一致性。

（2）通俗易懂，实用性强。书中各章配有案例分析、阅读材料、复习思考题，以帮助学生和读者理解，更好地学会战略管理的分析方法并灵活运用，从而为解决企业战略管理过程中的一些现实问题提出有效的思路及方案。此外，在组织案例时，力求使案例的内容与教学重点密切联系，并为每一个案例安排了引导性分析题。

（3）为帮助学生掌握制订规范企业战略报告的方法，本教材特编写了“战略要素与战略文件”一章，介绍了规范的企业战略报告所必须涉及的基本内容与框架结构，以及战略文件的标准体系，这是现有绝大多数战略管理教材中所没有涉及的内容。

本书主要参考文献是我们在编写过程所借鉴、引用或修改引用的各类资料，由于在编写过程所借鉴、引用或修改引用的各类资料数量较大，所以在本书的各章节中未能全部做到采取直接标注的方法来标出所引用相关参考文献的出处，仅在书后用参考文献的方式来表明我们在编写中所借鉴、引用的他人成果。

本书提供有多媒体课件、电子教案、习题集及教学案例集，读者可参照本书封底“配套资料索取说明”的说明索取。

全书的撰写大纲由舒辉提出，并与徐健、杨晓玲共同商讨后确定。全书共分 11 章，具体分工如下：舒辉承担了第七章、第八章、第九章、第十章、第十一章的撰写工作；徐健承担了第一章、第五章、第六章的撰写工作；杨晓玲承担了第二章、第三章、第四章的撰写工作。全书由舒辉具体组织实施并负责最后的统稿、定稿。

在编写过程中，我们力求严谨、新颖，突出本书的特色；同时，还参阅引用了大量国内外有关企业战略管理方面的书刊资料和业界的研究成果，在此一并致谢。由于编者水平有限，书中难免存在疏漏与不足之处，恳请读者给予批评指正。

编　者

2010 年 8 月

教学与学习建议

【教学目的】

本课程教学与学习的目的在于通过对本课程的学习，使学生（读者）树立战略管理观念，谙熟战略管理的基本理论，了解企业经营战略的基本构成和具体内容，牢固掌握战略管理各项工作的重要技能，进而培养学生（读者）自觉运用战略管理的基本理论、各类方法、工具，去解决企业战略管理中的各类问题，并能有效地为企业制订战略报告的能力。

【前期需要掌握的知识】

管理学原理、公司组织与管理、生产运营管理、市场营销学、人力资源管理、财务管理等课程相关知识。

课时分配建议

教学内容	学 习 要 点	课时安排
第一章 企业战略与战略管理	1. 了解企业战略管理面临的挑战 2. 理解企业战略管理理论的演进过程 3. 熟悉企业战略管理的过程 4. 掌握企业战略的含义、关键要素 5. 掌握企业战略的类型	2
第二章 外部环境分析	1. 了解战略环境分析的基础、行业生命周期 2. 熟悉行业结构-行为-绩效模型（SCP） 3. 掌握宏观环境分析及波特五种力量模型 4. 掌握竞争对手分析的内容及主要步骤 5. 掌握外部因素评价矩阵和竞争态势矩阵的构建与分析方法	4
第三章 企业内部条件分析	1. 了解内部条件分析的目的及重要性 2. 理解企业价值链的概念、价值活动的内涵及联系、价值链的关联与延伸 3. 理解标杆管理的内涵及应用实施 4. 熟悉企业资源要素分类、企业能力的内涵、企业内部关键因素的识别及协同效果分析 5. 熟悉企业竞争优势的构成，了解寻求竞争优势的途径 6. 掌握企业核心能力的概念、判断标准及企业核心能力分析的内容 7. 掌握几种企业内部条件战略分析技术	6
第四章 企业使命与目标	1. 理解企业使命的概念和层次 2. 理解企业战略目标的内容 3. 熟悉企业战略目标的内涵和特点 4. 掌握企业使命的核心要素及影响因素 5. 掌握企业战略目标的制订方法	2
第五章 公司战略	1. 理解多元化战略、纵向一体化战略、业务外包和并购的动机 2. 熟悉多元化战略、纵向一体化战略、业务外包和并购的风险 3. 掌握多元化战略、纵向一体化战略、业务外包和并购的含义 4. 掌握多元化战略的类型和适用条件 5. 掌握纵向一体化战略的类型	6
第六章 竞争战略	1. 了解成本领先战略、差异化战略的作用 2. 理解基本竞争战略的类型与选择 3. 熟悉成本领先战略、差异化战略和聚焦战略的风险 4. 掌握成本领先战略、差异化战略和聚焦战略的内涵 5. 掌握聚焦战略的实施要点	4
第七章 战略制订与选择	1. 了解战略选择的过程、方法，以及战略进化的历程 2. 理解构建 GS 矩阵的要点 3. 熟悉战略制订的三阶段框架、工作程序 4. 掌握如何构建 SWOT 矩阵、SPACE 矩阵、BCG 矩阵、IE 矩阵和 QSPM 矩阵	8

续表

教学内容	学 习 要 点	课时安排
第八章 战略要素与战略文件	1．了解五种典型战略报告的结构模式 2．理解六个标准战略文件系统的适应条件 3．理解制订和批准战略文件的五步骤 4．熟悉六个战略要素的基本内涵 5．掌握使命陈述、公司战略、业务战略（事务战略/职能战略）、战略项目和分析报告五类战略文件的基本结构	4
第九章 战略实施要点	1．了解战略制订与战略实施的区别 2．了解战略实施的支持系统 3．理解并掌握资源配置的三个基本问题、配置方法以及战略与资源的动态组合 4．理解战略实施的阶段及其基本原则 5．熟悉战略实施活动的三个中心任务、实施战略的三个基本问题 6．掌握战略实施的模式	4
第十章 领导、组织和文化	1．了解几种典型组织结构的特点及战略优劣 2．了解企业文化与战略的匹配基本思路 3．理解战略与组织结构的关系 4．理解企业文化与战略的关系 5．熟悉战略领导行为的三大战略管理的基本内容 6．熟悉企业文化与战略的匹配方式 7．掌握组织结构的战略性调整与变革的基本内容 8．掌握企业文化的构成与基本功能	4
第十一章 战略评价与控制	1．了解平衡计分卡法和战略审计这两种战略评价方法 2．理解战略评价的目的及标准、战略控制的方法以及实施途径 3．熟悉战略评价的内涵、类型和战略控制的内涵 4．掌握战略评价的流程与主要内容	2
机　动		2
课时总计		48

说明：

（1）在课时安排上，对工商管理类专业的本科生建议安排48课时，非工商管理类专业的本科生及工商管理类专业的专科生可以安排32课时或48课时。

（2）在学习安排上，学生（读者）应把重点放在各章节中所提出的需要“掌握”和“熟悉”的内容上，这些方面的内容将是学生（读者）正确学习和掌握企业战略管理核心知识要点的主体内容。在时间安排上，学生（读者）可针对各章学习要点所提出的“掌握”>“熟悉”>“理解”>“了解”的优选层级安排学习时间。

（3）在各章的“复习与思考”中，按“名词解释、单选题、多选题、判断题、简答题、论述题、计算题”的模块结构提供了大量的复习题，学生（读者）可以以此为基础进行自我练习。练习过程最好能够做到不对照书本进行，以便更好地理解与巩固所需要掌握的知识要点。为更好地帮助学生（读者）提高学习效果，本书配套提供“复习与思考”的电子版参考答案。

（4）每章的案例导入既可作为本章的课堂讨论之用，也可作为学生（读者）学习本章时引导思考之点，而每章最后的案例分析则可以作为学生（读者）课后的作业之用，以帮助学生（读者）进一步掌握所学内容。如果时间充足，也可以寻找一些相关书籍中的对应内容及思考题来学习，这将有助于学生（读者）更好地掌握“企业战略管理”这门课程的精髓。

（5）讨论、案例分析等时间已经包括在各个章节的教学时间中。

目　录

第Ⅲ篇　战略选择及制订

第Ⅰ篇

绪　　论

内容概要

- 企业战略管理面临的挑战
- 企业战略的含义、内容
- 企业战略管理的过程
- 战略管理理论的演进过程

“战略”一词出现在我们日常生活中已经很长时间了，企业管理人员现在也能熟练地使用它，战略被看成现代管理活动的至高水平，以及现代企业管理的时髦用语。正因如此，“战略管理”已被全球各所大学的商学院作为一门最重要、必需的课程，在本科、硕士、博士等不同学历层级中开设。

实际上，战略或战略管理是一个内涵广泛而又逻辑严密的概念范畴。为了能灵活而又有效地制订战略、实施战略，企业的管理者不仅需要具有全局观，还应具有创造性。要做到这些，我们就必须对战略管理的基础理论问题进行深入挖掘和探索，因为只有建立在扎实理论基础之上的开拓与创新，才能确保企业战略的执行力与有效性。

不谋万世者，不足谋一时；不谋全局者，不足谋一域。

——（清）《陈澹然》

战略是定位、取舍和建立活动之间的一致性，就是企业在竞争中做出取舍，其实质是确定什么可以不做。

——迈克尔·波特

没有战略的企业，就像在险恶的气候中飞行的飞机，始终在气流中颠簸，在暴雨中穿行，最后很可能迷失方向。

——阿尔文·托夫勒

第一章　企业战略与战略管理

【学习要点及目标】

1. 了解企业战略管理面临的挑战
2. 理解企业战略管理理论的演进过程
3. 熟悉企业战略管理的过程
4. 掌握企业战略的含义、关键要素
5. 掌握企业战略的类型

【关键概念】

企业战略、公司战略、经营战略、战略管理

引导案例

顺丰跨界电商：豪赌还是机遇

2012年前后，京东、凡客等电商企业为保证其核心业务的发展，纷纷申请快递许可、斥巨资自建物流体系，而许多物流企业也开始涉足电子商务领域。

顺丰速运成立于1993年，为中国民营快递企业巨头之一，在2015年度经营业绩最好的中国九大快递公司中排在第2位。截至2015年7月，顺丰已拥有近34万名员工，1.6万台运输车辆，19架自有全货机及遍布中国内地、海外的12 260多个营业网点。

自1993年成立开始，顺丰速运就把“速度第一”作为自己的经营理念。为提高运送速度，顺丰自行组建了运输网络，并通过业务系统全程跟踪货物在各个运输环节的安全问题。在江浙沪、京津、广东三个区域，当时顺丰成为除邮政EMS之外全国最大的快递公司，公司业务量实现了年平均40%的高增长率。

然而，进入2008年后，顺丰的营业额增长速度减慢，其利润率伴随着行业利润率的降低而降低。快递行业所处的内外部环境在不断变化，顺丰承受着宏观经济环境及竞争对手的双重压力，想要继续在传统快递市场里获取更多的份额已越来越难，对此，顺丰的当家人王卫不得不考虑顺丰的未来。

2010年，顺丰尝试跨界电子商务领域，推出了“E商圈”计划，并于2010年8月投入运营，主打健康生活网上购物，销售食品及少量3C产品。同时，顺丰率先在深圳布局便利店业务，试图尝试O2O模式，即网上下单后可到门店自提，也可到门店体验产品后再回到网上下单，实现双向互通。2011年10月16日，顺丰与7-11便利店达成合作意向。合作模式是：顺丰授权

7-11便利店为其快递业务的办理点，而7-11便利店也将从快件的收入中抽取一定比例的服务费。此外，顺丰还同广州8字连锁店的48家门店展开了合作。然而，“E商圈”在内地的运营情况并不理想，运营不久，顺丰就关闭了内地业务，收缩战线至中国香港。2012年3月，顺丰上线了高端礼品平台“尊礼会”，销售各类消费卡、保健品、工艺品等，然而上线不久就停止了运营。

2012年5月，顺丰优选业务率先在北京上线。2013年2月26日，顺丰优选业务正式推出，全称为“全球美食优选网购商城”，主营产品为高端食品类。首期开通上、广、深三地配送业务，但仅限于常温商品。该业务推出短短三周内流量大涨近100%，与此同时，其他竞争者的流量却下滑了20%～40%，可谓初战告捷。

2013年3月26日，顺丰优选新增天津、杭州、苏州、南京、武汉五大常温商品配送区。在战略调整方面着重于两个方面：第一，重新定位优选，扩充品类，继续增加最小库存单位（Stock Keeping Unit，SKU），满足消费者的多样化需求；第二，深化整合物流和配送业务，共享顺丰航空、干线等资源，强化配送队伍的“作战力量”。

顺丰优选在2012年红火开局后，面临天猫、京东等大牌电商的竞争，其电商之路并不顺畅，几乎每一个季度都会有相应的战略调整，截至2016年初，上线四年四度更换首席执行官。

2015年，顺丰宣布将独立的线上平台“顺丰优选”和独立的线下门店“嘿客”进行整合。

> 本文主要整理自《中小企业管理与科技》2011年第34期《顺丰速运跨界发展电子商务战略分析》（李建颖）一文，根据其他新闻资料改写。对于快递和电商的跨界竞争，读者还可参考《对电商与快递跨界竞争的思考》（胡凯）一文：http://www.chinado.cn/?p=3066
>
> 

思考

1. 顺丰快递为什么做出“跨界电商”的战略决策？其意图是什么？
2. 你认为接下来顺丰该如何调整才能在电子商务领域持续发展？

一个企业的生存和发展在很大程度上依赖于能否选择和实施一个好的战略，尤其当整个行业的经营业绩开始下滑甚至出现危机时，行业内的每个企业都要回答“这个行业正在发生什么变化？”“企业应该如何做才能继续保持良好业绩？”企业的战略决策者们在回答这些问题时可能会面临艰难的战略选择和时刻保持警惕的战略调整过程。

本章内容从战略和战略管理的本质讲起，然后介绍战略管理的过程和内容，最后阐述战略管理的理论演进及其代表性观点。

第一节　企业战略管理面临的挑战

2007 年，“次级房贷债券”像亚马逊河上的蝴蝶一样，轻轻地拍动翅膀，便打破了华尔街巨大的经济泡沫，掀起了一场席卷全球的金融风暴。大量次级房贷通过金融衍生品被层层打包出售，这条看似完整的金融链给华尔街带来了虚假的繁荣。尽管多国中央银行陆续向金融市场注入巨额资金，也没能阻止这场金融危机的蔓延。危机从发达国家扩散到发展中国家，从金融领域扩散到实体经济领域，全球资金链紧缩，融资成本上升，企业生产放缓，世界实体经济遭受了严重冲击。

一、国际经济秩序调整带来的挑战

伴随着金融危机而来的是全球经济失衡，意味着原有的世界经济秩序被打破。金融危机之后，全球性的结构调整不可避免。金融危机促进了世界经济秩序的调整，主要体现在国际力量格局演进，国际经济关系加速调整。在这个过程中，全球经济格局呈现新变化，世界经济东倾但未完全东倾，中国、印度等新兴经济体迅速成长，尤其中国的成长备受关注。

二、环境问题带来的挑战

环境问题包括能源短缺、环境污染及生态破坏等。随着人类文明的发展，高度发达工业的负面影响愈演愈烈，国际社会对此也越来越关注。2009 年 12 月结束的哥本哈根会议，表明了国际社会对环境问题的关注，以及对低碳经济的倡导，这也预示着高排污、高耗能的行业将受到强烈的政策冲击。那些能源密集型、高排污的企业将面临来自能源价格上升和政策打压等方面的严峻挑战。即使短期内国家为保证经济发展不会全面打压这些企业，但是长期来讲，产业结构的优化势在必行。我国已经开始倡导低碳经济，控制高耗能工业发展，减少和控制高耗能产品出口；大力发展使用可再生能源技术；全面大力发展核电，特别是着重第三代、第四代先进核电技术；提高大范围的公众环保意识，使低碳生活方式成为普遍行为。

这些对传统企业的挑战，要求它们对未来的发展制订新的战略规划，寻求自己转型的机遇，不能坐以待毙。例如，丰田抓住新能源发展的机遇，通过电动汽车缓解了企业发展中的能源短缺等问题。高耗能、高污染的企业，要想长期持续生存，可以利用新能源技术，开发新能源产品，不仅仅躲过政府对这些企业的打压，更是为自己创造一个华丽转型的机会。

三、人文环境带来的挑战

人文环境对企业战略管理的挑战主要体现在两个方面：一是国内人文环境的发展变化，随着人们生活水平的提高，以及受国际文化交流的影响，各国的人文环境都在发生变化，从而影响消费者对产品的需求以及公司治理环境；二是对国际人文环境的不熟悉。随着企业国际化竞争的加剧，能否尽快熟悉目标国的人文环境，从而准确把握其消费者对产品的需求以及跨国管理的关键，这将是企业在国际市场成功的必要条件。然而，人文环境是一个复杂的社会概念，对其变化的把握本身就不容易，加之人文环境对消费者需求以及公司治理环境影响的不确定性，对企业战略管理的挑战就更加严峻了。

海尔冰箱在进入美国市场的时候，就准确把握了消费者心理，利用美国人有在车里和卧室放置小型冰箱的喜好，采取主打小型车载冰箱的战略决策，成功地打开了美国市场，成为最大的小冰箱供应商。快餐领域的两大巨头（肯德基和麦当劳）在中国本土化经营的例子，也很好地说明了人文环境对企业战略的挑战。虽然在国际市场上麦当劳远胜于肯德基，但是由于肯德基在中国采取了有效的本土化战略，把握住了中国消费者的饮食习惯，在中国市场上的份额成功地超越了麦当劳。

四、国际政治秩序带来的挑战

随着全球化竞争的加剧，很多企业的发展不再局限于国内，企业的经济环境已经拓展到国际市场，那么国际政治秩序就理所当然地成为影响企业经营以及企业战略管理的一大因素了。稳定的国际政治秩序对于企业的长期发展是十分有利的，但是也不乏在混乱中寻找到机遇的企业。但不论对希望远离还是利用国际政治紊乱秩序的企业来说，都需要对政治秩序发展有一定的预见性，争取时间进行持续发展的战略规划。处于秩序不稳定环境下的企业应该加强自己应对危机的能力，从而降低秩序不确定性给企业造成的非常规损失。

如何应对这些国际政治秩序的不确定因素，对企业战略管理来说并不轻松。2010 年 6 月，上海鼎衡船务公司租用的新加坡籍货轮“金色祝福”号，在离索马里海岸约 95 公里的亚丁湾被海盗劫持。2016 年 3 月 9 日，多名华为员工在巴西里约热内卢遭当地歹徒持枪抢劫，财产损失严重，这成为小米团队两个月后撤离巴西的重要原因之一。这对那些被袭击的企业都是不确定且很难预料的。对需要长期行驶在海盗活动区域的商船来讲，将是致命的挑战。目前，企业已经开始纷纷思考对策，是停止相关业务，还是继续冒险，这都需要企业进行慎重的战略决策。

第二节　企业战略的含义与内容

一、企业战略的含义

“战略”原为军事用语，顾名思义是指“战争的谋略、策略”。目前，战略的概念已经应用到社会经济活动的各个领域，如企业、学校、基金会、区域发展、产业以及国家层面等。本书仅限于对企业战略的探讨（即没有特别界定的情况下，本书中所提的战略即指企业战略）。

对于企业战略的含义，学术界并没有统一的认识，了解不同学者对于战略的典型观点，有助于我们更好地把握企业战略的含义。

企业战略理论的开创者之一钱德勒认为，战略是决定企业的基本长期目标，以及为实现这些目标采取的行动和资源分配的一系列决策。

安德鲁斯认为，企业战略实际上是一种决策模式，它决定和揭示企业的使命和目标，提出实现目标的重大方针和计划，确定企业应该从事的经营业务，明确企业的经济类型和人文组织类型，并决定企业应对员工、顾客和社会做出的经济与非经济的贡献。

波士顿咨询公司（BCG）的创始人亨德森提出，任何想长期生存的企业，都必须通过差异化而形成压倒所有其他竞争者的独特优势。努力培养和维持这种差异化，正是企业战略的核心所在。

战略大师波特认为，企业的主要目标是达成良好的绩效，而经营效率和战略则是达成优良绩效的要件，但这两者的运作方式并不相同。经营效率意味着，在进行相似活动时，企业的绩效比竞争者来得更佳。经营效率包含效率，但绝不限于效率，它意指任何能让企业更充分地利用资源的运作，如减少产品的瑕疵，或更快速地开发更好的产品。反过来说，战略性定位意味着，企业执行不同于竞争者的活动，或是以不同的方式执行类似的活动。战略的本质是定位，它要指导企业建立并保持与竞争者之间的差异，即要么给客户提供更高的价值，要么以更低的成本提供相当的价值，或者两者兼备。

从以上一些有代表性的企业战略的理解中，我们可以发现，虽然学者们对于企业战略看法不一，但也存在一些共性的认识。

（1）企业战略是对企业长远发展目标和发展方式的全局性谋划。

（2）企业战略的目的是帮助企业获取和维持竞争优势，而这又有赖于建立不同于其他竞争对手的独特之处。

（3）企业战略的核心是对企业目标、经营范围和企业独特之处等一系列要素的选择（定位）。

（4）企业战略的前提是环境不确定性，而企业战略是试图建立企业与环境之间的动态适应性（有些时候也可以是互动性适应）。

基于以上的认识，可以对企业战略做如下定义：企业战略是指企业在动态环境下，为了建立与环境的动态适应性，进而获取竞争优势，而对企业发展目标和发展方式所做的全局性、长远性定位决策。

视野拓展

尽管战略学者和经理们对企业战略的内涵各有不同的认识，但是对于企业战略的特征，人们的认识没有太大的分歧，概括起来有总体性、长远性、指导性、现实性、竞争性、风险性、稳定性、适应性和综合性九大特征，详见以下链接：http://blog.sina.com.cn/s/blog_15d30e28d0102xfhb.html

二、企业战略的类型与内容

战略具有层次性，一般可以分为三个层次：公司战略（Corporate Strategy）、经营战略（Business Strategy）和职能战略（Function Strategy）。以一家涉足多个业务领域的企业为例，可以将该企业分为三个层次：公司总部、业务领域和职能部门。各个层次对应的战略分别是公司战略、经营战略和职能战略，如图 1.1 所示。从事单一业务领域的企业就不需要考虑公司战略，只有经营战略和职能战略两个层次。

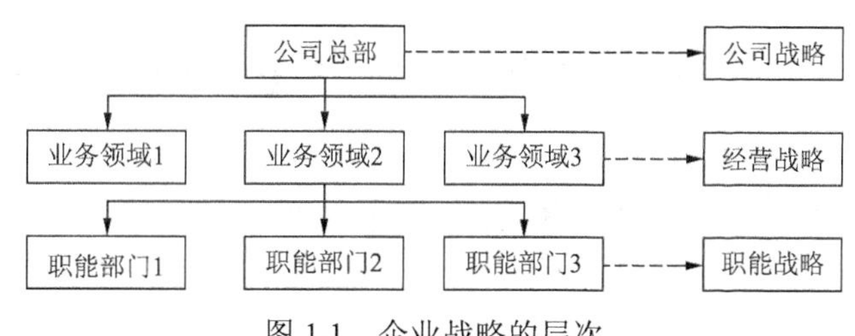

图 1.1　企业战略的层次

（一）公司战略

对于涉足多个业务领域的企业而言，其公司总部的战略就是公司战略，公司战略需要回答以下两个问题（迈吉尔·古尔德，2004）[4~6]。

（1）公司通过何种方式——完全所有、少量持股、合资经营、合作经营——向何种行业投入资源。

（2）公司总部如何影响其旗下业务并处理与它们的关系。

对于第一个问题，公司战略实际上是要考虑是否进入或者退出某些业务领域，以及以何种方式进入某些业务领域，从而决定其业务组合。第二个问题则是要思考，旗下各个业务领域的重要性、发展前景有何不同，如何在不同业务领域之间分配资源，以及如何影响旗下的各项业务。如果第一个问题的决策发生失误，通常的表现是企业进入新业务领域失败，从而带来严重的损失，例如，美国电信巨头 AT&T 一系列业务扩张的失败，在短短十年左右的时间里就给公司造成了 500 亿美元的损失（见案例 1.1）。

案例 1.1

美国AT&T的一系列业务扩张失败

1984年，美国政府强令AT&T拆分本地电话服务，AT&T基本上成了一家长途电信服务提供商。按照拆分协议的规定，公司可以自由投资新业务。

AT&T的第一项尝试来自于一个被广泛认同的观点，即计算机系统和电话网络会趋于合并。为了能使自己占据这个交汇点，AT&T首先试图建立自己的计算机部，却不得不承担每年2亿美元的亏损。实践证明这项业务是一座无法攻克的堡垒，但公司却不愿撤军，相反于1991年投入更大的赌注：斥资74亿美元收购NCR公司——当时世界第五大计算机生产商。事实证明这仅是一笔预付款，AT&T在收购工作中又损失了20亿美元。最终AT&T在1996年抛弃了这个幻想，以34亿美元的价格卖掉了NCR，大约相当于它投入这项业务的资金的1/3。

AT&T在几家地方电话公司脱离它后在无线服务上取得了成功。1994年，AT&T以116亿美元的价格收购了McCaw蜂窝电话公司——当时美国国内最大的无线通信运营商，最终花费了150亿美元建立了自己的无线通信业务。2000年，AT&T决定建立一只独立交易的股票，结果股票的市值只有106亿美元，大约相当于对这项业务全部投资的2/3。

1998年，AT&T开始着手实施一项战略，即以宽带技术重新杀回地方电话业务。在以1 120亿美元的总价格收购了TCI和MediaOne之后，AT&T宽带成为美国最大的宽带运营商。然而，事实证明此项业务在实施和整合过程中的困难是无法克服的，失败速度之快令任何人都无法预见。2000年，AT&T公司同意将它的宽带资产以720亿美元的价格出售给Comcast公司。

（克莱顿 · M · 克里斯坦森，2004）[2~3]

（二）经营战略

经营战略有时也称为竞争战略（Competitive Strategy），考虑的是各项业务领域（对于单一业务的企业而言就是该业务领域）如何在选择的市场中展开竞争的问题。经营战略需要回答以下四个核心问题（加斯 · 塞隆纳，2004）[12~13]。

1. 战略目标

战略的第一个要素是战略所指向的一组清晰的长期目标，这些长期目标通常是指企业希望通过其战略取得的市场地位或状况。比如，长期目标可能是“主导市场”、“成为技术领先者”，或者“成为质量最佳企业”。这里用“长期”二字表明这些目标是持久的，它们不同于企业为一个特定的计划时期设定的特定目标。

目标应该具有明确的指向性。目标可以看成战略中的“何处（Where）”，即企业的管理者想让企业到哪里去。为了具有指向性，目标必须比“利润最大化”这样的核心原则更具体。像利润最大化这样的长期目标，由于太过宽泛而没有多少战略意义。在一些情况下，主导市场可能会为企业带来最大利润；在另一些情况下，通过成为其他企业主导的市场上的利基[①]经营者，企业可以使其利润最大化。总之，长期目标应为企业准备采取的行动提供指导。

2. 经营范围

经营范围明确了企业将要从事的活动，包括对产品、市场、地理区域、技术和与其相关的流程的界定。经营范围几乎总是要界定企业提供的产品和服务，以及人口、行业或地理的目标市场。它也可以界定在提供产品和服务的价值链中，企业内部应开展哪些活动。对于一些企业来说，经营范围还可能包括对企业希望掌握的技术能力的界定。范围是战略中的"什么（What）"，是指企业将生产哪些种类产品，内部将开展什么活动，以及目标市场是什么。

经营范围也含蓄地界定了企业不从事的活动，战略的很多区分能力正是来自这一点。企业中经常有相互矛盾的认识，有人会主张为了把握机遇应该把现有范围内的活动分离出去，也有一些管理者会认为应该把外包的活动收回到企业内部；一些经营顾问认为企业活动高度集中会更好，另一些则强调扩展企业的范围以把握新机会的重要性。经营范围的陈述界定了企业对这些宽泛而有争议的战略问题的立场，把澄清这些问题所花费的时间减少到最小限度，并让企业集中精力做好范围内的事。这需要企业明确在哪些方面及怎样提高自身的竞争能力，参见案例 1.2。

案例 1.2

沃尔沃的经营范围

1999年，沃尔沃集团将旗下的沃尔沃轿车业务出售给美国福特汽车公司。2010年，中国汽车企业浙江吉利控股集团从福特手中购得沃尔沃轿车业务，并获得沃尔沃轿车品牌的拥有权，这使"沃尔沃"在中国有了更高的知名度。

除了被出售的轿车业务，沃尔沃集团拥有更广阔的经营范围，它是全球领先的商业运输及建筑设备制造商，专注于卡车、客车、建筑设备、船舶和工业应用驱动系统的制造与服务。它在2015年《财富》世界500强企业中排名268位。

沃尔沃集团成立于1927年，是瑞典最大的工业企业，尽管年龄近百岁，但沃尔沃却是一个充满活力的企业，它在许多方面引导着世界工业的潮流。沃尔沃始终坚持自己的价值观和企业使命，通过不懈的自身发展拥有了搏击世界的实力和能力。"VOLVO"是拉丁语，直译为：滚滚向前。

早在20世纪70年代，沃尔沃就提出了现在看来也顺应时代发展的经营理念：把"品质、安全、环保"作为企业的核心价值，把这三大价值观渗透到公司的每个环节，以此来设计产品、制造产品和销售产品。

沃尔沃集团对于自身整合、自我完善的要求和勇气，甚至比新企业还要强烈和果断。1998年，毅然卖掉轿车业务便是石破天惊的一招棋。轿车是沃尔沃集团成立之时就存在的传统骨干业务，通过几十年的精心培育，沃尔沃轿车已成为世界级品牌，也是世界为数不多的豪华轿车品牌之一。把这么好的一块业务给卖了？当时在全球商界都引起了强烈的震动。瑞典人对此更是惊得瞠目结舌，他们在感情上也接受不了这样的事实，纷纷逼问，没有了轿车，沃尔沃还能做什么？

① 利基是指在市场中通常被大企业所忽略的某些细分市场。所谓利基战略，则是指小企业通过专业化经营来占领这些市场，从而最大限度获取收益。

沃尔沃的领导者们此时却异常清醒和理智。他们认为只有突破一方，才能避免轿车和商用车两者都无法做强、做大，甚至被竞争对手挤垮的命运。他们审时度势，认为沃尔沃最有可能成为商用运输产品上的世界巨人，为达到这个目标必须要调整战略，这样才能成为全球的领先者。

从20世纪90年代开始，伴随着中国经济的快速发展，沃尔沃集团在中国的投资进入了高峰期。注册资金8 300万美元的沃尔沃（中国）投资有限公司成立，负责投资管理集团旗下的各项业务。目前，沃尔沃集团所有业务领域已基本进入中国，包括卡车、客车、建筑设备、船舶、宇航和金融服务等。

21世纪初，沃尔沃集团在世界三大洲实现了三次大规模的收购：在亚洲成功收购三星重工的挖掘机业务；在欧洲收购雷诺卡车公司；在北美收购迈克卡车公司。这些举措巩固了身为瑞典公司的沃尔沃集团在亚洲的地位，同时成为欧洲第一、北美第三的重型卡车制造商。依靠雷诺和迈克的加入，更使沃尔沃一跃成为重型柴油发动机制造商全球之冠。

“前进，不要管你的两翼，永远前进！”沃尔沃集团现任副总裁约玛·海罗纳先生把巴顿将军的这句名言铭记在心，沃尔沃正在塑造一个一往无前的现代商业英雄。

3. 竞争优势

竞争优势是战略中的“怎样（How）”，它说明了企业在选定的范围内怎样达到长期目标。因为企业面临着现实或潜在的竞争者，所以它必须能够有效地与这些对手进行竞争。一个业绩优秀的企业必须获得超过竞争对手的优势，当然，为了取得成功，企业并不需要超过所有的竞争对手，许多市场的空间足以容纳几个势均力敌的企业开展竞争，但通常来说，如果一个企业竞争优势的来源独特，它就会经营得更好。

竞争优势的潜在来源很多，包括比竞争对手更低的制造成本、更高的产品质量、更高的顾客忠诚度、更快进行创新的能力、良好的服务水平、优越的地理位置、拥有使企业能够比对手更快和更有效补充存货的信息系统等。虽然清单很长，但就大多数情况来说，竞争优势要么意味着企业的产品或服务的顾客价值高于竞争对手，要么就意味着企业能以低于竞争对手的成本提供产品或服务。

需要注意的是，企业在某方面做得比大部分现有或潜在的竞争对手好，它就在这项活动上占有了优势，但只有这种优势有助于提高企业实现长期目标的能力时，它才会成为竞争优势。

4. 战略逻辑

战略中最重要的要素可能是企业为达成其目标所采用的逻辑，请看下面的简单例子。

我们的战略是成为低成本、面向大众市场的生产商，以主导美国的廉价咖啡杯市场。

这个战略包括长期目标和对经营范围及竞争优势的简单说明，目标是主导咖啡杯市场，经营范围是为美国的大众市场生产廉价杯子，竞争优势是企业的低成本，但其中忽略了对任何战略来说都至关紧要的一个因素：对这个战略为什么会起作用的解释。在这一特定行业中，为什么这个产品范围和竞争优势会导致这个企业取得优秀业绩？这个“为什么（Why）”就是战略的逻辑。

为了明白逻辑对战略的贡献，请看下面这个展开了的战略。

我们的战略是成为低价的制造商并通过大众市场渠道进行销售，以主导美国的廉价咖啡杯市场。我们在这些渠道中的低价格会带来高销量，因为在杯子的生产中存在规模经济，也将使我们成为低成本的生产商，这就使我们即使在价格很低时也能获得可观的利润。

这个更为完整的战略做了两件事：第一，它回答了“为什么”的问题，解释了“低成本”“低价格”和“主导市场”的目标之间的联系；第二，更为完整的战略明确了一些对企业及其环境的假设，如果战略要成功，这些假设必须是正确的。例如，相对小的竞争对手，规模经济足以给企业带来成本优势，这一假设就必须正确。

显然，即使这个“更为完整”的战略也不过是一个简化的例子。战略逻辑包含企业为什么会成功的核心论据，除非能够清晰地说明目标、范围和竞争优势怎样结合在一起为企业的成功提供一致和令人信服的理由，否则，我们仅仅列出了一系列要素而非战略。

（三）职能战略

职能战略是各个职能部门或职能领域的具体战略，如研发、生产运营、营销、人力资源和财务等，各个职能领域的战略都要回答以下三个关键性问题。

（1）该职能领域的目标。职能领域的目标体现了公司战略和经营战略对该职能领域的要求。如研发部门的目标是五年之内每年推出三个创新性产品。

（2）实现目标的策略。要实现该职能领域的战略目标，可能有多种途径，要从中选择最适合的途径。如研发部门为了实现产品创新的目标，可以通过加大技术研发投入自行研发、实施模仿型产品研发、收购外部技术成果或者进行研发外包等不同方式。

（3）实现目标的具体行动计划。将该职能领域的目标和策略展开为一系列的行动计划，具体说明各个阶段的任务和要求。

职能战略要服从于公司战略和经营战略，也是公司战略和经营战略在各个职能领域的具体展开，确定职能战略的基本思路如图 1.2 所示（阿诺尔多 • C • 哈克斯，2003，有修改）[433]。

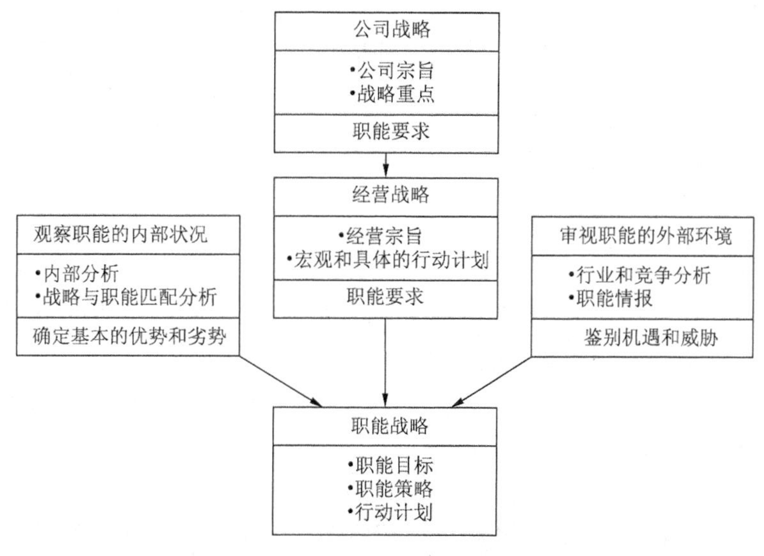

图 1.2　确定职能战略的基本思路

第三节　企业战略管理的过程

一、战略管理的含义

战略管理不仅是简单的决策问题，更重要的是如何将战略付诸实施。战略管理以企业的全局为核心，并根据企业总体发展需要来实施管理。战略管理涉及企业内部大量资源配置过程中的一系列重要问题，并在相当长的一段时间内致力于这一系列的活动，以保证战略目标的实现。

战略分析、战略选择和战略执行构成了战略管理的核心。战略分析解决的是企业的定位问题，同时要考虑企业的竞争优势和外部环境变化的机遇和威胁。战略选择则是对可能的行动进行评估，并形成行动方案。战略执行则是将选定的行动方案付诸实施。

二、企业战略管理的过程模型

不同的学者提出了各不相同的企业战略管理过程模型，但基本上都可以分为四大阶段：环境分析、战略制订、战略实施和战略控制。环境分析包括对企业外部环境和内部环境的分析，其目的是识别企业外部环境的机会（Opportunity）和威胁（Threat），以及企业内部的优势（Strength）和劣势（Weakness），简称为 SWOT 分析；战略制订就是根据环境分析的结果，提出适合企业的战略；战略实施阶段就是将前一阶段提出的战略付诸实施；战略控制则是评价战略及其实施效果，并根据需要采取矫正措施或者对战略进行调整，如图 1.3 所示（Stephen P. Robbins，2005）[182]。

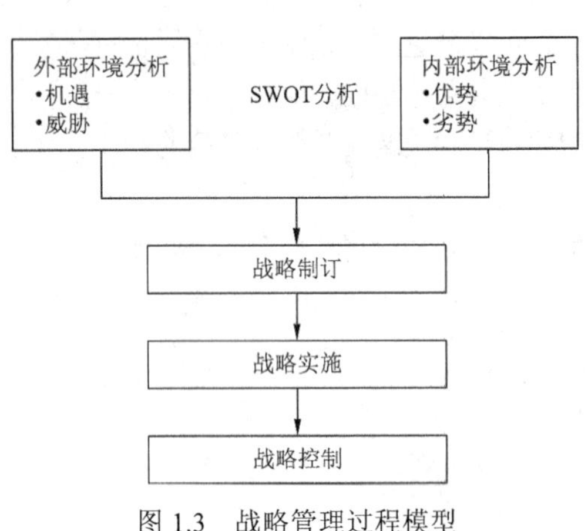

图 1.3　战略管理过程模型

对战略管理过程中的每个阶段，本书都有相应的章节专门予以论述，如第Ⅱ篇集中论述环境分析，第Ⅲ篇集中论述战略选择，第Ⅳ篇集中论述战略实施和控制，这里只对各个步骤做一个简单的描述。

三、环境分析

环境分析包括外部环境分析和内部环境分析，最终合并为 SWOT 分析，具体内容如下（克雷格·弗莱舍、芭贝特·本苏桑，2004）[93~104]。

（1）优势，指那些可以使企业比其他竞争对手更具竞争力的因素，包括某个方面的长处，或者可以超越竞争对手的资源，即优势是企业内部资源和能力的组合，使企业能够有效地完成绩效目标。

（2）劣势，指企业中的缺陷、失误、约束等因素，包括企业做事时效率低下，或者相对于竞争对手而言，企业拥有的能力不足或者资源较缺乏，使企业无法实现预定目标。

（3）机会，包括企业外部环境中任何目前对企业有利，或者未来会对企业有利的状况，如某种趋势、变化、被忽视的需求等，这些因素有助于企业强化其竞争地位。

（4）威胁，包括企业环境中的任何不利因素、趋势或变化，它们会削弱或威胁企业的竞争能力。威胁包括壁垒、约束，以及任何可能造成企业产生问题或遭受损害的外部因素。

组织的优势和劣势是由相对来说可以控制的因素构成的，包括组织的资源、文化、行为等；组织的机会和威胁是由相对而言不可控的外部环境因素构成的，如政府政策、产业环境、竞争对手、顾客需求等。SWOT 分析最大的优势在于，它提供了一个有效地将内外部环境结合起来思考的框架，不仅有助于分析企业外部环境，而且促使企业全盘考虑其战略和内部调整，以回应企业外部环境的不断变化，参见案例 1.3。

案例 1.3

温尼巴格工业公司的SWOT分析

温尼巴格（Winnebago）工业公司是世界上最大的休闲娱乐用车制造商，对其进行SWOT分析的结果如表1.1所示（克雷格·弗莱舍，2004）[101]。该分析于20世纪70年代完成。

表 1.1　温尼巴格工业公司的 SWOT 分析

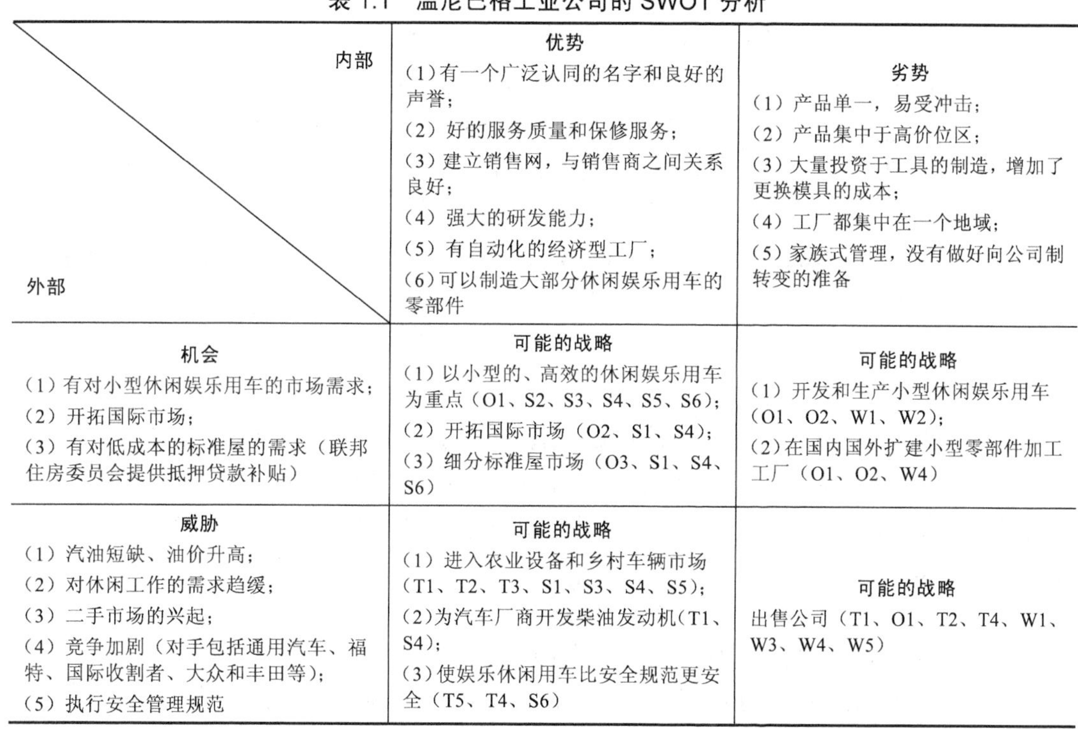

内部 外部	优势 （1）有一个广泛认同的名字和良好的声誉； （2）好的服务质量和保修服务； （3）建立销售网，与销售商之间关系良好； （4）强大的研发能力； （5）有自动化的经济型工厂； （6）可以制造大部分休闲娱乐用车的零部件	劣势 （1）产品单一，易受冲击； （2）产品集中于高价位区； （3）大量投资于工具的制造，增加了更换模具的成本； （4）工厂都集中在一个地域； （5）家族式管理，没有做好向公司制转变的准备
机会 （1）有对小型休闲娱乐用车的市场需求； （2）开拓国际市场； （3）有对低成本的标准屋的需求（联邦住房委员会提供抵押贷款补贴）	可能的战略 （1）以小型的、高效的休闲娱乐用车为重点（O1、S2、S3、S4、S5、S6）； （2）开拓国际市场（O2、S1、S4）； （3）细分标准屋市场（O3、S1、S4、S6）	可能的战略 （1）开发和生产小型休闲娱乐用车（O1、O2、W1、W2）； （2）在国内国外扩建小型零部件加工工厂（O1、O2、W4）
威胁 （1）汽油短缺、油价升高； （2）对休闲工作的需求趋缓； （3）二手市场的兴起； （4）竞争加剧（对手包括通用汽车、福特、国际收割者、大众和丰田等）； （5）执行安全管理规范	可能的战略 （1）进入农业设备和乡村车辆市场（T1、T2、T3、S1、S3、S4、S5）； （2）为汽车厂商开发柴油发动机（T1、S4）； （3）使娱乐休闲用车比安全规范更安全（T5、T4、S6）	可能的战略 出售公司（T1、O1、T2、T4、W1、W3、W4、W5）

需要注意的是，SWOT 分析只是一个纯粹的描述性模型，并不能提供明确、格式化的战略建议，也不会给企业决策者提供一个明确的答案。换言之，SWOT 分析只是一种处理信息和应对可能发生事件的方法，仅能为决策者提供一些普遍的建议，例如，让企业回避威胁，把优势和机会结合起来等。

此外，SWOT 分析只是环境分析的一部分，对企业环境的各个关键要素，还需要做进一步的深入分析，对这些问题的讨论请见本书“外部环境分析”和“内部条件分析”等部分的详细论述。

四、战略制订

根据环境分析的结果，企业就可以开始着手制订战略，包括公司战略和经营战略，战略制订阶段的最终成果就是形成企业的战略陈述。尽管有些企业没有将其奉行的战略形成书面的战略陈述，其战略也运行得很好，但清楚说明企业的战略通常有以下几个好处（加斯·塞隆纳 等，2004）[17~19]。

（1）清晰。即使所有的高层管理者都认为他们知道战略，但不把它写出来就会留下模棱两可之处，导致力量无法集中。而且，即使高层管理者确实就战略达成一致，但在向战略执行者说明战略时的意见分歧，经常会导致不必要的混乱和冲突。只有让那些做出选择的人知道战略是什么，战略才能作为行动选择的框架。

（2）协调。如果战略是明确且经过充分沟通的，整个组织中的成员就可以在同一个方向上用力，而不必经常检查他们的行为是否互相协调，换言之，明确的战略本身就是一种协调机制。

（3）激励。如果组织能够承诺一个特定的战略，员工就有把握认为，组织今天重视的活动在将来也会受到重视。因此，对今天努力的奖励大小取决于这一努力在明天的结果，对这种努力进行激励就更容易。

（4）效率。对日常决策的评价，可以依据它们是否“符合”现有战略，与对所有可能决策的优缺点进行全面评价相比，就能节约管理者相当多的时间。

（5）评价/适应。通常，企业可能根据已定的战略来表达企业应当达到的绩效目标，这在跟踪战略的执行情况时很有用。当环境要求变革时，一些清楚的假设为基础的明确的战略也更易于被改变。

（6）变革。企业战略的重大变革几乎总是要求清楚地表达新提出的战略，企业所有相关的部门才能够执行它。

五、战略实施

再好的战略，如果无法有效地实施和贯彻，就会成为纸上谈兵，势必无法为企业赢得竞争优势，也无法得以实现。沃顿商学院进行了战略实施障碍的调查，识别了战略实施过程中一些重要的障碍，主要包括以下几点（按调查结果得出的重要性排列）（劳伦斯·G·赫雷比尼亚克，2006）[17]。

（1）无法有效处理变革问题，或克服内部的变革阻力。

（2）试图实施一项与当前权力结构相冲突的战略。

（3）在那些对战略实施承担责任的个人和业务单位之间信息共享做得不好或不恰当。

（4）有关战略实施的决策或行动方面的责任和职权不清。

（5）不良的或模糊的战略。

（6）主要员工缺乏对实施战略的参与感。

（7）没有指南或模式来指导战略实施工作。

（8）缺乏对组织结构设计在战略实施过程中的作用的理解。

实际上，从这些战略实施障碍因素可以看出，战略实施并不是一个类似盖大楼的按图施工的过程，而是要求企业的各个方面根据战略的要求进行调整，包括将战略细分为年度目标、重新调整组织结构、优化业务流程、变革企业文化等，对战略实施的详细论述请见本书战略实施与控制部分。

六、战略控制

在战略实施的过程中，可能会出现以下类似因素，导致企业需要采取一定的矫正措施。

（1）企业外部环境的突变，导致企业需要重新调整其战略。

（2）在战略实施过程中，发现原有的战略存在重大失误，需要对战略进行调整。

（3）企业无法按照预计的进度推动战略的实施，需要采取一定的行动措施。

当以上情形出现时，企业就需要采取一定的纠偏措施，使企业战略的实施更好地与企业的内外环境和企业的战略目标协调一致，这个过程就是战略控制，对战略控制的详细论述请见本书战略控制部分。

第四节　战略管理理论的演进过程

一、战略管理理论的演进阶段

20 世纪 60 年代初期，安东尼（Anthony）、安索夫（Ansoff）和安德鲁斯（Andrews）奠定了战略规划的基础，他们重点阐述如何把商业机会与公司资源有效匹配，他们的研究被称为“三安范式”，这也标志着战略管理理论的诞生。

以此为起点的 50 年间，战略管理理论的发展可以分为五个阶段，各个阶段的时间阶段、代表人物和主要观点如表 1.2 所示。

表 1.2　战略管理理论的演进阶段

时间阶段	战略理论阶段	代表人物	主要观点
20 世纪 60 年代	战略规划理论	安东尼 安索夫 安德鲁斯	战略的主要问题是如何匹配公司能力与其竞争环境的商机
20 世纪 70 年代	环境适应理论	奎因 明茨伯格 吉尔斯	战略需要根据环境变化而持续进行调整，战略规划并非完全系统性、程序、理性的，而是渐进改良的，包含非理性和不规则的成分
20 世纪 80 年代	竞争战略理论	波特	产业结构决定企业的利润潜力，企业可以采取总成本领先或者差异化两种基本竞争战略
20 世纪 90 年代	资源与能力理论	沃纳菲尔特 格兰特 普拉哈拉德 哈默	企业独特的资源和能力组合，是决定企业利润水平的最重要因素，显然，企业战略的核心是挖掘和培育企业有价值、独特、不可替代的资源和能力
21 世纪初期	动态竞争与动态能力理论	达维尼 提斯	竞争优势无法持续，企业长期竞争优势的实质是一系列短期竞争优势的叠加，而战略创新是企业不断获得短期竞争优势的前提

注：对战略管理理论演进阶段的划分和相关观点（含本章节中后续对各个阶段的论述）整理自周三多、邹统钎《战略管理思想史》（复旦大学出版社，2003 年 5 月），前四个阶段的划分采用该书的划分方法，对其各个阶段论述也均引用该书的观点，最后一个阶段为作者新增。

二、战略规划理论

战略规划理论源于20世纪50年代出现的长期规划（Long Range Planning）思想，这种方法的重点是预测增长和管理复杂难题。战略规划的主要目的是，让企业自身的条件与所遇到的机会相适应，其基本步骤包括资料的收集与分析、战略制订、战略评估、战略选择和实施，常用的工具包括SWOT分析、BCG矩阵、SPACE矩阵等。

战略规划的核心思想是现有资源与未来机遇的匹配，是一种非主动、非创造性的战略思想，并不注重基于创造资源和能力以实现企业的战略目标。从某种角度看，战略规划强调企业作为一个优秀规则接受者在产业中竞争，很少强调如何培养企业某种能力或者某种无法替代的资源来赢得竞争。

明茨伯格在《战略规划的衰落与复苏》一文中，对战略规划理论提出了尖锐的批评，提出战略规划存在下述三种谬误。

（1）预测是可能的。事实上，除了某些重复出现的事件外，由于环境的不连续性，使预测成为不可能。

（2）战略具有可分离性。在企业实践中，战略制订与战略实施是不可分离的，战略的制订过程往往是一个学习的过程，战略家要亲自挖掘思考才能提出战略。

（3）战略是明确、详细、常规性的未来计划。在许多情况下，战略应该只是一个宽泛的远景，而不是准确描述的计划，以便更好地适应不断变化的环境。

三、环境适应理论

20世纪70年代，企业经济环境的最大特征就是环境变化的突发性，以1973年的石油危机为代表。环境变化的步伐越来越快，战略规划理论关于未来可以预测、可以计划的思想越来越受到质疑。战略规划是以未来可以预测为前提的，动荡的环境动摇了企业对于战略规划的信仰，以环境不确定性为基础的适应理论应运而生。

环境适应理论的主要特点就是强调战略的动态变化，战略管理理论在这个时期的一个突破就是：最适合的战略制订和决策过程依赖于环境波动的程度。环境适应理论的主要分析工具包括SMFA法、脚本分析法（情景分析法）等。

以环境适应理论的代表人物伊丹敬之为例，他认为，战略成功的本质在于战略的适应性。战略适应的三个标准如下。

（1）以战略要素的现状为前提的适应。

（2）战略与各要素自身规律相适应，使企业主动向所期望的方向变化。

（3）企业在战略上要紧扣各要素的本质和变化，并使其成为推动企业发展的杠杆。

环境适应理论的思想带有浓厚的生态类比色彩，这种战略思想把企业战略看成设计一种生存在某种环境的动物，生态类比思想会带来一个难以接受的理论，这就是奥斯伯恩定律：高度特化和最完善适应的类型必将归于消灭，而原始、保守、较少分化的类型，往往成为新的适应发散中心。

缺乏有效的分析工具是环境适应理论的一个致命弱点。环境适应理论对企业战略方面的建议比较空洞，只是在宏观上强调要采用适应性的而非固定不变的态度来对待环境，但对于企业成长究竟应该如何选择行业、如何积累和形成持久竞争优势，企业应该如何与同行竞争、针对不同的环境应采用何种不同的对策等问题，并没有任何具体的政策主张和指导方针。

四、竞争战略理论

竞争战略理论以哈佛商学院教授波特的理论为主，体现在其所著的《竞争战略》（1980年出版）和《竞争优势》（1985年出版）两本书中。

《竞争战略》一书最重要的贡献是创立了行业结构分析的五力模型（见本书第二章），并总结了两种基本的竞争战略：总成本领先和差异化。波特还强调，企业只能选择总成本领先或者差异化之一，作为其主导战略，任何脚踏两只船的战略都是注定要失败的。

《竞争战略》一书分析的重点是企业的产业环境，而没有考虑内部因素对于企业成败的影响，也无法解释下列问题：为什么一些处于无吸引力行业的企业能获得高利润率？为什么赢利水平很高的行业存在经营业绩很差的企业？为什么许多企业采用多元化进入平均利润高的不相关行业后经营失败？

针对这些缺陷，波特出版了《竞争优势》一书，提出了价值链的分析工具，试图从企业内部的价值过程来寻求竞争优势的来源，同时弥补以往对企业内部因素重视不够的缺陷。波特认为，企业分析的基本单位是活动，活动包括基本活动（可以细分为内部后勤、生产、销售、外部后勤和售后服务）和辅助活动（包括企业管理系统、人力资源管理、技术开发和采购），这些活动构成了企业的价值链。企业竞争优势源于这些价值活动以及价值链内部的联系，企业获得竞争优势的方法包括改进单个活动的方式和重构价值链。

对波特基本竞争和价值链分析工具，本书将在第六章和第三章的第三节有较详细的论述，此处不再赘述。

五、资源与能力理论

波特的竞争理论是对美国和日本20世纪70年代制造业的实践的总结，随着时间的推移，其局限性越来越明显，许多产业现象都难以解释。比如，同行业内企业之间的业绩差异远远大于不同行业间的平均利润差异；再如，20世纪90年代初期，美国西南航空公司在其他同行大亏损时却保持了利润的稳定增长，这说明行业的市场结构并不是企业经营业绩的决定因素，西南航空公司赖以竞争的资源是一种看不见的资源，如友善、风趣、实惠等，这些都是其他航空公司无法模仿的资源。很多研究者开始从企业内部寻找成功因素，资源与能力理论就是在这种背景下逐步发展的。

资源基础论的基本假设是：企业具有不同的有形和无形的资源，这些资源可转变成独特的能力；资源在企业间是不可流动的且难以复制的；这些独特的资源和能力是企业持久竞争优势的来源。资源与能力理论将企业看成一系列独特资源能力的组合，而非同质的追求利润最大化的黑箱，并且认为，决定企业赢利能力的，主要是企业能够比竞争对手更好地掌握与利用某些核心资源与能力。

核心竞争力观点可以说是资源与能力理论的最重要体现。1990年普拉哈拉德和哈默在《哈佛商业评论》发表《公司的核心竞争力》一文，将公司看成一棵大树，树干是核心产品，小树枝是业务单元，而提供营养、保持稳定的根系是企业的核心竞争力。他们将核心竞争力定义为“组织中的累积性学识，特别是关于怎样协调各种生产技能和整合各种技术的学识。”

按照资源与能力理论，企业战略的主要任务是，识别和培育企业独特的资源与能力（含核心竞争力）组合，对这些独特的资源和能力进行合理配置，为企业赢得持久的竞争优势。

六、动态竞争与动态能力理论

资源与能力理论强调对现有资源的分析，而忽视了如何创造新的资源，而这在当前日益动态的环境下却又极其重要。今天能够为企业赢得竞争优势的资源和能力，明天就可能难以为企业赢得竞争优势，甚至会阻碍企业对环境变化的适应。巴顿提出，核心竞争力可能导致核心刚度，核心刚度会导致企业不能适应环境变化，或者变革的成本过高（多萝西·伦纳德·巴顿，2000）[38]。因此，战略管理理论开始关注动态竞争、资源与能力的更新等问题。

关于动态竞争，达维尼认为，在超强竞争（Hyper-competition）环境下，企业无法建立永久的竞争优势，每一种竞争优势都会消失，企业应当顺应市场竞争的动态发展，积极瓦解自己和竞争对手的优势，以一连串短暂的行动积累成持久的竞争优势（达维尼·理查德，1998）[2~6]。

关于资源与能力的更新，提斯（Teece）等研究者提出了“动态能力（Dynamic Capability）”的概念，认为在激烈竞争的全球市场上，获得成功的通常是那些具备及时反应能力、快速和柔性产品创新能力以及有效协调和重新配置内外部能力（Competence）的企业。他们将这种能力称为动态能力，“动态”是指更新能力以实现与经营环境变化之间的一致性，“能力（Capability）”强调利用、整合和重新配置内外部组织技能、资源和职能能力（Competence）以适应环境变化的需求。因此，他们将动态能力定义为：组织整合、培养和重新配置内外部能力（Competence）以应对快速变化的环境的能力（Ability）（Teece，Pisano and Shuen，1997）[509~533]。

此外，近年来研究者们对于企业创新和企业家精神的关注，也是在试图探索动态竞争环境下企业如何获得持续竞争优势，随着这些研究的深入，势必会给战略管理理论注入新的思想、方法和理论。

视野拓展

亨利·明茨伯格(《战略历程：纵览战略管理学派》，2002）等学者提出了战略形成的十个不同学派，并对每个学派在限定范围内进行了描述，重点突出了其局限性和贡献，详见以下链接：http://blog.sina.com.cn/s/blog_15d30e28d0102xfhc.html

本章小结

面对席卷全球的2008年金融危机，企业的战略管理面临着前所未有的挑战。主要包括国际经济秩序调整、国际政治秩序变动、环境问题的关注等方面的挑战，企业只有进行有前瞻性的战略规划，并提高执行战略的能力，才能在危机中持续生存。

企业战略是指企业在动态环境下，为了建立与环境的动态适应性，进而获取竞争优势，而对企业发展目标和发展方式所做的全局性、长远性定位决策。战略具有层次性，一般可以分为三个层次：公司战略、经营战略和职能战略。

公司战略需要回答两个问题：公司通过何种方式向何种行业投入资源？公司总部如何影响其旗下业务并处理与它们的关系？经营战略包括四个要素：战略目标、经营范围、竞争优势和战略逻辑。职能战略是各个职能部门或职能领域的具体战略，需要说明本职能的目标和实现目标的策略，并提出实现目标的行动计划。

企业战略管理过程包括环境分析、战略制订、战略实施和战略控制四个阶段，环境分析包括对企业外部环境和内部环境的分析，其目的是识别企业外部环境的机会和威胁，以及企业内部的优势和劣势，简称为SWOT分析；战略制订就是根据环境分析的结果，提出适合企业的战略；战略实施阶段就是将前一阶段提出的战略付诸实施；战略控制则是评价战略及其实施效果，并根据需要采取矫正措施或者对战略进行调整。

按照时间进程，战略管理理论的发展可以分为五个阶段：战略规划理论、环境适应理论、竞争战略理论、资源与能力理论、动态竞争与动态能力理论。

复习与思考

一、名词解释

企业战略、公司战略、经营战略、战略管理、SWOT分析

二、单选题

1. 决定某一业务领域具体如何竞争的战略是（　　）。

A. 公司战略　　B. 竞争战略　　C. 职能战略　　D. 行业战略

2. 分析行业环境变化的趋势可能给企业带来哪些机遇和威胁，属于企业战略管理过程的（　　）阶段。

A. 环境分析　　B. 战略制订　　C. 战略实施　　D. 战略控制

3. 经营战略要素中，说明“企业将要从事的活动”的要素是（　　）。

A. 目标　　B. 经营范围　　C. 竞争优势　　D. 战略逻辑

4. 经营战略要素中，说明“企业在选定的范围内怎样达到长期目标”的要素是（　　）。

A. 目标　　B. 经营范围　　C. 竞争优势　　D. 战略逻辑

5. 经营战略要素中，说明“为什么在选定的经营范围内企业凭借其竞争优势可以实现其目标”的要素是（　　）。

A. 目标　　B. 经营范围　　C. 竞争优势　　D. 战略逻辑

6. 认为未来的环境可以预测、可以计划的观点属于（　　）。

A. 战略规划理论　　B. 环境适应理论　　C. 竞争战略理论　　D. 资源与能力理论

7. 强调对企业内部自身分析而非外部环境分析的理论是（　　）。

A. 战略规划理论　　B. 环境适应理论　　C. 竞争战略理论　　D. 资源与能力理论

三、多选题

1. 企业经营战略的要素包括（　　）。

A. 目标　　B. 经营范围　　C. 竞争优势　　D. 战略逻辑

2. 公司战略的主要内容包括（　　）。

A. 进入和退出哪些业务领域　　B. 资源如何在不同业务领域之间分配

C. 企业名称与品牌标志　　D. 各个业务领域的竞争策略

3. 下列属于波特的著作的是（　　）。

A.《竞争优势》　　B.《竞争战略》

C.《国家竞争优势》　　D.《专业主义》

4. 战略管理过程包括的步骤有（　　）。

A. 环境分析　　B. 战略制订　　C. 战略实施　　D. 战略控制

5. 下列选项中属于企业战略基本类型的是（　　）。

A. 公司战略　　B. 竞争战略　　C. 营销战略　　D. 人力资源战略

四、判断题

1. 战略管理的重点是战略的实施和战略评价。（　　）

2. 战略管理的目的是提高企业对外部环境的适应性，使企业做到可持续发展。（　　）

3. 战略管理的关键词不是战略而是静态的管理，它是一种崭新的管理模式。（　　）

4. 一般来说，企业的战略可划分为三个层次，即公司战略、经营战略和职能战略。（　　）

五、简答题

1. 企业战略的含义是什么？

2. 按照组织层次划分，企业战略包括哪些层次？各个层次战略的主要目的是什么？

3. 企业战略管理的过程包括哪些阶段？各个阶段的主要目的是什么？

4. 战略管理理论发展可以分为哪些阶段？

5. 企业在提出战略后，往往难以有效实施，你觉得主要原因有哪些？

六、论述题

1. 在动态环境下，计划不如变化，那么企业是否需要战略？为什么？

2. 试比较分析三个不同层次战略间的侧重点及相互关系。

3. 选择一家你熟悉的企业，对其进行SWOT分析，并思考该企业的战略决策有哪些。

案例分析

百年通用死于战略

2009年6月1日，美国最大汽车生产商——通用汽车公司（简称通用）正式申请破产保护。破产重组后，新通用公司变成了"国有企业"，当时美国财政部注资通用后得到"新通用"超过70%的股份。

为什么曾经不可一世的著名企业、几十年位居世界第一的汽车巨头，沦落到破产的局面？

有学者指出百年通用死于战略，通用的战略失误主要表现在以下三个方面。

（1）产品战略的失误。世界石油能源逐渐减少，通用没有致力于汽车节能技术的研究，相反却加强了对大排量车的投入。1998年，通用从美国综合公司并购了悍马，当时通用浅视地认为，石油危机已经成为历史，未来石油的价格将保持在较低水平。相反，在节能技术方面，“土星”开发和试验电动车先后被放弃。通用在2007年进行了比较长的产品战略上的转型，包括小型车的研发、推出、投入，以及新能源领域车研发的启动都已经在进行，但是战略转型晚了一些，而2008年突如其来的金融危机使通用汽车销量下降，成本、原材料价格上涨、产品落后等问题凸显出来，通用跌进了危机的漩涡。通用汽车董事长兼首席执行官瓦格纳曾表示，他最大的错误就是放弃EV1电动车项目。通用放弃了在电动车技术方面的领先优势，让丰田普锐斯（Prius）混合动力车后来者居上。

（2）技术创新战略的失误。通用在制造技术方面创新不足，而把主要精力致力于商业模式方面的创新。通用在技术创新上投入不足，相比竞争对手丰田、本田、大众来说，其产品更新换代比较慢。但是，通用非常重视商业模式方面的创新，而且取得了非常好的成绩。比如，它的金融服务公司在2004年上半年的利润占到通用利润总额的一半以上，而且当时美国43%的新车销售和经销商72%的库存都是通过通用金融公司提供的汽车贷款来进行的，应该说取得了巨大的成功。但是，这种创新是在产业链上进行的创新，而不是在制造环节上的创新。通用在制造技术方面确实创新不足，使得制造技术做得不如日韩，尤其技术化、一体化方面相对比较滞后。商业模式创新必须建立在技术创新的基础上，当产品技术不足以支撑产品的销售时，任何商业模式创新都只能是空中楼阁。

（3）品牌战略的失误。通用破产的另一个重要原因是过度的品牌多元化。在通用的鼎盛时期，其旗下拥有凯迪拉克、别克、雪弗兰、土星、庞蒂亚克、奥兹莫比尔、欧宝、萨博（SAAB）等多个品牌，参股五十铃、菲亚特等多家汽车公司，组建了一个庞大的汽车帝国。然而，随着时间的推移，多品牌战略日渐显露出其弊端。首先，各个品牌都在独立运作，各自为政，造成品牌之间沟通困难，在研发、制造、营销、服务等方面未能有效整合，导致资源重复建设，增加了成本。其次，由于品牌过多，品牌之间的界限模糊不清，不仅给消费者带来了选择上的困惑，也造成了品牌之间的内耗。最后，由于旗下品牌太多，通用一直无法集中力量开发一款或数款能够真正拉动销量的全球战略车型。全球战略车型销量巨大，可以让成本降到最低，从而大幅度提高单车的销售利润。丰田、本田的崛起，其根本原因就在于卡罗拉（Corolla）、凯美瑞（Camry）、雅阁（Accord）、思域（Civic）等全球战略车型的优异表现。但是，通用却不停地在各个细分市场上进行研发，不仅加大了研发成本，而且失去了宝贵的市场和利润增长空间。

思考讨论题

1. 通用衰败的根本原因是什么？
2. 百年通用的轰然倒塌对中国企业有何启示？

第Ⅱ篇

战 略 分 析

内容概要

- 外部环境分析
- 企业内部条件分析
- 企业使命与目标

战略分析是企业战略管理的起点，它承担着辨别外部环境影响及内部能力的任务，需要处理的问题非常复杂。

有人认为行业或者市场要素是最重要的，战略就是“适应”，即在环境中识别机会，并通过为这些机会配置相应的资源和能力来制订战略；也有人认为，企业的资源和能力才是最重要的，战略的制订应当从一个组织自身特有的能力和资源出发，寻找能够最大限度地发挥企业能力的市场，或者在其能力基础上设法创造新的市场。

实际上，对战略有着不同影响的内外部各要素之间是存在密切联系的。外部环境对企业变化的影响力将受到企业有限资源的制约，同样，企业能力所创造的机会也只有在识别所处环境中的机会后才有价值。而且各种影响要素之间的相对重要性是随着时间的推移而变化的，对不同的企业也会表现出明显的差异。可见，战略的形成过程必须是企业自身能力与企业外部环境的匹配整合过程。

一曰道，二曰天，三曰地，四曰将，五曰法。道者，令民与上同意也，故可以与之死，可以与之生，而不畏危。天者，阴阳、寒暑、时制也。地者，高下、远近、险易、广狭、死生也。将者，智、信、仁、勇、严也。法者，曲制、官道、主用也。凡此五者，将莫不闻，知之者胜，不知者不胜。

——《孙子兵法》

战略管理不是一个魔术盒，也不只是一套技术。战略管理是分析式思维，是对资源的有效配置。计划不只是一堆数字。战略管理中最为重要的问题是根本不能被数量化的。

——彼得·德鲁克

随着互联网兴起的新经济体系将对市场竞争策略造成重大影响，企业若不快速跟上变化的脚步，可能会沉没在时代洪流里。

——刘易斯

第二章　外部环境分析

【学习要点及目标】

1. 了解战略环境分析的基础、行业生命周期
2. 熟悉行业结构-行为-绩效模型（SCP）
3. 掌握 PEST 分析及波特五种力量模型
4. 掌握竞争对手分析的内容及主要步骤
5. 掌握外部因素评价矩阵和竞争态势矩阵的构建与分析方法

【关键概念】

PEST 分析、五种力量竞争模型、外部因素评价矩阵（EFE）、竞争态势矩阵（CPM）

引导案例

万得城电器败走中国

综合媒体报道，2013年，万得城电器（中国）发布官方声明，自3月11日起将陆续关闭其在上海的7家门店。万得城上海淮海店将作为主要的客户服务中心继续运营，直至4月30日关闭。这与其2010年初来乍到时曾表示的“2015年门店总数达到100家”的雄心壮志，形成鲜明对比。

新华网上海 2013 年 3 月 22 日电（记者潘清 高少华）《外资家电零售巨头水土不服 万得城“败走”中国市场》可供读者参考：http://news.xinhuanet.com/fortune/2013-03/11/c_114985252.htm

外资家电零售巨头在中国“城门”不保已非第一遭，此前美国家电巨头——百思买在中国也有过关门的经历。

业内认为，在竞争白热化的中国家电零售市场，外资零售企业大多“水土不服”，与此同时，近年来国内电子商务对传统卖场的巨大冲击，也加剧了万得城等外资零售巨头遭遇“滑铁卢”。

针对这一情况，中投顾问零售行业研究员杜岩宏指出，尽管外资巨头拥有资金、管理、运营、技术等方面的优势，但并不能成为其立足和制胜的法宝。买断经营的模式除了加大其经营成本，还限制了规模扩张的速度，包括门店和产品品类。与此同时，公司也面临着人工、租金成本不断上涨的压力，举步维艰。

帕勒咨询公司资深董事罗清启向记者表示，对家电零售企业来说，消费者通常最关心的还是其提供的商品品类是否齐全，售价是否低廉；如果不能在这两方面占据优势，注定将难以吸引消费者。

"针对竞争日益激烈、瞬息万变的中国市场，万得城、百思买等无法在重要经营决策和市场策略上做出及时有效的应对，这也是其在中国站不稳脚跟的一大因素。"古坦科技创始人石安称。

思考

1. 分析万得城电器失败的原因。
2. 企业制订战略时应考虑哪些外部环境因素？

第一节　外部环境分析基础

企业战略制订是一项复杂的工程，战略的推进与完成不能仅依赖于战略决策者敏锐的视觉、鲜明的观点和创造性的思维，决定企业战略有效性的更为重要的因素是对企业所处的外部环境的判断与评价是否准确、合理。企业战略的制订必须建立在对外部环境保持清醒认识的基础之上，尤其是要能够洞察到外部环境中已经存在的或潜在的机会，并尽力消除外部环境中所存在的对企业发展产生负面影响的威胁。

一、环境分析的意义

1. 保证战略决策的科学性和正确性

科学性就是战略决策和计划要有客观的依据，反映事物的发展趋势，符合客观规律的要求；正确性就是主观符合客观，不仅符合当前实际，而且要尽可能地符合客观实际的动态变化，符合未来的发展趋势。企业进行战略决策和编制具体经营计划，必须认真研究客观实际情况，掌握大量的数据资料，明确发展方向、环境要求和限制条件。通过分析这些来自企业外部的环境因素及其变化趋势，企业所制订的发展战略和经营策略才能符合实际，做到科学性和正确性的统一，从而有效地避免盲目决策和战略失误。

2. 保证战略决策的及时性和灵活性

及时性是指企业战略制订时掌握信息迅速，决策不失时机；灵活性则指在企业的外部环境发生变化时，能够迅速做出相应的有效决策，抓住对企业有利的机会，避开对企业不利的威胁，求得企业的生存和发展。企业的外部宏观环境经常会出现以下两种情况：一是出现有利于企业的条件，或叫有利于企业发展的"机会"；二是出现不利于企业的因素，也叫有碍于企业生存发展的"威胁"。

企业如果重视环境的调查研究，那么，一旦企业外部环境出现了有利于企业发展的机会，就能及时掌握这些信息，做出迅速、正确的决策，从而采取相应的有力措施，推动企业进一步发展；当不利于企业的因素出现时，企业同样能敏感地掌握这些情况，及时研究对策，避开威胁，趋利避害，从而也大大增强了企业的适应能力和经营活力。

3. 提高战略决策的稳定性和效益型

稳定性是指企业一旦做出决策，就要求在计划期内把决策方案贯彻始终，不允许朝令夕改；效益型就是决策方案要以尽可能小的代价，取得尽可能好的经济效益。企业的环境条件尤其是外部环境在不断发生变化，如市场上出现新需求或出现需求停滞现象时，往往使企业的决策与计划不得不做出相应的调整。一方面要求相对稳定，另一方面又要适时调整，这就出现了矛盾。解决这一矛盾的重要办法，就是要加强对环境的调查和预测，提高战略决策工作的预见性，尽可能预见到未来一定时期的发展趋势，努力做到以小变应大变，以少变应多变，适应变化着的环境的新要求，减少调整带来的损失，保证企业在比较长的时期内，能够带来尽可能满意的经济效益和社会效益。

二、环境分析的内容

我们把存在于企业周围、影响企业经营活动及其发展的各种客观因素和力量的总体称为企业的外部环境，企业环境是一个复杂的系统，具有多层次的结构特征和不断变化发展的属性。由于对环境的研究目的、任务、方式的不同，对环境的分类也呈现出不同的态势。以时间为标准，可分为过去环境、当前环境和未来环境；以空间为标准，可分为宏观环境和微观环境；以环境对企业发展的影响程度为标准，可分为直接环境和间接环境，等等。

本书以空间为环境的划分标准，将外部环境划分为宏观环境和微观环境。在这里，所谓的宏观环境，就是指对企业及其微观环境各因素具有重大影响力的客观因素的总体，即企业的一般环境；而微观环境则包括了直接影响企业发展的各类客观因素，又可称为具体环境。

一般环境是指影响某一特定社会中一切企业的宏观环境，对企业的影响是比较直接的，通常有以下三个特点。

（1）变化性。环境总是在不断变化、不断发展的，企业战略的制订必须要适应一般环境的变化，跟随其变动的脚步，在变化的外部环境中发现机遇与威胁。

（2）差异性。不同的企业所面临的一般环境都是各不相同的，一般环境对于不同企业的影响也是各有差异的，这就需要企业在制订战略分析环境时要根据自身的实际情况，具体问题具体分析。

（3）难以控制性。一般环境的变化都是有着潜在根源的，其背后的影响因素有很多，不可能受单个企业的控制。

补充阅读

名人名言——松下幸之助的环境观

当有人问松下公司的总裁松下幸之助有什么经营秘诀时，他说："没有别的，看到下雨了，就要打伞。只不过是顺应天地自然的规律去工作而已。"言简意赅的话道出了松下的环境观。

我国古代著名的军事策略家孙武曾经说过："知己知彼，百战不殆。"其实用这句话也可以来解释松下幸之助先生的环境观，即充分地了解内部和外部的环境，积极地应对环境的变化，适时地调整战略，适应环境而发展。在现代社会中，企业战略的有效性在很大程度上取决于战略制订者对企业目标是否明确，对企业内部环境的评价是否准确以及对企业外部环境的分析是否完整、透彻。

三、环境分析的过程

企业外部环境总是处于不断变化和发展之中。进入21世纪，随着社会进步和科技发展，外部环境变化的频率越来越快，影响企业经营的各种因素不仅更加复杂多变，而且数量也不断增加，这也就加剧了竞争的激烈程度。可见，在全球市场和产业发展的波动性日益增大的情况下，外部环境分析已成为战略管理过程中的一个显著和重要的部分。因此，企业应对外部环境有一个充分的了解，对环境进行全面而准确的预测和分析。这种分析应当是一个连续的过程，包括搜索、监测、预测、评估四个方面，如图2.1所示。

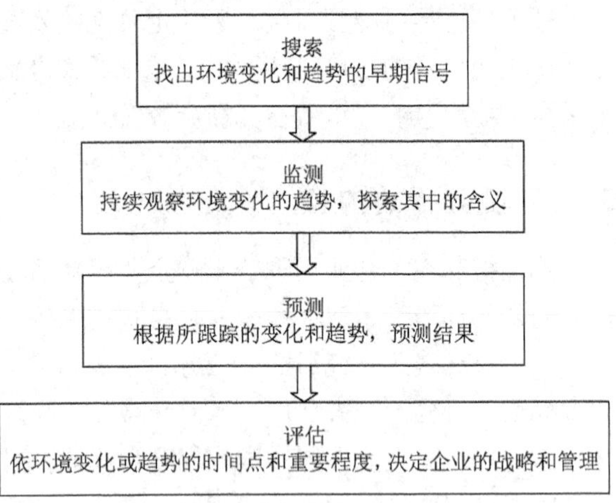

图2.1　外部环境分析的步骤

（1）搜索。搜索包含了对外部环境各方面的调查研究。通过搜索，企业能够辨认出总体环境潜在变化的早期信号，了解正在发生的变化。搜索是一项比较繁琐的工作，通常企业会面临许多意义不明确、不完整或是毫不相干的资料，需要花费大量的时间来整理。环境搜索对那些处于剧烈变化环境中的企业尤为重要。

（2）监测。监测是在观察环境变化的过程中，对搜索的资料进行进一步的分析，看是否出现重要的趋势。成功的监测关键在于对不同环境事件的洞察力。

（3）预测。预测是指对将来做出预测、分析，得出合理的结论，说明由于搜索和监测到的变化和趋势将会发生的变化和发生的时间。当初IBM公司就是因为没有预测到个人PC的需求变化，才使其遭到了经营的低谷。

（4）评估。评估的目的是要判断环境变化和趋势对企业战略管理的影响程度。通过搜索、监测、预测，战略制订者可以大致了解总体环境，而评估就是要明确这些信息对企业的意义。

第二节　宏观环境分析

一般认为影响企业宏观环境的因素有四类，即政治法律环境（Political）、经济环境（Economic）、社会文化环境（Social Cultural）、技术环境（Technological）和自然环境。自然环境是指企业所处的自然资源与生态环境，包括森林、海洋、生物、矿产以及生态平衡的发展等。虽然自然资源也会影响企业的发展，但构成自然资源的要素通常变化很小，故在此不作重点介绍。我们把对影响企业一般环境的四类要素进行分析的方法，称为PEST分析法。

一、政治法律因素

政治法律环境是指一个国家或地区的社会制度、执政党的性质，政府的方针、政策、法令等。尽管市场经济所追求的是充分自由的经济发展空间，但这个自由是不能完全脱离政府管制的。在关系国计民生的重要行业内，政府的管制是必要的也是重要的，这就要求参与竞争和经营的企业要考虑自身的战略是否符合政府的管制政策，在此政策下是否有利于本企业的发展或者调整企业战略以使其与政府的政策相适应。

即使在市场经济已经比较成熟的发达国家，政府的干预政策也是有增无减的，诸如反托拉斯、社会福利、反倾销等。在我国，政府的干预政策则被形象地比喻成有形的手，即通过宏观调控，国家合理地制订各项经济政策和措施，如制订经济和社会发展战略、方针、制订产业政策，以控制总量平衡，规划和调整产业布局；制订财政政策和货币政策，调节积累和消费之间的比例关系，实现社会总供给和社会总需求的平衡，控制货币发行，制止通货膨胀；建立和完善适应市场经济发展的制度、收入分配制度和税收征管制度等；运用价格、税收、信贷等经济杠杆，调节国民收入的分配和再分配，从经济利益上诱导、协调和控制社会再生产各个环节等以及科学地编制各项经济计划，使经济计划建立在有充分科学根据的基础上，使其在中长期的资源配置中发挥应有的作用，弥补完全依靠市场配置资源的不足。政府的政策会广泛地影响企业的经营行为，需要企业在制订战略时，充分考虑当前所面临的政治环境，适时判断当前的政策对企业发展和战略实施的影响，及时做出调整。

法律环境包括政府制订的对企业经营具有约束力的法律法规，对于规范市场和企业行为具有直接的作用。企业在制订战略时必须充分了解所处的法律环境，不仅需要对行业内应遵循的现有法律法规有清晰的认识，同时还要关注一些正在酝酿中的法律。处于竞争中的企业必须时刻关注与本行业密切相关的法律政策，如本国的税法、反不正当竞争法以及立法部门对某些既定法律管制的取消态势。所有这些相关的法律政策所影响的不仅是单个企业的发展，更多的则可能是整个行业的重新洗牌和定位。

二、经济因素

经济环境是指企业在生产经营的过程中所面临的各种经济制度、经济条件和各类经济联系的客观因素的总和，在宏观方面包括一个国家的国民生产总值、人均国民收入状况及其发展趋势、通过这些指标所能够反映的一国的经济发展水平及其增长速度、价格水平及其变动以及经济基础设施，等等；在微观方面则具体到某一企业所在行业的发展状况、市场供求状态、消费者的收入水平、消费偏好等。

在衡量国民经济发展水平和发展速度的经济指标中，国民生产总值是最常用也是最重要的指标之一。国民生产总值是一个国家或地区所有常驻机构单位在一定时期内收入初次分配的最终结果，反映的是一个国家的经济水平，它的总量和增长率与工业品市场购买力及其增长率有较高的正相关关系，此结论也可以用于解释近年来我国成为世界投资市场热点的现象，其原因就在于我国经济的持续、稳定、高速增长所蕴藏的巨大商机和发展潜力。

人均国民收入水平是衡量一国的经济实力和人民富裕程度的一个重要指标，它反映的是国民收入总量与人口数量的比例关系，也是综合反映一国经济发展水平、经济实力、人民生活水平的重要标志。它在一定程度上决定商品需求的构成，但由于人均收入并不是消费者的实际购买能力，因此需要在个人收入中扣除消费者个人缴纳的各种税款和交给政府的非商业性开支，剩余的部分就可用于消费或储蓄及其他自由支配。人均收入自变量与消费品购买力所呈现的正相关关系是企业在进行宏观经济环境分析中不可忽视的经济指标。

价格是商品供求关系变化的指示器，一般来说，在消费水平一定的情况下，市场上某种商品的价格越高，消费者对这种商品的需求量就越小；反之，商品价格越低，消费者对它的需求量也就越大。而当市场上这种商品的价格过高时，消费者也就可能做出少买或不买这种商品，或者购买其他商品替代这种商品的决定。显然，价格水平的变动起着改变消费者需求量、需求方向以及需求结构的作用。企业战略要考虑到可能存在的通货膨胀所造成的价格波动进而对经济造成的损害，消费品价格的上涨使得居民基本消费支出增加，长此以往，个人可供自由支配的收入减少必然会影响消费者的购买习惯，进而影响甚至可能是整个行业的市场供求关系，企业必须要对此类变动因素做好预测和应对措施，以便及时调整战略以适应环境变动。

对于跨国甚至是跨地区经营的企业，战略的制订还需要考虑到经济基础设施，基础设施包括一国或一地区的运输条件、能源供应、通信设施以及各种商业基础设施的可靠性及有效性。对经济基础设施的考虑在一定程度上决定着企业运营的成本和效率。

案例 2.1

经济因素影响消费习惯

2014年全球智能手机出货量较2013年增长25.9%；2015年增速降为10%左右（出货量为14亿部，不同监测机构数据略有差异），增速明显下滑。原来冲劲十足的中国手机市场增速放缓迹象更为清晰，同比增长仅为2.5%。

印度因其经济发展等各方面的原因，智能手机市场一直处于未开垦状态，手机厂商将其视为“一块肥肉”。有数据表明，2015年印度智能手机出货量首次突破1亿部，达到1.036亿部，同比增长28.8%（2015年中国智能手机出货量为4.3亿部）。2016年印度智能手机的出货量将继续快速增长，将超过功能手机。

在中国智能手机迅速成熟而趋于饱和之后，海外仍保持着两位数以上的市场增速就显得格外珍贵。而印度就是一个人口基数足够庞大、智能手机普及率不足10%以及增长潜力巨大的理想淘金之地，这也是绝大多数中国智能手机厂商难以拒绝印度手机市场诱惑的最重要理由。

2016 年前后印度经济环境是什么样的？为什么说“手机市场一直处于未开垦状态”，之前未加重视 2016 年为什么又额外重视？

推荐读者阅读 2016 年 5 月 10 日搜狐网《印度手机市场 中国手机品牌想要进去不容易》（数码科技的星空）一文进一步了解当时的情况，并对印度当时经济环境做具体分析；推荐读者再查阅当下印度手机市场相关新闻，做对比分析：http://mt.sohu.com/20160510/n448660778.shtml

三、社会文化因素

社会文化环境是指企业所在国家或地区的社会结构、社会风俗、习惯、信仰、价值观念、行为规范、生活方式、文化传统、人口规模与地理分布等因素的形成和变动。每个社会都有自身独特的文化氛围，反映了这一社会特有的核心价值观，在通常情况下，这些核心价值观都是伴随着社会的演变而不断发展并延续的。在中国，我们所倡导的中华民族美德，诸如尊老爱幼、诚实正直、热爱集体、乐于奉献等都是社会优秀价值观的体现，并在历史的发展中得到传承和沉淀。

这里所介绍的社会文化更多的是指那些在一定文明的基础上，在一个社会、一个群体的不同成员中一再重复的情感模式、思维模式和行为模式，包括人们的价值观念、信仰、态度、道德规范和民风习俗等。正是这些无形的文化因素，构成了社会文化，是影响人的欲望（包括消费需求欲望）、行为（包括消费行为、购买行为）的基本因素之一。由于文化中所包含的若干不同的文化分支，各分支文化又被不同的社会群体所推崇和服从，从而形成不同的社会态度、爱好和行为并表现出不同的市场需求和不同的消费行为。

任何企业都必然处于一定的社会文化环境中，要受到所处环境社会文化的制约。无论是在国内还是国际发展的企业都需要全面了解、认真分析社会文化，了解不同文化背景下消费者的价值观念，发现消费偏好的差异与原因，以准确地把握消费者的需要、欲望和购买行为，制订跨文化管理目标和发展战略。

补充阅读

不可忽略的文化差异

日本精工公司曾经推出一种“穆斯林”手表，该表除设计新颖、构思巧妙外，最打动穆斯林教徒的是：这种手表能把世界上114个城市的当地时间转换成“穆斯林的‘圣地’麦加的时间”，并且每天定时鸣响五次，提醒教徒们按时祈祷。因此，这种表在阿拉伯国家的消费者中非常受欢迎。

而风靡全球的可口可乐包装，在世界其他地区销售采用的都是红白相间的色彩搭配，而在阿拉伯地区，却变成了绿色包装，因为那里的人民酷爱绿色，对于他们，绿色意味着生命和绿洲。还比如，红色在中国人的观念里象征着热烈、吉祥、美好，但西方有些国家却有不同的理解，认为红色是一种危险、令人不安、恐惧的颜色，易使人联想到流血、事故和赤字。由于这种观念上的差异，我国出口到德国的鞭炮曾被要求换成灰色的外包装，才被接受。

四、技术因素

技术环境是指企业所处环境中的科技要素及与该要素直接相关的各种社会现象的集合，包括国家科技体制、国家科技政策、社会科技水平和科技发展趋势等。技术环境能够影响到企业能否及时调整战略决策，以获得新的竞争优势。

国家科技体制是指一个国家社会科技系统的结构、运行方式及其与国民经济其他部门的关系状态的总称，主要包括科技事业与科技人员的社会地位、科技机构的设置原则与运行方式、科技管理制度、科技推广渠道等。国家的科技政策与科技立法是指国家凭借行政权力与立法权力，对科技事业履行管理、指导的职能。

技术环境中最重要的构成要素是社会科技水平，它包括科技研究的领域、科研成果门类分布及先进程度以及科技成果的推广和应用等方面。当代科技发展水平对社会经济各个方面的影响日益突出，在制订企业发展战略时，需要充分考虑到科技发展给企业未来带来的潜在影响，并据此估计和调整企业的发展政策。

20 世纪 90 年代以来，新技术的飞速发展和广泛运用对企业的影响突出，使企业所面临的技术环境更加具有不确定性。从企业技术环境的角度分析，可以看到需要引起关注的三个普遍趋势，它们分别从技术发展的空间纬度、时间纬度和自身结构三个方面刻画了当今世界企业面临的技术环境。

（1）经济全球化。它包括技术开发、资源配置规模的扩张，研究开发与制造的分离，跨国界技术体系的形成以及国家比较优势日益突出等。

（2）时间紧缩。它是指技术开发时间、产品生命周期及投资回报周期的间隔迅速缩短，反映了速度成为企业竞争优势的新来源。

（3）技术集成。市场上任何一种产品都是一系列不同技术的集合体。

变革性的技术正对企业的经营活动发生着巨大的影响。企业要密切关注与本企业产品有关的科学技术的现有水平、发展趋势及发展速度，对于新的硬技术，如新材料、新工艺、新设备，企业必须随时跟踪掌握，对于新的软技术，如现代管理思想、管理方法、管理技术等，企业也需要特别重视。

补充阅读

开放式创新

开放式创新是指公司利用外部思想进行创新，拓展科技，或者指与合作伙伴一起创新，分享风险，分享赢利。企业的上下游客户、消费者；甚至是不相关的外部力量都可能成为智慧的支持，成为企业创新的源泉。例如，宝洁通过“C+D“（联发）模式在网上公布创新需求清单，从而寻求外部创新力量的帮助。而IBM通过两年一次的Innovation Jam（即兴创新大讨论）来筛选新商业计划。他们针对设定好的议题，邀请员工和客户展开在线头脑风暴讨论会。

第三节　行业环境分析

行业竞争环境是企业外部环境的重要组成部分，与一般环境不同，行业竞争环境只对处于某一特定行业内的企业以及与该行业存在经营业务联系的企业发生影响，并且这种联想是连续不断和动态发展的，行业竞争环境的动态性决定了行业结构的动态性，这种动态性会影响产出效果，并反馈给行业结构，从而进一步使行业竞争环境动态化，如此循环往复，行业不断得以进步。可见，随着时间的推移和行业竞争环境的变化，行业必然发生演化，行业竞争环境和行业演变分析对企业制订战略是极其重要的。

补充阅读

行业（产业）的定位

首先，何谓行业？行业是提供功能相接近的产品或服务（高度替代性产品或服务）的一群企业，也即提供高度替代性产品或服务的一群企业构成了行业。

马克思把社会分工归纳为三种形式。

（1）一般分工（国民经济角度：工业、农业、交通运输、商业等）。

（2）特殊分工（国民经济部门分工：机器制造工业、冶金工业、化学工业等）。

（3）个别分工（企业内部分工：铸工、车工、钳工、装配工等）。

再者，如何定位行业？

（1）定位于行业在工业生产总过程中的位置。①生产工业最终产品的行业；②生产各种工作母机的行业；③生产胚料、零部件、元器件的行业；④生产原料、动力的行业。

（2）定位于所使用的主要资源（生产要素密集程度）。①劳动密集型行业；②资金密集型行业；③技术密集型行业。

（3）定位于行业分工等。

一、行业结构-行为-绩效模型

行业竞争环境是指对处于同一行业内的组织都会发生影响的环境因素。企业的管理者需要重视行业竞争环境的分析，重点考察所处行业或想进入行业的产业政策、产业性质与特征以及产业组织状况等。通过分析了解行业竞争格局及其变化，以此帮助企业预测市场变化以及发现新的战略机会。

1. 行业的性质与特征

各类行业的发展都有其独有的特征和约束因素，包括经济体制的变革与稳定，需求的多样性以及现有的和未来的资源状况，这些因素无时无刻不在制约和影响行业的发展。一个企业能否有长期发展的前景，首先同它所处的行业本身的性质有关，行业自身能否高速发展是处于行业内的企业生存发展的关键；行业特征则是与企业绩效密切相关的因素。一直以来，经济学家和战略管理学者都花费了大量时间和精力来认识行业特征并力求将其积极效用发挥到最大程度。行业特征主要包括以下几点：行业中企业数量、促销支出水平和方式、技术竞争的层级和实质、企业的相对规模、消费者对于产品和相关产品的偏好、需求增长率、产品差异程度、领导型企业的定价行为、生产的最小有效规模、顾客的转换成本、需求方的规模经济性以及行业中工厂和设备的专用性等。

2. 产业组织分析

产业组织是指同一产业内部企业之间的关系。在市场经济中，企业之间的关系是通过市场形成和体现的利益关系。具体来说，就是市场交换关系、竞争和垄断关系、市场占有关系、资源占有关系等。在这里，特别指出的是，产业组织中的产业不是一般而言的产业，而是指生产同一类或具有高度替代性产品的企业的集合，或是以在同一商品市场上从事生产经营活动为标准划分的狭义的产业。

面对一系列未知的但又可能发挥重要作用的产业特征，学者们开发了概念性框架来分析产业组织特征，来提供一个覆盖所有基本要素的系统性方法，其中最早和最具有代表性的是哈佛学派的结构（S）-行为（C）-绩效（P）范式，即 SCP 范式（见图 2.2）。该范式认为市场结构（S）决定企业的市场行为（C），企业的市场行为决定市场绩效（P）。某一市场结构又取决于待定情况下市场供求的基本环境，从而形成了 SCP 框架的产业组织理论体系。

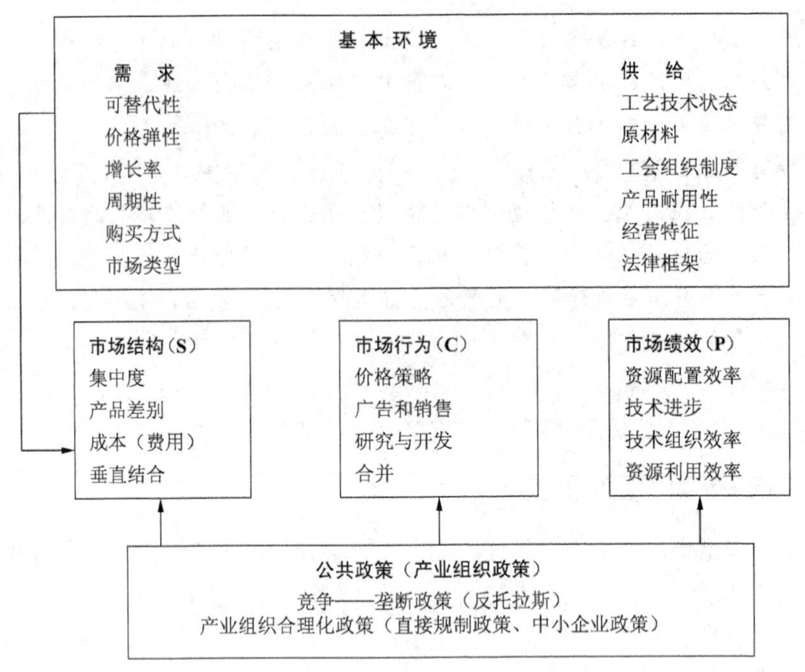

图 2.2　产业组织理论的 SCP 分析框架

SCP 范式的根本前提是产业结构和在位企业行为的相互作用创造业绩。设计 SCP 框架是用来理解政府为了增加社会福利而如何干预经济运行，所以它的业绩标准是社会标准，而不是利润率。也就是说，SCP 框架与产业如何为社会创造价值有关，与产业对就业的影响有关，与产业对经济增长的作用有关，因而描述公共政策的潜在影响是这一框架不可或缺的。尽管关注的焦点不同，但 SCP 的基本思想对于战略管理学者的产业分析方法有着深远的影响。

在 SCP 框架之中，产业业绩的直接决定因素是企业行为，包括定价、产品战略等。企业行为又首先受到所在产业市场结构的驱动。在产业中和其他竞争者一起运营的企业会被迫形成有效的成本结构，使价格接近成本，从而在竞争压力下生存。随着产业中企业数量的减少和竞争压力的减弱，企业可以通过不顾社会福利而索要高价等行为来增加利润。例如，我国现在的铁路、城市自来水、电力供应、煤气和过去的电信、航空、银行等行业，在本质上都有不断提高价格的冲动，但缺乏改进服务、提高质量、扩大规模、创新技术的热情。产业结构还依赖于供应和需求的基本状况。图 2.2 中向上展开的箭头值得关注，企业尤其可以采取行动来影响市场结构，甚至影响产业所面对的供应和需求的基本状况。

3. 产业界定

无论是企业战略的制订者还是执行者都必须了解市场环境中的威胁与机会，产业分析是他们所用的一个重要工具。虽然有一些影响业绩的宏观经济因素（如商业周期、利率等），但是我们更关注的还是企业的直接环境因素。正是这些产业特征决定了企业面对的不同的战略问题，这些问题也是通过产业分析所要解决的问题。然而，为了应用这一产业分析的框架，首先需要界定产业。要想评价购买者或供应商力量的威胁，就必须知道重要的购买者和供应商是谁；要想评价竞争的状况，就必须知道竞争对手是谁；要想评价进入障碍，就必须知道产业的边界。产业是市场中的供应方，产业中的企业都是供应商，顾客是市场中的需求方，是产业产品的购买者，市场所满足的顾客的基本需求决定了产业的边界。

我们需要界定产业与部门的区别，部门是由一组密切相关的产业所组成的，同一部门内部的产业有着多方面、多种形式的相互关联。同样重要的是认识产业和细分市场之间的区别，细分市场是根据市场中顾客的独特属性和具体需求分离出来的独特的顾客群体，比如在汽车行业里存在着不同的细分市场，各类消费群体的情况不同，对汽车的需求也不相同，顾客的需求包括商务汽车、家用汽车、节油车型以及耗油越野型。汽车制造商认识到上述细分市场的存在，他们推出了各种不同的汽车款型来吸引不同细分市场的顾客，然而，所有这些细分市场的顾客所使用的汽车的基本构造是相似甚至相同的。产业的边界正随着时间的变化而变动，由于顾客的需求呈现多样化趋势，加之新技术的不断创新与运用，从而使得与本产业不相关的企业也可能会发现一种新的满足现有顾客需求的办法。例如，长期以来，可口可乐公司一直坚持于苏打饮料产业，但随着 20 世纪 90 年代顾客的口味开始转向瓶装水和非碳酸果汁饮料，可口可乐公司不得不面对果汁饮料生产商的竞争，并收购了橙汁饮料生产商美汁源公司，现在他们显然都是同一个行业了。

二、行业生命周期

行业生命周期是每个行业都要经历的一个由成长到衰退的演变过程，是指从行业出现到完全退出社会经济活动所经历的时间，一般分为幼稚期、成长期、成熟期、衰退期四个阶段。

行业生命周期曲线忽略了具体的产品型号、质量、规格等差异，仅仅从整个行业的角度考虑问题。行业生命周期可以从成熟期划分为成熟前期和成熟后期。在成熟前期，几乎所有行业都具有类似 S 形的生长曲线，而在成熟后期则大致分为两种类型：第一种类型是行业长期处于成熟期，从而形成稳定型的行业；第二种类型是行业较快地进入衰退期，从而形成迅速衰退的行业。行业生命周期是一种定性的理论，行业生命周期曲线是一条近似的假设曲线。识别行业生命周期所处阶段的主要标志有：市场增长率、需求增长潜力、产品品种多少、竞争者多少、市场占有率状况、进入壁垒、技术革新以及用户购买行为等。

行业生命周期各个阶段的特征如图 2.3 所示。

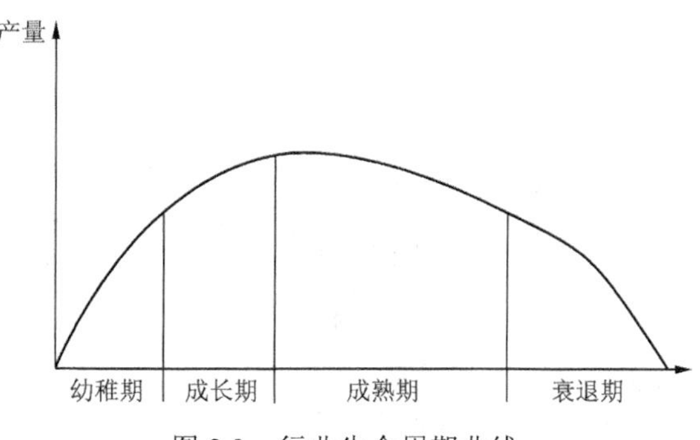

图 2.3 行业生命周期曲线

1. 幼稚期

幼稚期是新行业的萌芽时期，会有少数创业公司投身于该新行业中，由于处于创业阶段，研发的成本较高，而市场需求较小，顾客对于新生事物尚不了解，处于观望状态，所以在这一阶段，大多数的创业公司都很难获得赢利，而且还面临较大的生存风险。

中国 2016 年前后的电动汽车行业、2007 年之前的智能手机行业都处于幼稚期。这一时期的市场增长率较高，需求增长较快，技术变动较大，行业中各企业主要致力于开辟新用户、占领市场，但此时技术上不成熟，有很大的不确定性，在产品、市场、服务等策略上有很大的变化余地，对行业特点、行业竞争状况、用户特点等方面的信息掌握不多，行业进入壁垒较低。在初创阶段后期，随着行业生产技术的提高、生产成本的降低和市场需求的扩大，新行业便逐步由高风险低收益的初创期转向高风险高收益的成长期。

2. 成长期

在2007—2014年，智能手机行业处在成长期。在成长期里，有较强财力和生产能力的企业将会得到较快的发展，这一类的企业将很快成为市场的主导，如智能手机行业的苹果、三星、华为、联想、中兴等。由于采用广泛的宣传和引导，消费者已对这一行业的产品有了比较深刻的了解，部分企业拥有了稳定的顾客群，行业内的竞争也初见端倪。为了在竞争中获得发展，企业需要扩大生产规模，同时提高并在此基础上稳定技术水平和生产效率，降低成本并不断提高产品性能以获得竞争优势。

这一时期的特点是市场增长率很高，需求高速增长，技术渐趋定型，行业特点、行业竞争状况及用户特点已比较明显，企业进入壁垒提高，产品品种及竞争者数量增多。

3. 成熟期

行业的成熟期是个持续时间较长的阶段。在这一时期，在前几个阶段的竞争中生存下来的企业垄断了整个行业，并各自占有稳定的市场份额。这时，企业之间的竞争手段已从单纯的价格竞争转为非价格竞争，如提高产品质量，改善产品性能和售后服务，突出产品的独特性和差异化特征来吸引消费者的注意。如中国智能手机行业2014年之后进入成熟期，华为手机在2015年、2016年通过提高产品品质而非价格竞争手段获得了更快的发展。

这一时期的特征表现为市场增长率不高，需求增长率不高，技术上已经成熟，行业特点、行业竞争状况及用户特点非常清楚和稳定，买方市场形成，行业赢利能力下降，新产品和产品的新用途开发更为困难，行业进入壁垒很高。

4. 衰退期

衰退期出现在较长的稳定阶段后。由于新产品和大量替代品的出现，原行业的市场需求开始逐渐减少，产品的销售量也开始下降，某些厂商开始向其他更有利可图的产业转移资金。因而原行业出现了厂商数目减少、利润下降的萧条景象。至此，整个行业便进入了生命周期的最后阶段。在衰退阶段里，厂商的数目逐步减少，市场逐渐萎缩，利润率停滞或不断下降。当正常利润无法维持或现有投资折旧完毕后，整个行业便逐渐解体了。

> **视野拓展**
>
> 你照相时都用过什么产品？
>
> 数码相机行业在20世纪末21世纪初的短短40余年中经历了完整的4个生命周期。
>
> 推荐读者课外阅读中关村在线《图说：数码相机发展简史》(可再参阅其他资料)，找出数码相机生命周期各阶段的大体时间，分析这一行业在各阶段的表现，与正文中各阶段的特点做对照分析：http://dcdv.zol.com.cn/topic/3820076.html
>
> 

胶片相机时代的柯达、功能手机时代的诺基亚和摩托罗拉均是当时的王者，但衰退期到来时未做好调整，最终导致破产或转卖相关业务。

这一时期的特征为市场增长率下降，需求下降，产品品种及竞争者数目减少。从衰退的原因来看，可能有以下三种类型的衰退。

(1) 资源性衰退。资源性衰退即由于生产所依赖的资源枯竭所导致的衰退。

（2）效率性衰退。效率性衰退即由于效率低下的比较劣势而引起的行业衰退。

（3）收入低弹性衰退。收入低弹性衰退即因需求–收入弹性较低而引起的行业衰退。

补充阅读

行业生命周期各个阶段的结构性特征

（1）产品差异化。从导入期到成熟衰退期，产品从种类繁多逐渐向标准化过渡，可差异化程度降低。

（2）集中度和竞争。一般来说，行业集中度会随着行业成熟而提高，竞争也会随之变化。具体还要看行业壁垒的变化。

（3）区位和国际贸易。新行业一般先在高收入国家出现，其他国家的需求只能通过国际贸易得到满足；海外市场的增长、技术和复杂劳动技艺投入要求的降低，使产品在新兴工业化国家进行生产更有吸引力，高度工业化国家最后开始进口。

（4）竞争的本质和强度。通常，随着行业趋于成熟，竞争更加强调价格手段。

三、行业竞争结构

迈克尔·波特在1980年早期提出的五种竞争力量模型是有关行业竞争结构分析中最广为人知的，这一模型至今仍然被很多经济学家和战略管理学家应用和扩展。波特在这一模型中突出了五种竞争力量，如图2.4所示。①来自行业内现有竞争对手的力量；②来自潜在加入者的威胁；③供应商讨价议价的能力；④购买者讨价议价的能力；⑤来自替代品的威胁。这五种力量的状况及其综合强度，决定着行业的竞争激烈程度及赢利水平，从而决定着企业在行业中的竞争优势和最终赢利能力。竞争激烈。意味着行业的总体赢利水平较低，导致大量的企业纷纷退出该行业；相反，当竞争不激烈时，行业的总体赢利水平较高，这时，吸引大量的企业纷纷进入。当然，对于不同的企业来说，所面临的五种竞争力量的相对强弱情况会有所差异，因而其对于企业经营及赢利的相应影响也有所不同。每一个企业都应认真细致地评价这些力量，有重点地分析其对于企业经营的不同作用。下面将对五种力量逐项进行分析。

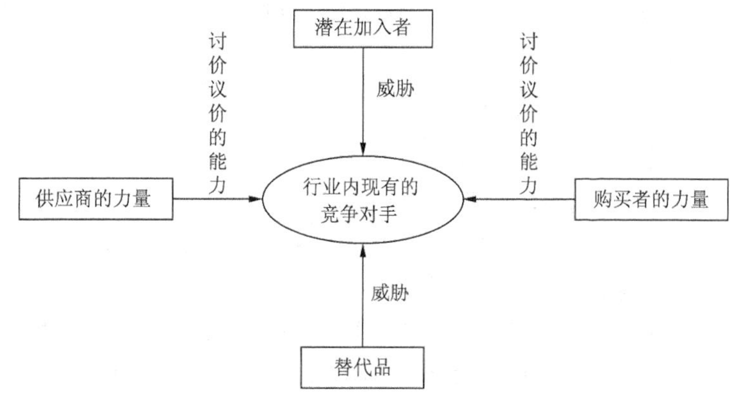

图2.4　迈克尔·波特的五种力量模型

补充阅读

迈克尔·波特对于管理理论的贡献

迈克尔·波特在产业经济学与管理学之间架起了一座桥梁。在其经典著作《竞争战略》中，他提出了行业结构分析模型，即所谓的“五力模型”：行业现有的竞争状况、供应商的议价能力、购买者的议价能力、替代产品或服务的威胁、潜在加入者的威胁这五大竞争驱动力，决定了企业的赢利能力，并指出公司战略的核心在于选择正确的行业，以及行业中最具有吸引力的竞争位置。

（一）行业内现有竞争对手之间的竞争

行业内现有竞争对手之间的竞争是行业竞争结构中最为强劲的力量。为了获取更多的市场份额和利润，现有竞争对手之间往往会不惜代价进行竞争，应用的竞争手段通常是价格战、广告战、产品开发、提高售后服务、优化品牌形象等。不同行业的竞争对手之间的竞争程度也不相同，有的比较缓和，有的十分激烈。这种竞争程度的强弱主要受到以下因素的影响。

1. 行业内现有竞争对手的数量和规模

当一个行业内的企业增加时，如果企业之间的规模和能力相当时，竞争的激烈程度就会加剧。当行业内企业的数量达到很多时，必然就会有一部分企业为了获取更大的市场份额和更多的利润，打破行业限定，采取创造性的战略行动，此时便会引起其他竞争者激烈的抗衡。相反，当行业内的企业数量很小，并且企业之间的规模和能力悬殊，竞争就明显比较缓和。

2. 行业增长速度

当行业处于快速增长期时，行业内的企业有较充足的发展空间，在这种情况下，企业要发展，可能需要动用全部的财力和竞争资源去扩大自己的市场，以此满足市场需求的急剧增长，从而无法分散过多的精力去攻击其他对手。而当行业增长缓慢时，企业扩张进程受阻，原有的竞争手段无法发挥效用，此时一些急需扩张的企业或者生产能力过剩的企业就会采取降低价格等手段来提高销售业绩，以此来争夺市场份额，排挤比较弱小和生产效率低下的企业，导致的结果必然是厂商数目减少，竞争个体实力增强。

3. 固定成本和库存成本的比重

固定成本的作用主要表现在当产业固定成本较高时，会对行业内多数企业产生巨大压力，需要企业充分利用生产能力增加产量以分散固定成本。显然，当市场需求不足时，生产能力利用率下降，成本攀升的压力就会迫使竞争企业采取价格折让、特殊折让、回扣以及其他的促销策略，必然加剧竞争；同时，当产品库存成本过高时，企业也会急于出售产品，该行动也会导致行业内竞争加剧。例如，中国电信在我国移动通信行业改革之后频频打出“让利牌”，2010 年“五一”假日期间，中国电信与国美集团合作，为办理天翼 189 号段的消费者定制特色推广套餐服务，大幅让利吸引了很多顾客定制 189 套餐，其实这也可以看作中国电信为分散固定成本而采取的措施。

4. 差异化程度和转换成本的大小

企业的产品要吸引顾客的注意力，激发顾客的购买欲望，实施差异化战略是必不可少的，产品的差异化可以使顾客对某些产品产生偏好，由此对激烈的竞争产生一种隔离效果，如苹果公司研发的 iPhone 智能机就具有鲜明的独特性，其提供的强大娱乐功能使其在众多智能机中脱颖而出，到 2016 年初为止，iPhone 已经历了六代变革，差异化愈加明显，深受消费者欢迎。同时，当顾客转换产品的成本较低时，竞争就会比较激烈，因为转换成本越低，对于采取价格攻势的企业就越有利，例如在微波炉行业，格兰仕之所以能在短期内迅速占领市场获得成功，其很大一部分原因就在于它所采取的低价策略，有效吸引了消费者的目光。但较高的转换成本在一定程度上也可以加强企业对于固定消费群的保护，抵挡竞争对手的供给。

5. 退出壁垒的高低

退出壁垒指企业退出某一行业时会遇到的障碍或承受的压力（见表 2.1）。退出壁垒会直接影响企业的去留，当退出壁垒较高时，经营不善的企业会衡量利弊并选择继续留在行业内不惜牺牲利润而采取各种竞争手段，这会加剧竞争的激烈程度。

表 2.1　常见的退出壁垒

退出壁垒	具体内容
专用性资产	这类资产由于其专用性，一般来说清算价值低，或者转移和转换成本高，比如特定用途的机器、设备和营运措施
退出的固定成本	指退出行业要支付很高的固定成本，如雇员安置成本、医疗保险等
战略相关性	指企业一种业务与其他业务之间的相关依存关系，如企业基础设施等
情感障碍	指对某种业务的特殊感情、对员工的忠诚、对自己前途的担心等
政府和社会的约束	包括政府处于对事业和对区域经济影响的关注而对退出的否决和劝阻

（二）潜在加入者的威胁

潜在加入者是指不在本行业但是有能力进入该行业的企业，是现有企业潜在的竞争对手。潜在加入者的到来意味着对市场产生刺激，由于市场的潜在加入者会带来新的生产力，同时也会带来巨大资源的占用，产生对市场的需求，这种需求必然会导致与行业内现有企业的激烈竞争。

潜在加入者是行业内重要的竞争力量，潜在加入者对行业带来的威胁会导致行业内原有企业的激烈反击。对于一个行业来讲，进入威胁的大小取决于两个因素，即进入障碍和对现有企业报复的预期。

现有的企业总是设法给市场进入制造障碍。相反，潜在加入者会挑选进入障碍不太明显的市场。进入障碍低，潜在加入者能够获得的利润空间就大。决定进入障碍大小的主要因素有以下几个方面。

（1）规模经济。所谓规模经济，是指生产单位产品的成本会随着生产规模的增加而降低。规模经济的作用会迫使潜在加入者遭遇两种境地，以较小的规模进入该行业，并忍受长期高成本的劣势，或者以大的生产规模进入，并冒着现有企业强烈反击的风险。这两种状况都会导致潜在加入者不敢前行。一般来讲，规模经济可以通过各种企业活动达到：大规模制造标准化产品带来的成本的削减；大规模采购带来的折扣以降低成本；研究和开发费用均摊到大量产品单位上所产生的成本优势；广告和营销费用均摊到大量产品单位上所产生的成本优势等。

（2）资本需求。对于潜在加入者来说，进入一个全新的环境需要的不仅是战略方案，更为重要的是维持经营和生存所必需的大量资本。比如，生产所需的工厂和设备、原材料采购和产品的库存、营销等都需要大量的资本投入。特别是高风险和不可回收的前期广告、研究和开发等所需的资本更多。这种庞大的资本需求也是造成障碍的原因之一。

（3）产品差异化和顾客忠诚。由于企业过去的行为，如广告、售后服务、所提供产品的独特性，甚至仅仅因为在该行业存在的历史悠久、形成的信誉度等使得顾客对该企业具有一定的忠诚度，这种由于忠诚度所形成的障碍迫使新进入者要付出很大的代价来克服原有的顾客忠诚，这里的代价通常意味着潜在加入者要面临初始阶段的亏损，并且是一个较长的延续过程，一旦进入失败，所做出的所有投资都将损失殆尽，所以风险也是很大的。例如，在国内，一说到国产电脑品牌，人们首先想到的就是联想。因为联想在技术方面是国内一流的，高品质的产品为联想带来差异化，进而吸引了大量忠实的顾客。又如，海尔的产品因其完善的售后服务深受消费者的喜爱。

（4）转换成本。转换成本是指顾客从现有企业的产品转向购买新企业产品时所付出的时间、精力和金钱。如果转换成本太高，顾客往往就会被锁定在现有企业所提供的产品。新加入者为使顾客接受这种转换，必须在成本或运营方式上有重大改进。如提供相对较低的价格或是提供性能更好的产品。一般情况下，各方之间的关系越稳固，转换成本就越高。例如，对于计算机使用者来说，从一种操作系统转向另一种操作系统通常会付出更多的金钱和时间成本。如果现在某人使用的是微软的 Windows 操作系统以及配套的应用软件（如 Office 办公软件），他要转换为其他操作系统的成本就会很高。他不得不花费较长的时间和精力来熟悉该操作系统，重新购买与该系统兼容的应用软件。在这种情况下绝大多数人是不愿意进行转换的，除非有特殊需要或是新的操作系统有更出色的功能。

（5）分销渠道。潜在加入者进入一个新的行业，需要确保其产品的分销渠道，分销渠道的获得通常会成为阻碍潜在进入者进入新行业的因素之一。在某些领域如消费品领域，潜在加入者想要获取主流分销渠道通常是很难的。这是因为批发商为了规避风险往往不愿意接受顾客不熟悉的产品，在这种情况下，潜在加入者就需要花费大量资金，以广告合作、广告津贴等方式，高价获得分销渠道的准入权，为此所付出的代价必然会减少潜在加入者的利润，这种利润遭受挤压的状况一直要持续到该进入者的产品被顾客所接受或者获得零售商的足够信任之后才会得到改善，参见案例 2.2。

案例 2.2

广药王老吉面临的渠道困境

综合媒体报道，2012年8月20日和8月31日，仅相隔10天，王老吉和加多宝的终端推广人员已先后在南昌和苏州发生了两起暴力冲突事件。在品牌更迭、旺季来临的背景下，这种冲突越发剑拔弩张。

2012年6月之后一个多月，王老吉已经找到了很多合作伙伴，包括银露、统一等企业都已经和王老吉达成了生产合作，但是从王老吉进入的渠道来看，还是广药比较熟悉的医药渠道和超市渠道较多，而真正加多宝的核心渠道和核心市场，王老吉当时进入的还比较少，比如餐饮渠道，是加多宝的主要销售来源，王老吉未来要进入餐饮渠道将会面临很大的阻力。

首先，从餐饮系统的操作规则来看，大多采用买断+并存的模式进行，加多宝在餐饮系统里运作的时间长，在很多城市，其占据的核心餐饮终端都具有很强的排他性，因此王老吉要想进入这些渠道除非面向新的餐饮渠道或者加多宝非买断终端，否则很难在这个核心渠道里有所作为。

其次，城市的餐饮渠道的运作都被大的经销商掌控着，这些大的经销商一般都在早期与加多宝建立了很好的合作关系，因此王老吉想进入大经销商体系，除非这些经销商与加多宝决裂，否则王老吉要想进入加多宝渠道，将付出非常昂贵的代价。这个代价对于新进入品牌来说将是巨大的。

再次，在经销商层面，从市场反馈和操作原则来看，加多宝和经销商的合作时间比较长，每个经销商和加多宝在感情上有很强的联系，毕竟凉茶市场是加多宝和它们自己做起来的，因此有共同的话语和情感纽带，另外，由于多年的品牌经营和合作，很多经销商和加多宝还有很多未尽的市场利益存在，如各种市场费用报销和处理，断然中止与加多宝合作，其代价比较高，而且会背上不好的名声，对于经销商来说存在名誉和利益的双重损失，因此很难迅速了断。

这种排他的渠道拦截，使得广药在推动王老吉凉茶的全国化发展时，面临很大的渠道压力，进入各个市场都将面临加多宝的抵抗。

点评：2012年加多宝和广药分手之后，加多宝除了拥有资金和运营经验以外，一无所有，如果不能迅速打造出一个新的主打产品、主力品牌业务，就会面临无米下锅，众多的员工无以为继的难题。此后三年，加多宝面对广药输了一系列官司，2016年5月多加宝又在“七连冠案”终审中败诉。然而这几年中在凉茶市场上，王老吉与加多宝的形势对比发生了转换。帮助加多宝在市场上战胜广药的王老吉的众多因素中，分销渠道是最关键因素之一。可以说广药拿走了品牌，但加多宝还有渠道，渠道最终重塑了品牌。

（6）其他成本优势。现有企业可能拥有新进入者难以复制的成本优势。新进入者可以通过一定的手段来克服现有企业的这些成本优势，但这样又会增加企业的成本、减少利润。这些优势大多与企业的规模没有太多的关系，主要包括专利和专有技术、原材料来源优势、有利的地理位置、学习和经验曲线及有关的政府政策等。

案例 2.3

我国汽车行业的进入壁垒

2000年前后的几年，面对国内汽车市场井喷背后的惊人利润所带来的巨大诱惑，越来越多的合资汽车企业高级主管都面临更加严峻的挑战，而对于希望进入国内汽车行业分一杯羹的自主品牌企业来说则需要莫大的勇气。

汽车行业由于其固有的特点：高投资风险和高进入壁垒，使很多潜在进入者都望而却步。对中国汽车行业来说，五大进入壁垒是不得不面对的。

（1）规模经济。对于汽车行业而言，这一点体现的很明确。由于汽车的巨额研发成本，所以当产品的产量达不到一定的规模将难以摊销。同时，汽车业的规模经济还体现在管理、采购和销售成本上，任何一环对进入汽车行业需要克服规模经济所带来的障碍都是至关重要的。

（2）产品差异。消费者对市场中原有品牌的认同会迫使新进入者不得不花费巨资来克服消费者的品牌忠诚度所带来的不利影响。虽然说中国是一个品牌文化并不是很发达的国家，在品牌忠诚度上体现的并不明显，但对于汽车消费这样高度参与的采购专家来说，品牌的重要性体现的很是充分，拥有足够资金的消费者通常都会选择现有品牌的车型。

（3）资本需求。汽车行业对资本的需求是相当巨大的。从工厂建设、购置设备、生产线到产品研发、广告宣传等方面都需要大量的资金。尤其是在研发和广告这种有去无回的投资方面，需要新进入者有足够的勇气。

（4）分销渠道。对于汽车行业而言，从2000年前后的条件来看，所有的轿车企业都要自建渠道，这需要投入巨大的精力。合资汽车品牌已经占据了大部分的渠道资源，对于新进的自主品牌企业来说，渠道资源的争夺就更为激烈。

（5）与规模无关的成本优势。对于已进入汽车行业的企业来说，他们在这个行业多年所积累下来的经验更有利于节约成本，而新进入者由于缺乏相应的熟练人才，虽然有一定的后发优势，但与老品牌比起来就幼稚了许多。

点评：1997年之后的十年，中国汽车自主品牌成功地由“潜在加入者”变成了“行业内竞争对手”，杀入壁垒甚高的汽车市场，甚至扩军海外。但外资和合资汽车企业觉醒之后，自主品牌汽车企业不得不直面规模经济上的劣势、产品差异的不足、资本的匮乏、渠道劣势和其他劣势，在第2个十年陷入苦苦挣扎之中。推荐读者课外阅读以下两篇新闻，结合正文所学内容分析1997年之后20年之中中国汽车行业竞争结构。

2014-09-12《中国周刊》《【关注中国】潮汹涌路漫漫》（记者 寇建平），本文简要介绍了中国自主品牌汽车的发展历程：http://www.chinaweekly.cn/bencandy.php?fid=63&id=7312

腾讯网2011年《激荡车市30年·数字图解30年车市场变迁》专题报道：http://auto.qq.com/zt2012/30years/index.htm

（三）供应商讨价议价的能力

供应商对行业竞争的影响主要表现为提高供应价格或者降低供应产品或服务的质量，这些手段必然会导致下游行业利润的下降，如石油供应商提高石油价格，必然会导致相关的化工业和服务产业的利润下降。在以下的情况中，供应商讨价议价的能力较强。

1. 供应商集中度高

供应商的集中程度如果高于购买商的集中程度，供应商就能够在价格、质量上获得主动权，以此对购买商施加压力。如计算机芯片行业一直被英特尔公司垄断，虽然出现了诸如AMD等竞争对手，但是实力相差甚远，它们同样要生产与英特尔标准兼容的芯片。在这种情况下，英特尔具有较强的讨价议价的能力，因此它可以收取较高的价格。

2. 替代品很少或没有替代品

如果行业内替代品很少或缺少替代品，供应商的产品被替代的可能性较小，这就意味着供应商竞争能力较强，所受的威胁较小。如我国的通信行业，对于手机用户来讲只有移动、联通、电信三家运营商，可供选择的机会太少，使得这三家运营商有着较高的讨价议价能力。

3. 本行业对供应商的影响小

如果本行业是供应商的重要客户，供应商在很大程度上需要依赖本行业生存，此时来自供应商的压力较小，相反，如果该行业对于供应商来说重要程度较低，此时供应商更易动用讨价议价的能力。

4. 供应商对本行业的影响大

如果供应商对本行业发展的影响程度较大，对行业的生产起关键性作用，来自供应商讨价议价的压力就较大，反之则较小。

5. 供应商产品的差异化

如果供应商所提供的产品是有差异的，并且对购买者建立起了很高的转换成本，此时的供应商就具有较高的价格优势。

6. 供应商的前向一体化

如果供应商对买主行业可构成前向一体化，购买者行业如果想讨价还价就会比较困难，这也增强了供应商对本行业的压力。如汽车制造商不再经过经销商销售，而是建立自己的分销总公司。

（四）购买者讨价议价的能力

购买者通常会要求降低产品的价格，同时还要求提高产品的质量和售后服务。为了满足购买者的需求，行业内的企业因为竞争会导致“互相残杀”，进而导致行业利润下降。在下列情况下，购买者有较强的讨价议价能力。

1. 购买商集中度高

如果购买商相对集中并大量购买，集中程度会提高购买商的地位，大量购买会提高其在产品销售量中的比重，这种双重效应会提高购买商对行业的影响程度。

2. 购买商的利润很低

如果购买商的利润很低，它们在购买时会千方百计地压低成本以保持利润，这时来自购买商的压力就很大；相反，当购买商利润很高时，它们对成本就会关注较少，而将注意力转移到与供应商保持长期友好合作上。

3. 购买的产品占其购买量和成本的比重很大

如果购买商愿意花费必要的资金购买较大比重的产品，购买商的议价能力就会较强，相反，如果购买量只占购买费用较小的比重，供应商对价格通常不大敏感，也不会过多议价。如零售巨头沃尔玛对于供应商来说具有较强的讨价议价的能力。因为对于大多数供应商来说，沃尔玛是其最大的客户，其购买的产品数量占供应商产出的很大比例，所以，供应商往往会以更低廉的价格和更优质的服务确保留住这样的大客户。

4. 购买商的转换成本较低

如果转换成本较高，购买商就会固定在某些特定的销售者身上而很少转变，相反，如果转换成本较低，购买商的议价能力就越强。

5. 购买者获得的供应商信息充分

如果购买者获得信息很充分，购买者就有可能在交易中获得优惠价格，一旦受到供应商的压力时就会及时反击。

（五）替代品的压力

替代品是指那些与本行业产品有同类功能的其他产品，该替代品会对行业内的原有产品构成威胁，替代品一旦投入市场就会压低本行业产品的价格上限。替代品的价格越有吸引力，对本行业产品的限制作用就会越明显。在通常情况，本行业企业对生产替代品企业的竞争不可孤立而行，需要行业内企业联合起来采取一致行动才能产生抵制效果。替代品所构成的压力主要来自于以下三个方面。

1. 替代品在价格上的吸引力

替代品在价格上的吸引力越强，所构成的竞争压力就越大。替代品的价格如果低于行业内产品的价格，行业内的企业就会被迫通过降价进行竞争，这种竞争行为必然会降低行业利润。

2. 替代品所获得的顾客满意度

由于替代品所存在的相似性，顾客会比较替代品和原产品之间的价格、性能、质量和服务等一系列因素，替代品的压力会迫使行业内原有企业不断改善产品质量和性能以保持顾客对本企业产品的满意度。

3. 转换成本

转换成本的高低直接影响替代品对顾客的吸引力。如果转换成本很低，生产替代品的企业就很容易通过价格优势来吸引顾客的购买行为，如果转换成本较高，那么替代品的企业就需要通过提高替代品的性能和其他除价格之外的优势来诱惑原来行业的客户脱离老关系。

在通常情况下，替代品的价格越低，质量和性能越高，顾客的转换成本越低，替代品所产生的竞争压力就越大。

第四节　竞争对手分析

竞争是市场经济最主要的特征之一，企业要占领市场，获得利润，求得生存，就需要应对竞争者的挑战和威胁，因而对竞争对手进行分析，分析竞争来自何处、动机如何、威胁系数以及未来发展的趋势，对于帮助企业及时做出战略调整以适应竞争是十分重要的。

一、竞争对手分析的含义与内容

竞争对手分析是一种正式、系统的收集有关竞争者信息的过程。与宏观环境分析、行业环境分析相比，竞争对手分析是更微观层面的外部环境分析。如果企业没有进行仔细的竞争者分析，则容易在战略制订上存在盲点。尤其是在竞争对手分析中，企业选取作为分析对象的竞争者通常是与企业构成直接竞争的对手，对这些竞争对手的分析能够使得企业获得有关竞争对手的情报和知识，了解竞争对手的意图并理解其中的战略意义，从而根据竞争对手的信息做出正确的战略反应，提高战略决策的质量。

通过竞争对手分析，企业可以获得以下四个问题的回答：①是什么驱动着竞争对手？②竞争对手正在做什么以及能做什么？③竞争对手对行业怎么看待？④竞争对手的能力是什么？具体如图 2.5 所示。

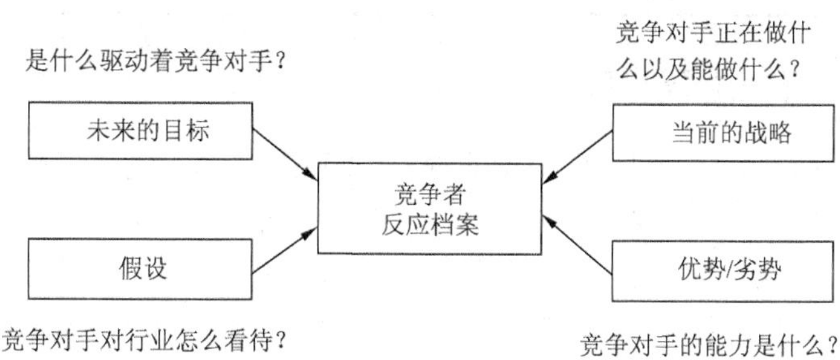

图 2.5　竞争对手分析模型

“是什么因素驱动着竞争对手？”这一问题反映了竞争对手的目标和未来的追求。企业应当在考虑竞争对手未来目标的基础上对自己的目标进行评估，思考未来企业所要追求的重点和追求此目标的风险等问题。

“竞争对手正在做什么以及能做什么？”这一问题反映了竞争对手当前的战略以及未来的可能发展方向。对这一问题的回答可以有助于企业了解其当前的竞争方式，以及当竞争结构在未来发生变化后，当前的战略能否继续适用。

“竞争对手对行业怎么看待？”这一问题反映了竞争对手关于行业及其自身的基本假设。这些假设有助于预测竞争对手的行动。因此，企业可以由此来了解、评价自己对自身和行业现状及未来的假设是否恰当。

“竞争对手的能力是什么？”这一问题反映了竞争对手的优势和劣势所在。企业可以因此了解自身的优势和劣势所在，并对双方的优势和劣势做出正确的评价。

这个模型能够系统地收集竞争对手当前和过去的各种信息，从而预测未来竞争对手会对企业的战略做出何种反应，预测竞争对手对行业内其他企业的战略做出何种反应等。通过对上述四个问题的回答，企业就能够为每一个竞争对手建立起竞争者反应档案，从而可以为战略规划人员提供有效的竞争情报。表 2.2 列举了竞争者档案信息的主要类别及其所包含的内容。

表 2.2　竞争对手档案信息的主要类别和内容

类　别	内　容
背景信息	名字、地点、简介、历史、关键事件、主要的交易、所有权结构
产品/服务	产品/服务的数目、产品线的广度和宽度、质量、客户质量、开发新产品/服务、目前的产品和产品线所占的市场份额
市场营销	细分市场战略、品牌形象、可能的增长方向、市场调研能力、客户服务重点、4P 策略、重要客户
人力资源	员工的素质与技巧、工作变动频率、劳工成本、培训水平、工会关系
运营	制造能力、大量定制的能力、循环周期、制造敏捷程度和灵活性、全面质量管理的执行、日常开支、精益生产方式
管理	个性、背景、动机、士气、行为方式、过去的成功与失败、管理才能
技术	加工技术、研发技术、自有技术、专利、版权、信息与沟通的基本结构、内部创新能力、通过许可、联盟和合资公司进行拓展的能力
组织结构	等级结构特征、团队建设、跨职能小组、主要的所有权关系、组织文化

续表

类　别	内　容
战略	定位、计划、使命与意愿、目标、协同效应、资源/能力、核心竞争力
客户价值分析	质量特征、服务属性、客户目标与动机、所有权人的净收益
财务	财务报表、债券分类表、现金流分析、股票市场绩效、成本

二、竞争对手分析的主要步骤

竞争对手分析的主要步骤包括确定竞争对手、确定需要哪些有关竞争对手的信息、确保具有获取相关信息的能力、对收集到的信息进行战略分析、以合适的方式表达这些信息、确保正确的决策者及时得到正确的信息、在分析的基础上制订战略、继续监视竞争对手和寻找潜在的竞争对手。从上述步骤来看，竞争对手分析是一个动态的和循环的过程，这就要求企业对竞争对手进行持续的识别、监控与跟踪。

竞争对手分析的第一步是要确定所要分析的竞争对手。这里，竞争对手既包括现有的竞争者，也包括对企业未来发展有较大影响的潜在竞争者。确定竞争对手的一个主要思想是看哪些企业与本企业争夺相似的东西。如果两家企业所争夺的东西很相似，那么这两家企业在该维度上的竞争就越直接。从这个角度上来看，争夺相同顾客的企业就构成了直接的竞争对手。因此，企业可以通过了解顾客的看法来确定当前和未来的竞争对手。

竞争对手分析的第二步是要确定需要哪些有关竞争对手的信息。企业可以从表 2.2 中所列出的信息类型为参考进行收集。但是需要注意的是，企业所收集的竞争对手的信息应当是相关的，即与影响企业向顾客提供卓越价值相关的信息。

为了获得有效的信息，企业还应当确保具有获取相关信息的能力。这些能力主要包括收集技能、处理技能、分析技能和传播技能。此外，企业还需要考虑如何有效地利用各种竞争情报的信息来源。包括供应商、营销人员、销售人员、客户运营人员、客户等都是潜在的有价值信息的来源。

对于收集到的信息，企业应当采用适当的方式进行战略性分析。企业可以利用图 2.4 所示的模型，根据未来的目标、当前的战略、假设、优势和劣势四个方面展开对竞争对手和企业自身的战略性分析。

当对信息进行了战略性分析后，企业应当确保这些信息能够以一种合适的方式进行表述和沟通。例如，企业可以利用比较矩阵、雷达图、竞争优势图等直观、简单明了的方式来识别重要的战略信息。

此外，由于环境变化迅速，企业应当及时将分析的结果准确地传达到决策制订者那里，以便于决策制订者能够在及时、准确的信息分析的基础上制订战略。

最后，当上述完整的分析流程完成后，企业还应当继续监视竞争对手和寻找潜在的竞争对手，并循环进行上述的竞争对手分析步骤。

第五节　战略环境分析技术

企业战略环境的分析需要运用各种模型和技术对关键外部环境因素对企业的影响及其相

互关系进行综合分析。这种分析的目的是要了解这些关键因素对企业影响的性质（机会或威胁）以及它们的相对重要性。

一、产业分析：外部因素评价矩阵

外部因素评价矩阵（External Factor Evaluation Matrix，EFE）可帮助战略制订者归纳和评价经济、社会文化、人口、环境、政治、政府、法律、技术及竞争等方面的信息。建立 EFE 矩阵的步骤如下。

（1）列出影响企业的主要外部环境因素，包括主要机会和威胁。因素总数在 10 ~ 20 个，首先要列举机会，然后列举威胁，并尽量做到具体，可能时要采取百分比、比率和对比数字，表 2.3 为一示例。

（2）给每个因素确定一个权重，其数值在 0.0（不重要）～1.0（非常重要）。权重标志着该因素对于企业在产业中取得成功的影响的相对重要性。各个因素的权重值总和应为 1。

（3）按四分制给每个因素打分，范围为 1 ~ 4 分。“4”代表重大机会，“3”代表一般机会，“2”代表中度威胁，“1”代表重大威胁。

（4）将每个因素的权重乘数以它的评分，即得到每个因素的加权分数。

（5）将所有因素的加权分数相加，以得到企业的总加权分数。

无论该矩阵模型包含多少机会和威胁，一个企业得到的总加权分数最高为 4.0，最低为 1.0，平均分为 2.5 分。总加权分为 4 说明该企业对于整个产业中现有的机会和威胁做出了最出色的反应并且正处于一个有吸引力的产业中，相反，得分为 1 的企业正处于不好的外部环境状态，其战略不能利用外部机会或规避外部威胁，得分为 2.5 的企业则是折中性的状态，产业的吸引力不好不坏，处于一般水平。表 2.3 得分为 1.9，说明该企业正处于比较差的外部环境状态，其战略不能较好地利用外部机会或规避外部威胁。

表 2.3　外部因素评价矩阵示例

关键战略环境要素	权重值	分数	加权分数
中国汽车产业的飞速发展	0.30	2	0.60
城镇居民收入提高	0.10	4	0.40
小城镇建设速度加快，道路交通设施趋于完善	0.30	2	0.60
城镇居民出行需求意识增强	0.10	1	0.10
政府的刺激性政策	0.20	1	0.20
总加权分数	1.00		1.90

二、竞争态势矩阵

产业内各企业由于在产业成功关键因素上的努力和表现不同，因而在产业内的竞争力强弱也有差别。这里介绍的竞争态势矩阵（Competitive Profile Matrix，CPM）就是用于确认企业的主要竞争者及其相对于该企业的战略地位，这些主要竞争者的特定优势和弱点。建立竞争态势矩阵的主要步骤有以下四步。

（1）由企业战略决策者识别产业中的关键战略要素，一般要求 5 ~ 15 个要素。在分析中常见的关键战略要素有市场份额、产品组合度、规模经济性、价格优势、广告与促销效益、财务地位、管理水平、产品质量等。

（2）对每个要素要确定一个适用于产业中各竞争者分析的权重，以此表示该要素在产业经营中的相对重要程度。权重值的确定可以考察成功竞争者与不成功竞争者的经营效果并从中得到启发。每一要素权重值从 0（最不重要）到 1.0（最重要），且各要素权重值之和为 1。

（3）对产业中各竞争者在每个要素上所表现的相对强弱进行评价，评价时分数通常为 1、2、3、4，表示从弱到强（最弱，较弱，较强，最强）。评价中需注意各分值的给定应尽可能以客观性的资料为依据，以便得到较准确的结论。

（4）将各要素的评价值与相应的权重值相乘，得出各竞争者在相应要素上相对力量强弱的加权评价值，最后对每个竞争者在每个要素上所得的加权评价值相加，从而得出各竞争者在各要素上的评价值。这一数值的大小就显示了各竞争者在总体力量上的相对强弱情况。表 2.4 提供了一个产业竞争态势矩阵的示例分析。

表 2.4　产业竞争态势矩阵示例

产业关键战略要素	权重值	本企业		竞争者 1		竞争者 2	
		评价值	加权评价值	评价值	加权评价值	评价值	加权评价值
市场份额	0.20	3	0.6	2	0.4	2	0.4
价格竞争	0.20	1	0.2	4	0.8	1	0.2
财务地位	0.40	2	0.8	1	0.4	4	1.6
产品质量	0.10	4	0.4	3	0.3	3	0.3
用户信誉	0.10	3	0.3	3	0.3	3	0.3
综合加权评价值	1		2.3		2.2		2.8

三、外部因素评价矩阵和竞争态势矩阵的比较

前面我们已经介绍了外部因素评价矩阵（EFE）和竞争态势矩阵（CPM），通过比较这两种矩阵，我们会发现，竞争态势矩阵和外部因素评价矩阵中的权重值和总加权分数含义相同。但是，竞争态势矩阵中的因素包括内部和外部两个方面的问题，评分则表示优势和弱点。

外部因素评价矩阵和竞争态势矩阵之间存在一些重要的区别。

（1）竞争态势矩阵中的关键因素更为笼统，它们不包括具体的或实际的数据，而且可能集中于内部问题。

（2）竞争态势矩阵中的因素不像外部因素评价矩阵中的那样被分为机会和威胁两类。

（3）在竞争态势矩阵中，竞争公司的评分和总加权分数可以与被分析公司的相应指标相比较，这一比较可以提供重要的内部战略信息。

（4）外部因素评价矩阵适合于对外部因素进行归纳和评价，竞争态势矩阵适合于对多个竞争对手进行比较。

四、战略环境预测方法和技术

预测是一种十分复杂的活动，因为政治波动、技术进步、文化的改变、竞争状况的变化、新产品或服务的出现、政府政策的变化、经济形势的变化以及其他一些变化总是相互影响或同时发生。预测方法可以分为两大类：定量方法和定性方法。

定量方法包括三种基本技术：经济模型、回归分析和趋势外推。经济模型是以若干回归等式构成的相互作用的系统为基础，在先进的计算机的帮助下，经济模型已经成为预测经济变量的一种最广泛运用的方法。单元或多元回归分析是一种用一个或几个自变量广泛运用的方法，是一种用一个或几个自变量的变化来解释另一个因变量变化的统计学方法。趋势外推是对过去的变化趋势是否延续至将来的预测。应当注意的是，所有定量技术都是以各种变量之间的历史关系为基础或根据的，因此选择和使用预测方法要小心谨慎，否则得到的结果会引起更大的偏差。

本章小结

企业是在一个开放的环境中生存与发展的，需要时时刻刻与外界环境发生物质与信息的交换以获得持久的生命力。企业的一般环境通常都富有挑战性，并且包括诸多不确定性因素，一般环境能够影响企业的业绩，企业必须要敏感识别一般环境中的机遇与威胁，及时调整战略，以适应环境的变化与发展。

环境分析是一个连续的过程，步骤包括四个环节：搜索、监测、预测、评估。

企业的一般环境分为宏观环境和产业环境两大层次。宏观环境与企业之间的关系通常被称为 PEST 模型，政治法律因素通常是指对企业经营活动具有现实与潜在作用和影响的政治力量，在分析经济因素时，不仅要考虑到宏观经济的总体状况，还要分析利率水平、失业率、消费者收入及收入预期水平等，技术因素不仅仅是引起时代变革的技术力量，还应当包括与企业生产活动有关的新技术和新材料的应用与推广等。社会因素主要是指社会文化、习俗、道德观念以及公众的主流价值观等。

行业的经济特征是行业相互区别的标志，各行业在特征和结构等方面都存在很大的差别，在进行行业竞争性分析时，要在整体上对行业的经济特征进行准确的分析。

市场结构–市场行为–市场绩效的产业分析框架（SCP）指出，市场结构决定企业在市场中的行为，而企业行为又决定市场运作在各个方面的经济绩效。

行业生命周期是一个从萌芽阶段（幼稚期）开始，经过成长、成熟阶段，最后进入衰退阶段所经历的时间。处于不同阶段的行业对应着不同的行业竞争结构，拥有各自的机会和面对各自的威胁。

波特的五力竞争模型帮助我们分析五种力量对行业竞争格局的影响作用。它们分别是：行业内现有竞争对手的竞争力量、潜在加入者的威胁、购买者讨价还价的能力、供应商讨价议价的能力、替代品的威胁。这五种力量的状况和综合程度，决定了行业的竞争水平，进而决定行业中获利的最终潜力。

对竞争对手的分析是企业制订良好战略的先决条件。竞争对手的分析主要包括四个方面的因素：未来的目标、当前的战略、假设和优势/劣势。

本章所介绍的外部因素评价矩阵和竞争态势矩阵可以用来帮助战略制订者评价市场和产业，但这些方法必须依靠良好的直觉性判断来发挥作用。

复习与思考

一、名词解释

经济环境、技术环境、进入障碍、行业生命周期、外部因素评价矩阵

二、单选题

1. 现有企业间的竞争是指（　　）各个企业之间的竞争关系和程度。

A. 行业内　　B. 区域内　　C. 产品市场领域内　D. 集团内

2. 从战略分析角度看，成熟行业是指在相当长的一段时间里，行业中产品的销售是持续（　　）的行业。

A. 上升　　B. 下降　　C. 平稳　　D. 不定

3. 甲为一进出口公司，就其外部环境而言，最主要的宏观影响因素是（　　）。

A. 政治法律因素　B. 经济因素　C. 人文社会因素　D. 科技因素

4. 对于旅游企业来说，下列因素中属于宏观因素的有（　　）。

A. 某旅游点发生地震　　B. 旅游景点居民收入水平逐年提高

C. 国家允许国人出境旅游　　D. 国内居民用于旅游的消费支出增长明显

5. 北京市自 1998 年起，对机动车辆尾气排放标准进行了严格限制，其中轿车必须安装电喷带三元催化器。它属于企业宏观环境中的（　　）因素。

A. 经济环境　　B. 社会文化环境　C. 技术环境　　D. 政治法律环境

三、多选题

1. 根据波特教授对竞争对手的分析，对竞争对手的分析有四个方面主要内容，即竞争对手的（　　）。

A. 未来的目标　　B. 替代性　　C. 自我假设

D. 潜在能力　　E. 现行战略　　F. 讨价还价能力

2. 对企业的宏观环境因素进行分析时，要考虑（　　）等因素。

A. 政治因素　　B. 经济因素　　C. 行业因素

D. 技术因素　　E. 社会因素

3. 影响买方讨价还价过程的因素主要有（　　）。

A. 买方的集中度　　B. 产品在成本中所占的比重

C. 转换成本的大小　　D. 产品差异化程度

E. 买方赢利能力

4.（　　）等情况下，购买商有较强的讨价还价能力。

A. 购买商相对集中，并且大量够买　　B. 购买商的行业转换成本高

C. 购买商的利润低　　D. 购买商掌握供应商的充分信息

E. 购买差异化的产品

5. 对竞争对手进行分析的诊断要素有（　　）。

A. 竞争对手的现行战略　　B. 竞争对手的信号

C. 竞争对手的假设　　D. 竞争对手的能力

E. 竞争对手的长远目标

四、判断题

1. 政治法律因素是指对企业经营活动具有现存的和潜在作用与影响的政治力量，同时也包括对企业经营活动加以限制和要求的法律和法规等。 （ ）

2. 根据竞争对手的分析模型，对竞争者的分析有四种诊断，即竞争对手的长远目标、竞争对手的现行战略、竞争对手的假设和竞争对手的能力。 （ ）

3. 进入障碍的构成因素之一是规模经济，其利用仅仅在生产上。 （ ）

4. 波特认为企业的获利能力很大程度上取决于企业所在行业的竞争强度，而竞争强度取决于五种基本竞争力。 （ ）

五、简答题

1. 企业面临的外部环境因素有哪些？管理者为什么必须要了解企业的外部环境？
2. 简述外部环境分析的过程。
3. 新兴行业的基本特征是什么？选择进入新兴行业的时机要注意什么问题？
4. 如何运用外部因素评价矩阵？
5. 如何运用竞争态势矩阵？

六、论述题

1. 影响行业环境的五种竞争力量是什么？是否有局限性？请以你熟悉的某一行业为例，分析这五种力量是如何影响该行业的竞争格局的？
2. 试述企业处于成熟阶段的战略选择。
3. 试联系你所熟悉的企业，为它进行行业定位，并分析该行业的性质和发展阶段。

案例分析

红星·美凯龙的成长之路

1986年，红星·美凯龙总裁车建新开始了他的创业之路。最初，他在自己的卖场内经销自己工厂生产的家具，同时也代理国内其他的家具品牌，赚的是进销差价。在20世纪90年代初，这种渠道商模式使红星·美凯龙在较短时间内便将店面扩张到20多家，跻身江苏最大的家具连锁卖场品牌，连续6年跻身中国民营企业500强前50位，成为中国家居业的第一品牌。

但出乎意料的是，到了1996年，红星·美凯龙24家连锁店中竟有14家出现了不同程度的亏损。

突如其来的打击，让车建新重新思考家居卖场模式的现状。为此，他带着高管团队数次赴美考察各种商业业态，最终发现，问题还是出在渠道模式上。于是，车建新试图将红星·美凯龙的定位从“渠道”向“平台”转移，他不再满足于直接经营具体的家居产品，而是借鉴欧美“Shopping Mall”的模式搭建好一个商场平台，引入工厂、地区经销商来做“现场直销”，让这个平台成为他们的销售渠道；在此基础上，红星·美凯龙的角色从“产销者”转变为“经营管理者”，为入驻的品牌商提供“统一的营销、统一的售后”等服务，并通过租金来赢利。

从渠道到平台的转变，使得红星·美凯龙与家居品牌商之间的关系发生了变化，同时意味着，红星·美凯龙需要形成一种新的互动模式，既充当了家居工厂的孵化器——走扶持工厂、共生共荣的发展之路，致力于培植民族家居产业；又成为创业的孵化器——为广大经销商提供了创业的舞台、成长的院校；还成为家居产品创新的孵化器——为工厂搭建高平台，通过体验式购物，为原创设计提供灵感，造就了一大批优质的民族家居品牌。

在与品牌厂商共同发展的过程中，商场与供应商相互帮扶，形成了一个有机的“生态系统”。一方面，红星·美凯龙的发展离不开好的家居品牌的支持；另一方面，红星·美凯龙平台的壮大，又能帮助家居品牌从区域走向全国，做大做强。针对小型的家具建材品牌商，红星·美凯龙通过经验的交换、资源的分享，在渠道的基础上开发出更多增值服务，来帮助品牌商成长。

1995年之后，不少世界知名的连锁洋品牌纷纷进入中国，其中包括家乐福、沃尔玛、麦德龙和欧倍德这些全球知名的“大鳄”。来势汹汹的国际大品牌带来了先进的经营理念和全新的业态，这种情况下，当时还很弱小的红星·美凯龙似乎岌岌可危。毕竟，洋品牌携资本优势、品牌优势、人才优势与资源优势，在本土企业面前显得咄咄逼人。

然而2012年9月14日，世界家居连锁巨头家得宝公司宣布，将关闭在中国的所有七家大型家居建材零售商店，在华业务将以专业零售店和网上销售的形式存在。这意味着家得宝开始在中国市场撤退。而与之形成鲜明对比的是，在家得宝宣布关店的半年前，红星·美凯龙在天津举行了盛大的“百MALL盛典”。

洋品牌的水土不服，为整个家居流通行业敲响了警钟。毕竟，无论洋品牌拥有多么领先的理念和业绩，进入中国市场后经历了一段时间的扩张，本土化进程都或多或少地遭遇“滑铁卢”。在欧美屡试不爽的赢利模式，在中国消费者的消费习惯面前纷纷失效。显然，它们并不适应中国独特的文化背景和生活方式，先进的理念和美妙的想法并没有带来同样美好的利润。

与之对应的是，本土家居企业的高速发展，正是得益于其对消费者的研究和基于实际的创新。就红星·美凯龙来说，从租赁房改造的第一代商场起步，到第二代买地自建商场，第三代采用“品牌捆绑式经营”的商场，第四代连锁品牌商场，第五代承诺“对所有售出商品负全责”，第六代建设“江南园林式环保商场”，第七代尝试情景体验家居MALL，第八代建设世界领先的公园家居商场等，公司不断进行着各种业态的尝试。

> 读者可关注红星·美凯龙官网自我介绍页面，特别是其中的“企业文化馆”栏目中有更多和本例相关的内容：http://www.chinaredstar.com/about/
>
> 

截至2015年12月31日，商场网络增至177家，总经营面积约为11 660 468平方米，覆盖全国28个省、直辖市、自治区的126个城市，包含55个自营商场及122个委管商场，是中国经营面积最大、商场数目最多、地理覆盖面积最广的家居装饰及家具商场运营商。

因此，无论是洋品牌还是本土品牌，应变与创新是关键。做好本土化，必须针对目标消费市场的特殊性做出相应的调整，在此基础上，不断提升自身硬件、软件与消费体验，才是参与国际化竞争的利器。

思考讨论题

1. 为什么红星·美凯龙要实施从渠道到平台的战略转变？
2. 试分析家居洋品牌在中国失败的主要原因。

第三章　企业内部条件分析

【学习要点及目标】

1. 了解内部条件分析的目的及重要性
2. 理解企业价值链的概念、价值活动的内涵及联系、价值链的关联与延伸
3. 理解标杆管理的内涵及应用实施
4. 熟悉企业资源要素分类、企业能力的内涵、企业内部关键因素的识别及协同效果分析
5. 熟悉企业竞争优势的构成，了解寻求竞争优势的途径
6. 掌握企业核心能力的概念、判断标准及企业核心能力分析的内容
7. 掌握几种企业内部条件战略分析技术

【关键概念】

企业资源基础、核心能力、价值链、竞争优势、内部分析技术

引导案例

马来西亚RHB银行：简产品、高效率的便捷银行品牌

近年来，在客户消费习惯变化和自身经营成本压力的共同作用下，国外商业银行的经营模式开始快速转型。一种追求传统物理网点与新兴电子银行渠道相融合的多渠道经营策略（Multi-Channel Strategy）逐渐成为发达市场和新兴市场银行业的共同选择。客户偏好变动的新趋势要求银行对渠道策略进行相应调整，加速拓展各类非网点业务渠道，为客户提供更丰富的选择和更优质的服务体验。

RHB银行（RHB Bank Berhad）是马来西亚一家成立于1997年的年轻银行。成立以来，该行致力于打造主要针对大众市场和年轻人群的便捷银行（Easy Bank）品牌。

本例整理自 2013 年4月10日《上海证券报》《国外银行快速转型寻求多渠道经营》（金昱），原文内有更多可供参考，经济参考网转载有本文：http://jjckb.xinhuanet.com/opinion/2013-04/10/content_438456.htm

根据目标客户群追求简单、便捷和高附加值的银行产品的需求特点，该行尽可能简化产品组合，在便捷银行品牌网点中仅提供6种易懂、易用的产品，包括两种保险产品、两种贷款产品、一种储蓄计划和一种信用卡。更多精力被放在提高经营效率和增强客户服务便利性方面。

便捷银行品牌网点以低成本的小型网点和自主服务亭等形式为主，主要分布在大型购物中心、邮局、地铁站等人流密集区域。同

时该行也提供便捷的网上银行、手机银行渠道，方便客户随时随地办理相关业务。

依托先进科技的广泛应用，该行的业务办理效率极高。以个人贷款业务为例，客户到银行网点申请贷款时只需提供个人身份证，银行系统与马来西亚国民身份信息系统相连，通过读取身份证上的芯片，银行即可获得有关客户的个人资料、信用状况等全方位信息，并据此当场完成贷款审核和付款，整个过程可以在10分钟内完成。

思考

1. RHB银行经营成功的原因是什么？
2. RHB银行的竞争优势体现在哪些方面？

第一节　企业内部条件分析的性质

处于相同行业的企业，面临的环境应该是相同的，但却有着不同的收益和经营绩效。2013年，中国手机市场“中华酷联”（指中兴、华为、酷派、联想）是国产手机品牌四强，而仅仅两年后的2015年却变成了“华米欧维”（指华为、小米、OPPO、vivo）引领风潮，中兴、酷派、联想则被挤出前五名。在竞争激烈的折扣零售业中，2002年沃尔玛一马当先，销售额位居世界500强首位，销售利润率高于行业平均水平一倍以上，而凯马特（K-Mart）却因经营失败不得不申请破产保护。进入21世纪后的15年中，在同样竞争激烈的家电行业，许多家电企业产销纷纷大滑坡，而海尔、美的的优势却日益明显。传统的环境学派无法很好地对这些问题做出解释。

新的研究发现：不同的企业在收益上的差异主要不是因为行业不同，而是因为它们所拥有的资源和能力各不相同。处于同一行业内相互竞争的企业所拥有的资源和能力也有很大的差异。一个企业之所以获得超额利润，除了行业因素外，更重要的是它所拥有的同行业其他竞争对手所没有的资源和核心能力。

因此，战略管理者要进行企业内部条件分析，通过对企业资源和能力的分析，找准自身优势和弱点，特别是明确作为企业竞争优势根源和基础的独特能力。内部条件分析和外部环境分析在战略制订过程中是同样重要的。如果说外部环境分析的结果明确了企业可能的选择，即有可能做什么，那么，内部条件分析的结果则明确了企业能够做什么。只有将外部环境分析和内部条件分析的结论综合起来，才能确定企业应该做什么。

一、企业内部条件分析的目的

企业内部条件分析的主要任务是通过对企业内部要素的分析，归纳出若干能够影响企业未来发展的关键战略要素，即企业的内部优势与劣势。内部条件分析的目的主要有以下三个方面。

（1）弄清企业现状，包括资源、能力、已有业绩和存在的问题等，这些因素都是企业可自行控制的。

（2）了解企业现已确定的将在战略规划期内实施的改革、改组、改造和加强管理的措施，并预测其成效（因这些措施在制订战略规划时都必须考虑）。

（3）明确自身同竞争对手相比的优势和劣势。外部环境的分析主要回答“企业可以做什么”，而内部条件的分析则主要回答“企业能够做什么”。

二、企业内部条件分析的重要性

战略管理研究的一个基本议题就在于如何获取竞争优势。如果在某个行业中，某家企业的赢利能力高于该行业的平均赢利能力，那么这家企业相对于其竞争对手而言就具有竞争优势。如果这家企业能够在长时期内保持高于行业平均的赢利能力，那么我们就称这家企业拥有持续竞争优势。

在如今的环境特征下，对企业内部资源和能力进行分析变得更加重要。首先，在外部环境变动比较大的情况下，企业内部资源和能力能够作为一种更为稳定和有保证的竞争优势的来源。其次，随着技术进步和全球化趋势的发展，先前的一些因素（如劳动力成本、财务资源和原材料的获取、保护主义和市场管制）已经很难为企业带来持续的竞争优势。因此，企业需要通过对内部资源和能力的分析来应对这些变化。

企业资源与能力是战略资源基础观学派所提出的概念，这种观点采用的是由内而外的方式来考察竞争环境，也就是由内部环境分析作为分析起点。而与之相比，在第二章中介绍的波特所提出的五力模型采用的是由外而内的分析视角。战略的资源基础观认为，每个企业都拥有一些与其他企业不同的资源与能力，资源是能力的基础，而能力又可以使企业从中发展出自己的核心竞争力，并获得竞争优势。因此，企业如何对自己的资源和能力进行有效评估和整合运用成为内部环境分析的一个主要目的。接下来，我们将对企业的内部资源及能力方面进行详细的介绍。

第二节　企业内部关键条件审视

企业的经营就如体育运动项目，都需要找到自己的关键成功因素（Key Success Factors，KSF）。例如，篮球需要一定的身高和弹跳，足球需要速度和团队的配合，而棋类则需要敏锐的思维和良好的心理素质。

企业作为行业的细胞，必须把握所在行业的关键成功因素。一个行业的关键成功因素是指那些影响行业成员在市场上最大限度获利的关键因素，包括特定的战略因素、产品因素、资源、能力、竞争能力以及影响公司盈亏的业务成果。例如，快餐业的地点、品牌、价格、服务及卫生都是该行业的关键成功因素。企业只有在关键成功因素上首先超越其他竞争对手，才能保持其竞争地位。

一、企业资源和能力

（一）企业资源要素

企业资源是现代企业生存和发展不可缺少的要素，也是表现企业内在经营能力的一个方面。企业内部资源的多寡、资源质量的高低、资源组合的协同效果以及资源与新业务间的协同效果如何，对维持和发挥战略管理活动成效具有重要的影响。因此，有必要对以上方面进行分析。

影响企业战略制订和实施的企业资源要素有很多，如人力、财力、机器设备、工作方法、原材料、市场、士气、管理信息、管理哲学、管理环境十个方面。除管理环境外，可以将企业资源归纳为人力、物力、财力、信息、市场地位五大要素。

1. 人力资源要素

提高企业人员素质是保持和发挥企业战略优势的首要环节。人才是事业的根本，企业战略管理的一切工作，从环境分析、战略制订、战略实施到评价战略，都必须由人去推行。因此，人力资源要素是企业战略管理中最重要的资源要素。

从具体工作看，无论是市场战略、技术战略、产品战略、财务战略、公司总体战略等，都需要有各种优秀的经营人才、管理人才、技术人才和其他专业人才来筹划与落实。比如缔造了诺基亚神话的奥利拉（1992—2006年任诺基亚集团首席执行官）一上任就果断地推出将科技新生代的年轻人推上关键岗位等人事举措，为很快确定以手机和手机网络设备为公司战略发展方向、使诺基亚集团走出困境奠定了人力资源基础。

在这里我们还要建议企业领导学习唐朝皇帝李世民的做法："智者取其谋，愚者取其力，勇者取其威，怯者取其慎。"一个企业要想获得战略的成长，不仅要不断吸收和培养优秀的人才，加以任用，使人各得其所，各展其长，充分发挥其积极性与创造性；而且要提倡在上下级之间、各种人员之间的密切配合，号召他们同舟共济，齐心努力，才能有效达成企业战略目标。

2. 物力资源要素

物力是生产制造的三项基本要素之一，也是企业战略地位优劣的一个重要方面。物力所包含的厂房、设备、工具、原材料、零部件、办公设施等，与企业生产经营活动有密切的关系，是企业为完成战略管理工作必须获得的资源。

企业物力资源主要分布在生产制造、储运、销售以及事务处理四个方面。从战略角度看，主要物力资源的获得、配置、能力限度、运用、维护及重置等问题，均需依据市场需求与企业战略目标，将资源投入的时间、种类、数量等进行周密的规划与调配，以使物力资源为有效实施企业战略提供物质上的支援和保证。

3. 财力资源要素

财力资源主要是指企业资金实力，是生产制造的三项基本要素之一。资金是企业经营的血液，是获得人力、原料、机器及技术等生产要素所必不可少的条件。为了发展经营事业，企业必须设法通过各种途径取得必要的资金，利用资金换取上述各项生产要素的投入，产出社会需要的产品或劳务，将这些产品或劳务在市场上销售，在获得赢利的基础上，使之转换成企业经营管理活动得以继续和发展的资金，推动企业的战略成长。

总之，企业必须根据自己经营事业的性质和规模，预估所需资金的数额，参照资金市场行情，对资金来源、筹集、运用及分配等问题进行统筹规划，以配合企业战略上的需要。

4. 信息资源要素

信息时代的来临，使信息对企业战略成长和发展变得至关重要。从市场机会、生产方式、产品质量、技术专利到政府的法律法规的出台与修改，乃至现代企业经营管理等一切知识、资料与创新信息，都与企业生存与发展息息相关。特别是科技创新引起的产业结构、生产技术、机械设备、生产方式乃至思想观念的变革，对企业的冲击更大。它要求企业不仅要积极接受科技创新的事实，还必须采取适当的对策与行动。所以，企业对外部和内部信息的收集、加工、运用，成为达到组织目标的先决条件。

企业对信息资源的掌握，可根据企业战略管理的需要，采取从人员简单的手工收集、保管资料档案，到复杂的计算机数据处理系统等各种方式。通过将资料信息有效的输入、储存、控制、分析、输出及运用，建立管理信息系统（MIS）和决策支持系统（DSS），以协助企业战略活动的策划与控制。

视野拓展

短短三四年时间，雷军带领小米团队创造了“小米神话”：2010 年 4 月成立，2011 年 12 月正式推出第一款手机，2014 年一跃成为中国智能手机市场份额第一，2015 年全球市场份额第四。

《小米神话背后的真相!》一文将小米的成功总结为天时、地利、人和、商业运作，很有道理，读者可扫描以下二维码阅读该文，结合企业资源要素知识点做具体分析。

编者认为该文漏掉了一条重要的“背后真相”——雷军的融资能力：2010 年融资 4 100 万美元；2011 年底第二轮融资 9 000 万美元；2012 年 6 月底完成第三轮 2.16 亿美元的融资；2013 年 8 月第四轮融资据说超过 20 亿美元；2014 年底融资 10 亿美元……如果没有雷军超强的融资能力，在成就小米神话的中途可能已经破灭。

http://mt.sohu.com/20150826/n419792158.shtml

5. 市场地位资源要素

从根本来看，企业的产品或劳务为社会接受，在市场上享有盛誉，企业才能获得战略的成长，否则，将注定失败。因此，要针对当前市场的消费特点，分析企业现有产品及其在直接与间接竞争下的地位与业绩，发现潜在的市场、经济发展趋势及技术创新的内容，并据此开发新产品、新市场，以增强企业的市场地位。所以，企业战略管理者应该定期、系统及客观地评估用户的反应与市场占有率，以掌握或创造有利的市场地位。

企业资源要素分析的目的是考察企业为实施某种战略所具有的经营能力和实力。企业各种资源充足，质量高，就会成为企业战略上的优势。企业可以利用资源优势制订进攻型的快速成长战略或正面进攻的竞争战略。如果某种资源相对匮乏，或不具备优势，在制订战略时，就要考虑这种不利因素，采用匹配的战略，如稳定发展战略或者迂回进攻的竞争战略。在多种资源处于劣势的情况下，则应考虑保留重点的退缩战略或者安全的求生战略，采取必要措施尽快扭转被动局面，以使企业重新走上成长道路。

（二）企业内部资源组合的协同效应

企业内部资源组合的协同效应，也叫做企业内部资源组合的整体效果，是指企业内各项投入要素、各经营单位联合起来所产生的效益要大于各个经营单位各自努力创造出来的效益的总和，即 2+2＞4 的效应。这是因为各投入要素、各经营单位的相互配合和共同作用会产生“附加价值”。著名战略管理专家波特认为，企业中的原材料供应、作业控制、成品发运、市场销售和服务五项职能的相互配合是产生“附加价值”的基础。而采购、技术开发、人力资源管理、财务等职能则起重要的支持作用。世界上造出第一台电子计算机的公司，其研究与开发能力很强，但公司的生产、销售不能与技术研发配合产生“附加价值”，结果很快被“附加价值”高的 IBM 公司赶超。事实证明，由于协同效应而产生的“附加价值”，能够为企业在一定领域中经营成功提供“加分”条件。

（三）企业内部资源与新业务间的协同效应

企业的内部资源与新业务的协同效应，是关于企业与新产品或新项目相配合所表现的特征。企业“附加价值”的存在，为企业正常经营提供了前提。但是，企业是否应该开拓新市场，经营新业务，还要考虑企业新旧业务之间，新业务与企业现存资源之间的协同效应，或者说是相容性。例如，某医疗器械生产企业决定扩展业务范围，生产医药。结果发现医疗器械生产与医药生产在生产批量、发货等许多方面不协调，不能产生协同效应，除非建立新的战略经营单位，否则企业扩展经营，进入医药行业并没有优势。因此，决定仍旧在医疗器械领域增加产品生产线，扩大市场营销业务，促使企业市场营销能力提高。

企业资源与新业务、企业新旧业务之间的协同效应表现在以下各个方面。

（1）销售协同作用，它是指企业产品使用共同的销售渠道、仓库等。

（2）运行协同作用，它是指企业内分摊间接费用，分享共同的经验曲线。

（3）管理协同作用，它是指一个经营单位运用另一个单位的管理技能和经验等。

补充阅读

关于企业购并中的无形资产协同效应

在企业购并中，无形资产协同效应主要表现为品牌协同效应、技术协同效应和文化协同效应等方面。

（1）品牌协同效应。通过企业并购，首先，可以共享强势品牌的巨大影响力，在相对较短的时间内，提高产品或服务的竞争力；其次，可以向目标公司灌输品牌文化，提高企业员工的凝聚力和吸引力。

（2）技术协同效应。它是指通过专利技术、专有技术的低成本扩散，使得技术创新获得规模经济效应。在横向并购中，由于并购双方生产相同的产品，使用相同的技术，被收购企业通过获取收购企业（或相反）的先进技术，可以轻易提高其技术水平，从而节约成本，提高产品的产量和质量（2010年吉利汽车收购沃尔沃轿车业务是典型事例）；在关联性混合并购中，由于核心技术的相通性，使优势企业的先进技术可以在相关行业进行渗透和扩散。

（3）文化协同效应。文化协同效应是基于积极的企业文化对被收购企业的松散文化具有可输出性，从而产生一种强劲的推动潜能，通过文化扩散、渗透和同化，可以提高公司的整体素质。

进行企业资源分析的主要目的不仅仅是列出企业资源的数量、种类和品质清单，而是据此分析和判定相对于竞争对手企业的资源强势和弱势所在，进而确定形成企业核心能力和竞争优势的战略性资源。围绕战略性资源进行持续投入，全面提高企业的战略资源竞争力。

（四）企业的能力

企业的能力是指企业对各种资源进行协调，并将这些资源投入生产性用途的技能和知识。也就是说，企业的能力产生于企业对资源进行合理组合以完成一项具体任务之时，这些具体的任务可以是选择恰当的人力资源、产品研发与销售等业务活动。例如，沃尔玛的物流系统就是该企业具有的一项重要企业能力，它能够使商品和货物快速地周转，从而降低存货和处置成本。

资源不等于能力，即使企业拥有稀缺的和有价值的资源，如果没有有效运用这些资源的能力，企业也无法创造出独特的企业竞争力。更重要的是，即使企业并不拥有独特的资源，它们也可以创造出竞争优势，例如，当企业拥有竞争对手所缺乏的组织能力时，企业就能借此来比竞争对手更有效地运用并不独特的资源。

企业的能力可分为组织能力和个人能力两部分（见表 3.1）。

其中，个人能力是指企业中某些关键人物所拥有的能力，包括专业技术能力、管理能力及人际网络能力。一个企业能取得较佳的竞争优势，往往是其拥有某些关键人物，例如，松下的松下幸之助、苹果的乔布斯、海尔的张瑞敏、华为的任正非等。组织能力是一种运用管理能力持续改善企业效率与效果的能力，这项能力从属于组织，不会随着人事的更迭而有太大的变动，是一项特别值得珍惜与构建的核心资源。佳能的技术创新和研发能力就是一个很好的例证（参见案例 3.1）。

表 3.1　企业能力的分类

能　力	内　涵
个人能力	专业技术能力 管理能力 人际网络
组织能力	业务运作能力 技术创新与商品化的能力 组织文化 组织记忆与学习

案例 3.1

佳能开启研发新阶段 打造跨领域技术平台

据中新网2013年11月1日电（中新网IT频道）2013年10月31日，佳能集团董事长小泽秀树在该公司成立25周年庆典上宣布：佳能在中国的研发开启了新阶段，将致力于打造跨领域技术平台，以支撑佳能在中国的“本土化”“多元化”发展。

佳能信息技术（北京）有限公司（以下简称“佳能信息”）成立于2004年4月29日，是佳能集团在中国的三大研发基地之一，也是佳能集团在全球的数字信息系统技术研发的重要基地之一。因此，佳能产品的“本土化”和“多元化”开发成为该公司新时期的新任务。目前，佳能集团在中国已经拥有从研发、生产到销售、服务的完整产业链，产品覆盖影像系统领域、办公产品领域以及产业机械领域。

佳能产品的核心竞争力在于光学的“系统集成”。佳能起初在数码领域并不占优，但许多数码企业在光学领域同样也不占优，而佳能以光学技术为基础，再对化学、软件等多方技术进行有效的整合，便衍生出许多别人所不具备的综合性技术产品，从而打造出自己独特的产业链。

佳能信息同时承担着佳能集团数码系统开发本部的一部分研发项目，是佳能全球研发系统中不可或缺的重要环节。其数码系统研发中心的主要研发方向是佳能系统技术平台与公共网络间连通的通信技术及解决方案。2012年以来，为了应对公司“多元化”发展方向，智能机器人、信息安全、医疗健康成为该研发中心的新领域。

中新网本电原文链接：http://finance.chinanews.com/it/2013/11-01/5454007.shtml

佳能是以“技术至上”作为企业“DNA”的公司。公司业务的每次重大飞跃性发展也都伴随着技术的重大革新。佳能研发部门以灵活的研发能力，预测并适应变化，拥有尽可能多的技术以供借鉴，并找准自身定位以对各种市场需求做出迅速响应。通过这种方式，佳能将充分利用其日益广泛和深入的基础技术，开发可构建全新高效业务核心的技术，建立起可即时响应市场需求的"技术平台"。

井田光一总经理在展望公司发展战略时表示："佳能信息技术作为佳能全球数码信息技术研发的重要基地，建立起'本土化''多元化'的技术应用平台也将是今后的重要任务。"

二、企业核心能力的概念和标准

一般而言，资源本身并不能产生竞争能力和竞争优势，竞争能力和竞争优势源于对多种资源的特殊整合。例如，一支篮球队可能会因为获得了最优秀的中锋资源而获益，但这种获益只有在与其他队员配合默契、大家共同按一套，正确的进攻战略来打球，充分发挥出团队的竞争优势时，才能实现。回到企业的命题上道理也是一样，企业可持续性的竞争优势是由企业在运行过程中，将具有战略价值的资源进行特殊的整合、升华而形成的核心能力所产生的。这样一个整合过程正是企业素质的提升过程，也是一个以资源为基础的战略能力提升过程。

企业的竞争优势源于企业的核心能力，而企业的核心能力又基于企业的资源。那么，什么是企业核心能力？不同的企业有不同的回答：信用、信息、科技、专有技术、人才、品牌或者是管理。似乎都有道理，但如果要问几十年后企业的核心能力还能保持吗？大部分的企业都难以给出肯定的答案。

（一）企业核心能力的概念及内涵

核心能力，它是区别一般企业能力而言的。"核心"本身就蕴含着一层意思，即"最关键的、最重要的"，而一个企业的这种"最关键的、最重要的"东西必须有能力保障企业在相当长时期内都能够获得竞争优势。根据普拉哈拉德（C.K.Prahalad）和哈默（G.Hamel）的定义，"核心能力是组织中的积累性学识，特别是关于如何协调不同的生产技能和有机结合多种技术流的学识"。

（二）企业核心能力的判定标准

从本质上来讲，企业核心能力就是企业发展独特技术、开发独特产品和创造独特营销手段的能力，不符合这些特征的能力就不是核心能力。核心能力的形成必须符合四个标准，如表 3.2 所示。

表 3.2　企业核心能力的判定标准

能　力	含　义
有价值的能力	消除威胁和利用机会
稀有的能力	不是许多企业所拥有
难于模仿的能力	历史因素：独特而有价值的企业文化和品牌 模糊性因素：竞争能力的原因和应用不清楚 社会复杂性：管理者之间，供应商与客户间的人际关系、信任等
不可替代的能力	没有等价战略资源和能力

值得注意的是，并不是所有的资源和能力都能成为核心能力的来源，不能满足这四个标准的能力就不是核心能力。要成为核心能力，必须满足：从顾客的角度出发，是有价值并不

可替代的；从竞争者的角度出发，是独特并不可模仿的。

1. 有价值的能力

有价值的能力是指那些能为企业在外部环境中利用机会、降低威胁，从而为顾客创造价值的能力。比如：能显著地降低成本，提高产品质量，提高服务效率，增加顾客的效用，从而给企业带来竞争优势。索尼公司的核心能力是“迷你化”，它给顾客的核心利益是好携带；联邦快递的核心能力是极高水准的后勤管理，它给顾客的核心利益是即时运送。

2. 稀有的能力

稀有能力是指那些极少数现有或潜在竞争对手能拥有的能力。如果竞争者或潜在竞争者拥有同样的宝贵资源，这种资源就不能成为核心能力的来源，因为所有企业都拥有以相同方式利用该资源的能力，以这种资源为基础制订的一般战略就不会让任何企业获得竞争优势。因此，能够提供竞争优势的资源和能力，必须是罕有的，即对于其他竞争者来说是相对稀少的。例如，美国西南航空公司快速的运营模式和短途飞行的效率比竞争对手更胜一筹，这种能力是很稀有的。

3. 难以模仿的能力

难以模仿的能力是其他企业不能轻易建立起来的能力。通常来说，以下一种或三种混合因素有可能产生难以模仿的能力。

第一，企业有时能够基于特定的历史条件而发展自身能力。比如，企业在发展过程中所形成的经营理念和价值观能形成独特的企业文化，这些因素隐藏在企业员工的思想和行为中，是其他企业很难模仿的。

第二，企业的竞争能力和竞争优势之间的界限模糊。因为界限模糊，竞争者就无法清楚地了解企业怎样利用它的竞争能力作为竞争优势的基础。结果是，竞争者不能确定他们需要建立什么样的竞争能力，才能具备对等的竞争优势。例如，丰田汽车公司曾邀请竞争对手美国通用汽车公司到它的汽车生产部门去参观，结果是，通用汽车公司始终弄不清楚隐藏在丰田汽车公司生产优势后面的能力到底是什么。

第三，社会关系的复杂性。社会关系的复杂性是能力不易被模仿的重要因素，该因素主要包括企业内部的社会关系和企业外部的社会关系。比如，企业经理们之间以及经理与员工之间的人际关系、信任、友谊以及企业在供应商和客户之间的声誉等。

4. 不可替代的能力

不可替代的能力是指那些不具有战略对等资源的能力。它是能力成为竞争优势来源的最后一个条件。一般来说，一种能力越难被替代，能力越是不可见，企业就越难找到它的替代能力，也因此难以被竞争对手模仿的战略价值就越高。例如，企业的专有知识以及建立在经理与员工之间信任基础上的工作关系就是很难被了解、替代的能力。

三、企业核心能力分析的内容

当今企业间的核心能力竞争主要体现为四个层次（杨锡怀，2004）[96]，如图 3.1 所示，对于跨国大公司而言，在

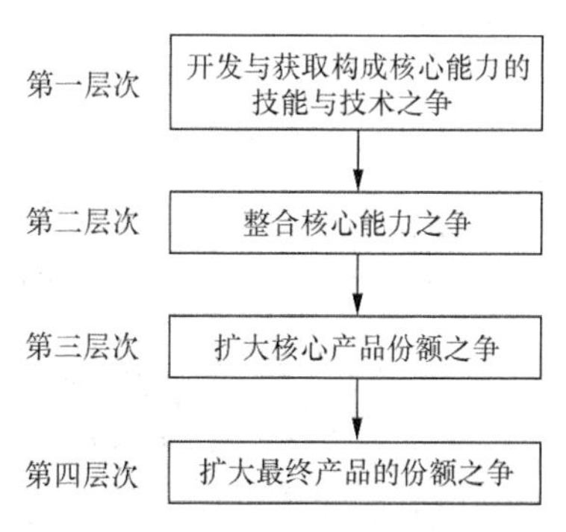

图 3.1　核心能力竞争层次图

第一层次上投入竞争最有价值。因为一旦在第一层次上处于优势，那么竞争优势可以保持最长时间。对于中国大部分企业而言，在第二层次上投入竞争最有价值并现实可行。因为中国大部分企业没有实力在第一层次上与跨国大公司竞争，而一旦在第二层次上处于优势，那么竞争优势可以最大限度地保持。所以核心能力的作用十分重要，它体现为一系列技能、技术、知识的综合体，要准确、全面地分析和评价一个企业的核心能力是比较困难的。一般而言，可以从主营业务、核心产品、核心能力等方面入手。

（一）主营业务方面的分析

主营业务分析即要分析企业是否有明确的主营业务、该主营业务是否有稳定的市场前景、企业优势是否体现在主营业务上、本企业在该领域中与竞争对手相比的竞争地位如何（这里定量分析部分可以采用第二章介绍过的竞争态势矩阵来分析）。

一个企业若没有明确的主营业务，经营内容过于分散，则很难形成核心能力。或者企业虽有主营业务，但在该业务领域中的竞争地位很弱，也谈不上有核心能力。在分析中企业可以运用主营领域明确程度、主营领域市场占有率及其行业排名、主营领域收益占总收益的份额、主营市场前景预测等指标和方法对主营业务进行具体评价。

（二）核心产品方面的分析

核心产品是核心能力与最终产品之间的有形联结，是决定最终产品价值的部件或组件。例如本田公司的发动机、英特尔公司的微处理器都是核心产品。目前企业间核心产品之争，主要表现为许多企业以原创或垄断技术、设备供应商的身份向其他企业甚至竞争对手出售其核心产品，以占领“虚拟市场份额”。例如，20 世纪 70 年代末 80 年代初，佳能公司把激光打印机的发动机卖给苹果、惠普和其他打印机制造公司，致使其核心产品市场份额远大于其最终产品市场份额。这种虚拟市场份额是靠借用其他企业甚至竞争对手的分销渠道和品牌资源来实现的。由此获得的巨大收入和经验，可使公司能够取得足够的资源，来加快核心能力建设的步伐。因此，分析一个企业的核心能力必须分析其核心产品。

对核心产品的分析具体应分析企业是否有明确的核心产品、核心产品的销售现状、竞争地位、市场前景、产品的差异性和延展性、扩大虚拟份额的可能性和具体思路等。核心产品可以延展至多个最终产品领域，最大限度地实现核心能力的范围经济。因而一个企业如果没有过硬的核心产品，则很难说该企业具有较强的核心能力。分析核心产品的具体指标和方法包括：核心产品的市场份额、知名度、美誉度、行业延展度、销售收入增长速度及未来市场前景预测等。

（三）核心能力方面的分析

企业核心能力的管理，一般包括五项工作：①确立核心能力；②制订获取核心能力的计划；③培育核心能力；④配置并扩散核心能力；⑤保护并保持核心能力的领先地位。分析企业核心能力，应围绕这五个方面来判断企业核心能力管理方面的长处和弱点。

1. 企业核心能力分析矩阵

在进行企业核心能力分析时，可以运用核心能力分析矩阵，帮助企业准确把握核心能力的现状及未来的发展方向，如图 3.2 所示（杨锡怀，2004）[98]。

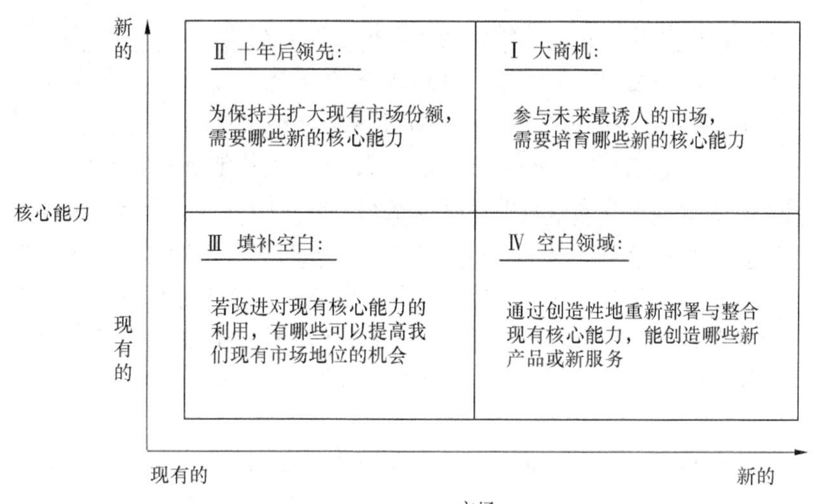

图 3.2 核心能力分析矩阵

（1）填补空白。第Ⅲ象限是企业现有核心能力与现有产品或服务的组合。企业可首先列出哪些现有核心能力支持哪项现有产品或服务的一览表，然后逐一分析，发现利用现有其他核心能力支持该项产品或服务以强化其市场地位的商机。这种通过扩大、改进对现有核心能力的利用，来提高现有市场地位的一类做法被称为“填补空白”。

（2）十年后领先。第Ⅱ象限提出了一个重要问题：现在我们应该建立什么样的核心能力，才能确保五年或十年后用户能将我们当成首选供货商，或者弄清需要建立何种新的核心能力，方可确保五年或十年持续保持并扩大企业在现有市场上的份额。例如，IBM 公司一直努力发展业务咨询技术，并认为只有建立这种专长，它作为强有力的信息技术提供商的地位方能长久保持和加强，因为用户需要购买的不仅是计算机和软件，还有解决实际问题的服务。

第Ⅱ象限提出的另一个问题是：目前用于满足现有顾客需求的能力，五年或十年后可能被哪些新能力取代或淘汰？企业的核心能力发展计划应包括对将来可能取代自己传统技能的新能力的侦测、辨识和开发。例如，佳能公司一开始就明白，电子数字成像技术早晚会部分取代化学成像技术而成为一种新的摄影方法，因而一直在实验这项技术以期通过建立数字成像方面的新核心能力来保住自己在摄影业的领先地位。

（3）空白领域。第Ⅳ象限是指企业利用现有核心能力找到原本不属于企业现有业务领域的产品——新的市场商机。企业要做的就是开发出或找到这样的商机，来扩展现有核心能力，将其用到新产品市场上去。比如，索尼公司的随身听就是一个开发空白领域商机的成功范例，它将企业在录音机和耳机方面的核心能力用于新产品随身听，开发出了新产品、新市场。

（4）大商机。第Ⅰ象限标示的商机和企业目前的产品市场以及现有核心能力都没有任何关系。但如果这种商机意义重大或十分诱人也可以去捕捉。这时的战略可以是一系列规模不大但目标明确的并购或联营，借此企业可取得并了解所需的核心能力，并研究其潜在用途。

2. 核心能力的培育

企业培育核心能力的方法主要有以下三种。

（1）外部购买。即从其他企业或组织购入与核心能力有关，并有利于其发展的技能与资源。它的实质是外部核心能力的内部化。具体方式有购买技术与专有知识、购并拥有这种核心技能的企业。比如，2004年联想公司收购IBM个人电脑事业部，收购完成后，联想拥有领先的商用笔记本产品、领先的研发和产品差异化能力、更强大的创新能力和更丰富的产品组合。

（2）组成战略联盟。企业间或企业与其他组织之间资源共享、降低研发成本、相互获得彼此的特定技术、资源和技能，以实现核心能力的快速发展。比如，中国是世界汽车第一生产和消费大国，然而，国内汽车的发动机，却多是进口或合资的。2010年1月，国内9个汽车及发动机优势企业、7所大学、4个研究所及中国内燃机行业协会共21家单位，终于联起手来，组建"节能环保内燃机产业技术创新战略联盟"，产、学、研、用结合，共同攻克国产发动机的技术壁垒。

（3）通过企业自身力量发展核心能力。依靠外部购买或成立战略联盟的方法来发展核心能力，或多或少地都存在着产生依赖性和核心技术外泄的问题。因而三种方法中，在实力许可的情况下，利用自身力量培育和发展核心能力应是主要方法，而另外两种应是辅助方法。

3. 核心能力的培育测评

如何测评企业核心能力的培育效果？可以遵循以下思路。①分析企业核心能力培育方法的合理性、收益性和风险性。②分析企业培育和发展核心能力的长期性和计划性。

培育和发展核心能力本身是一项长期的系统工程，它涉及多个业务领域、多个职能部门、多种资源及能力的长期协同整合，必须用明确的战略目标和严密的战略规划来做保证。一些学者已经提出了制订企业核心能力的战略构想，认为应把如何保护、保持、培育和发展企业核心能力作为企业发展战略的主要内容。

四、企业内部资源审视的关键成功因素

对于特定的行业而言，关键成功因素既包括外部环境因素，也包括内部条件因素。对于企业内部条件而言，其关键要素必须满足以下两个条件。

（1）满足顾客需求。顾客是一个行业合理存在的基础，也是企业生存的利润来源，因而企业必须确认顾客以及他们的需求，才能有效地选择一个为顾客提供产品的价值链环节。

（2）保持企业的持续竞争优势。关键成功因素是在特定行业中能为企业带来竞争优势的资源。企业要获得经营成功，不仅依赖于选择一个有吸引力的行业，还在于企业的资源和独特技能与之相匹配，企业获取持久的竞争优势就必须在内部关键要素上采取有效措施。

常见的企业内部关键要素大致有以下几种。

（1）与技术相关的关键要素，包括产品的研发技能、对产品或工艺改进的技术能力、产品的革新能力、某项技术的专用性等。

（2）与制造相关的关键要素，包括低成本的生产效率、生产周期、良好的生产品质、低成本的产品设计和产品工程、供应商满意度等。

（3）与分销相关的关键要素，包括强大的分销网络、拥有自己的分销渠道和网点、低廉的分销成本、短暂的送货时间等。

（4）与营销相关的关键要素，包括快速的技术支持、细致周到的客户服务、与众不同的广告设计、良好的售后服务、顾客满意度和忠诚度等。

（5）与技能相关的关键要素，包括工作者良好的工作技能、专业的设计方案、开发创造性新产品以及产品改良上的能力、某项具体技术上的专业能力等。

（6）与组织相关的关键要素，包括卓越的信息系统、完善的危机应对系统、合理的组织结构、管理者卓越的管理才能等。

（7）与财务相关的关键要素，包括经济附加值（EVA）、权益净利率（ROE）、销售现金比率、现金流动负债比率等。

（8）与其他相关的关键要素，包括在购买者中树立良好的形象和声誉、较高的品牌价值、便利的设施选址、全面的低成本、舒适的办公环境等。

总之，成功企业的实践表明，企业要想在竞争中获胜，必须在内部关键要素上比竞争对手做得更好。一个健全的企业战略应该包括这样一种努力：要在所有关键要素上有能力，并且在至少一个关键要素上拥有超越竞争对手的能力。

第三节　企业价值链与竞争优势

通常企业的竞争能力，体现在企业的产品设计、生产、营销和交货等过程及其他辅助过程的活动中，这些活动都对降低企业产品成本做出了贡献。换言之，一个企业的战略能力最终取决于企业的设计、生产、营销、交货等价值活动完成的方式和效率。这些价值活动相互独立、相互联系、相互作用，构成了一个企业特有的价值链。美国管理学家迈克尔·波持在《竞争战略》一书中，运用“价值链分析法”揭示出企业之间竞争力的差异在于各自的价值链不同。

一、价值链的基本概念和原理

美国管理学家迈克尔·波特认为，企业每项生产经营活动都是其创造价值的经济活动；企业所有的互不相同而又相互联系、相互作用的生产经营活动，构成了创造价值的一个动态过程，即价值链。这些活动分成两类，一类是基本活动；另一类是辅助活动，如图 3.3 所示。

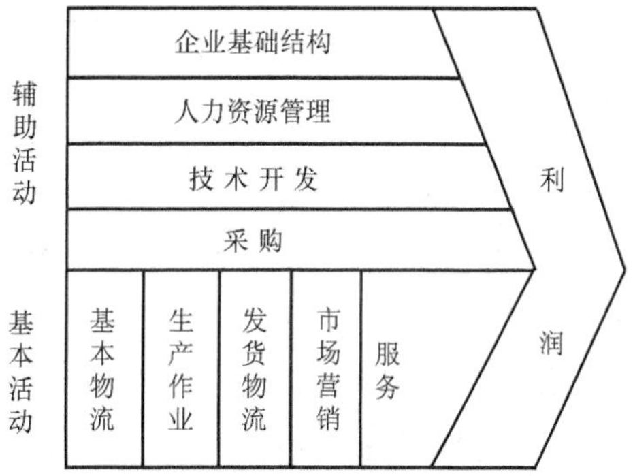

图 3.3　企业价值链

（一）基本活动

基本活动是指生产经营的实质性活动，可分为五个方面，即进货物流、生产作业、发货物流、市场营销和服务。

1. 进货物流

进货物流是有关接受、存储和分配产品的投入活动，如原材料搬运、仓储、库存管理、退货等。

2. 生产作业

生产作业是将投入转化为最终产品的活动，如加工、包装、组装、设备维修、厂房设备管理等。

3. 发货物流

发货物流是集中、存储和将产品分销给用户的活动，如产品库存、运货、订单处理、进度安排等。

4. 市场营销

市场营销是向用户提供某些可以据此购买产品的手段和吸引他们购买的相关活动，如销售渠道选择、销售队伍、报价、广告、促销等。

5. 服务

服务是提供服务以增加或保持产品价值的各种活动，如安装、维修、培训、零配件供应和产品调整等。

（二）辅助活动

辅助活动是配合基本活动以完成产品增值为目的的活动。辅助活动大体可分为四个方面。

1. 采购

采购是购置用于企业价值链各种投入资源的活动，如原材料及其他低值易耗品的采购以及各种器材、机器设备的采购等。采购活动同所有价值活动都有关系，采购也是一种技术，如同供应商打交道的程序、供应商资格审定原则和信息系统等。有的企业采购往往分散在企业的各个部门进行，这种分散性常常导致看不到整个购买量的规模，有些采购物未进行详细研究而使采购失控。这可能对企业总成本产生重大影响。

2. 技术开发

技术开发是指同产品有关的改善产品和工艺的相关技术活动，包括各种工作程序、技术诀窍及工艺设备中所体现的技术。它发生在企业中的许多部门，并用许多形式与最终产品的价值实现直接相关，包括订货登记系统的电子信息技术、办公自动化以及基础研究、产品设计、工艺装备设计和服务程序等相关领域。技术开发一直在企业竞争中起到十分重要的作用，特别是在科学技术迅速发展的今天，技术开发对许多产业起着关键性作用。

3. 人力资源管理

人力资源管理是指对企业所需人员的招聘、雇用、培训、报酬、激励等活动的管理。它包括支持各个单项的活动和支撑着整个价值链的活动。人力资源管理，决定了雇员们的技能与积极性以及培训成本，影响着企业的竞争优势。此外，企业人员的过多流动给企业带来的负面影响，也影响着企业的竞争优势。

4. 企业基础结构

企业基础结构由大量活动组成，包括总体管理、计划、财务、会计、法律、行政事务和质量管理。基础结构的活动与其他辅助活动不同，它通过整体价值链而不是单个活动起辅助作用。依据企业是否分散经营，公司的基础结构是否可以自我支撑或是由业务单元和母公司之间分担。在分散经营的企业里，基础结构的各项活动分布在业务单元和公司层次之间（财务集中管理、质量管理按各业务单元进行）。企业基础结构是否适应企业经营发展的需要，是企业取得竞争优势的重要条件。因为，企业包括战略管理在内的所有决策和管理活动，都要通过企业组织结构来贯彻、执行和控制。基础结构之间的协调配合及其与环境的适应性，是企业取得竞争优势的重要保证。

二、价值链的内在联系

企业价值活动之间的相互联系和相互作用，形成企业有机的价值链。不论是采用成本领先战略或是差异化战略的企业，都必须建立在对价值链的精心设计与规划的基础上，才能形成独特的竞争优势。竞争对手往往易于模仿某一项独立的价值活动，却难以复制价值链或价值链内部的关联。下述各种联系都将有助于企业建立具有自身特色的竞争优势。

1. 基本活动与辅助活动之间的密切联系

基本活动与辅助活动之间采取不同的关联方式与技巧，可以形成自己的竞争优势。辅助活动对基本活动的有力辅助与支持，能有效地增加基本活动提供的产品和服务的竞争力。如人力资源的有效管理，能增加企业技职人员和工人的工作热情与积极性，以及其创新精神与协作精神，对提高产品的产量与质量，降低产品成本，促进他们按时提供产品、推销产品，具有重要的作用，从而提高企业产品在市场上的竞争力。

这种企业内部的联系，主要通过两种方式表现其竞争优势：最优化与协调。

（1）最优化是指各个价值活动环节本身的优化。

（2）协调是指各价值活动之间的协调与良好的配合，即相互之间的优化组合。

2. 基本活动之间的联系

基本活动之间的联系与协调，是企业整体价值和竞争能力的主要体现，特别是当各环节之间的协调影响整体价值和战略能力时，如何做出选择至关重要。例如，增加库存有利于生产计划的灵活性，并能对用户的需要做出迅速响应，但必须对由此而增加的价值和成本进行评价，做出决策，以便达到形成竞争优势的目的。

三、价值链间的联系

企业特有的价值链是形成竞争优势的基础。同时，企业的价值链与其供应者、销售者的价值链的联系，也可构成企业竞争取胜的基础。因为导致产品获得价值的许多价值活动是在企业以外进行的，因此，在考察一个企业的价值链时，还应把它与上下游产业联系起来统一考虑，构成一个价值系统，进行全面考察，如图 3.4 所示（蔡希贤，1998）[95]。

供应商制造出原材料、零配件、元器件等发送到生产制造企业，形成外购投入价值链（上游价值链）。供应商在提供其产品的同时，还能够以多种其他方式影响企业的成本和效益，如供应商供货批数增加，每批数量减少，可以降低企业的库存，适当的包装可以减少运费等。

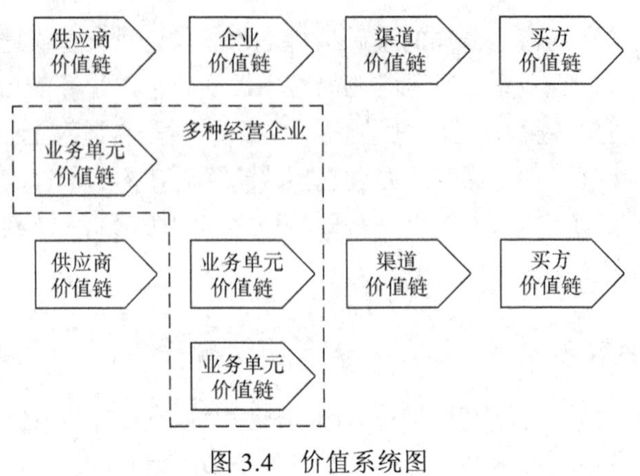

图 3.4　价值系统图

企业生产的产品到达用户手中之前，要通过销售渠道，形成销售渠道价值链。销售渠道的活动，既影响用户又影响生产企业，使企业的产品最终成为买方价值链的一部分。因为企业产品的销售价格与销售活动密切相关，因此，企业要取得与保持竞争优势，就必须既认识自己的价值链，也要认识和掌握与供应商、经销商的价值链相联系的整体价值系统。如果一个企业只顾减少自己的库存，降低企业的生产成本，而迫使经销商提高库存，增加销售成本，使销售价格提高，那么实际上这种做法将降低产品的竞争力。因此，企业必须在减少库存成本与增加销售成本之间做出比较与决策。同时要考虑经销商的获利能力，以便形成整个价值系统的竞争优势。

四、价值链的延伸

价值链可以通过前向一体化和后向一体化进行延伸，这一点在企业集团中表现得特别明显。这种延伸，可以提高资源的利用效率。它能将原来由市场联系的、属于上下游的产业价值链，转化为由集团统一组织的价值链。对整体价值链实行统一控制，提高经营效率。通过对原来不同的价值链的价值活动的优化组合，形成强大的综合优势。如统一组织科研、生产、销售等几方面优势的企业，形成多元化的优势互补的综合功能企业集团。也可以利用资金融通、国际贸易和有效的组织结构管理等集中辅助性价值活动，辐射到不同价值链的基本活动上去，形成基本生产活动的强大后盾。这种价值链的重组，能增强企业的实力和应变能力，发挥规模效应和放大效应，提高企业的竞争能力。图 3.5 为企业价值链延伸的方向（蔡希贤，1998）[100]。

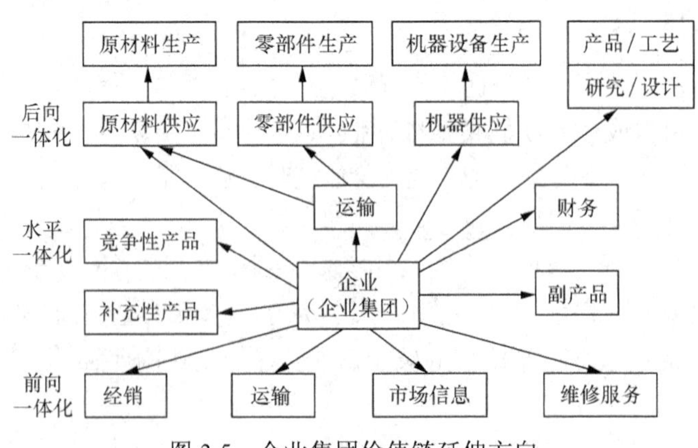

图 3.5　企业集团价值链延伸方向

五、企业竞争优势

在对企业内部条件、能力和价值链分析的基础上，可综合归纳出企业的竞争优势，这种优势是企业在激烈的市场竞争中取胜的法宝。企业拥有竞争优势，才能力克群雄，使自己立于不败之地。

（一）竞争优势的构成

竞争优势表现为企业具有有利的地位，拥有丰富的资源，具有高超的能力，并在较长时期内相对于竞争对手具有优越地位。竞争优势由优势地位和优势实力构成。

1. 优势地位

优势地位主要指企业占有有利的地理位置（交通方便、信息灵通、处于原材料的富产区和接近消费市场），处于新兴产业或朝阳产业，拥有良好的企业形象和信誉。企业应该充分认识这些优势地位，使之在竞争中发挥更大的作用。

2. 优势实力

优势实力主要指企业在争夺市场和顾客方面具有高于竞争对手的实力。

（1）直接竞争力，表现为直接作用于市场和顾客的因素，如营销能力、销售渠道、企业声望与信誉等的综合力量。

（2）前提性竞争力，包括人、财、物、技术、信息等资源的质量、数量及其满足程度，以及优越的管理能力等有形与无形资源的综合力量，这些综合力量对直接竞争力起着决定作用。特别是企业领导人的能力、企业职工的能力与企业的凝聚力等的综合力量，是企业人力资源的质量标志，是不容忽视的。

（3）基础性竞争力。基础性竞争力强表现为经济效益高，说明企业资金雄厚，产品新颖，设备先进，管理基础扎实。基础性竞争力强，能为直接竞争力和前提性竞争力的巩固和提高打下良好的基础。企业的实力虽然是上述竞争力构成的，但并不是要求企业在上述各方面都要达到最高水平。从竞争角度看，最关键的是形成综合的整体竞争力，有别于竞争对手，而且比对手更为优越。

（二）寻求竞争优势

企业战略制订是建立在优势分析基础之上的，寻求竞争优势是正确决策的前提。寻求竞争优势的主要途径有：强化成功的关键因素，增强与竞争对手的差异性，建立新的竞争规则等；这些途径各有特点和适用范围。

1. 强化成功的关键因素

通过强化成功的关键因素建立新的竞争优势找出成功的关键因素，要从原料、产品开发到产品售后服务的经营全过程进行详细的调查、分析。国外有资料介绍一些行业的成功关键因素，如表 3.3 所示（大前研一，1986）[35]。

对不容易取得的资源，不易建立的功能方面，难以控制的生产过程、经营过程，对企业经营状况影响大但难于改变的因素、方法等，要通过成功企业与失败企业的对比，分析其差别，找出成功的关键因素，然后结合本企业的特点加以完善。企业必须分清主次，分清关键

表 3.3　国外一些行业成功的关键因素

行　业	成功关键因素
造船、钢铁业	经济规模（生产段备）
铀、石化	原料来源
航空、高保真音响设备	设计
纯碱、半导体	生产技术
百货商店、零部件生产	产品范围、花色品种
微型计算机、大规模集成电路	工程设计和工程师的应用
汽车（及某些饱和商品制造业）	销售力（质量×数量）
啤酒、胶卷、家用电器	销售网点
电梯	售后服务

和非关键因素，把资源集中于关键因素上，形成关键优势，在关键因素方面比竞争对手做得更好。有时在条件差的情况下，甚至可以先集中精力解决几个关键因素中的一个，创造条件后，再逐步解决其他关键因素，而不是同时解决所有的关键因素。具体如何选择，要根据企业自己的特点与能力加以确定。

2. 增强与竞争对手的差异性

通过增强与竞争对手的差异性，建立竞争优势。竞争者之间形成差异的根源，往往是顾客对产品需求的差异和满足需求差异的做法上的差异。当竞争对手很强大时，应避其锋芒，攻其侧翼，强化和利用差异，在竞争对手没有达到或无法达到的方面捷足先登，领先于竞争对手，建立竞争优势。具体做法如下。

（1）把本企业与竞争对手进行全面比较，重点在产品与经营方面进行比较；

（2）分析竞争对手努力的领域和方向，确定其不愿努力的方面，分析增强差异的可能性及其难易程度，采取不同的措施强化这些差异因素。

3. 通过建立新的竞争规则来建立竞争优势

竞争规则是指竞争的内容和方式。如果在原有的竞争格局下，本企业处于劣势，那么不打破现状，企业就无法获得优势。由于企业的经营活动和竞争格局是不断发展与变化的，竞争中成功的关键因素也不是一成不变的，因此，当环境发生变化时，企业应及时发现并创造竞争规则，在新的竞争规则方面抢先投入资源，提前占领竞争的"制高点"，取得领先地位。

（三）发挥和强化竞争优势

企业发挥优势的目标是取得竞争的有利地位，获取较高的经济效益。如何才能发挥企业的优势，要根据企业的优势取向，加以充分利用。如果企业的优势是产品先进性的差异，企业就必须利用顾客对其差异性的要求，扩大市场占有率和赢利，当这种产品的差异性缩小时，企业就必须采用降低成本或投入新一代产品等策略，以保持优势和强化优势。如果是多种经营的企业集团，企业可以开拓新的经营领域，发挥企业整体的协同效应和综合效益，充分利用企业整体的资源与能力，使企业原有优势得到加强。

企业要不断掌握竞争态势的变化，分析自身优势的状况与竞争对手的动态，有针对性地提高优势水平，强化这些竞争优势，并争取取得新的优势，使优势能持久地保持。

第四节　标杆管理

一、标杆管理的基本含义

标杆管理（Benchmarking）又叫基准化分析法，主要是指将要实施标杆管理的公司必须不断对竞争对手或一流企业的产品、服务、经营业绩等进行评价、比较来发现自身优势和不足，从而提出行动方法，以弥补自身的不足，从而进入赶超一流公司创造优秀业绩的良性循环过程。其核心是向行业内或行业外的最优企业学习。通过学习，企业重新思考和改进经营实践，创造自己的最佳实践，这实际上是模仿创新的过程。

标杆管理通常是站在全行业甚至更广阔的全球视野上寻找基准，突破了企业的职能分工界限和企业性质与行业局限，重视实际经验，强调具体的环节、界面和流程，因而更具有特色。总体来说，标杆管理就是对企业所有能衡量的东西给出一个参考值，标杆管理可以是一种管理体系、学习过程，它更注重对流程的研究分析。

菲利普·科特勒解释说："一个普通的公司和世界级的公司相比，在质量、速度和成本绩效上的差距高达 10 倍之多，标杆管理就是寻找在公司执行任务时如何比其他公司更出色的一门艺术。"

二、标杆管理的核心思路

标杆管理以保持和实现企业竞争优势为目的，更明确地指出了企业的竞争动态。其核心思路可归纳为如下四点。

（1）知己知彼。知己指企业参与市场竞争时首先必须对自身竞争能力有一个正确的自我识别，了解自身的竞争优势和弱点，了解在当前竞争力水平上，企业在市场上所处的竞争地位。知彼就是要同样了解竞争对手，了解它们的优劣势和竞争地位高低，在此基础上，将自己和竞争对手加以全面的分析比较。

（2）取长补短。比较只是一种分析手段，并不是一种目的。比较的目的是为了能学习和引进标杆竞争者优先于企业的成功因素，这是一种少走弯路、扬长避短的有效方法。通过学习，企业在竞争中保持已有的竞争优势的基础上又可赢得更多的竞争优势，企业的市场竞争力也会随之变化。

（3）互惠互利。标杆管理是公开和正当的竞争分析活动，它更强调竞争各方在竞争过程中的互惠互利和互助互补。为此，要坚持三项原则：一是友好相处，二是互帮互利，三是优势互补。

（4）领先一步。通过学习，企业缩短了与标杆竞争者的距离，实现和保持竞争优势。随着市场竞争力水平的不断提高，企业应该及时调整其标杆竞争目标，以超越竞争对手，向更高目标挑战，争取领先一步，成为行业中的竞争领先者。当然，并不是所有的企业都能最终成为领先者，但企业至少应在某一方面拥有超越对手的优势和能力。

三、标杆管理的实施

实施标杆管理技术通常遵循如下几个步骤：①确定准备比较的内容和基准；②确定测量的关键变量；③寻找在该方面表现一流的对象；④测量该对象的经营业绩；⑤测量本公司的业绩；⑥制订缩小差距的基础和条件；⑦修正和监控结果。

标杆管理的实施要求寻找在某一方面表现最佳的公司，询问顾客、供应商和分销商是一个较好的起点，它们往往将竞争者进行排序。同时，许多咨询公司也常常提供这些服务，因为它们拥有大量的资料和经验。为了控制成本，公司应该关注那些对顾客满意和公司成本有重大影响的方面，并且经过改进后，这些方面应有显著提高。施乐公司有效地运用标杆管理，逐步改善其在复印机行业的不利地位（见案例 3.2）。

案例 3.2

施乐公司的标杆管理

施乐公司是标杆管理的“鼻祖”。早在1979年，施乐公司最先提出了“Benchmarking”的概念，一开始只在公司内的几个部门做标杆管理工作，到1980年将工作扩展到整个公司范围，这一行动成效显著。请读者扫描二维码阅读本案例的详细介绍。

第五节　企业内部条件分析技术

对企业内部条件进行分析，就是要确定和评价企业内部战略要素，从而发现企业的核心能力、竞争优势及不足之处，以便有效控制企业战略发展方向和战略经营活动。企业内部条件分析技术主要有“雷达图”分析法、产品评价法、内部战略要素评价矩阵法。

一、“雷达图”分析法

在企业内部条件分析方法中，“雷达图”分析法最为形象直观、简便易行。雷达图是对客户财务能力分析的重要工具，从动态和静态两个方面分析客户的财务状况。静态分析将客户的各种财务比率与其他相似客户或整个行业的财务比率做横向比较；动态分析把客户现时的财务比率与先前的财务比率做纵向比较，就可以发现客户财务及经营情况的发展变化方向。雷达图把纵向和横向的分析比较方法结合起来，计算客户的收益性、成长性、安全性、流动性及生产性等五类指标。

1. “雷达图”的含义

企业在生产经营分析中用的“雷达图”，是从企业的收益性、成长性、安全性、流动性和生产性五个方面，对企业的财务状态和经营现状进行直观、形象的综合分析与评价的图。因其图形状如雷达的放射状，而且具有指引经营“航向”的作用，因而得名。雷达图如图 3.6 所示。

下面对以上五类指标进行说明。

（1）收益性。分析收益性指标，目的在于观察客户一定时期的收益及获利能力。

（2）成长性。分析成长性指标，目的在于观察客户在一定时期内经营能力的发展变化趋势，一个客户即使收益性高，但成长性不好，也就表明其未来赢利能力下降。因此，以发展的眼光看客户，动态地分析客户财务资料，对战略制订来讲特别重要。

（3）安全性。安全性是指客户经营的安全程度，也可以说是资金调度的安全性。分析安全性指标，目的在于观察客户在一定时期内的偿债能力。

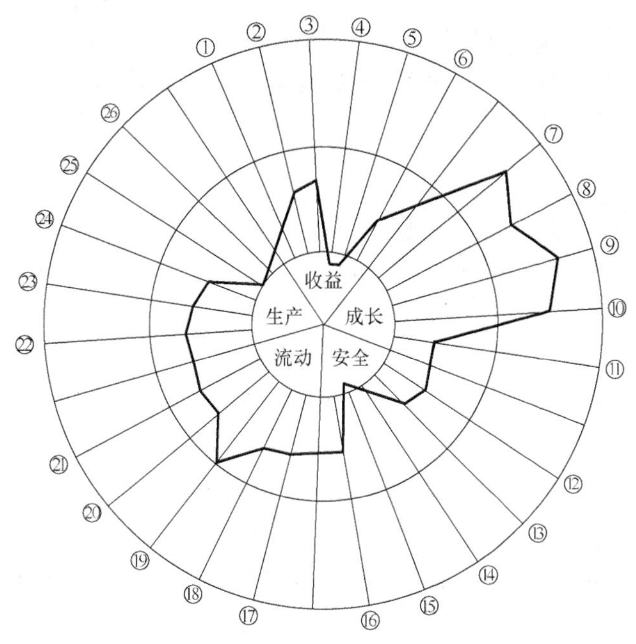

注：
收益性：①总资本利润率；②销售利润率；③成本利润率；④产值利润率；⑤资金利润率；⑥销售费用与销售额比率。
成长性：⑦销售额增长率；⑧产值增长率；⑨人员增长率；⑩总资本增长率；⑪利润增长率。
安全性：⑫利息负担率；⑬流动资金利用率；⑭固定资金利用率；⑮自有资金率；⑯固定资本比率。
流动性：⑰固定资本周转率；⑱应收账款周转率；⑲盘存资产周转率；⑳流动资金周转率；㉑总资本周转率。
生产性：㉒全员劳动生产率；㉓工资分配率；㉔劳动装备率；㉕人均利润；㉖人均销售收入。

图 3.6　雷达图分析法

（4）流动性。分析流动性指标，目的在于观察客户在一定时期内的资金周转状况，掌握客户资金的运用效率。

（5）生产性。分析生产性指标，目的在于了解在一定时期内客户的生产经营能力、水平和成果的分配。

2. “雷达图”的绘制

雷达图的绘制过程如下。

（1）先画出三个同心圆，将其等分成五个扇形区分别代表企业的收益性、成长性、安全性、流动性和生产性。通常，最小圆圈代表同行业平均水平的 1/2 或最低水平；中间圆圈代表同行业的平均水平，又称标准线；最大的圆圈代表同行业先进水平或平均水平的 1.5 倍。

（2）分别在五个扇形区中，从圆心开始，以放射线形式绘制 5 ~ 6 条主要经营指标线，并标明指标名称及标度。

（3）将企业同期的相应指标值用点标在图上，以线段依次连接相邻点，形成折线闭环，即构成综合反映企业经营状况的雷达图。

3. “雷达图”的分析

就各经营指标来看，当指标值处于标准线以内时，说明企业该指标低于同行业平均水平，需要加强管理，加以改进；若接近最小圆圈处或处于其内，说明该指标处于极差状态，是企业经营的危险标志，应重点分析，及时改进；若处于标准外侧，说明该指标处于理想状态，是企业的优势，应采取措施，加以巩固和发展。如图 3.6 所示，该企业在成长性方面具有优势，在生产性、安全性、收益性方面有个别指标处于极差状态，其他指标低于同行业平均水平，需要加强管理，进行改进。

二、产品评价法

产品评价法是通过对企业产品的分析与评价，来发现企业内部战略条件的优势与劣势。从而为制订出适合企业自身发展的战略计划打下基础。由于产品是企业各方面综合实力的反映，因此从分析产品着手，可以找出企业所存在的问题。对企业产品的分析，可以从四个方面作为评价基准，它们是市场条件、生产可能性、成长可能性和安定性。

1. 产品评价基准——市场条件

从市场条件方面来评价企业产品的竞争力，进而判断企业内部战略条件的优与劣，可以用以下 10 个评价项目来进行（也可以根据实际情况对项目进行调整或增减），它们分别是销售途径、商品竞争能力、市场广度（或使用范围）、对现有商品销售的影响、有关行业的评价、国内市场占有率的大小、季节变动对市场需求的影响、顾客购买情况、品种多样化的要求、质量与价格等。它们的重要性程度是不同的，分别用权数表示该要素对市场条件的相对重要程度，权数越大表示越重要，权数累加必须等于 10。评价分 5 个等级：优、良、中、中下、劣，分别用 10、8、6、4、2 这 5 个数字对应其成绩评定。用每个项目的权数乘以其评分，得到此项目的加权评分，累加十个项目的加权评分，可以判定该企业市场条件的优劣（60 分为中间状态，大于 60 分为好，小于 60 分为差），如表 3.4 所示（王铁男，2006，有修改）[122]。

表 3.4 产品评价基准——市场条件

项目 \ 权数 \ 等级 \ 评分		10	8	6	4	2
		优	良	中	中下	劣
（1）销售途径	2	依靠现有销售途径就能取得大市场	主要依靠现有途径可取得大市场	现在途径与新途径各需要一半才行	主要依靠新途径才能取得大市场	必须全部依靠新途径才行
（2）商品竞争能力	2	本企业产品比竞争企业产品在许多方面都优越	本企业产品与竞争产品相比在有些方面优越	本企业产品与竞争产品相比，水平基本一致	本企业产品在有些方面与竞争产品相比较差	本企业产品在许多方面比竞争企业产品差
（3）市场广度	0.5	国内人口的 70%以上	国内人口的 50%～70%	国内人口的 30%～50%	国内人口的 10%～30%	国内人口的 10%以下
（4）对现有商品销售的影响	1	对现有产品的销售有较大促进作用	对现有产品的销售完全没有负影响	对现有产品销售基本没有负影响	对现有产品销售有一定负影响	妨碍现有产品的销售
（5）有关行业的评价	0.5	可望最高水平的普及（第一位）	可望有良好普及（第二位）	普及一般（第三位）	普及不太好（第四位）	几乎不可普及（第五位）
（6）国内市场占有率	0.5	80%以上	60%～80%	40%～60%	20%～40%	20%以下
（7）季节变动	0.5	四季均无需求减少现象	只有一季需求减少	有二季需求减少	有一至二季需求减少近一半	有一至二季几乎无需求

续表

项目 \ 权数 \ 等级 \ 评分		10	8	6	4	2
		优	良	中	中下	劣
（8）顾客购买情况	0.5	顾客购买高度集中，有 1～2 家购买 50%以上	有 3～4 家顾客购买 50%以上	有 5～7 家顾客购买 50%以上	有 10 家顾客购买 50%以上	顾客购买不集中，10 家大客户购买不足 50%
（9）品种多样化的要求	0.5	1～3 种标准品即可满足需求	4～10 种标准品方可满足需求	需要 11～20 种标准品才可满足需求	需要 21～30 种标准品方可满足需求	31 种以上标准品方可满足需求
（10）质量与价格	2	与竞争企业商品不同质或质量相同，价格便宜 20%以上	比同质品便宜 10%～20%	比同质品便宜 5%～10%	比同质品便宜 5%以下	比竞争企业同质品价格还贵
合计	10					

2. 产品评价基准——生产可能性

从生产可能性方面来评价企业产品，进而判断企业内部战略条件的优与劣，可以用以下 11 个评价项目来进行（也可以根据实际情况对项目进行调整或增减），它们分别是技术水平、生产过程、商品化时间、专利的可能性、闲置设备的利用、现有设备的利用、动力的利用、生产人员、原材料、维持生产的难度、占总销售额的比重等。它们的重要性程度也是各不相同的，分别用权数表示该要素对生产可能性的相对重要程度，权数越大表示越重要，权数累加必须等于 10。评价也分 5 个等级：优、良、中、中下、劣，分别用 10、8、6、4、2 5 个数字对应其成绩评定。用每个项目的权数乘以其评分，得到此项目的加权评分，累加 11 个项目的加权评分，可以判定该企业生产条件的优劣（60 分为中间状态，大于 60 分为好，小于 60 分为差），如表 3.5 所示（王铁男，2006）[123]。

表 3.5　产品评价基准——生产可能性

评价项目 \ 权数 \ 区分等级 \ 评分		10	8	6	4	2
		优	良	中	中下	劣
（1）根据企业内技术水平，生产的可能性	1.5	有类似产品生产的实践	有类似生产实践但不安全	对类似产品一部分工序较详细	有文献资料但没有生产经验	必须从文献资料的调查开始
（2）生产过程的信赖性	1.5	一级品率在 95%以上，退货率在 1%以下	一级品率在 95%以下，退货率在 2%以下	一级品率在 85%以上，退货率在 3%以下	一级品率在 80%以上	一级品率在 80%以下，退货率在 6%以上
（3）达到商品化时所需要时间	1	3 个月以内	4～6 个月	7～12 个月	1～2 年	2 年以上
（4）专利可能性	0.5	可成为专利	认为可以成为专利	不实际做出来，难以见分晓	认为不能成为专利	不能成专利
（5）闲置设备的利用	0.5	用闲置设备即可生产	大体用闲置设备可以生产	一半以上的工序利用闲置设备生产	1/4 以上的工序利用闲置设备生产	几乎不能利用闲置设备生产

续表

评价项目 / 权数 / 评分区分等级			10	8	6	4	2
			优	良	中	中下	劣
（6）设备的必要性		0.5	完全可以利用现有设备生产	对一部分器具、工具进行改动即可生产	对一部分设备进行改动可进行生产	必须更新一部分设备	必须以全新的设备生产
（7）动力（水电气）的利用		0.5	利用率 70%以上	利用率 60%～70%	利用率 40%～60%	利用率 30%～40%	利用率 30%以下
（8）生产所需人员		0.5	现状不用调配即可	经部门内调配即可	经厂内调配即可	全公司内调配即可	需要重新组织或招收人员
（9）原材料	购进价格	0.5	比市价便宜 20%购入	比市价便宜 10%～20%购入	比市价便宜 5%～9%购入	比市价便宜 4%以下购入	比市价高
	购进方法	0.5	80%以上依靠国内	60%～80%依靠国内	40%～60%依靠国内	20%～40%依靠国内	20%以下依靠国内
	企业内调配	0.5	查可利用其他产品的库存原料	大体上可以利用产品的库存原料	其他产品的库存原料调配较困难	不能用其他产品的库存原料	没有其他产品的库存原料
（10）维持生产难度		1.5	生产计划的完成率在 95%以上	生产计划的完成率在 85%～95%	生产计划的完成率在 75%～85%	生产计划的完成率在 65%～75%	生产计划的完成率在 65%以下
（11）企业的负担		0.5	销售额是总销售额的 40%以上	销售额是总销售额的 30%～40%	销售额是总销售额的 20%～30%	销售额是总销售额的 10%～20%	销售额是总销售额的 10%以下
合计		10					

3. 产品评价基准——成长可能性

从成长可能性方面来评价企业产品，进而判断企业内部战略条件的优与劣，可以用以下 5 个评价项目来进行（也可以根据实际情况对项目进行调整或增减），它们分别是商品特性、成本、出口的可能性、技术革新的必要性、附加价值（收益性）的大小。它们的重要性程度也是各不相同的，分别用权数表示该要素对成长可能性的相对重要程度，权数越大表示越重要，权数累加必须等于 10。评价也分 5 个等级：优、良、中、中下、劣，分别用 10、8、6、4、2 等 5 个数字评定其成绩。用每个项目的权数乘以其成绩评分，得到此项目的加权成绩评分，累加 5 个项目的加权成绩评分，可以判定该企业成长的可能性大小（60 分为中间状态，大于 60 分为好，小于 60 分为差），如表 3.6 所示（王铁男，2006，有修改）[124]。

表 3.6　产品评价基准——成长可能性

项目 / 权数 / 评分等级		10	8	6	4	2
		优	良	中	中下	劣
（1）商品特性	1.5	有优良的特性，完全满足使用者需求	有优良的特性，大体满足使用者需求	有优点，能满足普通使用者需求	有优点，但需求满足程度比前者差	有优点，但不符合使用者需求
（2）成本	2	成本是原来的 40%以下	成本是原来的 40%～60%	成本是原来的 60%～80%	成本是原来的 80%～100%	比原来的成本高
（3）出口的可能性	2.5	出口赢利在 30%以上	出口赢利在 20%以上	出口赢利在 10%以上	出口赢利是 0	出口赢利是负数

续表

项目＼等级、评分、权数		10	8	6	4	2
		优	良	中	中下	劣
(4)技术革新的必要性	1.5	技术遥遥领先，目前不必提高性能	技术领先，目前可以不提高性能	技术先进，希望进一步提高性能	技术标准化，有必要提高性能	技术落后，绝对必要提高性能
(5)附加价值（收益性）的大小	2.5	原材料费用是销售价格的 20%	原材料费用是销售价格的 20%～30%	原材料费用是销售价格的 30%～40%	原材料费用是销售价格的 40%～50%	原材料费用是销售价格的 50%以上
合计	10					

4. 产品评价基准——安定性

从经营稳定性方面来评价企业产品，进而判断企业内部战略条件的优与劣，可以用以下 6 个评价指标来进行（也可以根据实际情况对项目进行调整或增减），它们分别是市场的持续性、获得市场的可能性、市场范围的大小、竞争对手模仿的难易度、销售与景气变动的关联性、产品在市场中的独占性。它们的重要性程度也是各不相同的，分别用权数表示该要素对经营稳定性的相对重要程度，权数越大表示越重要，权数累加必须等于 10。评价成绩也分 5 个等级：优、良、中、中下、劣，分别用 10、8、6、4、2 等 5 个数字评定其成绩。用每个项目的权数乘以其成绩评分，得到此项目的加权成绩评分，累加六个项目的加权成绩评分，可以判定该企业经营稳定性（60 分为中间状态，大于 60 分为好，小于 60 分为差），如表 3.7 所示（王铁男，2006，有修改）[124]。

表 3.7 产品评价基准——安定性

项目＼等级、评分、权数		10	8	6	4	2
		优	良	中	中下	劣
(1)市场的持续性	2	市场可持续使用 8 年以上	市场可持续使用 5 年左右	市场可持续使用 3 年以上	市场可持续使用 2 年以上	市场可持续使用 1 年以上
(2)获得市场的可能性	1.5	独家生产销售	有 2～3 家生产销售	有 4～6 家生产销售	有 7～10 家生产销售	有 11 家以上生产销售
(3)市场范围的大小	1.5	国内有广泛的需求，并可能向国外市场延伸	仅国内有广泛的需求	仅国内有需求	国内仅有些地方有需求	仅国内有较小的地方需求
(4)竞争对手模仿的难易度	1	其他企业要用 8 年以上才能生产	其他企业要用 5～7 年才能生产	其他企业要用 3～4 年才能生产	其他企业要用 1～2 年才能生产	其他企业很快就能生产
(5)销售与景气变动的关联性	1	与景气无关，能很好销售	与景气变动关联性不大	销售随景气变化而变化	销售较大程度随景气变化而变化	景气变化是需求大小的决定因素
(6)产品在市场中的独占性	3	有充分专利保证	没有专利，但是产品不易被仿制	有专利，产品已经被仿制	没有专利，产品已经被有实力的企业仿制	没有专利，产品易被仿制
合计	10					

三、内部战略要素评价矩阵法

内部战略要素评价矩阵法（Internal Factor Evaluation Matrix，IFE）可以帮助企业战略决策者对企业内部各个职能领域的主要优势与劣势进行全面综合的评价，其具体分析步骤有以下五步。

（1）由经营战略决策者识别企业内部战略环境中的关键要素，通常列出10个左右为宜。

（2）为每个关键战略要素指定一个权重以表明该要素对企业战略的相对重要程度。权重取值范围从0（表示不重要）到1（表示很重要），但必须使各要素权重之和为1.0。

（3）以1、2、3、4各评价值分别代表相应要素对于企业战略来说是主要劣势、一般劣势、一般优势、主要优势。

（4）将每一要素的权重与相应的评价值相乘，即得到该要素的加权评价值。

（5）将每一要素的加权评价值加总，就可得到企业内部战略条件的优势与劣势情况综合评价值。

表3.8为某企业内部条件战略要素评价矩阵的分析情况（王铁男，2006）[125]。从表3.8可以看出，该企业的主要优势是产品质量，评价值为4；劣势是组织结构适应性差，评价值为1；从加权评价值来看，产品质量为0.8，职工士气为0.6，这两个关键战略要素对企业战略产生的影响最大；该企业的综合加权评价值为2.4，说明该企业内部条件的综合地位处于行业平均水平（2.5）以下，应引起高度重视。

表3.8　企业内部条件战略要素评价矩阵

关键战略要素	权重	评价值	加权评价值
职工士气	0.2	3	0.6
产品质量	0.2	4	0.8
营运资金	0.1	3	0.3
利润增长水平	0.15	2	0.3
技术开发人才	0.05	2	0.1
组织结构	0.3	1	0.3
综合加权评价值	1		2.4

本章小结

企业内部环境是相对于外部环境而言的独立概念，是指企业生存和发展的内部因素状况。企业外部环境分析向企业展示了未来发展的机会和威胁，但企业能否成功地抓住机会，避开威胁，则取决于企业自身的实力。企业的实力源于其战略资源和能力。企业的战略资源和能力源自于企业内部条件的关键要素。深入分析企业内部关键条件是制订正确战略的基础。

企业的资源是指能够给企业带来竞争优势的任何要素，是企业参与市场竞争的必备条件，包括人力、物力、财力、信息、市场地位五大要素。但是，企业资源本身并不能产生企业的竞争能力和竞争优势，企业竞争能力和竞争优势是源于企业对多种资源的特殊整合。换言之，企业可持续性的竞争优势是由企业在长期运行中，将具有战略价值的资源进行特殊的整合、升华而形成的核心能力所产生的。“核心能力是组织中的积累性学识，特别是关于如何协调不同的生产技能和有机结合多种技术流的学识。”是一个企业能够比其他企业做得特别出色，使企业长期、持续地拥有某种竞争优势的能力。

通常企业的竞争优势的能力，体现在企业的产品设计、生产、营销和交货等过程及其他辅助过程等价值活动完成的方式和效率上，这些相互独立又相互联系、相互作用的价值活动关系，构成了一个企业特有的价值链。

在对企业资源基础、核心能力和价值链分析的基础上，可综合归纳出企业的竞争优势或寻求竞争优势，企业要分析自身优势的状况与竞争对手的动态，有针对性地强化这些竞争优势，并争取取得新的优势，使优势能持久地保持。

标杆管理，又叫基准化分析法，是指企业通过不断地对竞争对手或一流企业的产品、服务、经营业绩等进行评价、比较来发现优势和不足，从而提出行动方法，以弥补自身的不足，从而进入赶超一流公司创造优秀业绩的良性循环过程。

对企业内部条件进行分析，就是要确定和评价企业内部战略要素，从而发现企业的核心能力及不足之处，进而确定企业的战略地位。内部条件分析的方法主要有“雷达图”分析法、产品评价法、内部战略要素评价矩阵法等。

企业战略管理者必须了解企业内部经营状况及其优势与劣势，以便有效控制企业战略发展方向和战略经营活动。

复习与思考

一、名词解释

企业资源、核心能力、企业价值链、优势地位、雷达图、内部战略要素评价矩阵（IFE矩阵）

二、单选题

1. 对影响战略的内部因素进行分析的目的是确定现实或潜在的（　　）。

A. 财务状况　　B. 独特资源　　C. 核心能力　　D. 企业文化

2. 公司协调资源并使其发挥生产作用的技能是指（　　）。

A. 企业财务　　B. 企业资源　　C. 核心能力　　D. 企业能力

3. 同具有相同能力的对手进行竞争，唯一可行的方法是在（　　）领域做出持续有效的努力。

A. 产品开发　　B. 市场开发　　C. 资金投入　　D. 关键因素

4. 企业竞争优势的根基是（　　）。

A. 财务能力　　B. 核心竞争力　　C. 营销能力　　D. 科技能力

5. 价值链理论所依据的基本逻辑关系是（　　）。

A. 竞争优势–经营资源–价值活动　　B. 价值活动–经营资源–竞争优势

C. 经营资源–价值活动–竞争优势　　D. 经营资源–竞争优势–价值活动

6. 战略优势是企业在竞争中夺取胜利的有力武器。云南玉溪卷烟厂的香烟由于在原料方面独具优势而畅销全国。玉溪卷烟厂所具有的这种优势属于（　　）。

A. 技术优势　　B. 成本优势　　C. 资源优势　　D. 品牌优势

三、多选题

1. 企业独特的竞争力有两个相互补充的来源，即企业所具有的（　　）。

A. 独特结构　　B. 独特资源　　C. 独特管理

D. 独特能力　　E. 独特经营

2. 以下资源中，属于企业所具有的无形资源的有（　　）。

A. 商标　　B. 专利　　C. 声誉

D. 企业文化　　E. 土地

3. 企业的协同效应可以表现在（　　）。

A. 销售协同效应　B. 生产协同效应　C. 投资协同效应　D. 管理协同效应

4. 价值链的辅助活动包括（　　）。

A. 采购　B. 研究开发　C. 商誉

D. 人力资源管理　E. 企业基本结构

5. 企业核心能力的培育基本方式有（　　）。

A. 自行发展核心能力　B. 组成战略联盟

C. 改革　D. 外部购买

6. 企业核心能力的判断标准（　　）。

A. 有助于实现顾客所看重的价值　B. 竞争者难以复制或模仿

C. 能够支撑多种核心产品　D. 仅支撑主营业务

四、判断题

1. 资源有很大的战略价值，即使它对企业的竞争优势没有起任何作用。（　　）

2. 进行内部环境分析，可使企业分析出存在什么样的机会，从而决定什么行动。（　　）

3. 核心能力不会因为被使用而衰退，不像实物资产那样会随着时间的流逝而退化。（　　）

4. 价值活动可以分为基本活动和支持活动两大类。（　　）

五、简答题

1. 企业有哪些主要资源？如何将企业的资源和能力转化为核心能力？

2. 核心能力的定义是什么？有何特征？核心能力和一般能力有何区别？

3. 简述价值链的基本概念和各活动之间的内在联系。

4. 何谓标杆管理？标杆管理的实施过程是怎样的？

5. 简述产品评价法的四个评价基准。

六、论述题

1. 为什么相同的外部环境，不同的企业会有不同的竞争结果？

2. 为什么企业内部环境分析在战略管理活动中非常重要？内部环境分析的目的是什么？

3. 结合某一具体企业，分析其价值链体系，并探究其竞争优势的来源。

案例分析

华为崛起的背后

华为技术有限公司（以下称华为）是一家生产销售通信设备的民营通信科技公司，于1987年在中国深圳正式注册成立。大概在2012年之后，因为手机业务，更多的普通人才关注到了华为这家已经在世界通信设备领域做得风生水起的中国民营公司。

2015年《财富》世界500强中华为排行全球第228位，与上一年相比上升57位，较前年上升87位，这是火箭速度吗？

2015年华为第二次登上Interbrand（国际品牌集团）全球品牌百强榜，排名第88位；在BRANDZ的全球百家最具价值品牌中位列第70位。据全球知名调研机构IPSOS报告显示，华为品牌认知度增幅位列全球第一，其中整体知名度由2014年的65%上涨至76%，有超过3/4的消费者知道华为手机，在素以品牌高地著称的欧洲市场对华为手机的品牌认知同样大幅度提升，在中国市场，华为手机的认知度达到了97%。华为原来还是世界名牌！

广东省知识产权局2016年5月发布的《2015年广东省专利监控报告》显示，2015年华为向苹果许可专利769件，苹果向华为许可专利98件，由此引发了苹果要向华为支付巨额专利费的讨论。2016年5月下旬，华为在美国和中国提起对三星公司的知识产权诉讼，在诉讼中要求三星公司就其知识产权侵权行为对华为进行赔偿，这些知识产权包括涉及通信技术的高价值专利和三星手机使用的软件。一经见诸报端，激起了更大范围的讨论。

改革开放后的三四十年中，中国企业总因专利技术被国外企业卡脖子，难道要变天吗？华为哪来的那么多专利技术？是不是从什么地方买来的？

我们来看看2015年华为和苹果的相关数据。

华为2015年年报显示，2015年华为实现销售总额3 950亿元人民币（608亿美元），同比增长37%；净利润369亿元人民币（57亿美元），同比增长33%，利润率约为9.34%。2015年华为研发投入为596亿元人民币（92亿美元），研发投入占到销售额的15%左右。如此大的研发投入在专利申请方面得到了正面的体现，华为表示，其累计申请了52 550件国内专利和30 613件外国专利，专利申请总量位居全球第一。全球第一？可能吗？是真的吗？

苹果2015年财务报告显示，2015苹果营收2 350亿美元，净利润为537亿美元，利润率为22.85%，苹果2015年研发投入达85.76亿美元，研发投入占到营业额的3.6%。

《华为启示：中国最优质民营企业如何炼成》：http://tech.sina.com.cn/t/2013-07-10/11548525934.shtml

华为营收仅为苹果1/4强，研发投入却超越苹果，这是不是华为向苹果索要专利费的唯一资本？这能不能构成超越苹果梦想的基石？

不投入不会有产出，但大投入却不一定会有大产出，华为凭什么30年内就成为世界级的公司？

今天的辉煌要从昨天的行为中寻找答案，这是研究企业战略管理案例的基本思路。推荐读者扫描二维码阅读《华为启示：中国最优质民营企业如何炼成》一文，关注其中涉及华为企业内部条件的相关内容，结合本章所学内容分析以下问题。

1. 对华为来说，你认为最为重要的内部资源条件是什么？

2. 根据案例资料，试分析华为的核心能力。

第四章　企业使命与目标

【学习要点及目标】

1. 理解企业使命的概念和层次
2. 理解企业战略目标的内容
3. 熟悉企业战略目标的内涵和特点
4. 掌握企业使命的核心要素及影响因素
5. 掌握企业战略目标的制订方法

【关键概念】

企业使命、使命陈述、经营宗旨、战略目标、目标制订

引导案例

英特尔公司使命的改变

在某些情况下，公司所处的环境会发生巨大的变化，这些变化往往会改变公司的发展前景，要求公司对自己的发展目标和战略方向进行大幅度的修订，英特尔公司的总裁安德鲁·格罗夫把这种情况叫做战略转折点。

格罗夫和英特尔公司在20世纪80年代中期遇到了一次这种战略转折点。当时，计算机存储芯片是英特尔的主要业务，而日本的制造商想要占领存储芯片业务，因此将它们的产品价格相对于英特尔以及其他芯片生产商降低了10%。每一次美国的生产商在日本生产商降价之后回应日本生产商的降价行为后，日本的生产商则又降价10%。

为了对付日本竞争对手的这种挑衅性的定价策略，英特尔公司研究出了很多战略：建立巨大的存储芯片生产工厂，以对抗日本生产商的成本优势；投资研究与开发，设计出更加高级的存储芯片；撤退到日本生产商并不感兴趣的小市场上去。

格罗夫认为，所有这些战略选择都不能为公司带来很好的前景，最好的长期解决方案是放弃存储芯片业务——尽管这块业务占英特尔公司收入的70%。格罗夫将英特尔的全部资源和能力用于为个人计算机开发更强大的微处理器（英特尔公司早在20世纪70年代的早期就已经开发出来了一种微处理器，但是由于微处理器市场上的竞争很激烈，生产能力过剩，所以英特尔公司才将公司的资源集中在存储器芯片上）。从存储器芯片业务撤退，使英特尔公司在1986年承担了1.73亿美元的账面价值减值。

格罗夫所做的这项大胆决策实际上给英特尔公司带来了一个新的战略使命：成为个人计

算机行业微处理器最主要的供应商，使个人计算机成为公司和家庭应用的核心，成为推动个人计算机技术前进的一个无可争辩的领导者。

到了1996年，英特尔公司成为美国赢利最大的五家公司之一，营业收入为208亿美元，税后利润为52亿美元。之后，英特尔在此领域逐渐形成了绝对垄断，“Intel Inside”成为个人电脑的主流。

思考

1. 英特尔公司以前的使命是什么？为什么要进行战略改变？
2. 英特尔公司的竞争对手主要采用何种竞争策略？

第一节　企业使命

补充阅读

“使命”术语的由来

使命（Mission）源于中世纪拉丁语，特指宗教使命，指“分派的任务”，经过词义的延伸，它的含义更加广泛：①指宗教团体组织传播的信仰和诺言，并依此从事人道主义职业；②指最高宗教组织的指示，下级的所有教堂或教区都要以这个指示作为行动方向并获得财政上的支持；③指使非教徒改变各自的信仰或者不断加强教徒对基督教的信仰认知程度的说教、布道和服务的过程。④指接受派遣去完成任务或行为的团体；⑤指个人或团体去完成的明确任务，一般指军事上的任务。

《辞海》中使命的意思是“使者奉命出行，今指重大的任务”，最初出现在《北史·魏收传》：“李谐、卢元明首通使命，二人才器并为邻国所重。”《高级汉语大词典》中对使命的汉语解释是“派遣人去办事的命令，比喻重大的责任”。

有学者认为，企业有两种经营要素：一种是有形的要素，如企业的人、财、物力要素；另一种是无形的要素，如企业的经营思想、使命、宗旨、战略目标和企业文化等。有形要素形成企业经营结构中的“硬结构”，它容易被模仿；无形要素形成企业经营结构中的“软结构”，这些无形的要素往往不容易被模仿，并且比有形要素更为重要，因为有形要素是要在无形要素的作用下发生作用的。也就是说，“硬结构”是在“软结构”的作用下运转的。这就是为什么在大致相同的“硬结构”条件下，有的企业能取得成功，而有的企业却失败的重要原因之一。企业战略管理的最终目的是为了实现企业的使命和目标，企业战略的其他内容也是根据企业使命和企业战略目标展开的。

名人名言

战略管理是实现企业使命与目标的一系列决策和行动计划，任何行动从语义学的角度分析都会包含这样几个问题：做什么？由谁做和为谁做？怎么做？在哪里做和何时做？

——彼得·德鲁克

一、企业使命的含义与层次

企业使命是关于企业存在目的或对社会发展的某一方面应做出的贡献的陈述。有时也称企业的宗旨、信条，是企业目的和企业经营范围、经营原则的陈述。例如，联想公司的使命陈述是“为客户，提供信息技术工具和服务，使人们的生活工作更加简便、高效，更加丰富多彩；为社会，服务社会文明进步；为股东，回报股东长远利益；为员工，创造发展空间，提升员工价值，提高工作生活质量”。

企业使命从整体来说，分为核心使命、功能使命、延伸使命三个层次，每一部分都包括不同的要素，这些要素针对不同企业需要具体问题具体分析。

1. 核心使命

核心使命是由企业根本责任、根本目的和企业哲学三个要素组成的，它决定企业的本质，是本企业区别于其他企业的根本标志，也是衡量一个企业是否形成企业使命的标志。核心使命也是形成功能使命和延伸使命的基础和原则，它具有区分性、唯一性、永久性、统领性、长久激励性的特征。核心使命的各个要素反映企业的根本，它们要历经长久而不动摇，所以一旦形成是不可改变的。

2. 功能使命

功能使命是企业整体使命的基础，反映企业使命机制，是联系核心使命和企业使命实践的中介，对核心使命起执行、支撑、保障的作用，集中体现核心使命和延伸使命对企业行为的要求。它由整合要素层、激励要素层、路径要素层、定位要素层、约束要素层、竞争要素层、调控要素层组成。功能使命各要素中，整合要素、激励要素和路径要素通常不应该大幅度变化，而定位要素、约束要素、竞争要素和调控要素要与企业外部环境、内部实力、认知水平形成有机的匹配关系，应灵活变化。

3. 延伸使命

延伸使命是企业使命意义的延伸，是企业使命的表层部分，对核心使命起细化分解、附加、完善和终端“界面”作用。它具体包括企业战略目标、企业政策体系、企业文化体系、企业形象体系等要素。延伸使命要素是对核心使命的灵活、丰富的引申，更重要的是必须与企业所处的社会人文环境相协调，应引起企业内外公众、各相关利益者的高度理解与认同，所以应该灵活多样，富于变化。

每一个企业都应该有一个特别的、不同于其他企业的使命（即存在理由），而不论其战略管理者是否意识到或是否能用文字表达。精心开发、清楚表达企业使命，对于企业战略管理过程来说至关重要。首先，它能为企业资源分配提供基础与准则；其次，它能对企业内部各种相互冲突的目标起到一定的缓解与协调作用；再次，它也能为企业职工了解企业目标与方向提供机会，有助于在企业内部树立起团结奋斗的精神。

补充阅读

管理者要善于激发全体员工的使命感

使命感是决定团队行为取向和行为能力的关键因素，是一切行为的出发点。具有强烈使命感的同人不会被动地等待着工作任务的来临，而是积极主动地寻找目标；不是被动地适应工作的要求，而是积极主动地去研究变革所处的环境，并且会尽力做出有益的贡献，积累成功的力量。所以，作为一个领导者，一定要引发全员为使命感而工作，而不是为了老板，为了企业，也不是单纯为了一份薪水而工作。

比尔·盖茨曾说："我不是在为金钱工作，钱让我感到很累。工作中获得的成就感和体现出来的使命感才是我真正在意的。"这个世界上有一个关于财富的最大秘密——只要你天天想方设法在你的行业中做到第一名，那你一定能够获得意想不到的财富。

二、企业使命陈述的内容

在确定企业使命时，企业使命陈述的内容要随着企业自身条件、发展阶段以及行业环境等特点不断丰富和变化，具体内容主要包括生存目的、企业经营哲学、企业形象三个方面。

1. 生存目的

生存目的即存在的理由，也就是企业为社会、顾客提供的服务类别。德鲁克认为，企业存在的主要目的是创造顾客，只有顾客才能赋予企业存在的意义。因此，决定企业经营内容的应该是顾客，顾客才是企业生存的基础和理由。在确定企业生存目的时，应该说明企业能满足顾客什么需求，而不是说明要生产什么产品。亨利·福特说过："我将为一个伟大的目标建造每一辆汽车……它要很便宜，使得那些没有很高收入的人也能买得起，从而使他们能与家庭一起分享上帝赐予我们的快乐时光……"

2. 企业经营哲学

企业经营哲学是对企业经营活动本质性认识的高度概括，是包括企业的基础价值观、一致认可的行为准则及共同信仰等在内的管理哲学。它主要通过企业对内、外环境的态度来体现。对外，主要指企业在处理与顾客、社会等关系时的指导思想；对内，主要指企业在处理与员工、股东、债权人等相关利益者之间的关系的基本观念。例如，IBM公司的经营哲学是：尊重每一个人，为顾客提供尽可能好的服务，寻求最优秀、最出色的成绩。

视野拓展

凭着"让天下没有难做的生意"的使命感，马云带领他的团队在十几年中真的让中国一大批中小企业或个人通过互联网做生意并赚到了钱，马云也借此建立起了庞大的商业帝国。

放眼全球，这一使命是否也能造福全球的中小企业、使阿里巴巴创造更大的辉煌？

推荐读者阅读2016年3月23日新华网新闻《马云博鳌首提eWTP：让全世界年轻人找到机会》，结合当前阿里巴巴全球业务发展状况思考讨论企业和企业使命的关系：http://www.zj.xinhuanet.com/2016-03/23/c_1118419890.htm

3. 企业形象

企业形象是指企业通过产品、服务、经济和效益给利益相关者留下的印象。良好的企业形象意味着企业在利益相关者心中留下长期的信誉，能够吸引现存与潜在的顾客，也是增强企业内部凝聚力的必要条件。企业在制订使命时，根据所在行业的特殊环境对利益相关者的承诺是树立良好企业形象的基础。例如，在食品行业，企业形象就要注重"清洁卫生、健康、安全"。

三、企业使命陈述的核心要素

彼得·德鲁克认为，界定企业使命，第一个问题也是最关键的问题，即"顾客是谁？"

第二个问题是“顾客买些什么？”最后一个问题是“顾客眼中的价值是什么？”

他的这些观点揭示了使命陈述真正表达的内容，以至于后来提出的使命陈述所应包含哪些要素等思想也都建立在这三个问题的基础之上。

很多学者都是围绕彼得·德鲁克所提出的这三个问题来研究使命陈述究竟应包含哪些要素，其中弗雷德·R·戴维（Fred. R. David）提出了九要素标准，或称使命陈述评价矩阵，这九个要素受到绝大部分企业的关注和重视，是企业经营中首要解决的问题，是构成企业使命的基本要素，各企业由于自身的特点以及所处的发展阶段不同在使命陈述时可以不全包括，但是在评价企业使命陈述时，九要素成为评价使命的重要标准，绝大多数战略管理的理论家和实践家都认同用九要素标准来界定使命陈述。

（1）顾客（Customers）。企业的顾客是谁？这里的“顾客”是指企业的主要目标市场顾客群，或是企业愿意调整将来的战略为之服务的特定顾客群。例如，强生公司坚信，他们对医生、护士、患者、母亲和其他所有和享受其产品与服务的人负有重要的责任。

（2）产品或服务（Products or Services）。企业的主要产品或服务项目是什么？是指界定企业主要业务领域和范围。例如，美孚石油公司（Mobil）寻找和开采石油、天然气、液化天然气，以这些为原料为社会生产高质量的产品，并以合理的价格向消费大众销售这些产品和提供相应的可靠服务。

（3）市场（Markets）。企业在哪些或将要在哪些地域竞争？这里的市场领域是指地理上的地域概念，即企业所从事业务的地理范围，或其将要去开拓业务地理领域而不是指业务范围。例如，布洛克威公司（Blockway）注重的是北美市场，尽管它也要开拓全球市场。

（4）技术（Technology）。企业的核心技术是什么？公司的技术是不是新的？例如，数据控制公司（Control Data）经营应用微电子和计算机产业，其两个主要业务领域为计算机硬件和计算机升级服务，具体服务范围为计算、信息、教育和金融。

（5）对生存、增长和赢利的关切（Concern for Survival , Growth ,and Profitability）。企业是否努力实现业务的增长和良好的财务状况？这并不是指只追求利润而不考虑企业的持续成长。例如，胡佛环球公司（Hoover Universal）谨慎经营，保证赢利和增长，以取得企业的最终成功。

（6）企业哲学（Philosophy）。企业的基本信念、价值观、志向和道德倾向是什么？例如，玫琳凯化妆品公司（Mary Kay Cosmetics）的全部宗旨都基于一条重要的原则，即分享与关怀，出于这种精神，人们将愉快地贡献他们的时间、知识与经验。

（7）自我认知（Self-concept）。企业最独特的能力或最主要的竞争优势是什么？即企业对自身竞争优势与劣势的评价，能够使其认清自身的定位。例如，克朗·泽勒巴克公司（Crown Zellerbach）通过释放全体雇员的能量和利用他们的建设和创造能力，在未来 1 000 天的竞争中实现飞跃。

（8）对公众形象的关切（Concern for Public Image）。企业是否关心社会、社区的发展和环境保护？即企业是否能够承担应付的社会责任。例如，辉瑞公司（Pfizer）为增强社会经济力量做出贡献，从其从事业务活动的所有国家，以及在地方、全国范围内都作为一个优秀的公司公民而发挥作用。

（9）对员工的关心（Concern for Employees）。企业是否视员工为宝贵的资产？企业是否关心员工的生活和发展？例如，瓦克维亚公司（Wachovia Corporation）以良好的工作条件、高超的领导方式、按业绩付酬的原则、有吸引力的福利待遇、个人成长的机会和高度的就业保障，来招集、培养、激励、回报和留住高能力、高品格和有奉献精神的人员。

四、企业使命陈述应注意的几个问题

1. 企业使命陈述应该是较宽泛而有度的

宽泛的企业使命陈述为企业战略管理者提供了创造性的选择空间，过于狭窄的使命陈述会限制这种创造性，从而使企业在多变的环境中错过许多机会；而过分宽泛的使命陈述在语言上太模糊而显得空洞无物，从而使得企业的特点丧失或对企业当前与未来的经营范围不清，无法统一对企业未来的认识。因此，企业使命陈述应该是较宽泛而适度的。在企业使命的实际表述中，通常采取的是在企业目前经营基础上提高一档抽象地来选择措辞。这样做既有利于企业的进一步发展，又不至于使企业失去具体的业务方向。例如，将电话、电报公司的使命表述为“提供信息传递服务”而不是电话、电报；将公交汽车公司的使命表述为“提供运输与服务”而不是公共交通；将石油公司的使命表述为“提供能源与服务”而不是石油与天然气；将电影业的使命表述为“提供娱乐”而不是影片制作与发行等。

2. 企业使命陈述应该是全面而综合的

一个企业要得到用户、员工、股东、政府与社会等相关利益者的支持，就要在企业使命的表述上，有效地与企业内外部环境中的相关利益者沟通。企业使命的表述，要通过对企业长期发展目标的说明，为各级管理人员超越局部利益与短期观念提供努力方向，促进企业员工形成共享的价值观，并随着时间推移不断得到加强，以最终为企业外部环境中的个人与组织所认同和接纳，为企业带来良好的社会形象。一个企业如果没有开发出一个令人鼓舞的全面而综合的使命表述，就必将失去将自己以良好的公众形象提供给企业内外部环境中的相关利益者的机会，而且也难以形成企业的整体力量。例如，上文提到的联想公司的使命陈述就包括对客户、社会、股东、员工等多方面的承诺。

3. 企业使命陈述要做到语言精练、明晰

企业使命陈述要做到语言精练、明晰，易于接受和记忆。比如美国商用机器公司的使命“IBM 就是服务”确实起到了一见便刻骨铭心的效果。

视野拓展

各大企业官网关于本企业介绍中一般都会涉及使命的介绍，有兴趣的读者可通过以下链接及二维码查阅，做对比学习。

第二节　战略目标

战略目标是根据企业使命的要求和企业外部环境与内部条件的实际与变化趋势，制订出的较长时期（即战略期）的总任务，是企业使命的具体化和明确化，也是战略主体发展的行动指南。企业战略目标如果设置得当，可以激发士气，充分调动整个企业的员工积极性。经验表明，有明确的战略目标的组织，要比毫无目标的组织更能取得预期的成效。

一、战略目标的特征

企业战略目标秉承了企业战略全局性、长远性、纲领性、抗争性、风险性的特征，与企业其他目标相比，具有以下特点。

1. 宏观性

战略目标是一种宏观目标。它是对企业全局的一种总体设想，它的着眼点是企业的整体。它是从宏观角度对企业执行战略后的未来的一种较为理想的设定。它所提出的是关系企业整体发展的要求。因此，人们所提出的企业战略目标一般是高度概括的。

2. 长期性

战略目标一般是一种长期目标。它的着眼点是未来和长远。战略目标是关于未来的设想，它所设定的，是企业职工通过自己的努力奋斗而达到的对现实的一种根本性的改造。战略目标所规定的，是一种较长时期的发展方向；它所提出的是一种长期的任务，绝不是一蹴而就的，而是要经过企业职工比较长时间的努力才能够实现的。

3. 相对稳定性

战略目标既然是一种长期目标，那么它在其所规定的时间内就应该是相对稳定的。这样，企业职工的行动才会有一个明确的方向，大家对目标的实现才会树立起坚定的信念。当然，强调战略目标的稳定性并不排斥根据客观需要和情况的发展而对战略目标作必要的修正。事实上，企业战略的实施过程，也是战略目标不断修正和完善的过程。

4. 全面性

战略目标是一种整体性要求。它虽着眼于未来，但却没有抛弃现在；它虽着眼于全局，但又不排斥局部。科学的战略目标，总是对现实利益与长远利益，局部利益与整体利益的综合反映。科学的战略目标虽然总是概括的，但它对人们行动的要求，却又总是全面的，甚至是相当具体的。

5. 可分解性

战略目标作为一种对企业发展的总要求，总是可以分解成某些具体目标、具体任务和具体要求的。这种分解既可以在空间上把总目标分解成一个方面又一个方面的具体目标和具体任务，又可以在时间上把长期目标分解成一个阶段又一个阶段的具体目标和具体任务。人们只有把战略目标分解，才能使其成为可操作的东西。可以这样说，因为战略目标是可分解的，因此才是可实现的。

6. 可接受性

企业战略的实施和评价主要是通过企业内部人员和外部公众来实现的，因此，战略目标必须被他们理解并符合他们的利益。但是，不同的利益集团有着不同的甚至是相互冲突的目标，因此，企业在制订战略目标时一定要注意协调。一般地，能反映企业使命和功能的战略易于为企业成员所接受。另外，企业的战略目标表述必须明确、有实际的含义，不至于产生误解，易于被企业成员理解的目标也易于被接受。

7. 可检验性

为了对企业管理的活动进行准确的衡量，战略目标应该是具体的和可以检验的。目标必须明确，具体地说明将在何时达到何种结果。目标的定量化是使目标具有可检验性的最有效的方法。但是，还是有一些目标难以数量化。时间跨度越长、战略层次越高的目标越具有模糊性。此时，应当用定性化的术语来表达其达到的程度，要求一方面明确战略目标实现的时间，另一方面详细说明工作的特点。

8. 挑战性

战略目标不是轻易可以实现的，需要通过全体员工努力工作和协作才能实现。因为，战略目标中还包含一定的风险因素，不过一旦实现目标则会给企业和个人带来很大的好处或自身价值得到体现。因此，目标本身是一种激励力量，特别是当企业目标充分地体现了企业成员的共同利益，使战略大目标和个人小目标很好地结合在一起的时候，就会极大地激发组织成员的工作热情和献身精神。

二、企业战略目标的内容

企业使命制订以后，企业就应该在其指导之下提出总的战略目标，这是企业战略的主要内容之一。由于企业总的战略目标涉及企业整体的、长期的发展及其达到的水平，所以它比一般的经营目标更为全面、更为复杂。企业总的战略目标可以根据时间的长短分解成长期目标、中期目标和短期目标，还可以根据职能分工分成各职能部门的分目标，如生产部门、销售部门、技术部门、财务部门等部门的分目标。这些分目标都是根据总目标的要求按时间不同、职能部门分工不同而设立的，是总目标的具体化和精细化，是为了更好地实现总目标而进行的分解和分工，体现了总目标不同阶段的要求和对不同职能部门的要求。但是，为了更好地深入分析各目标之间的关系和矛盾，进一步认识各目标之间取得和谐一致的可能性和必要性，我们要重视各个战略目标之间的逻辑关系或地位。比如，为了保证实现长期性的基本目标，必然要求企业在产品-市场方面、内部经营结构方面以及生产率方面都达到相应的水平，因而从各个目标之间的逻辑关系或所处地位来划分，企业战略目标包括以下四个层次的目标。

1. 长期基本目标

长期基本目标是企业在战略期要达到的总体经营状态，是最高层次的战略目标，它决定或指导企业在产品-市场方面、内部经营结构方面以及生产率方面应该达到的方向和水平。长期基本目标中可量化的目标可由资金利润率、资金结构、销售额、销售增长率、利润额、利润增长率等目标来描述。这些目标是企业在战略期要达到的经营状态的数量或比率。另外一些反映企业整体经营状态而又无法量化的目标，就需要用简明的语言来描述，比如有关在战略期企业形象、社会责任等方面的目标。

2. 产品-市场目标

“产品-市场”目标是企业在战略期间为了保证长期基本目标的实现，根据未来市场情况和自身条件选择的企业的经营领域。即确定对市场环境中的何类顾客提供何类产品或服务，并应达到何种水平。它是第二层次的战略目标，它对处于最高层次的长期基本目标的实现起支持和保证作用，同时又指导和决定着处于第三层次的经营结构目标。“产品-市场”目标中可量化的目标有：市场占有率、产品结构、新产品比例、出口比例等；定性的目标有市场开发的方向、各产品的发展态势等。

3. 经营结构目标

处于第三层次的目标是为了保证实施产品-市场目标，对企业人、财、物力等资源进行合理配置，形成的具有战略优势的经营结构目标。它反映了战略期间企业在人员、组织结构、设备、生产技术结构等方面应达到的水平。其中，量化的目标有人员结构、设备投资额、研究开发费用等；定性的目标有组织结构的调整、研究开发目标、工艺的改进等。它对处于最二层次的“产品-市场”目标的实现起支持和保证作用，同时又指导和决定着第四层次的生产率目标。

4. 生产率目标

处于第四层次的生产率目标是关于战略期间有效地开展生产经营活动应达到的目标。它是经营结构目标在效果上的体现，也是实现长期基本目标在效率方面的具体保证。这个层次的目标基本上都是反映投入产出的量化目标，如劳动生产率、资金周转率等目标。

综上所述，在企业战略目标体系中，长期性的总体基本目标是处于最高逻辑地位的战略目标，其次是产品-市场目标，再次是内部经营结构目标，生产率目标处于最基础的逻辑地位。它们之间的关系是：前者指导和决定后者，后者支持和保证前者。

补充阅读

关于企业战略目标构成要素

在实际中，企业战略制订出来后，其战略目标体系也随之而出，每一个战略目标，至少包含三个要素。

1. 明确的主题

每一个目标所表达的应该是一个明确的主题，避免使用含糊不清的抽象语言和华而不实的空话套话。企业战略目标涉及范围很多，有市场方面、财务方面、新产品开发方面、成本方面、生产方面等，每一个方面中又可分出许多主题。主题明确，便于理解，才有可能进一步细分为下一层的目标。

2. 预期的成果

目标所涉及的应该是希望执行战略后将要取得的成果，而不是战略活动本身。在战略目标中对战略的预期效果做出规定，以明确工作的方向，并以这种预期的美好前景激励员工为实施战略而努力。预期成果要尽可能量化，以利于考核，并作为最终衡量战略成败的指标。

3. 完成目标的期限

战略目标的表述必须包括一个实现该目标的时间期限。对于任何工作或任务，在布置时，如果没有提出在完成时间上的要求，则接受任务的员工不会有完成工作的紧迫感，目标的实现很可能遥遥无期。并且，不同的目标所要求的完成时间是不一样的，完成期限的设立，可以帮助执行者明确各项工作的轻重缓急，合理安排工作。

（文忠波，2004）

三、企业战略目标的制订过程

一般来说，制订企业战略目标需要经历调查分析、拟订目标、评价论证和确定目标这样四个具体步骤。

1．调查分析

为了制订企业战略目标，必须对企业环境、自身资源等进行充分的调查与分析，把企业与环境、需要和资源、机会与危机、自身与对手、长处与短处、现在与未来加以对比，搞清楚它们之间的关系，才能为确定战略目标奠定比较可靠的基础。调查分析既要全面进行，又要突出重点，它的侧重点是企业与外部环境的关系及其未来变化的研究和预测。有些企业的调查分析集中于本企业自身发展的需要、企业自身所具备的各种条件等方面，收集的信息多是对企业的现状和历史的陈述，这些信息当然也是有用的，但是，对战略目标决策来说，最关键的还是那些对企业未来具有决定意义的外部环境信息。

2．拟订目标

经过细致周密的调查分析，便可以着手拟订战略目标了。拟订战略目标一般需经历两个环节：拟订目标方向和拟订目标水平。首先在既定的战略经营领域内，依据对外部环境、需要和资源的综合考虑，确定出目标方向，通过对现有能力与手段等诸种条件的全面估量，对沿着战略方向展开的活动所要达到的水平也做出初步的规定，这便形成了可供决策的目标方案。前面对企业战略目标包含的内容已作了介绍，在确定过程中，必须注意目标逻辑结构的合理性，要列出长期基本目标和各层次的目标。另外，在满足实际需要的前提下，要尽可能减少目标的个数。在拟定战略目标的过程中，企业领导要注意充分发挥参谋智囊人员的作用，要根据实际需要与可能，尽可能多地提出一些目标方案，以便于对比选优。

3．评价论证

战略目标拟订出来以后，就要组织多方面的专家和有关人员对提出的长期基本目标和各层次的目标方案进行评价和论证。

（1）评价和论证战略目标的方向和逻辑位置是否正确。要着重研究：拟订的战略目标是否符合企业的使命，是否符合企业整体利益与发展的需要，是否符合外部环境及未来发展的需要以及各个战略目标之间逻辑关系是否正确。

（2）评价和论证战略目标的可行性。按照战略目标的要求，分析企业的实际能力，找出目标要求与企业现状的差距，然后分析用以消除这个差距的措施是否有效，如果既定的途径、能力和措施对消除这个差距有足够的保证，那就说明这个目标是可行的。还需要注意的是，如果外部环境及未来变化对企业发展比较有利，企业自身也有办法找到更多的发展途径、能力和措施，那么就要考虑提高战略目标的水平。

（3）对所拟订的战略目标的完善程度进行评价。要着重考察：①目标是否明确。所谓目标明确，是指目标应是单义的，只能作一种理解，应该避免使用含糊不清的抽象语言与华而不实的空话和套话，如“在行业中处于领先地位”“成为积极进取的市场开拓者”等；实现目标的责任必须能够落实；实现目标的约束条件也要尽可能明确。②目标的内容是否协调一致。如果其内容不协调一致，完成其中一部分指标势必会牺牲另一部分指标，那么，目标内容就无法全面完成。③目标有无改善的余地。

如果在评价论证时，人们已经提出了多个目标方案，那么这种评价论证就要在比较当中进行。通过对比，权衡利弊，找出各种目标方案的优劣所在。拟订目标的评价论证过程，也是目标方案的完善过程。要通过评价论证，找出目标方案的不足，并想方设法使之完善起来。如果通过论证发现拟订的目标完全不正确或根本无法实现，那就要重新拟订目标，然后再重新评价论证。

4. 确定目标

在决断选定目标时，要注意从以下三个方面权衡各个目标方案：①目标方向的正确程度；②可望实现的程度；③期望效益的大小。

对以上三个方面应作综合考虑。所选定的目标，三个方面的期望值都应尽可能地大。目标决断，还应掌握好决断的时机。因为战略决策不同于战术决策。战术目标决策常常时间比较紧迫，回旋余地很小，而战略目标决策的时间压力相对不大，时效性不强。在决策时机问题上，一方面要防止在机会和困难没有搞清楚以前就轻率地做决策；另一方面又要避免无休止地拖延和优柔寡断，防止错过机会，失去发展良机。

从调查研究、拟订目标、评价论证一直到确定目标，制订战略目标的这四个步骤是紧密联系在一起的，后一步的工作需要依赖前一步的工作，在进行后一步工作时，如果发现前一步工作不足，或者遇到了新的情况，往往又需要回过头去，重新进行前一步或者前几步的工作。

视野拓展

仔细阅读本章第一节最后“视野拓展”所列的几个企业各自的简介，结合本章所学分析其企业使命和目标。

本章小结

每个企业从其建立开始就应该明确自己在社会经营中所扮演的角色，即明确自己的使命。只有明确企业使命，才能制订明确且符合企业实际的战略目标，从而企业能够围绕战略目标飞速发展。所以企业战略管理者首先要解决的问题就是在分析企业所处经营环境的基础上，明确企业使命，从而合理制订战略目标。

企业使命是指企业的目的、性质、任务及其应当承担的责任，它规定了企业的目的，阐述了企业的任务，指明了企业的经营范围和对象等。企业使命是确定企业战略目标的前提，是有效分配和使用企业资源的基础。确定企业使命有利于明确企业发展方向，协调企业内外部的矛盾，帮助企业建立以客户为导向的思想。

企业使命陈述的内容应涉及企业生存目的、企业经营哲学及企业形象等三个方面。一个好的企业使命应围绕诸如顾客、产品或服务、市场、技术、对生存与增长和赢利的关切、公司哲学、自我认识、对公众形象的关切、对员工的关心等核心要素来定位。在确定使命时，应遵循一些基本要求，即文字清晰，要以消费者的基本消费需求为中心确定企业使命，正确的企业使命必须具有约束力、切实可行且能反映出企业的个性，企业使命还要具有激励性。

战略目标是企业为完成其使命所要达到的预期结果，战略目标是企业经营战略的核心，它反映了企业的经营思想，表达了企业的期望，指明了企业今后较长时期内的努力方向。企业要制订正确的经营战略，仅仅有明确的企业使命还不够，还必须把使命转化成战略目标。可以说，企业使命比较抽象，战略目标则是企业使命的具体化。企业的战略目标是多元化的，企业应当根据本企业的发展方向和经营重点，设计出符合自身实际情况的战略目标体系。企业战略目标的制订必须有客观、科学的依据，必须具有挑战性并切实可行，必须明确具体，体系完整，突出重点。它的时限通常为 5 年以上。

复习与思考

一、名词解释

企业使命、经营宗旨、战略目标

二、单选题

1. 企业的使命回答的是（　　）的问题。
   A. “我们要做什么，该怎么做”
   B. “我们要做什么、为什么这样做”
   C. “企业在什么位置，该做什么”
   D. “我们的竞争对手在做什么，我们该怎么做”
2. 下列选项中，属于企业使命的是（　　）。
   A. 在 30 分钟内能够安全地运送热的，而且能保证质量的、低价位的或者是适当价位、满意价位的快餐
   B. 提高汽车的质量，开发新产品，减少新车上市的时间增加公司产品的市场份额
   C. 在质量或客户服务或产品效益上超过关键竞争对手
   D. 给普通百姓提供机会，使他们能与富人一样买到同样的东西
3. 下列属于企业组织的根本性质和存在理由的直接体现是（　　）。
   A. 公司目标　　B. 公司战略　　C. 公司目的　　D. 公司宗旨
4. 下列选项中，属于公司建立战略目标的目的是（　　）。
   A. 获得良好的现金流　　B. 建立公司信任度
   C. 满意的投资回报率　　D. 产品质量压倒对手

5. 某市政府已经提出将大力发展该市郊区，一家食品加工企业购买了该地区的一块土地用于建造新厂，以计划为其带来商机。该食品加工企业的战略是一种（　　）。
   A. 计划　　B. 计谋　　C. 观念　　D. 模式

三、多选题

1. 下列选项中，可以作为公司使命一部分的有（　　）。
   A. 生存　　B. 获利　　C. 发展　　D. 创新

2. 从整个公司的角度来看，和财务有关的业绩标准是公司不可缺少的一种目标体系，下列选项中，属于公司致力于达到的结果包括（　　）。

A. 市场占有率　　B. 收益增长率

C. 公司的信任度　　D. 良好的现金流

3. 公司目标是一个体系，从整体公司的角度看，关于建立目标体系的表述错误的有（　　）。

A. 建立和财务业绩以及战略业绩有关的标准

B. 财务目标体系只需要从长期目标角度体现

C. 公司管理层提高财务业绩的同时还需要提高公司竞争力

D. 战略目标体系只需要从短期目标角度体现

4. SMART 原则的表述正确的有（　　）。

A. S：Specific，目标应清晰、明确

B. M：Measurable，目标要可量化

C. A：Attainable，目标具挑战性，具可达性

D. R：Relevant，目标与使命一致

5. 下列属于公司整体战略需要考虑的内容有（　　）。

A. 公司试图参与竞争的业务

B. 在职能部门运用的政策和流程

C. 公司采取的利用竞争优势超越对手的行动

D. 公司资源、意图和使命

6. 企业使命的要素包括（　　）。

A. 反映企业定位　　B. 有导向作用

C. 说明业务范围　　D. 有利于界定自身的企业形象

四、判断题

1. 在一个具有多项经营业务的公司内，只要公司最高管理层制订了全公司的长期战略目标和短期战术目标就可以了，无需再制订各战略经营单位或职能部门的目标。（　　）

2. 战略目标必须用数量指标或质量指标来表示，而且最好具有可比性。（　　）

3. 企业的战略目标一经制定和落实，就绝对不能变更。（　　）

4. 企业使命是指在社会进步和经济发展中所担当的角色和责任，它包括企业哲学和战略目标。（　　）

5. 制订企业战略目标的前提是确定企业的使命。（　　）

6. 决定企业使命的因素有股东、雇员、顾客、供应商、竞争者、政府、当地社区、普通公众。（　　）

7. 企业使命即是企业宗旨。（　　）

8. 决定企业使命的外部因素有顾客、供应商、竞争者、政府、普通公众。（　　）

五、简答题

1. 决定企业使命的因素有哪些？

2. 企业使命陈述应包括哪些主要内容？

3. 战略目标有何特点？

4. 简述企业战略目标的制订过程。

5. 为什么要建立企业使命？

六、论述题

1. 阐述企业使命与战略目标的关系。

2. 企业的战略决策者可以从哪些方面考虑建立企业战略目标体系？

3. 企业战略目标的制订涉及的主要利益相关者有哪些？

案例分析

某服装企业的使命及战略

下面是一位同学对一家服装经销商的企业使命、战略目标和战略措施所作的分析报告。

【企业使命】为每一件服装提供优质的工艺流程，为每一位顾客提供专业、全面、贴心的服务。

【战略目标】发挥资源优势，追求持续增长，打造特色品牌。未来1年培养一批业务水平过硬的从业人员，开发更多客户资源；未来5年实现销售额逐年递增30%，成为本区域内规模最大、综合实力最强、市场份额第一的服装制造经销商；未来10年内成为全国服装制造经销示范单位。

【战略措施】在以高度竞争为特点的市场上，只有使自己对顾客具有特殊性，懂得发展和维护顾客忠诚的驱动力，树立良好的形象，提供具有竞争价值的产品和服务，尽力节省顾客的时间和精力，营造良好经营环境和气氛，才能使得一家成功的经销商得以长期的生存和发展。

首先，根据经销销售的地理位置、目前的顾客组成及广阔的目标市场，可从以下一些方面着手，力求稳定已有客源，发展潜在客源。针对那些需要自己承担购衣费用的消费者，可以通过价格优势，吸引价格意识强烈的购买者。比如，对常客进行折让或者赠送其他服务。针对一些在经销店附近居住的人，为他们提供多种便利商品和广泛服务，满足他们需求的多元化。比如开设便利店、卫生间，提供洗衣、修补、换扣等服务。因经销店附近有四五个小区，可以采用一些特殊服务迎合那些看重临近位置及便捷的顾客，如信用条件、送货上门等。对本区域内的其他经销店进行调研，提供独特的商品和服务，以迎合那些有特殊需要的顾客。

其次，强化在人员、财务、运营等方面的管理。作为服务性行业，从业人员的业务素质和服务意识非常重要，为了打造一支好的团队，就必须要先强化人员的管理。聘用那些品行端正、举止得体、服务意识强、有上进心的员工；对于不同岗位的员工进行有针对性的培训；奖励和提拔那些爱岗敬业或有突出贡献的员工，树立榜样激励其他员工；制定明确的规章制度，严格执行和进行检查。经销店的经营状况与财务管理是否得力息息相关。准确衡量价格与销量的关系进行利润规划；加强资产管理使资产发挥最好的效果；在考虑各种开支安排的同时，又要考虑它们的生产率，在资源配置上要与目标市场、员工以及管理层目标的实现紧密联系在一起。建设管理、维护管理、安全管理、数/质量管理、信用管理、信息化管理、危机管理等都是运营管理中需要狠抓的重点。

最后，树立良好的形象，营造和谐的氛围。用自己优质的产品和特色的服务在顾客心目中树立一个明确、清晰和始终一致的形象。合理的厂内外设施、标志、装饰的布局，力求使顾客在进入经销店之前，就已形成了一种情绪或基调，进入经销店后有一种与众不同的感觉。总之，在复杂多变的竞争环境中，经销店必须进行合理的规划，不断地研究竞争者、经济环境、消费者的变化和市场的发展趋势及法律规范；抓住机遇，回避威胁，正确识别、了解消费者并迎合他们的需求，与消费者进行友好的沟通；合理地定价，并根据服装制造经销商的具体情况进行有效管理，创造出自身的竞争优势，才能取得成功。

（根据相关资料整理而成）

思考讨论题

（1）请你根据企业使命与战略目标的基本理论和方法对该作品进行客观评析。

（2）指出该企业使命与战略目标的长处和不足之处。

第Ⅲ篇

战略选择及制订

内容概要

- 公司战略
- 竞争战略
- 战略制订与选择
- 战略要素与战略文件

对于企业来说，如何根据企业的内外部环境选择行之有效的战略，常常是许多企业高层管理者面临的一个重要问题。

一般而言，在经过战略分析之后，可供选择的战略方案往往不只有一种，而是有多种可接受的方案。由于战略选择的结果将直接影响到企业未来的生存与发展状况，所以战略决策者必须根据自己的专业知识、工作能力、业务水平、实际经验，并借助于一些相关工具与技术，从各种可接受的方案中进行取舍，使企业在一定时期内根据自身的资源等实际情况，有重点地实施一种战略或一种战略组合。

是故智者之虑，必杂于利害。杂于利而务可信也；杂于害而患可解也。

——《孙子兵法》

任何一次战略选择都蕴藏着极大的风险。但是，在大风险背后，往往隐藏着另一片企业发展的广阔天地。

——李嘉诚

没有“尽善尽美”的战略决策，人们总要付出代价。对相互矛盾的目标、相互矛盾的观点及相互矛盾的重点，人们总要进行平衡。最佳的战略决策只能是近似合理的，而且总是带有风险的。

——彼得·德鲁克

第五章　公司战略

【学习要点及目标】

1. 理解多元化战略、纵向一体化战略、业务外包和并购的动机
2. 熟悉多元化战略、纵向一体化战略、业务外包和并购的风险
3. 掌握多元化战略、纵向一体化战略、业务外包和并购的含义
4. 掌握多元化战略的类型和适用条件
5. 掌握纵向一体化战略的类型

【关键概念】

公司战略、多元化战略、纵向一体化、业务外包、并购

引导案例

明星企划的发展之路

明星企划有限公司（以下简称企划公司）是明星集团公司（以下简称明星）控股的子公司，注册资本为800万元。自设立以来，企划公司一直赢利，净资产收益率为20%左右，年创税后利润300万元以上，营业收入年增长率为30%左右。然而，就是这么一个既赢利又在发展的公司，六年后被明星悄无声息地关闭了。

原因很简单，用明星创始人的话说："明星创办企划公司的初衷，是期望企划公司能够开展管理咨询、企业策划业务，借此提升明星整体形象。明星的主业是汽车零部件，净资产收益率在10%以上，明星不缺钱。明星创办企划公司，不是要企划公司赚钱，经营油条、烧饼也能赚钱，但明星集团公司不赚这个钱。"

实际上，企划公司开展的是广告业务，特别是户外广告业务和宣传画册的发行业务。企划公司每年的董事会上，明星总部都一再强调企划公司要开展管理咨询业务，并向企划公司施压。企划公司为了开展管理咨询业务，还曾引进了某名牌大学的博士，也曾撤换了公司总经理，但管理咨询业务仍没能开展起来。由于连续6年企划公司都没能开展管理咨询业务，明星创始人只好下令关闭企划公司。

思考

1. 明星从汽车零部件业进入新的管理咨询业，这是什么类型的多元化？
2. 企划公司一直赢利，明星却关闭该子公司，这是为什么？

第一节　多元化战略

一、多元化战略的含义

多元化（Diversification）战略，又称多角化战略或多样化战略。尽管对于多元化的理论研究很多，但至今尚无一个统一的定义，我们来看一些具有代表性的对多元化的定义。

美国学者安索夫最早从企业成长战略的角度提出了多元化的概念，他认为，企业成长有四种基本方向：①在现有市场内的增长；② 在现有市场内销售新产品；③向新市场销售现有产品；④向新市场销售新产品。而第四种方向就属于多元化。

钱德勒通过对杜邦公司成长的研究得出结论：多元化是企业最终产品线的增加。他认为，杜邦公司从产品线的扩展过程中获得了发展。他尤其强调这种扩展对企业组织管理能力提出的新挑战，即企业由单一产品线发展到多产品线，组织结构也相应地由 U 型组织向 M 型组织转变。通过产品线的数量来定义多元化，区分了公司多元化战略与差异化策略。

大多数对多元化的定义都是强调企业的跨行业发展，但需要注意的是，这里所称的“行业”应该有更小的范畴，否则会造成误区。例如，某企业一直从事五金配件的生产，其客户为推拉门生产企业，现在该企业决定进入推拉门行业，那么，这是否是多元化成长呢？虽然五金配件和推拉门同属五金行业，但两者的销售渠道、客户群体都是截然不同的，五金配件属于工业品，客户为下游企业，销售渠道为批发和企业直销；推拉门属于消费品，客户为个人消费者，销售渠道则通常采用经销方式。

二、多元化战略的类型

多元化战略有三种基本类型，分别为集中多元化、横向多元化和混合多元化，每种基本类型的多元化战略适用的情况均有所不同。

1. 集中多元化

增加新的、但与原有业务相关的产品与服务被称为集中多元化。例如，2009 年 8 月，中国移动旗下软件应用商店 MobileMarket 正式开张，中国移动手机客户可像逛自选商场一样随意选择和下载各类基于手机终端的应用。

适合采用集中多元化战略的情况如下。

（1）企业参与竞争的产业属于零增长或者增长缓慢的产业。

（2）增加新的、但却与原有业务相关的产品将会显著促进现有产品的销售。

（3）企业能够以有高度竞争力的价格提供新的、与原有业务相关的产品。

（4）新的、但却与原有业务相关的产品所具有的季节性销售波动，刚好可以弥补企业现有生产周期的波动。

（5）企业现有产品正处于产品生命周期中的衰退阶段。

（6）企业拥有强有力的管理队伍。

2. 横向多元化

向现有用户提供新的、与原有业务不相关的产品或服务被称为横向多元化。例如，中国石化多年来持续推动加油站非油品业务发展，截至2016年初，依托加油站和易捷便利店已可提供“便利店+汽服+旅游+保险”等全景式“人·车·生活”服务，中国石化加油站，卖早点、洗衣服务、咖啡屋、手机支付、体育彩票销售、代收电费、代办ETC业务、手机销售、公交卡充值等新业务层出不穷。

特别适合采用横向多元化战略的情况包括以下几种。

（1）通过增加新的、与原有业务不相关的产品，企业从现有产品和服务中得到的赢利可显著增加。

（2）企业参与竞争的产业属于高度竞争或停止增长的行业，其标志是低行业赢利和低投资回报率。

（3）企业可利用现有销售渠道向现有用户营销新产品。

（4）新产品的销售波动周期与企业现有产品的波动周期可以互补。

3. 混合多元化

增加新的、与原有业务不相关的产品或服务被称为混合多元化，例如，联想控股同时涉足PC、房地产、餐饮、汽车零配件等，就属于典型的混合多元化。

特别适合采用混合多元化的情况包括以下几种。

（1）企业的主营行业正经历年销售额和赢利的下降。

（2）企业拥有在新行业成功竞争所需的资金和管理人才。

（3）企业有机会收购一个不相关但有良好投资机会的企业。

（4）企业现有产品的市场已经饱和。

（5）历史上曾集中经营某单一行业的企业可能受到垄断指控。

需要注意的是，混合多元化与其他两类多元化的主要区别就在于，混合多元化更多是出于赢利方面的考虑，而集中多元化和横向多元化更多的是基于市场、产品或技术方面的共性。

三、多元化的动机

企业采取多元化的动机很多，既有企业内部的原因，也有企业外部的原因，因此，可以将企业多元化的动机分为外部动机和内部动机。

1. 外部动机

外部动机是指来自企业外部的吸引（或者迫使）企业进入新业务领域的因素，常见的外部动机包括：

（1）企业原有业务领域增长缓慢。

（2）企业在原有业务领域市场份额已经很高，难以进一步提升。

（3）企业原有业务领域存在很强的周期性波动。

（4）政府反垄断措施或者其他行业管制措施的影响。

这些外部动因通常迫使企业采用多元化发展战略，如禁烟运动和一系列司法控诉，就迫使世界烟草巨头菲利普·莫里斯公司进入非烟草行业，参见案例5.1。

案例 5.1

从菲利普·莫里斯公司到奥驰亚集团

从20世纪50年代早期开始，吸烟与健康的问题逐渐成为全球关注的焦点。1952年，美国销量最大的杂志——《读者文摘》发表了一篇题为“吸烟引起的癌症”的综述性文章，在美国乃至全球范围内产生了广泛的影响，烟草公司第一次感到社会对吸烟与健康问题的关注对烟草市场所形成的巨大威胁。在这种背景下，各大烟草公司纷纷走上了向非烟草领域扩张的多元化道路。

1957年，菲利普·莫里斯公司收购了美国威斯康星州的一家造纸厂，第一次涉足非烟行业。1965年，菲利普·莫里斯公司成立工业产品部，专门负责非烟行业经营。1969年，从格雷斯公司购买了米勒啤酒公司53%的股份，第二年又购买了剩余的47%的股份。1978年，收购了当时世界第三大碳酸饮料公司——七喜公司97%的股份；1985年，以56亿美元的价格收购通用食品公司，创下了当时美国历史上收购价格最高的纪录；1988年，以129亿美元的价格收购卡夫食品公司，再创美国历史上收购价格新纪录。

此外，菲利普·莫里斯公司先后进入了房地产、化学工业、重型机械和包装工业等领域。20世纪80年代以后，菲利普·莫里斯公司对多元化业务进行了战略调整，将非烟经营领域主要集中在食品行业上。1985年出售了工业公司，将造纸、包装等业务剥离出去；1986年又将七喜公司出售给百事可乐公司；2002年以56亿美元的价格将米勒啤酒公司的部分股份出售给南非啤酒股份有限公司，共同组建新的公司——SAB米勒公司，菲利普·莫里斯公司保留SAB米勒公司36%的股份，在董事会中拥有3个席位。

与此同时，菲利普·莫里斯公司在食品行业的全球收购行动向前更进了一步，相继收购了纽约的饼干企业Charles Freihofe公司、瑞士的咖啡企业Jacobs Suchard AG、威斯康星州的比萨饼公司Jack’s Frozen公司、斯堪的纳维亚的Freia Marabou A.S.、英国的Terry’s Group、美国最大的饼干制造商Nabisco等。

2003年，菲利普·莫里斯公司更名为奥驰亚集团（Ahria Group），把国际烟草业务彻底独立出去，集团业务领域被清晰地划分为烟草、食品和金融服务三大块。其中，烟草方面分为菲利普·莫里斯美国公司（Philip Morris U.S.A）及菲利普·莫里斯国际公司（Philip Morris International），另有卡夫食品公司及菲利普·莫里斯金融服务公司。虽然如此，截至2015财年，烟草收入仍为奥驰亚集团的主要利润来源，在美国卷烟零售市场的占有率超过50%。

2. 内部动机

内部动机是指来自企业内部促使其采取多元化战略的因素，常见的内部动机包括：

（1）剩余资源的充分利用，以获得范围经济。

（2）分散投资，降低企业经营风险，减少利润波动，即避免“把所有鸡蛋放在一个篮子里”。

（3）发现收益很高的投资机会。

以全球奢侈品牌 LV 为例，1854 年 LV 在巴黎开了第一间皮箱店，经历 160 多年的一系列扩张后，已经成为涉足时装、饰物、皮鞋、箱包、珠宝、手表、传媒、名酒等多个领域的世界最大的奢侈品集团 LVHM，那么 LV 多元化扩张的动机何在呢？从案例 5.2 我们可窥一斑。

案例 5.2

LV的不败术

在2008年金融危机的肆虐下，即使最富有的消费者也在削减开支——这是全球最大的奢侈品LV集团成立以来面临的最大一次经济危机。

2008年，LV集团交出了还算可以的成绩单，实现了36.28亿欧元的营业利润，同比上涨2.1%，“这个结果已经足够令人满意了。”LV集团主席兼CEO贝尔纳·阿尔诺称。

2008年第四季度的销售额增长了4%，达到52亿欧元，比大多数竞争对手都表现得要好。德意志银行分析师杰米·伊森沃特的说法是，“LV在经历增幅减速时仍比其他竞争对手都做得好。”

“LV的表现证明公司规模在奢侈品业非常重要，尤其是在经济不景气的时候。”德国投资公司伯思斯坦研究的奢侈品分析师卢卡·索尔卡如是说。目前，LV集团、瑞士历峰集团和巴黎春天集团并称全球三大奢侈品集团。而LV集团每年的销售额大概3倍于历峰集团，6倍于巴黎春天集团。

现在LV集团已拥有超过50个品牌的产品，分别归属于葡萄酒与烈性酒、时装与皮革制品、香水与化妆品、钟表与珠宝、精品零售五大领域。法国服饰品牌纪梵希、意大利皮革商芬迪、瑞士高档手表品牌豪雅、化妆品零售店丝芙兰等奢侈品行业的著名品牌先后被纳入LV的麾下。

本例整理自《中国市场》2009 年第 4 期《LV 的不败术》（郑步春）一文，可通过以下链接阅读原文：http://www.jinyueya.com/magazine/22909471.htm

年报显示，在LV集团五个类别的产品中，占据集团销售近20%比例的葡萄酒与烈性酒的收入下降了3.1%，但因其他四个类别都取得超过5%的销售增长，使得集团的总销售仍然增长了4.3%。其中，集团旗下最知名的品牌LV的销售增长甚至达到了两位数。

“我们首先把资源放在那些最能产生利润的品牌和市场上。”LV集团常务董事安东尼奥·贝利奥尼这样表示。2008年12月，LV放弃了在日本开设全球旗舰店的计划，而LV2008年在日本的销售是下滑的；2009年1月，LV裁减了瑞士真力时钟表厂的员工，因为2008年钟表业务利润下滑。

除了以上这些“理性”的动机外，企业多元化还可能是出于一些“非理性”动机，而这些动机都是不可取的，会给企业带来极大的风险。常见的“非理性”动机包括以下几种（汤明哲，2004）[206~207]。

（1）企业领导人好大喜功，认为企业规模越大，就越有面子。

（2）经理人获得更高收益，研究显示，美国专业经理人控制的公司比大股东经营的公司更愿意进行多元化，这是因为企业规模大，公司主管可以获得更高的薪水和更好的福利。

（3）其他原因，如有些家族企业，由于子嗣众多，只好进行多元化，好有足够的公司供分家之用。

四、多元化战略的利弊及适用条件

1. 多元化的有利之处

企业多元化经营的有利方面表现在以下几点。

（1）可有效规避经营风险，增强借债能力。企业将精力集中于单一行业或市场更容易受到宏观经济波动或偶然性事件影响，从而造成亏损甚至倒闭，而根据证券投资组合理论，多元化经营使得企业将资源分布于多个方面，有效避免了企业对单一产品或市场的依赖性，使得企业可以用其他产品或市场的成功来弥补亏损。另外，正因为实施多元化的企业相对风险较低，其借债能力相对于多元化之前会有所提高。

（2）优化资源配置，资源效用最大化。对于企业来说，市场机会有时就是至关重要的战略机会，有效把握机会实施多元化可以实现企业的关键性转变，同时企业的原材料、设备、技术、管理、市场、信息、人才等资源在多元化过程中会得到充分利用，产生协同效应从而提高资源利用效率，提高资源的效用价值。

（3）协同效应降低交易成本。多元化扩大了企业的原来边界，可以使企业的外部非确定性交易契约变为内部合约，如纵向一体化可以带来原料或营销成本的节约，横向一体化可以减少不必要的同业竞争。如海尔集团通过合并、收购、合资、控股等方式实现了从只生产电冰箱到世界家电巨头的快速转变。

（4）建立企业内部资本市场，可缓解资金不足。在当前宏观经济环境下，资金严重制约着企业的发展，融资成为企业生存的关键因素，而多元化经营则为企业营造了一个很大的内部资本市场，企业可以通过内部不同方面资金的调度在一定程度上解决资金不足的困境，从而抓住更多的投资机会。

2. 多元化的不利之处

企业多元化经营同样面临一些风险，主要有以下几点。

（1）可能的系统风险。多元化使得企业涉足多个相关甚至是全新的产品或市场，这些产品在生产工艺、技术开发、营销手段上可能不尽相同；这些市场在开发、开拓、渗透、进入等方面也都可能有明显的区别，企业可能会因为业务的不熟悉或能力的不足导致失败。同时，企业将精力同时分散于各个经营方向，原有的分工、协作、职责利益平衡机制可能会打破，管理协调需要的精力和成本大大增加，在资源重新配置和维持企业竞争力方面可能面临较大的挑战。一个著名的案例就是太阳神集团因过于在酒店、房地产、化妆品、餐饮等与主业无关方面追求多元化从而陷入多元化经营陷阱。

（2）资产分散化可能失去主导产品优势。多元化使得企业资产分散化，多元化初期企业可能将主要精力放在新方向上，注重培育新产品和新市场，从而在一定程度上减弱原有的专业化程度甚至威胁到企业原来的核心竞争优势。

（3）机会成本及相关财务风险。企业面临着各种各样的发展机会，若不结合自身资源优势、战略布局就盲目涉足多元化，很可能造成多元化失败，而且多元化经营有一定的资金回收期，所以多元化有巨大的机会成本。同时盲目涉足多元化会带来巨大的

> **视野拓展**
>
> 曾经被誉为“中国第一牙膏品牌”的两面针，在巅峰时刻的2004年开启多元化之路，之后十年却陷入了“双面胶”似的困境。
>
> 推荐读者阅读《两面针亏了9年“中国第一牙膏品牌”为何倒掉》（杨沁锟），与正文内容做对比分析：http://finance.qq.com/a/20160422/009463.htm
>
> 

财务风险，在自身财力不雄厚的情况下大张旗鼓搞多元化只会扩大风险，加重企业负担。如果能有限度地进行多元化经营，不仅会减少资金筹措与配置的压力，而且可以增加连带作用，提高成功率，使企业集团稳定持续发展。巨人集团以超过其资金实力十几倍的规模投资于一个既生疏又资金周转期长的房地产行业，使公司有限的财务资源被冻结，从而使公司资金周转产生困难而难以自拔。

3. 多元化适用条件分析

（1）实施多元化战略的前提是将主业做好，拥有核心竞争力。企业的核心竞争力往往体现在主业上，主营业务是企业利润的主要源泉和生存基础，企业应该在做大做强主营业务的基础之上逐步多元化，一方面，主营业务的实力为多元化提供了风险缓冲，另一方面，主营业务的成功会助推多元化在市场上的认可度，使得多元化更容易成功。以海尔为例，海尔集团在发展多元化战略经营的过程中遵循以下原则：把自己最熟悉的行业做大、做好、做强，形成自己的核心能力，在这个前提下进入相关产品经营。海尔的成功正说明了保持核心竞争力的重要性。而巨人集团、太阳神集团则是败走麦城或者昙花一现。关键就是自己还没有站稳脚跟时，即没有建立起在该行业的核心竞争力，就盲目跟风，实施多元化化战略。

（2）企业的财务结构稳健，财务状况较好。毋庸置疑的是，财力支持是企业实施多元化战略的基础，一个处于财务危机的企业不可能实施多元化，而正在实施的多元化也可能由于资金链断裂招致失败。所以企业只有在较好的财力保障下才可以实施多元化，具体表现为：资产负债率较低；剩余资源较多；资产流动比率较高；现金流较为稳定；有稳定的资金筹措来源。

（3）原主业所处生命周期位置。企业实施多元化需要结合原主业所处的生命周期位置进行考虑，若原主业还未到达成熟期，仍有较大的上升空间，则没有必要急于实施多元化。若原主业进入了成熟期或衰退期，已取得了较大的优势和市场占有率或已进入规模不经济状态则可以考虑实施多元化战略。2011 年，联想控股不断涉足白酒业以期通过多元化的投资来弥补个人计算机（PC）利润的日益稀薄，为联想控股提供新的赢利点，虽然争议较大，但仍不失为联想在正确判断个人计算机行业基础之上的有益尝试。

（4）外部条件是否具备。多元化战略需要仔细考察宏观经济环境、文化环境、资源环境、经济和产业政策、市场情况，如果准备进入的行业和产品供不应求，行业内竞争不太激烈，对于这样的行业和产品就应该及时进入，以抢占市场先机。故实施多元化需要整体性眼光和变化性眼光。如果企业无视环境变化，一味追求多元化，反而会给企业带来风险和危机。五粮液曾投资 4 亿元与环球塑胶有限公司，但由于没有详尽考察当地资源，以致生产受到电力条件限制，生产时断时续。

（5）企业领导人有驾驭多元化经营战略实施过程的能力。除了企业内外部环境的考量以外，企业领导人的领导能力也不能忽视，实施多元化一个潜在的要求是领导人要具备经营多元化的精力和能力，并且可以很快适应新领域并在其中形成自己特色鲜明的发展战略。

案例 5.3

武钢的多元化战略

2012年7月12日，武钢与中国燃气集团在香港签署战略合作框架协议，双方将在钢铁和非钢领域开展深度合作。在非钢领域，武钢将与中国燃气成立合资公司，共同开辟燃气市场。武钢相关负责人告诉记者："武钢一直有可燃气体的经营业务，在'西气东输'后，天然气占的比例增大。发展可燃气体的业务可以给百姓的生活、工作带来便利。"这是2012年武钢在燃气市场上的第二次大动作。同年2月，武钢与华润集团合作，大举进军包括武汉在内的多地燃气市场，武汉天然气市场将打破武汉天然气公司的垄断格局。

本例主要整理自《中国企业报》2012年7月17日《钢铁业低谷 武钢多元化投资》（张龙 林晓茵 林穗青），新浪网原文转载链接：http://finance.sina.com.cn/roll/20120717/005012580831.shtml

当时，武钢在辅业方面有海外矿石资源开发、国际贸易、高新技术、钢材深加工、循环经济、交通物流等多个方面。武钢对外宣传办公室主任孙劲说，武钢是"新瓶装旧酒"，公司的发展思路仍然是继续做强主业的同时，适度发展相关产业。钢铁工业是武钢的重要支柱产业之一，是不会也不可能舍弃的产业，但在"十二五"期间，武钢产业结构会由"一业为主"向"一业特强、适度多元化"转变。

2011年，武钢非钢业务的营业收入达600亿元，利润达20.8亿元，虽然非钢业务的营业收入只占集团总收入的28%，但为武钢建成53年来首次超过钢铁主业的利润，占到整个集团利润的60%左右。帮助企业在钢铁业的严冬期保持着17.4%的利润增幅。

此前，中国钢铁工业协会表示，自2011年起，钢铁行业面临市场需求减弱、钢材价格下降、原燃材料价格高位、经济效益不断下滑的严峻形势。2012年1月至5月，中国钢铁生产企业利润较上年同期减少了56.9%，且降幅较前4个月继续扩大。总体来说，销售利润率远低于工业平均利润水平。

武钢方面表示，发展非钢业务，是武钢不得不做的事情。并且，武钢的众多非钢业务，很多都是武钢经营了几十年的成熟业务，以前是在后台为武钢内部服务，如今走向前台为社会服务而已，同时可以解决富余员工的就业问题。

按照武钢总经理邓崎琳的梦想，在"十二五"期末，非钢业务收入要超过1 100亿元，占集团主营收入的30%左右。"这并非意味着我们要放弃主业。"孙劲说，"针对这些非主业，集团最大的期望是能至少保持自给自足，公司的主业不会弱化。"

第二节　纵向一体化

一、纵向一体化的含义与类型

纵向一体化是具有投入、产出关系的相邻几个阶段或企业合为一体的过程。任何一件产品或服务的制造都包括若干阶段：原始投入（原材料）制备、原始投入加工成中间产品、中间产品加工成最终产品、最终产品的批发和零售等。当一个企业同时完成两个或两个以上阶段时，便形成纵向一体化。

对于非纵向一体化的企业，企业所需的各种投入都必须从市场购买，价格也由市场决定。而对于纵向一体化企业，物资在企业内部的流动往往通过内部行政命令从一个阶段调拨到另一个阶段，价格也往往执行内部调拨价格。内部调拨价格可能基于制造成本，也可能基于市场价格或其他因素。因此，从某种意义上讲，纵向一体化是行政命令对市场机制的取代。

纵向一体化包括前向一体化和后向一体化两种类型，前向一体化是向本企业的下游产业扩张，而后向一体化则是向本企业的上游产业扩张。

（1）前向一体化是指企业将业务向消费它的产品或服务的行业扩展，包括对自己的产品做进一步的深加工，或对资源进行综合利用，或建立自己的销售组织和渠道销售产品或服务等。例如，越来越多的数码电子产品企业建立网上商城，直接向消费者销售产品，就属于前向一体化的战略。前向一体化战略的实质是获得分销商或零售商的所有权或对其加强控制。

（2）后向一体化是指企业向为它目前的产品或服务提供作为原料的产品或服务的行业扩展，包括企业自己生产原材料、自己形成配套体系等。例如，国内重卡行业规模较大的企业，如一汽、东风、重汽、陕汽等，都自己生产发动机，就属于典型的后向一体化战略。后向一体化战略的实质是获得供方公司的所有权或对其加强控制。

案例 5.4

纵向一体化抑或横向一体化

2010年7月16日，首钢集团以25亿元并购通化钢铁集团股份有限公司（简称通钢），通过整合通钢，完成战略性布局东北市场。一般而言，市场化的跨区域整合重组，能够根据各个区域资源的重新分配，使得资源和市场需求达到最合理的配置。

金钼股份公司是全球领先、亚洲最大的钼业公司，拥有钼采矿、选矿、冶炼、化工、深加工上下游一体化的完整产业链，拥有亚洲最大的露天钼矿山、钼选矿和冶炼厂以及先进的钼化工和钼金属深加工生产线。2015年，全球钼行业步入严酷的“冰冻期”，市场价格跌破所有主产钼矿的成本线，致使一些主钼矿山陆续停产。金钼股份公司以市场倒逼管理，强力推行提质降本和结构调整措施，在极为艰难的情况下取得了来之不易的经营业绩，全年实现营业收入95.53亿元，实现利润总额3 798万元。

二、纵向一体化的动机与收益

企业采取纵向一体化的动机是多方面的，可以给企业带来多种收益，主要包括以下四个方面（杨锡怀，2004）。

1. 节约交易费用

在信息不完全的条件下，与经济活动当事人之间交易的许多相关活动都会产生交易费用。这些活动包括：① 搜集有关价格分布、产品质量和劳动投入的信息，寻找潜在的买者和卖者，了解他们的行为和所处的环境；② 价格变动时为找到买卖双方的正确位置而必须进行的讨价还价；③ 订立协约；④ 监督协约签订者，了解他们是否遵守协约条款；⑤ 当协约签订者不承担他们的义务时，强制执行协约；⑥ 保护产权，以防止第三者的侵犯。纵向一体化将企业间的交易转变为企业内的交易，其实质是对市场价格机制的替代，从而免去了诸如询价、谈判、联系等交易费用。

2. 建立稳定、深入的交易关系

纵向一体化可以在一定范围内减少供应和需求的不稳定性，使企业在供应短缺时期获得一些合同上的供应物品，或在需求低落时期使其产品有销路。

此外，当实现上下游纵向一体化后，上下游各阶段均能为彼此业务往来开发更有效率地、更专门化地交易手法。例如，一体化后可以建立专门化的后勤系统，包括特别的包装方法、独特的记账和管理措施等。由于一般市场交易中买卖双方更多地面临被对方抛弃或敲诈的风险，因此，一般市场交易做不到这些。

第二次世界大战之后，日本的手表业推出新产品的速度远远超过瑞士手表业，很大程度上就是因为日本手表业的纵向一体化程度高于瑞士手表业，以精工为代表的日本手表企业高度纵向一体化，而瑞士手表业由大量相互独立的企业各自负责不同的零部件，在开发新产品时，日本手表企业的内部协调机制在速度上就远远胜过了瑞士手表企业之间的协调机制。

3. 增强企业的市场竞争能力

纵向一体化本身并不一定能直接增强企业的竞争力，特别是不能通过纵向一体化使在纵向链上某一环节的垄断能力延伸到另一环节。但在一定的条件下，企业可以采用价格歧视、提高进入壁垒、提高产品差异化能力等方法，在一定范围和一定时期内为提高竞争力创造条件。

（1）为采用价格歧视策略提供了可能。纵向一体化有时会让垄断者更多的利用价格歧视手段，而在未一体化情况下，这一可能性相对要小。一般来说，最终产品面对大众消费者，其价格需求弹性的差异比中间产品更大。如果中间产品制造者同时也生产最终产品，则该企业就能更好地利用这种弹性的差异，采用价格歧视手段获取利润。对于法律禁止的这种歧视行为，企业可通过纵向一体化使交易内部化，从而也使垄断行为的行使合法化。

（2）可以产生或提高进入壁垒和移动障碍。某产品的生产者，可以通过垄断一种或多种生产销售某产品的某些关键资源，来阻止其他企业进入该产业，从而产生或提高进入壁垒和移动障碍。进入壁垒是指阻止新公司加入该产业的产业特征。移动障碍是指阻止公司从一种战略地位向另一战略地位运动的因素。例如，对关键销售渠道的一体化可以使得企图进入该产业的企业很难获取销售渠道，从而提高其进入成本，保护该产业原有企业的市场份额。这种壁垒作用的大小依赖于投入要素在市场上的可替代性程度，也取决于产出的可替代程度，可替代程度越高，这些壁垒的作用越小。

（3）提高产品差异化能力。这一点在前向一体化中的体现尤为明显。纵向一体化有利于提高企业自家产品与其他企业产品之间的差异。例如，纵向一体化可以更好地控制销售分销渠道，提供优越的服务，或通过内部机构生产专有零件，为产品差异化提供机会。尤其当实行前向一体化的厂家有较高的声誉时，可以在一体化后，利用原有名牌的优势。在零售领域内实行前向一体化，有时可以使企业有效地控制和改善销售人员的服务态度、商店形象、激励措施及其他有助于产品差异化的零售职能的构成要素。总之，纵向一体化可以为产品差异化提供基础，而没有纵向一体化的两个独立企业是无法获得或难以做到的。

（4）产生防御效应。纵向一体化可以产生防御效应，如果竞争者中多数已经是实现了纵向一体化，那么很可能就会断绝许多供应来源、满意的客户或零售销路，在这种情况下，没有实现一体化的厂商将不得不去争夺剩余的供应商或客户，如果企业实现了纵向一体化，就可以避免这种局面出现，事先产生防御效应。

4. 进入高收益行业

当企业在现有行业中的市场占有率很高，或者觉得现有行业利润微薄时，就会考虑进入新的行业，与通过多元化进入相对陌生的行业相比，通过纵向一体化进入相对熟悉的行业，通常是很多企业的首选。

百丽鞋业近年来取得了巨大的成功，当然，原因是多方面的，但其纵向一体化的策略发挥了重要的作用，参见案例 5.5。

案例 5.5

2010年至2016年上半年，国内有不少鞋企关门歇业。有业内人士测算，保守估计，倒闭鞋企的比率或达30%。然而，百丽鞋业却逆境而上，2015年上半年发布的中国500强企业业绩报告显示，2014年，百丽的总收入为362.49亿元人民币，同比增长30.4%。

那么，推动百丽强势成长的重要因素是什么？推荐读者扫描二维码阅读编者汇总的相关资料。

三、纵向一体化的风险

纵向一体化可以给企业带来各种收益，但也存在一定的风险，企业必须对这些风险有充分的认识。纵向一体化的风险主要包括以下几方面。

1. 降低了灵活性

纵向一体化加强了各经营单位之间的相互依赖，这意味着企业的命运至少部分由其内部供应者及顾客的成功竞争能力来决定。技术上的变化、产品设计上的变化等都可能造成一体化企业内部之间的不协调，如供应部门可能正在提供成本高、质量低的或不适合的原材料，如果想更换供应部门，就比调换独立的供应商成本要大得多。

此外，纵向一体化可能切断来自供应商及客户的技术流动。如果企业不实施一体化，供应商和经销商通常愿意在研发、技术或消费者需求把握等方面积极支持企业，而纵向一体化意味着企业与供应商或者下游客户成为竞争对手，这种技术或信息的交流无疑也随之切断。

2. 提高了退出壁垒

由于资产专用性的增强、固定资产投资的增加、战略性内部关系的建立或出于情感联络方面等原因，纵向一体化会导致企业在某个行业的退出壁垒增高。当行业低迷时，企业从该行业全面退出就会非常困难，或者会遭受巨大的损失。

3. 难以保持各个环节之间的平衡

纵向一体化有一个在价值链的各个阶段平衡产能的问题。价值链上各个环节的最小有效规模可能不同，这就使得完全一体化很难达到。对于某个环节而言，如果它的内部产能不足以供应下一个阶段的话，差值部分就需要从外部购买。更为糟糕的是，如果内部产能过剩，就必须为过剩部分寻找顾客，这就意味着企业被迫在多个环节销售产品，就必然会遭遇更多的竞争对手。当然，企业也可以选择以产能最小环节的产量作为基准，来确定各个环节的产能，从而实现各个环节之间的产能平衡，但这就意味着有些环节的产能达不到最小有效规模，这些环节的成本就会较高。

4. 资源分散

纵向一体化需要企业的资源投入，这就会导致资源分散，从而导致企业在原有产业中的优势减弱甚至丧失。

5. 管理困难

尽管存在纵向关系，但企业新进入的领域与原有领域在市场结构、竞争规则、技术和管理上仍然会有所不同，甚至完全不同，这就会给企业带来很大的管理困难，能够很好管理价值链某个环节的管理者，不一定能很好地管理其上下游环节。例如，一家生产五金制品的企业，通过纵向一体化进入五金门领域（这种情况属于前向一体化），两个领域的市场结构、竞争规则、技术和管理等可以说是千差万别，前者面对的客户是五金门厂，竞争的关键因素是产品质量稳定性、交货及时性和成本管理能力等；后者面对的客户是普通消费者，竞争的关键因素是品牌推广能力、渠道开拓能力、产品创新与质量等，用相同的一个模式来管理两个领域，自然会顾此失彼。

第三节　业务外包

一、业务外包的内涵及其发展背景

业务外包（Outsourcing）还有一些其他的称呼，如资源外取、资源外包等，或者直接简称为外包。尽管业务外包这一概念已经提出20多年了，但理论界对于业务外包并无统一的定义。美国业务外包学会（The Outsourcing Institute）认为“业务外包是一种通过有选择地将一些职能及其日常管理转交给第三方供应商，从而围绕核心能力进行的企业重新设计”。

业务外包实践活动非常普遍，例如，部分华为、苹果手机的组装就是由外包商富士康完成的；再如，著名运动品牌耐克（Nike）并没有自己的工厂，所有的产品生产均采取外包方式。实际上，业务外包这种模式是工业经济时代已经形成的社会分工与协作组织在当今知识经济条件下的发展与演化，是企业面对全球竞争环境的变化并获得长远的竞争优势和生存空间，而采用的一种具有深远战略意义的变革。业务外包作为一种新的合作竞争管理模式，它的出现并不是偶然的，而是有着深刻的政治经济背景，它是社会经济发展的产物。

1. 市场的环境特点是企业采用业务外包的根本原因

20世纪90年代以来，由于科学技术的迅猛发展和经济的全球化，企业面临的市场竞争环境变为更加复杂，其主要表现为两个显著的特点：一是市场的变异性增强，顾客的消费呈现出个性化和多样化的特点；二是竞争逐渐由一国国内转向全球，无国界经营发展迅速，经济全球化和渐趋开放统一的世界市场，使各国企业既面临着更为广阔的市场容量，也经受着原有市场份额及垄断格局将不可避免地受到挑战的局面。

2. 信息技术的发展为业务外包提供了技术基础

可以说没有信息技术的飞速发展，就没有业务外包的迅速普及。信息技术的发展改变了人们的思维，从根本上改变了企业管理模式，扩展了企业的边界。企业可以和其他的企业结成动态联盟，各自做自己最擅长的业务，而把非擅长的业务交给合作伙伴来完成，以信息网络为依托，企业可把自己的内部优势资源和外部优势资源进行迅速有效的整合，企业创造出更大的竞争优势。

3. 社会分工的发展与深化是业务外包形成和快速发展的基础条件

社会分工是业务外包产生的基础条件，因为只有社会中存在各种专业化的企业，才具有提供各种各样服务的承包商，采用业务外包才能有效率。20 世纪 90 年代以来，大多数企业为了利用其他企业的技术优势，不约而同地开展了生产流水线上乃至企业间的水平分工协作，从产品专业化到零部件专业化，再到工业流程专业化分工的范围和领域更加宽广，各个生产工序已经延伸到了成百上千个企业。社会分工越发展，各个企业之间相互依赖和协作的关系就越紧密。

4. 战略管理理论的发展为建立外包模式提供了指导思想

近几年来，以供应链管理为基础的理论已经逐渐成为现代企业战略管理主导理论。供应链管理是通过加强供应链中各活动和节点企业间的信息交流和协调，使其物资和资金流畅通，实现供需平衡。供应链管理的目标是通过成员间的密切合作，以最小的成本为客户提供最大的附加价值和最好的服务，获得整体竞争优势的提高；其强调企业的核心竞争力，强调供应链节点企业应根据自身特点，专门从事某一领域、某一专门业务，在某一点形成自己的核心竞争力，集中资源把自己的核心业务做好，而将非核心业务外包给供应链中其他节点企业。

二、业务外包的动机

当一家企业考虑业务外包时，可能出自于很多动机，一般而言，企业决定业务外包的主要动机包括以下四点。

1. 降低成本与风险

降低企业运营成本是企业在考虑业务外包时最经常考虑的因素。通过业务外包，企业能减少固定资产投资，降低生产和人力等成本。此外，如果外包的环节存在很强的规模经济，企业通过将业务外包给专业机构，还可以享受到较低的成本。此外，业务外包还是企业风险管理的有效工具，它可使企业避免大量的初始投资和追加投资，减少库存，缩短流通时间，并使某些不确定性很强的开支固定化。在电子信息行业，为降低成本，企业纷纷将企业信息系统外包给一些知名的计算机公司管理，如柯达公司年将信息部门整体外包给 IBM 等两家公司，此举将柯达信息部门的计算机关联投资减少 90%以上，年运营成本也减少 20%。

2. 聚焦核心能力

企业进行业务外包活动经常是出于对企业战略的考虑。20 世纪 90 年代以来，企业纷纷开始实行归核化战略。归核化战略即指企业将自己主要的资源集中在核心竞争力的建设上，而把其他活动外包给外界专业化企业，从而集中精力培育和发展公司的核心业务。耐克公司将其核心能力定位于产品设计、品牌经营和营销，而将公司制造活动全外包出去，从而实现用最短时间生产出最流行产品。这些产品甚至直接从外包企业运往世界各地经销商。

3. 增强组织的灵活性

业务外包可使企业瘦身，增强其应变能力。企业的经营效率不仅来自于企业的规模经济，还来自于企业的速度经济。从生产角度看，过去品种少、大规模化的生产已经不能适应市场的要求，企业的生产方式逐渐改变为多品种、小批量生产，产品生命周期也从过去的长达几年甚至几十年变为几年，甚至几个月，因此过去那种大型化和稳定化的组织已经不能适应市场竞争。如今科技进步和技术创新使产品生命周期越来越短，特别是在高新技术产品领域，产品更新速度急剧加快，面对这一情况，为减少固定资产的投资，增加组织的灵活性，业务外包成为首选。

4. 提高服务水平

许多企业考虑业务外包是出于改善企业服务水平和提高生产能力的目的。因为企业可以将自己不擅长的业务交给外部专业化公司来完成，这些外包商往往可以通过多种途径获取先进的技术，具有更多的高素质的专业化员工，能够提供多种专业化服务，在该专业化领域具有更好地协调和控制管理系统，更热衷于同顾客结成联盟。另外，外包可以促进外部供应商之间的竞争，企业从而可以获得高质量的产品和服务。例如，生产企业将自己的信息系统、公司网络维护、客户关系管理、供应商关系管理等外包给外界专业信息技术公司，从而减少了信息系统出错的次数，及时响应了顾客的不同需求。生产企业将自己的物流业务外包给外界第三方物流公司，从而提高了送货的速度和准确性。

案例 5.6

海尔的IT外包业务分析

据中国经济网北京2016年5月17日讯（记者 于跃）17日上午，商务部新闻发言人沈丹阳在例行新闻发布会上介绍了我国服务贸易和服务外包情况。他指出，前4个月，我国企业承接离岸信息技术外包、业务流程外包和知识流程外包同比分别增长8.3%、15.1%和0.6%，占比分别为50.9%、15.8%和33.3%。离岸业务流程外包领跑服务外包整体增速。

推荐读者通过中国经济网讯《商务部：1—4月服务外包增23.9% 业务流程外包领增》原文，了解我国服务外包的总体情况。

三、业务外包的风险

业务外包在给企业带来战略性和运营性收益的同时，也蕴含了巨大的风险，业务外包的常见风险包括以下五点。

1. 失去核心能力

许多企业在外包过程中缺乏对本企业自身能力的认识，盲目地进行外包战略，导致失去对核心能力的控制力。更有甚者，企业错误地将原本的核心能力外包，导致企业的整个发展失去了存在的根本。例如，当年 IBM 公司错误地将个人计算机业务中的核心技术微处理器和操作系统分别外包给了英特尔公司和微软公司，结果导致公司在个人计算机领域的优势迅速消亡，被惠普、戴尔等赶超，并于 2004 年将自己的个人计算机业务整体出售给了联想。

2. 失去交互式的能力

企业的研发、生产、营销各个阶段是交互式相互影响的，虽然各个阶段的特征及管理原则各不相同，但是随着信息化和网络化的发展，这种交互式的影响必将更加明显。因此企业在运用外包战略的过程中，一旦将部分传统企业职能外包，必然会影响原有的研发、生产或营销能力，进而破坏整体的交互式能力。

3. 失去对外包方的控制

企业在进行外包的过程中，对供应商外包方的控制是非常重要的环节。由于企业和外包方没有产权关系，因此对外包方的控制就显得十分复杂，特别是外包方在掌握了该项能力之后，很有可能不通过企业而直接进入市场。例如，美国的计算机公司惠普等将计算机的一些配件，如键盘、机箱、鼠标等外包给我国台湾地区的宏基计算机公司，随着宏基计算机公司对计算机行业的逐渐熟悉，宏基计算机公司推出了自己的品牌计算机，同惠普等公司在个人计算机行业展开竞争，并迅速地在亚太地区抢占了一定的市场份额。

4. 增加企业运行成本

在业务外包活动中往往会发生大量的隐藏成本，企业有可能低估了对外包商进行监控和管理的成本，虽然企业已经将某些业务外包出去，但企业仍然要对整个过程进行管理，以保证外包的成果满足企业的需要。而且，对于外包商提供的服务或产品，企业也有一个内化的过程，这其中就隐藏了许多并行工作费用、再度研发费用、调试费用等成本项目。另外，企业在同外包商合作期间，可能出现法律争端与诉讼、契约协商等问题，这些都增加了企业的运营成本，提高了外包的风险。

5. 泄露公司机密

公司安全问题是企业在考虑外包时应考虑的重要因素之一。企业在进行业务外包过程中，可能使企业对自己的安全信息失去部分控制，从而可能导致企业机密被泄露。例如，生产企业在将自己的物流外包给第三方物流公司后，自己的供货渠道和销售渠道可能被自己的竞争对手掌握，从而使企业面临着失去货源和客户的风险。

第四节　企业并购

一、并购的含义与方式

并购（Merger & Acquisition，M&A）是兼并（Merger）与收购（Acquisition）的合称，不过，严格来说，兼并和收购是有一定区别的。

兼并是指两家或者更多的独立企业合并成一家企业，通常由一家占优势的企业吸收一家或者更多的公司。兼并相当于公司法和会计学中的“吸收合并”，即 A 公司兼并 B 公司，A

保留，B公司解散，丧失法人地位。

收购是指一家企业用现金、债券或者股票等方式购买一家或几家企业的股票或资产，以获得对该企业的控制权，其特点是目标企业经营控制权易手，但目标企业法人地位并不一定丧失。

本书中，并不严格区分兼并与收购，统称为并购。

公司并购方式是指公司并购过程中，并购方采用的获取控制权或对方资产的具体方式。并购方式有各种各样的划分。按并购方的支付类型，并购方式大致可以划分为现金收购、换股收购、杠杆收购、综合收购四种方式。

1. 现金收购

现金收购即收购方支付一定的现金（包括可兑付的票据）以换取被收购方公司所有权。它的特点是收购方支付的是现金，被并购公司的股东并购后失去所有权。

2. 换股收购

换股收购即以股票作为并购的支付手段，通过交换股票达到合并的目。实际操作中比较常见的是收购方以自己公司的股票替换被收购公司股东的股票（或股份），被收购公司股东成为收购公司股东，收购方成为被收购公司的唯一股东（即被收购公司成为收购方的全资子公司），从而完成合并。收购方用于交换的股票可以通过发行新股或从原股东手中回购股票（很少出现）两种方式取得。

3. 杠杆收购

杠杆收购即利用货币市场或资本市场的筹资功能，以借贷资金完成的收购。由于这种收购仅需收购方投入较少资本，利用了金融市场的资本放大效应，所以称为杠杆收购。

4. 综合收购

综合收购即支付手段不特定为某一种方式，而是采用现金、股票、可转换债券、认股权证等多种方式的组合。这种收购方式支付手段灵活，实用性强，可选择余地广，充分利用了资本市场的灵活手段，也越来越受到公司的青睐，参见案例 5.7。

案例 5.7

联想并购IBM PC业务的支付方式和资金来源

根据收购交易条款，联想须支付给IBM的交易代价为12.5亿美元，其中包括约6.5亿美元现金，及按2004年12月交易宣布前最后一个交易日的股票收市价价值6亿美元的联想股份。交易完成后，IBM拥有联想18.9%的股权。此外，联想将承担来自IBM约5亿美元的净负债。而IBM将获得大约10亿美元的税前收入。

2005年3月31日，联想宣布与全球三大私人股权投资公司得克萨斯太平洋集团（Texas Pacific Group）、美国泛大西洋资本集团（General Atlantic）及美国新桥投资集团（Newbridge Capital LLC）达成协议，三大私人股权投资公司向联想集团提供3.5亿美元（约合人民币28.9亿元）的战略投资，以供联想收购IBM全球PC业务之用。

根据投资协议，联想集团将向德克萨斯太平洋集团、美国泛大西洋资本集团、美国新桥投资集团发行共2 730 000股非上市A类累积可换股优先股（“优先股”），每股发行价为1 000

港元，以及可用作认购237 417 474股联想股份的非上市认股权证，该交易总现金代价达3.5亿美元，其中得克萨斯太平洋集团投资2亿美元、美国泛大西洋资本集团投资1亿美元、美国新桥投资集团投资5 000万美元。

二、企业并购的动机

企业的并购决策可能是出于多方面的考虑，企业并购的常见动机包括以下三点（王迎军等，2003）。

1. 增强企业的市场实力

市场实力通常取决于企业的经营规模的大小和企业参与市场竞争的资源与能力，因此，多数并购都是为了获得更大的市场实力而购买高度相关的产业企业，从而巩固企业在原有产业中的竞争地位，获得更大的竞争优势。此外，优势企业采用并购的方式，可以利用被并购企业现有的厂房、设备和基础设施迅速投产，这要比新设立一个企业投入少而见效快，有利于尽快实现规模扩张，打开局面。此外，并购还可以减少企业的竞争对手，从而增强企业的市场实力。

2. 克服进入壁垒

进入壁垒是指企业进入一个领域时必须克服的各种障碍，通常包括规模经济、经验效应、销售渠道、专有或专利技术以及国家的产业政策或者法律法规等。尽管收购需要大量资金，而且成本很高，但它可以迅速、有效地克服进入障碍，并立刻形成市场地位和市场竞争实力。对于进入障碍越大的产业，采用并购的进入方式越有效。

3. 降低新产品开发成本

如果企业采取内部开发的方式来研制新产品，一方面所耗费的研究开发成本高，另一方面需要的研究开发时间很长，而且从事新产品开发的风险很大，成功的概率很小。这样，并购便成为成功推出新产品的一条捷径。与企业自己开发相比，并购在新产品的前景上具有可预测性，而且也容易快速进入市场。例如，2010 年吉利集团甘冒巨大财务风险举债并购沃尔沃轿车业务，借助沃尔沃技术，之后吉利新车品质有明显提升；Facebook、苹果等科技巨头也经常通过收购巩固自己的地位，2014 年 Facebook 花费 190 亿美元巨资收购 WhatsApp（与微信功能相似）弥补自己在移动平台端的弱势。

案例 5.8

雀巢并购银鹭，食品名企下嫁雀巢

2011 年 11 月 17 日，经过两年的洽谈和沟通，银鹭正式“嫁给”雀巢。根据协议，雀巢公司与厦门银鹭集团共同为银鹭集团下属的银鹭食品公司增资25亿元人民币，其中雀巢公司出资15亿元，银鹭集团出资10亿元。这样，银鹭集团将下属的银鹭食品公司60%的股权转让给雀巢公司，雀巢公司成为银鹭食品公司控股方。

并购方：雀巢（中国）有限公司

雀巢（中国）有限公司隶属于总部位于瑞士的全球最大的食品饮料公司——雀巢全球集

团。雀巢（中国）有限公司经总部授权，负责管理其在大中华区的运营，为集团在华投资的公司提供总体管理支持和服务。

1908年，雀巢公司就在上海开设了它在中国的第一家销售办事处。

1987年，雀巢第一家合资公司——双城雀巢有限公司成立（黑龙江省）。

2004年，并购梅鹿在额尔古纳的牛奶工厂（内蒙古自治区）。

2011年，与银鹭和徐福记分别成立合资公司2012年，完成对惠氏营养品的全球收购 。

截至2013年，雀巢与银鹭、徐福记、太太乐、惠氏营养品、豪吉及大山等建立合作伙伴关系，在大中华区共运营33家工厂，拥有50 000名员工。

被并购方：银鹭食品集团公司

银鹭食品事业始创于1985年，主营产品包括花生牛奶复合蛋白饮料以及八宝粥，主营八宝粥、果蔬罐头、蛋白饮料、果汁饮料、茶饮料、碳酸饮料、利乐饮料及饮用水八大系列一百多个品种。银鹭已成功跻身中国罐头和饮料行业十强企业。银鹭集团总部位于福建厦门，目前拥有厦门、山东、湖北、安徽、四川五个生产基地，年可生产各类食品饮料100万吨。

并购结果：

雀巢在发表的合作公告中表示，并购银鹭对雀巢在中国的现有产品系列包括调味品、咖啡、糖果、瓶装水、奶粉、专业餐饮产品等是一个很好的补充，有助于雀巢公司扩大对中国速食食品市场的供应服务。

银鹭和雀巢在各自差别的范畴都有很强的上风，互补性很强，银鹭对中国消费者的口味以及中国市场很是领会，在广泛农村地域有很好的分销系统，而雀巢在研发方面有丰硕履历。

此外，雀巢看上银鹭的另一重要原因，“在中国国内乳饮料市场频频出现质量问题的背景下，银鹭却从未上过‘黑榜’，几乎没有负面新闻，品牌声誉极佳，商品品质也获得了消费者认可，这些与雀巢的公司文化很契合。”

2011年，百亿银鹭牵手百年雀巢，吹响了进军国际化银鹭的号角。银鹭、雀巢将强强联合，优势互补，不断提升核心竞争力，成为消费者可信赖的中国安全食品领先企业。

雀巢公司在大中华区经营着23家工厂，产品覆盖婴儿食品、饮用水、巧克力、糖果、咖啡、奶制品等领域，其中98%以上在中国销售的产品是在中国生产。而银鹭的产品，如花生牛奶、八宝粥等属于“中餐类饮料”，填补了雀巢在罐头和复合蛋白饮料市场领域的空白。

（杨锡怀，2014）

三、企业并购的风险

企业并购涉及两家或者更多的企业，是一个非常复杂的系统工程，存在诸多风险，全球并购案失败率高达 60%以上，更是说明了这一点。企业并购的常见风险包括以下三种情况。

1. 对并购对象评价不充分，过高地估价并购收益

在进行企业并购时，并购方常常会由于对被并购企业的出价太高而造成投入成本过高，并购后难以经营下去。造成估价失误的主要原因在于以下几方面。

（1）被并购企业所提供的各种财务资料、数据往往不准确，有时甚至隐瞒问题、伪造财务报表，使并购价格与实际被并购企业的价格相差甚大。

（2）被并购企业的有形资产较易评估，但对无形资产价格的评估难度相当大，有些并购方常常为表面现象所迷惑，高估被并购企业的无形资产。

（3）由于被并购企业所处环境中的各种商业信息、政治信息等收集极为困难，因此常常造成对未来企业经营前景、利润收益等的判断失误。

（4）有些企业在打算并购其他企业时，表现出了十分迫切的收购愿望，过早地暴露了并购意图，而使被并购方有机可乘，漫天要价。

2. 不适宜的并购方式导致巨额债务

采用大肆举债的方式进行并购，有利有弊：一方面，通过借贷的方式，可以筹集到大量的资金，突破自身资金能力的限制，实现昂贵的并购；但另一方面，过度利用杠杆导致巨额债务，会降低企业的资信，增加企业的经营成本，削弱企业抗风险能力，带来很大的经营风险。

2010年吉利集团成功并购沃尔沃轿车业务，因此负债总额从2008年的47.8亿元陡升到2010年的710.7亿元，总资产负债率为73.4%，相关人士无不为之担心。还好，之后五六年，吉利集团业务发展比较良好，2016年虽然仍未摆脱债务危机，但也成为少有的未被债务压垮的案例。

3. 并购整合的困难

并购成功完成后，仅仅是完成了万里长征第一步，难度更高、失败率更高的则是并购后的整合，由于无法实现有效整合而使并购失败的案例不胜枚举。并购后企业的整合不仅包括两个企业中的人和文化，还包括产品、分销渠道、业务模式以及很多其他因素，其难度可想而知。

企业并购失败率居高不下，通常是多种因素相互作用的结果，2005年海尔收购美泰的失败就是形象的说明，参见案例5.9。

案例5.9

海尔&美泰

美泰公司是一家有着100多年历史、身价高达47亿美元的美国老牌家电企业，以生产吸尘器、洗衣机、电冰箱为主营业务，是美国家电第三大企业，位居惠尔浦（Whirlpool）和力诺国际（Lennox）之后。由于美泰公司生产成本过高，近年来业绩每况愈下，2005年美泰欲寻求收购公司。海尔关注这一收购对象与其较早进入美国有关，美泰在美国当地市场的营销网络是最有价值的优势之一。海尔和美泰并购失败的原因可归纳为以下几方面。

（1）缺乏公关策略。美泰有着近2万名的员工，然而海尔公司并没有将与员工的沟通作为其重要工作之一。在海尔在竞购案还被国内看好时就做出此悲观预言：在竞购过程中，海尔暴露出了传播和公关方面能力的不足，将使未来的中国企业收购变得更加困难。海尔美国公司发言人在被问到如何联系海尔管理层时，只撂下一句“我也不知道”就没了下文。而正是海尔（美国）拒绝了《DesMoinesRegister》（美泰所在Iowa州的地方媒体）的采访，从而给当地民众传递了一个负面的信号。此举引起美泰当地工人的不满。工会在跨国收购中是一支不可低估的力量，失去了工会的支持，海尔的竞购自然举步维艰。

（2）竞购价格过高。自从美国最大的白色家电制造商惠而浦加入美泰竞购战，提出13.5

亿美元的收购价格后，价格就开始不断攀升。海尔选择了退出。惠而浦先后三次提高收购价格，最终以总报价23亿美元得到美泰的肯定。

（3）整合面临困难。FTN Midwest证券分析师埃里克·博斯哈德认为，虽然海尔对美泰有意，但可能在尽职调查过程中发现，整合美泰的工作过于艰难，所以只好中途放弃。如果海尔收购美泰，将面临在美国境内推广两大品牌的问题，为推广美泰品牌注入资金。

（4）牵涉政治因素。海尔目前虽由私人管理，但仍然由国家控股。在各种媒体的渲染下，海尔被描述成危险的外国掠夺者，渴望从美国买家手里抢走有价值的资产。而与海尔并购案同时间的中石油并购案也被认为牵涉政治因素，这成为收购失败的另一原因。

本章小结

公司战略需要决定其业务领域以及如何处理与旗下业务领域的关系，具体而言，公司战略需要决定：是否进行多元化扩张？是否进入价值链上下游（即纵向一体化程度）？通过何种方式实现企业成长（内部化成长还是通过并购实现成长）？

企业进入其他行业就是多元化，多元化战略有三种基本类型，分别为集中多元化、横向多元化和混合型多元化。企业实施多元化通常是基于外部和内部动机，外部动机通常包括摆脱原有行业的发展局限或者反垄断法的影响；内部动机通常包括充分利用剩余资源以获得范围经济、降低经营风险和追求高回报的投资机会等。此外，企业选择多元化战略要确保主业核心竞争力优势明显、财务状况优良、外部条件成熟以及企业家要有足够的战略驾驭能力。

纵向一体化是具有投入、产出关系的相邻几个阶段或企业合为一体的过程。纵向一体化包括前向一体化和后向一体化两种类型，前向一体化是向本企业的下游产业扩张，而后向一体化则是向本企业的上游产业扩张。纵向一体化的动机主要包括：节约交易费用；建立稳定、深入的交易关系；增强企业的市场竞争能力；进入高收益行业。同时，纵向一体化的常见风险包括：降低了灵活性；提高了退出壁垒；难以保持各个环节之间的平衡；资源分散；管理困难等。

业务外包是一种通过有选择地将一些职能及其日常管理转交给第三方供应商，从而围绕核心能力进行的企业重新设计。企业业务外包的动机通常有：降低成本与风险；聚焦核心能力；增强组织的灵活性；提高服务水平。而企业业务外包中常见的风险有：失去核心能力；失去交互式的能力；失去对外包方的控制；增加企业运行成本；泄露公司机密。

并购是兼并与收购的合称，有现金收购方式、换股收购方式、杠杆收购方式、综合收购方式四种方式。并购可以给企业带来的收益包括：增强企业的市场实力；克服进入壁垒；降低新产品开发成本。但并购也会给企业带来诸多风险，包括：对并购对象评价不充分，过高地估价并购收益；不适宜的并购方式导致巨额债务；并购整合的困难。

复习与思考

一、名词解释

多元化战略、纵向一体化、业务外包、并购

二、单选题

1. 覆盖企业整体的战略是（ ）。

A. 公司战略 B. 广告战略 C. 职能战略 D. 业务单位战略

2. 多元化战略包括（ ）。

A. 相关多元化战略和非相关多元化战略 B. 稳定发展战略

C. 集中生产单一产品或服务战略 D. 纵向一体化战略

3. 非相关多元化战略的优点表现在（ ）。

A. 可对公司内的各个经营单位进行平衡

B. 以能够创造有价值的竞争能力的协作方式实施相关的价值链活动

C. 将专有技能、关键技能或技术由一种经营业务转移到另一经营业务中

D. 将不同经营业务的相关活动合并在一起运营，降低成本

4. 以下不属于后向一体化战略的是（ ）。

A. 钢铁厂自己轧制各种型材，并制成各种不同的最终产品

B. 钢铁厂自己拥有矿山和炼焦设施

C. 纺织厂自己纺纱、洗纱

D. 糖厂自己拥有甘蔗田

5. 战略类型的选择随行业类型而有所不同，（ ）在工业品中采用率最低。

A. 发展战略 B. 组合战略 C. 稳定发展战略 D. 防御战略

6. 企业选择纵向一体化战略的一个重要原因是（ ）。

A. 技术条件 B. 资金条件 C. 人才条件 D. 环境条件

三、多选题

1. 发展战略的类型包括（ ）。

A. 集中生产单一产品或服务的战略 B. 相关多元化战略

C. 收获战略 D. 不相关多元化战略

E. 纵向一体化战略

2. 霍福尔（C. Hofer）的研究表明，企业最常采用的战略是（ ）。

A. 相关多元化战略 B. 产品开发战略 C. 向前一体化战略

D. 渗透战略 E. 内向式发展的多元化战略

3. 公司战略的类型主要包括（ ）。

A. 增长型战略 B. 变革型战略 C. 稳定型战略

D. 防御型战略 E. 差异化战略

4. 在相关多元化战略中，范围经济来自于（ ）。

A. 技术的匹配性 B. 运营的匹配性 C. 与销售和顾客相关的匹配性

D. 管理的匹配性 E. 产品的匹配性

5. 多元化的战略利益有（ ）。

A. 实现范围经济 B. 分散经营风险 C. 增加市场占有率

D. 增强竞争力 E. 产生协同效应

6. 购并的普通方式包括（　　）。

A. 合并　　　　B. 联合统一　　　　C. 控股经营

D. 兼并　　　　E. 横向一体化

四、判断题

1. 非相关多元化战略是指公司进入与现有业务在价值链上拥有战略匹配关系的新业务。（　　）

2. 相关多元化战略是指公司增加与现有的产品或服务、技术或市场都没有直接或间接联系的大不相同的新产品或服务。（　　）

3. 一个公司实施任何一种发展战略都可以选择公司内部发展、购并和合资经营三种方式。（　　）

4. 防御战略的目的恰与发展战略相反，它寻求企业规模的扩张，而不是通过调整来缩减企业的经营规模。（　　）

5. 集中生产单一产品或服务的最大益处是可以实现规模经济。（　　）

6. 纵向一体化是企业在三个可能的方向上扩展现有经营业务的一种发展战略。（　　）

五、简答题

1. 多元化战略有哪些类型？
2. 纵向一体化的优势是什么？
3. 业务外包可以给企业带来哪些收益？
4. 简述采用发展战略的公司的特征。
5. 企业并购的动机是什么？

六、论述题

1. 某项业务或者活动，究竟应该纵向一体化自己完成，还是通过外包完成，企业决策的依据是什么？

2. 对于涉足多个业务领域的多元化企业集团，你认为集团总部应该如何发挥作用？不同业务领域之间如何实现资源共享？

3. 阻止公司采取放弃战略的障碍有哪些？

案例分析

宜家出走马甸变脸

1999年初，宜家北京马甸店开业，之后数年中曾以15 000平方米的店面，创造出5.4亿元每年的销售额。2006年，宜家从马甸迁至四元桥，当时引起了媒体和社会的广泛关注——既关心宜家的前景，也关心马甸的发展趋势。

马甸曾经被北京市商委规划为北京市十个商业中心之一。马甸经历过两次辉煌，一次是在亚运会期间，马甸是亚运会商品集散地，那时大众和社会对马甸作为商业中心有了初步认识。第二次是在马甸被大规模开发以后，特别是宜家进驻以后，形成了马甸商业上真正的繁荣。据了解，宜家在选址上有两点必备的条件：第一，必须处于交通要道，马甸地区有四通八达的交通，马甸立交桥交通流量巨大；第二，宜家在世界各国的发展，物业都是自己的，不采取租用的办法，宜家初进北京，在马甸破例采取了租赁的方式来开店，也证明了马甸的商业价值。

宜家出走有三个原因：第一，15 000平方米的营业面积已不能满足经营需求；第二，宜家失去了在马甸的定价权，成本为王的经营理念使宜家难以接受马甸区域日益成熟带来的租金上涨的成本压力；第三，马甸由纯商业向商业与商务结合的大势，已使宜家失去了小资定位的环境土壤。商业和商务应该是互为表里，相辅相成的，不同的业态，对商务的支持也各不相同。从这个角度来说，宜家“出走”也许意味着这个区域的商业或商务价值的新陈代谢。

宜家搬走不一定是坏事，通过马甸商业的重新整合和洗牌，让市场来检验马甸区域真正的商务和商业价值。

思考讨论题

（1）根据宜家在选址上的两个条件，谈谈你对企业战略的认识。

（2）根据上述资料谈谈你对战略实施的认识。

第六章 竞 争 战 略

【学习要点及目标】

1. 了解成本领先战略、差异化战略的作用
2. 理解基本竞争战略的类型与选择
3. 熟悉成本领先战略、差异化战略和聚焦战略的风险
4. 掌握成本领先战略、差异化战略和聚焦战略的内涵
5. 掌握聚焦战略的实施要点

【关键概念】

竞争战略、成本领先战略、差异化战略、聚焦战略

引导案例

俄亥俄州牛排包装公司

在牛排包装行业中，传统的成本链包括：在分布很稀疏的各个农庄和农场饲养牛群，将这些活牛运到劳动密集型的屠宰场，然后将整块牛排送到零售商处，它们的屠宰部再把牛排砍小一些，包装起来卖给购物者。

俄亥俄州牛排包装公司采用了一个完全不同的战略改造了传统的价值链，建立大型的自动化屠宰场，并将屠宰场建在便于经济运输牛群的地方，在加工厂将部分牛肉砍成更小一点从而数量会随之增多的牛肉块，之后装盒，然后再装运到零售商那里。

该公司的入厂牛群运输费用在传统价值链下是一个主要的成本项目，但现在该费用可以因减少了长途运输而大大减少；同时，不再整块运送牛肉因而也减少了高额的牛肉废弃量，大大减少了出厂成本。该公司采取的战略非常成功，从而取得了美国最大的牛肉包装公司的地位，一举超越了先前的行业领先者。

思考

1. 该公司采取的是哪种竞争战略？
2. 该公司从哪些方面保证这种战略的运用？

第一节　基本竞争战略

竞争战略（经营战略）是对企业的某一业务领域如何在市场上进行竞争的总体谋划。波特认为，尽管企业竞争战略的表现形式多种多样，但归纳起来无非两类：成本领先和差异化。

一、三种基本竞争战略

任何企业存在的前提是满足顾客需求。顾客需求是其可以通过一定的产品和服务来满足的欲望、要求或渴望。由于人们的需要不同，市场上就需要提供不同产品或服务的企业存在。因此，企业有必要清楚自己所服务的对象（细分市场）。问题是，在针对顾客的同一类需求时，可能有不止一家企业存在，它们之间就存在相互竞争的关系，此时，企业就需要与其他竞争对手不同的能力，这些能力表现为多种多样，如成本更低、产品性能更优、品牌知名度更高等。

有些企业力求为顾客提供成本最低的产品或服务，而不追求太多的产品与或服务差异化，而有些企业则寻求为顾客提供独特的产品或服务，以获得顾客无法从其他产品或服务上所获得的需求满足。前者就是成本领先战略，而后者则为差异化战略，它们是竞争战略的两种基本类型。

不同的企业面对的市场范围是不一样的，有些企业针对全产业范围，另一些企业则仅仅针对特定细分市场，因此，基本竞争战略又可以分为三种类型：成本领先战略、差异化战略和聚焦战略，如图 6.1 所示。

实施成本领先战略的企业，其目的是成为行业内成本最低的生产厂家。为达到此目标，它们一般只出售一种标准和朴实无华的产品，特别强调生产规模，无条件地追求所有资源的成本优势。如果一个企业能获得并保持总成本领先地位，且能依行业平均水平来为其产品定价，那么，它将成为行业内的高水平经营者。

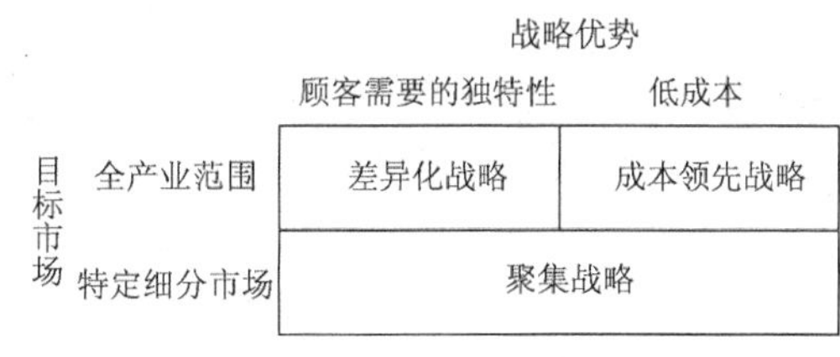

图 6.1　三种基本竞争战略

实施差异化战略的企业，其目的是在买方认为极有价值的某些领域，做得比其他企业高明，且独一无二。独特性价值的提供，能建立顾客对本企业产品的消费偏好，并促使顾客愿意接受产品的额外加价。一旦企业获得的溢价超过为追求差异性而追加的费用，那么，获得并保持这种差异化的企业将取得超出行业平均水平的出色业绩。

聚焦战略，是指企业把行业中的一个或一组细分市场作为服务目标，依托企业竞争力与局部竞争领域的良好适应来寻求局部竞争优势。实施聚焦战略的企业，既可在目标竞争领域寻求成本优势，也可以寻求差异化优势，故聚焦战略又可细化为聚焦成本领先和聚焦差异化。

二、基本竞争战略的选择

波特认为，企业必须在三种基本竞争战略中选择一种基本竞争战略，如果同时追求两种或两种以上的竞争战略，就会陷入“夹在中间”的境地。这样的公司处于极其糟糕的战略条件下，它缺少市场份额、资本投资和“打低成本牌”的决心，也不具备避免追求低成本地位而需要的在全产业范围内差异化，更没有在比较有限的范围内建立起产品差异化或低成本优势的目标集聚。

那么，企业如何在三种基本竞争战略之间做出选择呢？波特本人从不同基本竞争战略要求的企业资源与能力、企业组织结构安排上的要求等方面，归纳了不同竞争战略在企业内部资源与能力、企业内部结构方面的不同要求，这可以帮助我们选择适合的竞争战略，如表 6.1 所示。

表 6.1　三种基本竞争战略对企业资源与组织结构的要求

基本竞争战略	通常需要的基本技能和资源	基本组织要求
成本领先战略	• 持续的资本投资和良好的融资能力 • 工艺加工技能 • 对工人严格监督 • 所设计的产品易于制造 • 低成本的分销系统	• 结构分明的组织和责任 • 以满足严格的定量目标为基础的激励 • 严格的成本控制 • 经常、详细的控制报告
差异化战略	• 强大的生产营销能力 • 产品加工 • 对创造性的鉴别能力 • 很强的基础研究能力 • 在质量或技术上领先的公司声誉 • 在产业中有悠久的传统或具有从其他业务中得到的独特技能组合 • 得到销售渠道的高度合作	• 在研究与开发、产品开发和市场营销部门之间的密切协作 • 重视主观评价和激励，而不是定量指标 • 有轻松愉快的气氛，以吸引高技能工人、科学家和创造性人才
聚焦战略	• 针对具体战略目标，由上述各项组合构成	• 针对具体战略目标，由上述各项组合构成

波特从企业内部的角度比较了不同竞争战略的要求，而我国战略管理学者王迎军教授提出，企业在三种基本战略之间做出选择，既要考虑市场特点，又要考虑竞争状况；既要考虑企业外部因素，又要考虑企业自身条件，特别是在买方市场下更要考虑顾客需求。因此，他提出要从需求主体评价标准、市场同质性和企业实力三个方面来选择合适的竞争战略，如表 6.2 所示。

表 6.2　基本竞争战略的选择

基本战略 / 影响因素	成本领先战略	差异化战略	聚焦战略
需求主体评价标准	价格	非价格	价格或非价格
市场同质性	高	低或高	低
企业实力	强	强	弱

需求主体的评价标准，可分为价格标准与非价格标准。当价格成为顾客选购产品的唯一或极为重视的标准时，企业应选择成本领先战略或实施聚焦成本领先，以对必将发生的价格竞争给予强有力支持。当顾客的价格敏感性较低，而对质量、服务和品牌等非价格标准极为重视时，企业应选择差异化战略或实施聚焦差异化，以便为顾客提供其需要的产品独特性，赢得顾客的偏好。

任何市场，都表现为一定程度的异质性，因为顾客需求特点不会完全相同；又表现为一定程度的同质性，因为顾客需求特点不会完全不同。异质性使市场细分成为可能和必要，同质性使市场细分有所遵循和有利可图。当市场同质性较高时，即所有顾客的需求特点基本一致，企业无须进行市场细分，应实施面向整体市场的成本领先战略或差异化战略。当市场同质性较低时，企业有必要进行市场细分，应实施瞄准局部细分市场的聚焦战略，或实施向不同细分市场提供不同产品的差异化战略。

当企业实力较强时，过小的目标市场恐难以吸收其全部的产出能力，故大企业倾向于面向目标市场实施广泛的成本领先战略或差异化战略。当企业实力较弱时，企业难以抵御来自四面八方的竞争威胁，故小企业优先选取瞄准局部细分市场的聚焦战略，首先考虑寻求局部优势，似乎更为合理。

总而言之，企业应该结合市场特质、顾客需求特征、企业实力和企业的运营优势，选择适合自身的基本竞争战略，星巴克咖啡的竞争战略选择无疑是最好的例证，参见案例 6.1。

案例 6.1

星巴克的服务创新战略

星巴克是在1971年由柏德温、波克和席格三人共同创立的，他们于西雅图的帕克市场开设了星巴克第一家以新鲜烘培全豆咖啡豆为主要销售产品的咖啡豆专卖店。在1982年时，萧兹加入星巴克，负责商店的营运与营销业务。1984年萧兹离开星巴克并于来年自行募资成立以咖啡店经营模式为主的每日咖啡店。1987年，星巴克的创办人并购了同样以销售烘培咖啡豆为主的毕兹咖啡，并将星巴克以380万美元的价格卖给萧兹，萧兹将每日咖啡店并入星巴克，自此萧兹取得星巴克的经营权。

在星巴克成立后的20年时间内，美国咖啡市场的主导产品是速溶咖啡，主导品牌为通用食品旗下的麦斯威尔、宝洁旗下的福杰仕（Folgers）以及雀巢三大品牌。值得注意的是，在1987年由萧兹并购后的星巴克，还只是一个拥有11个咖啡店的小公司，虽然其营业额持续快速成长，并定下五年内加开125家咖啡店的展店计划，但是星巴克仍持续处于亏损状态，直到1990年才转亏为盈。

到20世纪90年代，原本属于高阶利基市场的精品咖啡大幅成长，并开始大幅替代原市场领导者如通用、雀巢等的低价研磨咖啡市场。换言之，此时精品咖啡已经正式成为主流市场。在此阶段表现最出色的便是后来成为市场龙头的星巴克，其营业收入由1990年的3 500万美元，增长至2000年的21.7亿美元，2015年更升至192亿美元。在北美地区星巴克的咖啡店数则由1992年的162家增加至1995年的627家，2000年达2 446家，到了2016年1月仅在中国的门店数就已达2 000家，全球则超过22 000家。

为了解星巴克脱颖而出的关键，我们采取比较方法，如表6.3所示，列出造成星巴克和其他主要竞争者在策略上的差异，进行异同比对，从差异之处分析其影响性大小，依影响大小区分出主要与次要的关键策略。我们比较分析的主要竞争者有市场先驱的毕兹咖啡、在20世纪80年代超市的领导厂商波尔兄弟咖啡及和星巴克在西雅图的强劲对手最佳西雅图咖啡。

表 6.3　星巴克与主要竞争者在策略上的差异

	毕兹咖啡	星巴克	最佳西雅图咖啡	波尔兄弟咖啡
策略焦点	高质量坚持：选购高质量的咖啡豆、拒绝人工调味的咖啡豆 完全直营：为确保质量与服务水平，采取拒绝加盟的策略	高质量坚持（同毕兹咖啡）：但对质量的要求最高，甚至为了确保质量，坚持由自己的采购人员至产地采购最高级的咖啡豆 除坚持高产品质量外，在毕哈的要求下，也重视满足客户的需求	以加盟方式迅速扩大规模及经营据点，降低成本及市场先占为主要考虑	专注在烘培厂及配销物流的规模经济，透过杂货零售据点销售产品

续表

	毕兹咖啡	星巴克	最佳西雅图咖啡	波尔兄弟咖啡
服务与营销策略	热情且专业的服务：选对咖啡有热情的员工，以内部教育训练来建立员工的咖啡专业知识。 内部营销及口碑营销：由员工来建立客户的品牌忠诚度而非打广告	热情且专业的服务，且对员工的教育与福利更加重视，内部的教育训练长达13周，在员工福利方面则实施持股激励与几乎涵盖全部员工的保险制度。 内部营销及口碑营销（同毕兹咖啡）：由员工来建立客户的品牌忠诚度而非打广告 外部营销：选择位于三角窗地点的店面展店，并以在同一地区密集展店的方式排除竞争者的进入空间	较不重视员工的专业训练、服务与福利	以杂货商为销售对象，欠缺对消费者服务的能力
产品策略	只卖全豆咖啡豆，后来在萧兹的坚持下，虽销售咖啡饮料，但只限于一家据点	除全豆咖啡豆外亦卖咖啡饮料及由咖啡衍生出的相关产品，包括低脂咖啡、香草或榛果口味的调味咖啡、法布基诺冰品、咖啡冰淇淋，甚至罐装咖啡饮料	和星巴克类似，除全豆咖啡豆外也卖咖啡饮料及由咖啡衍生出的相关产品	只卖咖啡豆，到1994年之后才开始进军咖啡饮料市场
市场定位	咖啡豆专卖店	第三地空间或星巴克消费体验：家和上班地点外的第三个日常生活的好去处	卖咖啡豆及咖啡饮料的咖啡店	咖啡豆烘培及配销业者

从表6.3的比较分析，我们发现，星巴克卖的不再只是高质量的咖啡豆、咖啡饮料或咖啡衍生饮品，它更是在卖其店内的气氛与场所，以满足人们在社交上或工作上的需求，形成一种有形产品与无形的服务、感官等结合而成的消费体验，这点我们也可以从星巴克店内的消费者群和其行为来印证。在星巴克店内的消费者，阶级涵盖各个阶层，包括学生、上班族、SOHO（居家办公）族、高阶主管、退休的老年人等，这些人或者是和家人、朋友聚会聊天，或者是讨论公事，或者是单独一人在上网、阅读书报，真正买咖啡外带的只是少数消费者，只购买咖啡豆回家自制咖啡的人更少。因此，一杯几十元以上的咖啡看似昂贵，但若考虑所买到的不只是好喝的饮料，还有亲切热情的服务、优雅的环境气氛、愉快的社交或工作的场所等，这些花费事实上是物超所值的。

（丁金辉，2008）[42~44]

第二节　成本领先战略

一、成本领先战略的含义

成本领先战略是指企业通过有效的途径降低经营过程中的成本，使企业以较低的总成本赢得竞争优势的战略。

成本依靠者的竞争优势基础是总成本比竞争对手要低。成本领先战略要使企业的某项业务成本最低，这是因为任何一种战略之中都应当包含成本控制的内容，它是管理的任务，但并不是每种战略都要追求成为同行业的成本最低者。

按照波特的思想，成本领先战略应该体现为相对于对手而言的低价格，但这并不意味着仅仅获得短期成本优势或仅仅是削减成本，而是一个“可控制成本领先”的概念。此战略成功的关键在于在满足顾客认为最重要的产品特征与服务的前提下，实现相对于竞争对手的可持续性成本优势，换言之，实施低成本战略的企业必须找出成本优势的持续性来源，能够形成防止竞争对手模仿优势的障碍，这种低成本优势才长久。

成本领先并不等同于价格最低。如果企业陷入价格最低，而成本并不最低的误区，换来的只能是把自己推入无休止的价格战。因为，一旦降价，竞争对手也会随着降价，而且由于比自己成本更低，因此具有更多的降价空间，能够支撑更长时间的价格战。

换言之，成本领先战略的实施，需要企业在价值链各个环节围绕这一定位进行重新设计，而非通过某几项活动就可以实现，欧洲最大的廉价航空公司瑞安航空的成功就充分说明了这一点，参见案例6.2。

案例 6.2

瑞安航空公司的绝对成本领先之道

瑞安航空公司诞生于1985年，当时只是一家拥有一架15座小飞机、75名员工、连接爱尔兰与英国之间一条小航线的迷你航空公司。创办这样一家小公司的宗旨非常简单：让顾客能以更低廉的价格，坐飞机来往于爱尔兰与英国。1961年出生的迈克尔·奥利里，担任瑞安首席执行官（CEO）以后，开始按照西南公司的低成本模式改造公司，让瑞安迅速步入正轨，5年后便成为欧洲最有利可图的航空公司——拥有44架737客机，13个国家和地区的76条航线。瑞安航空经营的理念是：能省的就省、能减的就减，票价直到最低。

截至2009年5月，瑞安航空已经成为欧洲最大的廉价航空公司，拥有32个基地和830条廉价航线，遍布26个国家。多年以来它已经逐步发展成世界上最赚钱的航空公司。2001年9·11事件后，航空业普遍陷入困境，瑞安航空仍保持着连续12年赢利的纪录，2003年4月，该公司收购荷兰皇家航空公司（KLM Royal Dutch Airlines）旗下的低成本航空公司——BUZZ。2006年在石油价格上涨、行业竞争日益激烈的环境中，瑞安航空公司最近一个财年的利润仍然同比上升了三成多。瑞安航空公司被《经济学家》杂志称为“世界上最能赚钱的航空公司”。《华尔街日报》则称瑞安航空公司的股票为“世界上最热门的航空公司股票之一”。

要维持低票价运作的唯一方法就是要不断地削减成本，瑞安航空公司明显模仿了美国西南航空公司（Southwest Airlines）的经营模式，通过进一步完善美国西南航空的业务模式取得了成功。瑞安航空班机大部分都是在一些便宜的、二线的机场降落，这样降低了机场服务费用，而且周转时间加快，误机时间减少（小机场不那么拥挤，不必等待、推后）；瑞安航空的机票从不定座位、不对号入座，节省了登机时间；瑞安航空采用波音737单一型号的客机，以节省零备件，减少维修人员数量，而且可以实现飞机的零件互换；瑞安航空机组人员都有绩效奖金，很多人拥有公司股票，这样就把员工的工作热情和财务激励挂钩，因此他们都会心甘情愿地多做几种工作，机组服务人员负责清洁和进货，再不用花大钱雇佣机场地勤人员了；瑞安航空能在25分钟内完成一架飞机的卸载、清洁、备货及复载等工作——这可能是行业内最快的速度了，这就意味着瑞安能在6小时内完成8次飞行，而其他的竞争对手仅能完成6次；瑞安航空把机票预订业务从代理商手中转移到网站上来，网站不索要代理费，也不需要中央预订系统。

作为欧洲最大的廉价航空公司，瑞安在2013年经历了利润大跌，此次利润下滑让瑞安的股东意识到他们的竞争对手正利用瑞安的这一弱点抢占市场。对此，瑞安开始进行战略调整，具体包括削减不必要的收费，商务机票变得更为灵活。

2016年，瑞安升级移动应用程序（App），使乘客可以在应用程序内修改航班订单、付费选座、购买快速通道、预订停车、购买保险、购买机场接驳和获取电子登机牌等辅助服务。

二、成本领先战略的作用

波特认为，身处任何行业的企业，都将面临五种竞争威胁，它们分别来自行业内的现有竞争者的威胁、替代品的威胁、买方的议价力、供方的议价力和潜在进入者的威胁。竞争战略的目的，就是指导企业采取进攻或防守性行动，帮助企业在行业内建立起进退有据的地位，成功地对付五种竞争威胁，从而为企业赢得超常的投资收益。下面我们就按照五力模型的架构来分析成本领先战略对各种威胁的防御作用（王迎军 等，2003）。

1. 对买方议价力的防御

成本领先的企业，有能力将产品的价格始终维持为行业最低，故买方一般也不会奢求进一步降价。即使遇到强大（议价力强）的买方要求降低产品价格时，成本领先的企业虽然收入减少，但仍然能获得赢利。此外，在极低的价格下，其他企业可能纷纷倒闭，只剩下成本领先的企业，那么成本领先者的地位会变得更强，对买方反而不利。

2. 对供方议价力的防御

成本领先的企业往往生产规模很大，采购量也很大，相对供方处于强势地位，具有很强的议价能力，往往有能力压低供应品采购价格。即使在供应商坚持提价时，成本领先的企业也比竞争对手更具承受能力，即比其他企业具有更大的空间去消化供应成本增高的压力。

3. 对替代品威胁的防御

替代品的威胁程度取决于现有产品与替代品的相对价值价格比，当现有产品的价值价格比更高时，顾客就不会选择替代品，反之，顾客就会转向替代品。实施成本领先战略的企业，可通过不断降低产品价格，以削弱顾客转向替代品的欲望，减缓甚至扭转替换进程。

4. 对潜在进入者威胁的防御

潜在进入者加入竞争行列的目的，是为了瓜分该行业的需求与利润。成本领先的企业，会传递给潜在进入者一个预警，即一旦其敢于涉足该行业，成本领先企业有能力将产品价格降到入侵者无利可图的水平。此外，成本领先企业的庞大生产规模，也会构成巨大的行业进入壁垒，从而降低来自潜在进入者的危险。

5. 对现有竞争者威胁的防御

作为行业内成本最低的企业，实施成本领先战略的企业能够自如地应对其他企业的降价，不会令竞争对手获得任何价格优势。实施成本领先战略的企业，其目标市场是价格敏感性的顾客，故质高而价格也相对较高的产品，难以对其目标市场形成过大冲击。而且，成本领先的企业，只要其产品价格水平与竞争对手相近，其利润率将高于竞争对手，企业就拥有了更大的定价选择权。

成本领先战略对企业竞争优势的作用，沃尔玛的成功可以说是最好的例证之一，参见案例 6.3。

案例 6.3

沃尔玛的成本领先战略

沃尔玛连锁店公司是世界上最大的连锁零售商，2015年，沃尔玛全球营业收入高达4 857亿美元，荣登世界500强企业的冠军宝座。沃尔玛发展的一个重要原因是成功地运用了成本领先战略。

沃尔玛的经营策略是“天天平价，始终如一”，即所有商品、在所有地区、常年以最低价格销售。为做到这点，沃尔玛在采购、存货、销售和运输等各个商品流通环节，采取各种措施将成本降至行业最低，把商品价格保持在最低水平。

第一，将物流循环链条作为成本领先战略实施的载体。

（1）直接向工厂统一购货和协助供应商减低成本，以降低购货成本。沃尔玛采取直接购货、统一购货和协助供应商降低成本三者结合的方式，实现了完整的全球化适销品类的大批量采购，形成了低成本采购优势。

① 直接向工厂购货。零售市场的很多企业为规避经营风险而采取代销的经营方式，沃尔玛却实施直接买断购货，并对货款结算采取固定时间、决不拖延的做法（沃尔玛的平均“应付期”为29天，竞争对手凯玛特则需45天）。这种购货方式要冒一定的风险，却能激发供应商与沃尔玛建立业务的积极性，保证沃尔玛能以最优惠的价格进货，大大降低购货成本。

② 统一购货。沃尔玛采取中央采购制度，尽量由总部实行统一进货，特别是那些在全球范围内销售的高知名度商品，如可口可乐、柯达胶卷等，沃尔玛一般对1年销售的商品一次性地签订采购合同。由于数量巨大，沃尔玛获得的价格优惠远远高于同行。

③ 协助供应商减低产品成本。沃尔玛通过强制供应商实现最低成本来提高收益率，如对供应商的劳动力成本、生产场所、存货控制及管理工作进行质询和记录，迫使其进行流程再造和提高价格性能比，使供应商同沃尔玛共同致力于降低产品成本及供应链的运作成本。

（2）建立高效运转的配送中心，保持低成本存货。为解决各店铺分散订货、存货及补货所带来的高昂的库存成本代价，沃尔玛采取建立配送中心、由配送中心集中配送商品的方式。为提高效率，配送中心内部实行完全自动化，所有货物都在激光传送带上运入和运出。配送中心的高效运转使得商品在配送中心的时间很短，一般不会超过48小时。通过建立配送中心，沃尔玛各店铺销售的商品中，85%左右的商品由配送中心提供，库存成本降低50%。

（3）建立自有车队，有效地降低运输成本。运输环节是整个物流链条中最昂贵的部分，沃尔玛采取了自建车队的方法，并辅之全球定位的高技术管理手段，保证车队处在一种准确、高效、快速、满负荷的状态。这一方面减少了不可控的、成本较高的中间环节和车辆供应商对运输环节的中间盘剥，另一方面保证了沃尔玛对配送中与和各店铺之间的运输掌握主控权。

第二，利用发达的高技术信息处理系统作为战略实施的基本保障。

沃尔玛开发了高技术信息处理系统来处理物流链条循环的各个点，实现了点与点之间光滑、平稳、无重叠的衔接，使点与点之间的衔接成本保持在较低水平。

第三，对日常经费进行严格控制。沃尔玛对于行政费用的控制非常严格。

在行业平均水平为5%的情况下，沃尔玛的管理费用仅占销售额的2%，这2%的销售额用于支付公司所有的采购费用、一般管理成本、上至董事长下至普通员工的工资。为维持低成本的日常管理，沃尔玛在各个细小的环节上都实施节俭措施，如办公室不配置昂贵的办公用品和豪华装饰、店铺装修尽量简洁、商品采用大包装、减少广告开支。另外，沃尔玛的高层管理人员也一贯保持节俭作风，总裁、经理出差，经常几人同住一间房，坐飞机也只坐经济舱。这些都使沃尔玛在日常管理方面获得竞争对手无法抗衡的低成本管理优势。

三、成本领先战略的风险

成本领先战略的风险主要体现为两个方面，一是企业的成本领先地位丧失，二是企业的成本优势难以弥补差异化劣势。

1. 成本领先地位的丧失

为了取得成本领先地位，企业必须进行大量的固定资产和技术投资，通过扩大规模、采用最新技术和采购最新设备，从而提高效率。但是，这些投资并不能保证企业能一直维持其成本领先地位。成本领先企业的竞争对手深知，基于现有的技术体系来开展竞争，难以取得突破性进展，所以，它们会千方百计地寻求以新的技术体系来取代旧的技术体系。一旦出现新的技术和设备，就可能使得成本领先企业淘汰现有的技术和设备。更糟糕的是，成本领先企业在固定资产和技术上的巨额投资，可能使他们转向新技术和新设备的成本很高，只能坐视竞争对手采取效率更高的设备和技术，企业的成本领先地位也就不复存在。

此外，随着技术与产业的成熟，企业降低成本的空间及幅度将日渐狭小；随着竞争对手标杆管理（Benchmarking）的实施，企业之间在技术水平与管理水平方面的差距将逐渐缩小，企业成本优势的维持将日渐困难。

2. 成本优势难以弥补差异化劣势

在市场上，成本领先企业的优势最终表现为价格优势，而其劣势就是产品缺乏个性。当企业产品的价格优势无法弥补其差异化劣势时，企业会将市场优势拱手让给实施差异化战略的企业。特别是当市场需求发生不利于成本领先企业的显著变化时，可能会对成本领先企业产生致命的威胁。福特公司一度遭遇的困境就是最好的例证，参见案例 6.4。

案例 6.4

福特T型车的成与败

成也萧何败也萧何，T型车对于1908—1927年的福特来说正是如此。

流水线生产T型车带给福特巨大的成本优势，甚至占据了世界汽车产量的半壁江山。然而进入20世纪20年代后，竞争对手通用汽车公司在产品差异化方面大做文章。面对竞争对手的一种又一种新产品或者新型号，福特总以降低价格来应对，结果巨大的库存和亏损压垮了福特。1927年，T型车停止生产。

推荐读者扫描二维码深入研读本例，对照分析成本领先战略的利与弊，并以“小米公司的成本领先战略”为关键字通过搜索引擎搜索相关资料，与之做对比分析。

http://blog.sina.com.cn/s/blog_15d30e28d0102xfms.html

第三节　差异化战略

一、差异化战略的含义

差异化（Differentiation）战略，是指通过为产品或服务融入顾客需要的独特个性，从而形成一些在全产业范围内具有独特性的要素。从差异化战略的定义可以看出，差异化是相对于竞争对手而言的，但是需要注意的是，企业产品或服务的独特性必须符合企业的需要，否则这种差异化是没有意义的，更不会给企业带来竞争优势。所以，差异化是相对于竞争对手的，但顾客需求是差异化的出发点。

波特提出，实现差异化战略可以有许多方式：设计或品牌形象、技术特点、外观特点、客户服务、经销网络及其他方面的独特性，最理想的情况是公司使自己在几个方面都具有差异化。广州市麦点九毛九餐饮就是一个典型的例子，参见案例 6.5。

案例 6.5

九毛九的产品和服务差异化战略

2013年之后，我国高端餐饮企业步入寒冬，纷纷转型大众餐饮，大众餐饮业面临更激烈的竞争。

然而走中端路线的广州市麦点九毛九餐饮管理有限公司2013年的业绩并没有下滑，反而上升了好几个百分点。这与其坚持产品和服务差异化战略是分不开的，凭借其特色的产品和经营管理手段，2014年伊始，九毛九就陆续在广州、佛山、深圳、天津增开了8家分店，取得了马年开门红。

推荐读者阅读《九毛九的产品和服务差异化战略》，体会差异化战略的含义。

http://blog.sina.com.cn/s/blog_15d30e28d0102xfoz.html

二、差异化战略的作用

作为三大基本竞争战略之一，差异化战略能帮助企业有效地抵御和削弱来自买方、供方、替代品、潜在进入者和现有竞争者的竞争威胁（王迎军 等，2003）。

1. 对买方议价力的防御

差异化战略是一种极具顾客导向的战略。它很注重研究顾客需求与满足顾客需求，其目标是比竞争对手更好地满足顾客需求，其手段是为产品融入顾客需要的独特个性。独特个性的融入，使实施差异化战略企业的产品形成全行业范围内的与众不同的产品。顾客欲获得这些独特性和满足某些特定需求，就必须消费该类差异化的产品，否则，他们的特定需求将无法依赖其他途径满足。因此，在差异化产品面前，顾客缺乏满足同类需求的备选产品，故其压低产品价格的能力极其有限。

2. 对供方议价力的防御

企业所寻求的独特性，有一部分是来自其采购品的独特性，因此，供应商的停止供应是实施差异化战略企业的较大威胁。但同时也应看到，企业的停止采购也是供应商的较大威胁，因为其产品的专用性使其很难找到其他买主，且转向其他产品的转换成本较高。故供应商与实施差异化战略的企业之间，更多地选择合作与相互信赖。

3. 对替代品威胁的防御

差异化战略的有效实施，可形成顾客对本企业产品的消费偏好，帮助企业建立良好的品牌信誉和商标忠诚。因此，替代品只有具备更强的吸引力才能使顾客改变购买偏好，而替代品生产者想要在短时间内做到这一点绝非易事，需要付出巨大的代价。因此，差异化战略可以在一定程度上阻止或者延缓来自替代品的威胁。

4. 对潜在进入者威胁的防御

转换成本是现有企业对抗新进入者的有效武器。由于采取差异化战略企业的产品或服务具有独特性，顾客从现有产品或服务专向其他的产品或服务，就必须付出一定的成本，这种成本越高，潜在进入者进入市场后就越难凭借单纯的价格竞争手段抢夺市场。如果转换成本非常高，顾客就被现有企业的产品或服务锁定（Lock-in），潜在进入者的威胁就更小了。例如，中国消费者习惯了使用微软的 Windows 系统，其他的操作系统软件（包括完全免费的）很难从微软手中抢走顾客。

5. 对现有竞争者威胁的防御

差异化战略的一大动因是差异于竞争对手以回避针锋相对的竞争。实施差异化战略的企业，其产品与行业内竞争对手的产品不完全相同，其目标顾客与竞争对手的目标顾客有所差异，其供应商的选择与资源的获取有独到之处，故行业内其他企业一般不把其看作最危险的敌人。而且，行业内现有企业之间的产品或服务差异化程度越高，爆发价格大战的可能性就越低，因为单纯凭借价格优势难以提高市场份额。例如，在竞争激烈的中国电脑市场上，价格战几乎年年上演，在你争我夺、敌进我退的竞争中，很多鼎鼎有名的商业企业似乎都失去了主动权，身不由已地被拉进了“价格战”的漩涡，并普遍面临着销售额上升，利润额却急剧下降的尴尬处境。

案例 6.6

华为P9手机和徕卡双摄像头

2016年上半年华为推出了自己的手机旗舰型产品P9，把竞争目标对准苹果、三星等高端手机（此前三星刚推出S7手机，苹果下一代手机2016年下半年推出）。

推荐读者通过安卓网2016 年 5 月 25 日《三星 S7 VS 华为 P9 Plus 拍照对比 徕卡加成？》一文做进一步了解，并对照正文分析差异化战略的作用：http://mobile.hiapk.com/evaluate/special/1679607.html

华为P9配徕卡双摄像头，一时成为市场“热点”。如果仅是双摄像头和其他亮点，作为高端手机的追赶者，应不足以在消费者心中缩小和苹果、三星高端手机的差距，更不足以甩下“后续部队”。何况当时配置双摄像头的产品虽少，但并非华为一家。

然而，加上“徕卡”，影响则完全不同。那么徕卡是何方神圣？

徕卡被称为全球摄影界百年传奇品牌，其产品是摄影器材中的贵族，以“高大上”形容并不为过。因此，抛开产品品质，仅“徕卡”品牌效应就足以让摄影爱好者对华为P9手机的摄影功能有更多期待。

华为P9配徕卡双摄像头并非是产品模块简单叠加，将华为在智能手机和徕卡在专业摄影领域的技术优势融合也有相当的技术难度，这对其他品牌手机形成阶段性的技术壁垒。

从各种评测和用户口碑来看，华为P9和三星S7的实际摄影效果也在伯仲之间，再加上华为P9极为明显的价格优势（P9的价格为3 000多元，S7的价格为5 000多元），足以使华为对“高高在上”的三星、苹果高端手机形成巨大冲击，同时也拉开了与其他品牌的差距。

三、差异化战略的风险

实施差异化战略的企业，其立足市场的关键是独特性价值的提供，以及因这种独特性价值而形成的顾客对本企业产品的消费偏好。具备独特性价值的产品或服务，难以无偿获得，它需要企业进行大量的投资与长时间的努力，而这势必引发企业成本的增加。此外，当差异化战略给企业带来高额收益的时候，竞争对手也会尝试模仿，来抢夺市场。因此，差异化战略的风险主要有两类，一是差异化优势的丧失，二是差异化优势无法弥补成本劣势。

1. 差异化优势的丧失

差异化优势丧失的第一个原因是竞争对手的仿效。企业的经营差异性是相对竞争对手而言的，而竞争对手不会漠视其他企业的差异化优势。它们会想方设法地学习模仿，以改进自己的产品或服务，达到缩小或弥补差异化劣势的目的。因此，获得差异化优势的企业，并非高枕无忧，也非一劳永逸，它们既要注意对已有差异化优势的保护、维持与强化，又要不断寻求新的差异化优势。

差异化优势丧失的另一个原因是顾客对独特性的不认可。只有切中顾客所重视需求的独特性，方能被顾客认可，方能为企业带来差异化优势。导致顾客对独特性不认可，既可源于主观因素，如对顾客的需求特点认识不足、产品未能达到顾客使用标准等；也可源于客观因素，如顾客需求特点出现重大变动、成熟市场中的顾客不再对一些特殊需求感兴趣等。

案例 6.7

关注产品差异化的误区

产品差异化，这是产品研发者的追求，但很多时候却成为一个陷阱。企业所要的产品差异化，实际上是有市场价值的产品差异化，而不是为差异化而差异化。产品同质化确实令人烦恼，但卖不掉的差异化产品更麻烦。

有家糖果企业，在设计年节产品时，认为要突出产品差异化与品牌个性：大包装，以生肖为外形，尤其是围绕企业的生肖LOGO设计出一个系列包装，造型别致，卡通喜庆。这样的产品不仅差异化，而且有唯一性，内部测试调研反映都说好，但有没有市场价值呢？

企业在这个产品设计思路上做了近10年，每年的结局都是节后将包装拆掉，经销商以卖散糖的利润冲抵拆毁包装物的成本损失。为什么一家在糖果市场做了近20年且综合成长性很好的企业，在年节产品上反复出现如此错误呢？其原因就是不顾市场，为差异化而差异化。

传统年节是糖果消费的井喷旺季，出大包装产品是为了简化顾客的购买行为，所有大包装产品不能比散装称重产品的价格高，也就是说大部分顾客不会为了新奇的包装购买“年节特制”产品。在包装上进行没有市场价值的差异化，使企业的产品定价陷入两难，最后为了消化差异化包材的成本选择了高定价，产品自然滞销。

本例整理自《销售与市场·管理版》2012年第1期《品牌创新是产品差异化的终极壁垒》（史贤龙）一文，原文较有参考价值，推荐读者课外加以研读：http://www.boraid.cn/article/html/188/188669.asp

2. 差异化优势无法弥补成本劣势

通常情况下，顾客愿意为所获得的独特性价值支付一定的溢价。但溢价的幅度不能过高，只有当顾客愿意支付的溢价高于企业的成本时，差异化才有意义，也才可能获得成功。当实施差异化战略的企业成本过高时，其将面临两难的选择：一是大幅度提高产品价格以补偿成本，但会失去大量的顾客；二是价格不变或略微提高以保住市场份额，但会流失大量的利润，甚至是亏损。从长远来看，两种选择都会影响企业的正常发展，故对实施差异化战略的企业来说，控制成本同寻求差异一样重要。

差异化战略的好处广受赞誉，但差异化战略的风险也值得关注，很多企业就在这方面摔了跟头。海尔推出的“不用洗衣粉的洗衣机”就是差异化失败的典型案例，失败的原因刚好符合上述的差异化战略的两大风险，一是这种洗衣机的功效消费者无法接受，二是成本过高，参见案例 6.8。

案例 6.8

在海尔的成功中，创新占有重要意义，这一点从其市场理念可以看出来：“市场唯一不变的法则就是永远在变”，“只有淡季的思想，没有淡季的市场”“否定自我，创造市场”……

创新是对的，“市场唯一不变的法则就是永远在变”也是对的，但关键是创新一定是符合市场规律的创新，否则，创新就只赚眼球不赚“票子”。海尔不用洗衣粉的洗衣机自2003年问世后一下子沉寂了三年，2006年开始，海尔再次花大力气进行推广，但终究没能获取消费者的信任。

http://blog.sina.com.cn/s/blog_15fa23ea60102wdmk.html

推荐读者阅读《海尔不用“洗衣粉”的洗衣机有差异无优势》，并分析讨论差异化优势和成本劣势之间的关系。

第四节　聚焦战略

一、聚焦战略的含义

聚焦战略，是指企业将经营的重点集中在产业内的某局部市场，谋求局部竞争优势。企业选择聚焦战略的主观原因，是企业的自身实力较弱，尚难以向整个市场提供产品和开展大范围的竞争。企业选择聚焦战略的客观原因，是市场与产业的同质性较弱，存在大量市场细分与产业细分的机会（王迎军　等，2003）。

最基本的竞争优势只有低成本与差异化两种。故聚焦战略也因对两种竞争优势的取舍性寻求而分为两种类型，即聚焦成本领先战略和聚焦差异化战略。

作为三大基本竞争战略之一，聚焦战略也能够成功地应对五种竞争威胁，其应对竞争威胁的方式与成本领先战略和差异化战略相似，些微的差异源于局部市场的具体特点。

采取聚焦战略的企业，通过集中自身有限的资源，选择适宜的目标市场空间参与竞争，专心孕育自身的服务品牌，以获得在目标市场即服务对象的竞争优势而不是全面的竞争优势。北京和睦家医院针对医院服务对象中的高消费层提供特需服务，是对医院服务集中化战略运用的一个成功范例，参见案例 6.9。

案例 6.9

北京和睦家医院的目标集中战略

北京和睦家医院成立于1998年，是由美国美中互利工业公司与中国医学科学院合作建立的中外合资合作医院，当时仅有20张病床的北京和睦家医院是中国首批营利性的“洋医院”之一。

当时，在和睦家医院看一次病的诊疗费约500元人民币，顺产一个婴儿则需5万元人民币。

医院服务的主要群体是在华的外国人和中国的高收入阶层。和睦家医院从它开办之日的定位就告诉人们：这是一家专为高消费群体服务的医院。

除了具有与一般医院相同的、为患者治疗疾病的服务功能外，北京和睦家医院还具备一般医院所没有的舒适的就医环境、完备的服务设施以及能为患者提供更有效的治疗和更优质的医疗服务。成立5年后，和睦家医院已从最初的门庭冷落到每天门诊超过200人次，从最开始的一个仅有2个科室到全科医院，截至2016年初，已在北京、上海、天津、广州、无锡和青岛等地设立了医院及诊所，仅在北京就有两家医院和9家诊所。

二、聚焦战略实施的关键

不同产业之间结构有所差异。同样，产业的不同部分之间的结构一般也有所差异。产业细分就是基于这些差异将整个产业化整为零。为制订竞争战略而做的产业细分，其目的就是帮助企业选择结构上更适合企业发展的细分市场。

1. 产业细分的步骤

服务于竞争战略制订的产业细分，既要考虑市场的具体特点，又要考虑竞争的具体状况；既要力求考虑全面，又要努力分清主次。完整的产业细分过程，大体包括以下几个步骤。

（1）辨识市场细分变量。市场细分变量，即导致顾客需求特点不同的相关因素。服务于工业用户的企业，其典型的市场细分变量有客户规模、客户地理分布、客户购买量、客户质量要求等。个人消费品生产企业，其典型的市场细分变量有顾客的年龄、性别、职业、收入、规模、居住地、文化背景等。

（2）筛选市场细分变量。市场细分变量有多种，且其对顾客需求特点的影响程度不尽相同。筛选市场细分变量，就是剔除影响不大的细分变量，保留影响显著的细分变量。

（3）确定市场细分变量的离散类别。工业客户的规模，可分为大与小，也可分为大、中、小。消费者的年龄，可分为老、中、青、幼，也可分为具体的年龄段，如10岁以下、10～20岁等。具体选取何种离散类别，应根据产品及顾客特点具体分析。

（4）绘制与组合二维市场细分矩阵。绘制二维市场细分矩阵，即用二维矩阵来表示两细分变量对市场的细分结果。组合二维市场细分矩阵，是在剔除不符合实际的细分市场的基础上，将两个二维市场细分矩阵合并为一。

（5）绘制产业细分矩阵。把有效的细分市场作为一维变量，令产品种类为另一维变量，即可形成产业细分矩阵。

（6）描述各细分产业的竞争状况。识别涉足各细分产业的竞争对手及竞争激烈程度。

2. 细分产业的选取

在根据以上步骤进行产业细分以后，接下来的任务就是选择企业的目标细分产业。不同细分产业对企业的吸引力不同，企业应根据以下指标衡量与评价各细分产业，并最终选取所欲进入的细分产业。

（1）细分产业的市场规模与增长率。市场规模过小，难以消化企业的全部产出能力，会制约企业规模经济的取得。市场增长缓慢，不利于企业的长足发展，且竞争会日渐加剧。

（2）细分产业的竞争状况。虽然细分产业的竞争也是来自五种竞争威胁，但在具体内容方面，与产业整体所面临的竞争有所不同。例如，细分产业的潜在进入者，不仅包括其他产业的企业，而且包括同产业内服务于其他细分市场的企业。所以，考察一个细分产业的竞争状况，既要关注整个产业的宏观特征，又要重视细分产业的微观特点。

（3）企业的资源与能力。资源与能力是一切竞争优势的来源与基础。企业之间，资源与能力的差异决定了其竞争领域选取的差异。

（4）细分产业间的关联。企业在两个以上细分产业竞争时，如果能共享某些价值活动，那么，这些细分产业就是有关联的。譬如，同一销售队伍，可以为不同的买方服务；同一生产系统，可以生产出不同规格的产品。细分产业之间的关联，能因规模经济的取得而降低成本或提高差异化，甚至是二者兼得。正确认识细分产业间的关联，不仅有利于企业现有竞争优势的获得，而且有利于将来竞争优势的寻求。

从本质上来说，采取聚焦战略的企业在独特的细分市场为顾客创造价值。因此，只有选择适合的细分产业，并针对这个细分产业的特点培育相对应的竞争优势，企业才能确保聚焦战略的成功。

视野拓展

长城汽车，2014 年暂停轿车业务，聚焦 SUV，妥当否？

推荐读者阅读《聚焦战略 长城汽车的“喜”与“忧”》一文，分析长城汽车聚焦战略的利与弊：http://www.12365auto.com/news/20160122/214798-all.shtml

三、聚焦战略的风险

聚焦战略获取竞争优势的途径也是低成本或差异化。故与成本领先战略或差异化战略相关的风险同样伴随着聚焦战略的两个实施方向（聚焦成本领先和聚焦差异化）。此外，聚焦战略的特色是产业细分与细分产业选取，故聚焦战略在竞争领域选择方面易犯的错误，是聚焦战略所特有的风险。

1. 竞争领域过于宽广或过于狭小

过于宽广的竞争领域，无法淋漓尽致地体现聚焦战略的优势。另外，宽广的产业细分，为其他企业进行第二次细分留有余地。一旦其他企业成功地实现第二次细分，本企业将腹背受敌，受到大范围提供服务的企业和在更小范围内经营的竞争对手的同时攻击。

过于狭小的竞争领域，难以为企业提供广阔的发展空间。

2. 现有的产业细分失去其合理性

技术会影响或改变产业细分模式。新技术，尤其是信息技术，为聚焦战略创造着机会并孕育着威胁。譬如，信息技术提高了制造、后勤、销售及其他价值活动的灵活性，有利于目标聚焦企业降低成本或提高服务，但同时，也可能导致目标广泛的企业能够经济地向不同细分市场提供针对性的产品与服务。顾客需求在不断变化。一旦顾客需求特点趋于一致，任何意义上的产业细分将意味着画蛇添足。

案例 6.10

物流行业竞争激烈，如何突围？

国内快递巨头顺丰于2014年4月推出了物流普运产品，它是一种为满足客户发运大件或较重物品需求而推出的经济型物流服务。物流普运服务上线后的增长势头较为可观，收件的环比平均增长率一路呈现上升趋势，特别是在经济较为发达的华东、华南和华北地区，客户对于物流普

http://blog.sina.com.cn/s/blog_15d30e28d0102xfp1.html

运的认可度较高。

推荐读者扫描二维码阅读《顺丰物流普运瞄准高端物流市场》做进一步了解。

本章小结

竞争战略是企业具体业务领域如何赢得顾客和战胜竞争对手所采取的策略，基本竞争战略分为成本领先战略、差异化战略和聚焦战略三种。

成本领先战略，是指寻求企业成本状况在全行业范围内的领先，即降低产品的总成本使其低于竞争对手产品的总成本。成本领先战略可以有效防御来自买方、供方、替代品、潜在进入者和现有竞争者的竞争威胁，但也存在一定的风险，一是企业的成本领先地位丧失，二是企业的成本优势难以弥补差异化劣势。

差异化战略，是指通过为产品融入顾客需要的独特个性而使产品在顾客心目中升值，赢得顾客的消费偏好。同样，成本领先战略可以有效防御来自买方、供方、替代品、潜在进入者和现有竞争者的竞争威胁，但也存在一定的风险，一是差异化优势的丧失，二是差异化优势无法弥补成本劣势。

聚焦战略，是指企业将经营的重点集中在产业内的某局部市场，谋求局部竞争优势。企业选择聚焦战略的主观原因，是企业的自身实力较弱，尚难以向整个市场提供产品和开展大范围的竞争。企业选择聚焦战略的客观原因，是市场与产业的同质性较弱，存在市场细分与产业细分的机会。最基本的竞争优势只有低成本与差异化两种。故聚焦战略也因对两种竞争优势的取舍性寻求而分为两种类型，即聚焦成本领先战略和聚焦差异化战略。聚焦战略的特色是产业细分与细分产业选取，故聚焦战略在竞争领域选择方面易犯的错误，是聚焦战略所特有的风险，包括竞争领域过小，或者产业细分领域因为顾客需求或技术的变化而失去其合理性。

复习与思考

一、名词解释

竞争战略、成本领先战略、差异化战略、聚焦战略

二、单选题

1. 成本领先战略要求企业的产品必须（　　）。

A. 具有较高的市场占有率　　B. 具有较高的投资回报率

C. 具有较高的总利润　　D. 具有较低的成本

2. 差异化战略的核心是（　　）。

A. 可靠的服务　　B. 高质量的制造

C. 良好的形象　　D. 取得某种对顾客有价值的独特性

3. 衰退行业中的企业竞争战略选择有（　　）。

A. 正确定价　　B. 开发国际市场

C. 尽快使产业结构成型　　D. 快速放弃市场

4. 市场领导者的主要战略有（　　）。

A. 保护市场份额　　B. 选择进攻战略

C. 顾客规模专业化　　D. 确定挑战者目标和挑战对象

5. 当一种产品的市场需求总量扩大时，受益最大的企业是（　　）。

A. 市场领导者　B. 市场挑战者　C. 市场追随者　D. 市场补缺者

6. 在行业成熟度各阶段中，竞争者数目最多的是（　　）。

A. 孕育阶段　B. 发展阶段　C. 成熟阶段　D. 衰退阶段

三、多选题

1. 波特的竞争战略包括（　　）。

A. 总成本领先战略　B. 差异化战略　C. 聚焦战略　D. 细分战略

2. 下列属于市场追随者战略的是（　　）。

A. 紧密追随　B. 距离追随　C. 选择追随　D. 进攻性追随

3. 新兴行业中企业发展面临的问题包括（　　）。

A. 缺乏基础　　B. 缺乏获得原材料和零部件的能力

C. 顾客困惑　　D. 行业过新，缺乏竞争力

4. 市场跟随者在竞争战略上不应当（　　）。

A. 攻击市场主导者　　B. 向市场领导者挑战

C. 跟随市场主导者　　D. 不做出任何竞争反应

5. 下列属于行业结构形态的有（　　）。

A. 完全竞争　B. 完全垄断　C. 垄断竞争　D. 寡头垄断

四、判断题

1. 差异化战略的核心是取得某种对顾客有价值的独特性。（　　）

2. 在成熟的行业中进行竞争，企业可以在下列方面做出战略选择：尽快使行业结构成型，正确定价，选择适当的顾客，购买廉价资产。（　　）

3.从战略分析的角度讲，衰退行业是指目前行业中产品的销售量持续下降的行业。（　　）

4. 当一种产品的市场需求总量扩大时，受益最大的是市场领导者。（　　）

5. 所谓市场补缺者是指精心服务于市场的某些细小部分，通过多元化经营来占据有利市场位置的企业。（　　）

五、简答题

1. 企业竞争战略的基本类型包括哪些？

2. 何谓成本领先战略？采取成本领先战略有哪些风险？

3. 何谓差异化战略？差异化战略的风险有哪些？

4. 成本领先战略与成本管理和成本控制有何不同？

5. 聚焦战略有哪些风险？

六、论述题

1. 差异化战略与成本领先战略能够同时实施吗？为什么？

2. 聚焦战略实施的关键是什么？

3. 试述多元化战略应注意的问题。

案例分析

Motel6和丽思·卡尔顿在住宿行业中参与竞争的市场定位

经济型酒店和豪华酒店的区别我们应该都不陌生，读者知道在美国1962年创办的Motel6和1927年创办的丽思·卡尔顿酒店是怎么给自己定位的吗？

Motel6满足的是那些很注重价格的旅行者的要求，他们所想要的是一个干净的没有附加服务的地方来过夜。为了达到低成本提供隔夜住宿的目的，Motel6采取了以下措施。

（1）选择相对便宜的地点来建筑住宿房间，通常是在州与州的交界和高速公路地段，都避免支付高额的黄金地段费用。

（2）只建设一些基本的设施——没有饭馆和酒吧，也极少有游泳池。

（3）依靠标准的建筑设计，并且只需要一些并不昂贵的材料和低成本的建筑技术。

（4）房间设施和布置也很简单。

这样一来，既降低了建筑成本，又降低了运作成本。由于没有饭馆、酒吧和各种顾客服务，所以在Motel6一间住房的运作只需要前厅人员、房间清扫人员、房架及地面维修人员就可以了。为了在那些要求简单的旅行者中推进Motel6的概念，Motel6连锁利用了独特的易于辨认的收音机广告，其中这些广告是由全国联合的收音机广播名人Tom Bodett来制作的，它们描述了Motel6的干净房间、没有附加项目的设施、友好的氛围，以及较低的费用（一般情况下，标准间价格仅为丽思·卡尔顿的几十分之一）。

丽思·卡尔顿的对象主要是那些愿意支付且支付得起高级住宿和一流个人服务的旅行者和度假者，每一家丽思·卡尔顿酒店都着重突出以下几个特色。

（1）黄金地段——从很多房间都能够看到如画的视野风景。

（2）定制的建筑设计。

（3）幽雅的饭店，食物精美、名厨主理。

（4）游泳池、健身设施及其他休闲设施。

（5）雅致的休息间和酒吧。

（6）高级的房间住宿条件。

（7）适时、适地的顾客服务和娱乐休闲机会。

（8）大规模受过很好训练的专业工作班子，他们为使每一个顾客的逗留都非常惬意而竭尽全力。

思考讨论题

1. 两家公司分别采用的是何种竞争战略？这两种不同的竞争战略的适用条件有哪些？
2. 两家公司都是经营旅馆业的，为什么能够采取截然不同的竞争战略？

第七章　战略制订与选择

【学习要点及目标】

1. 了解战略选择的过程、方法，以及战略进化的历程
2. 理解构建GS矩阵的要点
3. 熟悉战略制订的三阶段框架、工作程序
4. 掌握如何构建优势–劣势–机会–威胁矩阵、战略地位与行动评价矩阵、波士顿咨询集团业务组合矩阵、内部–外部因素矩阵和定量战略计划矩阵

【关键概念】

战略制订、战略分析、战略选择、优势–劣势–机会–威胁矩阵、战略地位与行动评价矩阵、波士顿咨询集团业务组合矩阵、内部–外部因素矩阵、大战略矩阵、定量战略计划矩阵

引导案例

不同的战略，两种命运

2015年，万科企业股份有限公司（以下简称万科）继续稳坐中国房地产十强排行榜榜首，获得荣誉、奖项无数。读者应该知道或者听说过万科，但是否记得万科当年的小伙伴？

1990年，万科和金田两家公司的股票几乎同时在深圳交易所上市，股票代码分别为0002和0003。当时这两家公司都主营房地产，同样走的是贸易商社多元化的战略，同样在上市头两年取得了飞速的发展。1992年，万科和金田的利润总额分别为77 639和77 358万元。然而，到了2000年，万科已经发展成为中国房地产业的一面旗帜，实现净利润30 123万元。而金田继1998年、1999年两年亏损后，2000年继续亏损，亏损额达60 527万元。2001年5月9日，因最近三年连续亏损，金田股票被暂停上市。2001年5月11日，金田被取消ST（境内上市公司连续两年亏损，被进行特别处理的股票），实施特别转让（PT）。2002年6月14日，金田的恢复上市申请未被深交所接受，股票退市转入三板。

两家企业呈现出极大的反差，与它们实施不同的经营战略有直接的关系。

1993年，万科从B股市场上筹集了4.5亿元，资金多了之后就跨地区、跨行业经营，地产项目遍及全国12个城市，涉足五大行业，商贸、工业、地产、证券、文化。截至1994年年底，万科拥有的子公司有24家，具体包括房地产开发、物业管理、商业贸易、咨询服务、影视文化、饮料及食品生产、广告经营、印刷设计、电分制版等若干行业。

金田是在1993年28个子公司的基础上增加到33个子公司，横跨房地产、纺织、磁盘生产、

零售、外贸、汽车出租、印刷和酒店等行业。

但是，从1994年起，两家企业的战略思想已经出现了分化的迹象。由于1993年年底国家开始进行宏观调控，实行紧缩银根、控制信贷规模的抑制经济过热的政策。原来能轻易取得高额利润的房地产业受到了剧烈的冲击。为了应对这种情况，金田和万科采取了不同的发展战略：金田提出“继续朝着多元化、集团化、现代化的跨国公司迈进”，希望利用多元化分散经营风险。在这种战略思想的指导下，金田不断地拉长战线，追加在房地产主业以外的各项投资，在纺织、磁盘生产、零售业、能源和运输等多条战线上疲于奔命，子公司数量由1993年的28家，一直增长到1996年的47家，每年以20%的速度递增，然而，子公司的营业收入和利润却以更大的速度下降，1996年出现亏损。

本例主要节选自《企业管理》2001年09期《不同战略 两种命运——简析万科与金田的企业发展战略》（张涛，唐志强）一文。

原文内容丰富，有兴趣的读者可通过知网等查阅原文。

与此相反，万科却以“本集团以房地产为核心业务，重点发展城市居民住宅……对发展潜力较小的工业项目将重组或转让，以集中资源”的专业化经营战略。该战略具体包括三个方面：一是从多元化经营向专业化经营集中；二是从多品种经营向住宅集中；三是调整投放的资源，由原来的12个城市向北京、深圳、上海和天津集中。结果，万科的业绩和主营房地产业务不断发展，到2000年实现净利润30 123万元。万科自2013年开始进行海外投资，开拓海外市场。

思考

1. 你认为战略如何影响企业命运？
2. 如何才能更好地选择合适的战略？

一个企业可供选择的战略方案一般有若干种，那么企业在这些众多的战略方案中选择哪一个战略或战略组合，是企业在制订战略中面临的难题。理想的战略应当是能使企业利用外部市场的机会并克服不利环境的影响，同时也应当能强化企业内部的优势并对自身的弱点加以改进。所以，企业在制订战略时，需要按照一定的程序，并借助于一些专门的技术、工具来达到制订、选择理想战略的目的。

第一节　战略制订

不同的企业和不同的管理者制订战略的方式不尽相同。小型企业的战略制订往往不规范，通常是最高管理者依靠个人的经验、价值观和自己掌握的信息来规划，战略方案也很少以文字形式展现，主要存在于管理者个人脑海中。而在大型企业中，战略制订是由专门的组织机构依据一定的程序进行的，其战略方案比较详尽、正式。

名人名言

美国企业界存在一个很大的问题是：当它们遇到麻烦时只会按照原方向加倍努力。正像挖金子一样，当你挖下20英尺但还没有发现金子时，你的战略会再挖两倍的深度。但是，如果金子是在距你横向20英尺处，那么，不论你挖多久也永远找不到金子。

——[美]爱德华·德伯·诺

一、综合的战略制订框架

企业战略本质上是一种行动方案，这种行动方案是根据企业内外部环境条件来制订与选择的，它是将企业内部的资源、能力与外部因素带来的机会、威胁匹配而产生的。这种匹配的依据是战略分析，包括企业宏观环境分析、企业行业环境、竞争对手分析，以及企业内部资源、能力分析所提供的信息。没有这些信息，战略匹配（即战略制订）也就无法有效地进行。

战略制订是企业的最高决策机构按照一定的程序和方法，为企业选择、制订合适的经营战略的过程。其过程一般包括三个阶段（见图 7.1）。

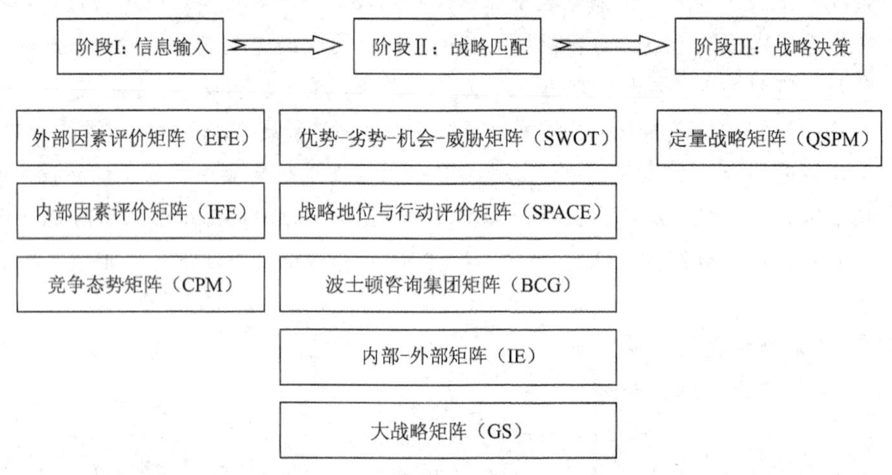

图 7.1　战略制订与选择的一般框架

（1）信息输入阶段，即战略分析阶段。主要任务是提供战略制订或匹配阶段所需要的内外部环境条件信息。此阶段需要运用到的方法主要有：外部因素评价矩阵（EFE）用于反映企业对现有机会和威胁的反应能力；内部因素评价矩阵（IFE）总结和评价企业各职能领域的主要优势和劣势；竞争态势矩阵（CPM）用于确认企业的主要竞争对手和确定竞争对手相对于给定企业战略地位的特别优势和劣势。

（2）战略匹配阶段，即战略制订阶段。主要任务是根据输入阶段获得的信息对外部机会、威胁与内部优势、劣势进行匹配（对内外成功关键因素进行匹配是有效产生可行备选方案的关键）。此阶段需要运用到的工具或方法主要有：优势-劣势-机会-威胁矩阵（SWOT）、战略地位与行动评价矩阵（SPACE）、波士顿咨询集团业务组合矩阵（BCG，以下简称为波士顿矩阵）、内部-外部因素矩阵（IE）、大战略矩阵（GS）等。

（3）战略决策阶段，即战略评价与选择阶段。这里仅有一种方法是定量战略计划矩阵（QSPM），它是用客观的数据揭示各种备选战略的相对吸引力，以表明哪一种备选战略是企业的最佳选择。它以第一阶段输入的信息对在第二阶段认定的备选战略进行评价，进而为选择战略提供客观基础。

二、战略制订的工作程序

战略制订工作程序，是指一个企业在开展战略制订活动时所采取的具体工作方式。这一工作方式，随企业类型和规模的不同而不同。

对于小型企业，由于管理层次少，结构比较简单，在制订战略时往往采取非正式形式。一般是最高管理者说了算，或者由管理团队共同决定。对于大型或特大型企业，则采取规范化的方式制订战略，各层次、各部门管理人员和员工代表广泛参与活动，整个过程有计划、按程序，既民主又集中，规范而有科学性。但总体而言，战略制订的工作程序一般包括以下几方面的内容（马瑞民，2008，有修改）[91~97]。

（一）全面、翔实的内外部分析

内外部环境分析的目的是要找出企业的落脚点和实施途径，并据此作为企业战略制订的基础。它也是制订战略的重要组成部分。

1. 外部环境分析

外部环境分析主要包括宏观环境分析（PEST）和行业分析两大方面（见图 7.2）。

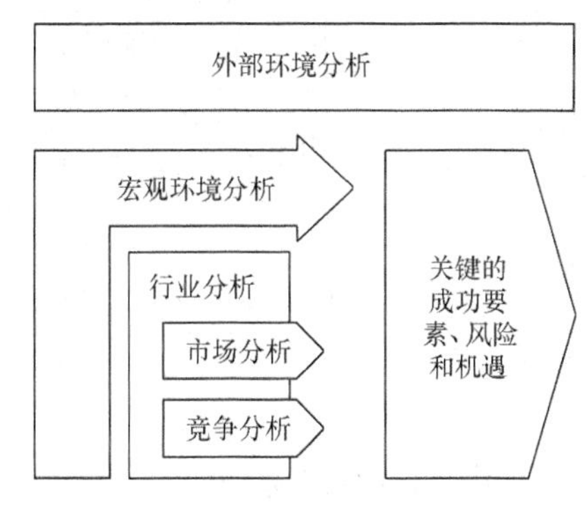

图 7.2　外部环境分析

宏观环境分析的目的是找出行业的主要影响因素（见图 7.3）。

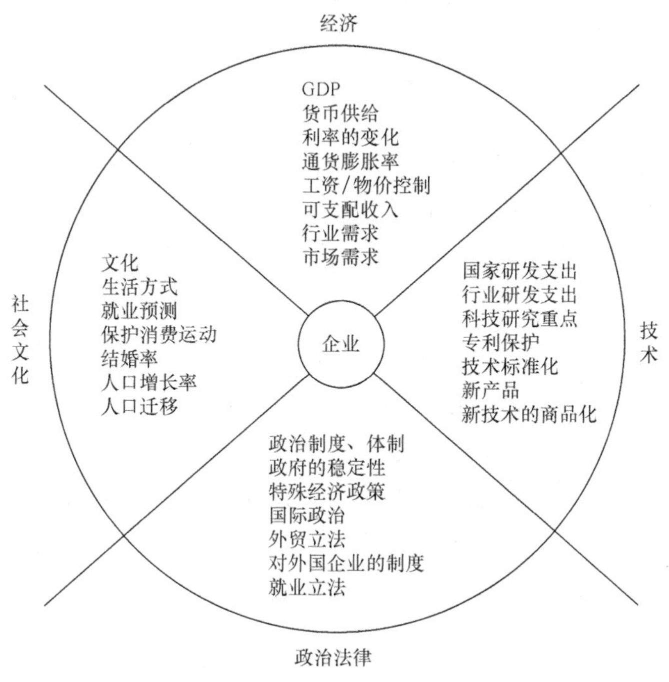

图 7.3　宏观环境分析

行业分析主要从市场分析、行业结构分析、竞争者分析和产业价值链分析四个维度展开（见图 7.4）。

企业战略环境对企业经营行为的影响具有以下特点。

（1）是全局性的，而非局部性的。

（2）是现在和未来的，而不是过去的。

（3）是动态的，而不是静止的。

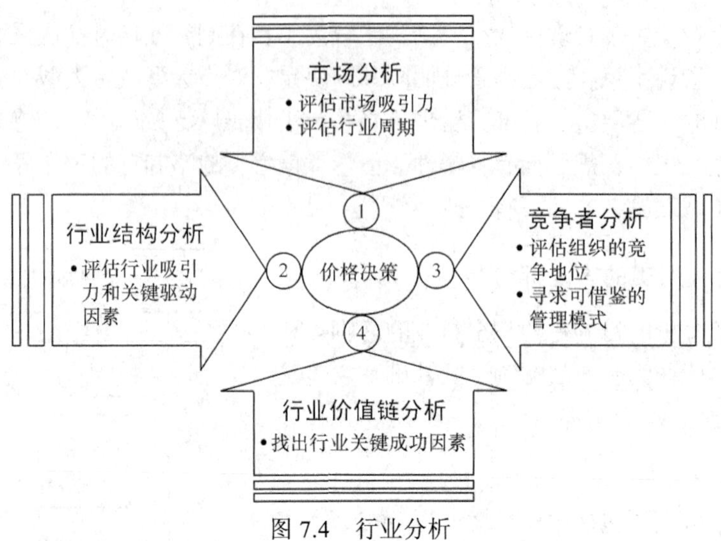

图 7.4 行业分析

2. 内部环境分析

内部环境分析主要从能力分析、资源分析和运作分析三个维度展开（见图 7.5）。它是一个自我检查程序，认定自我的"优势"和"弱点"，利用自我"优势"开拓机会及应付市场上的冲击，并对内部的"弱点"进行变革，从而建立企业在市场上的竞争优势，进行正确的市场定位。

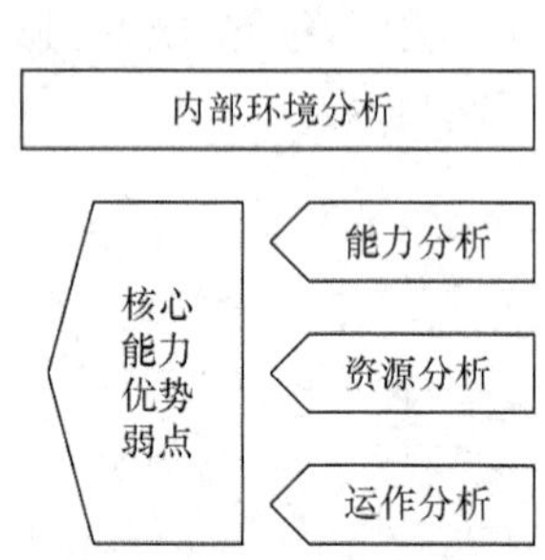

图 7.5 内部环境分析

内部环境分析侧重于企业现有的核心业务领域，并采取多种分析方法（如内部因素评价矩阵、内部战略要素评价矩阵等），从企业整体能力和各个单项业务能力两个维度，对企业的内部资源与能力进行分析和评价，分析企业内部资源的优劣势（见图 7.6）。

	现有核心业务	竞争对手基准比较	销售分析	财务/成本分析	内部资源分析
项目内容	•市场发展趋势与潜力 •行业赢利能力 •市场结构（竞争、区域等） •价格变化趋势 •需求的现状与变化 •未来成功的要素	•市场份额（产品、客户和流通渠道） •营销战略 —品牌/价格定位 —分销渠道 •赢利能力和成本结构 •主要竞争对手的销售模式、流程和营销方法	•产品线分析 •现有销售模式存在的主要问题分析 •销售业绩结果分析（销售区域结构、客户结构特征、获得或丢失客户的原因等） •现有销售组织和流程的优点和存在的问题分析 •其他部门对销售工作的影响 •销售激励机制	•产品成本结构 •主要财务比率 —库存周转率 —销售利润率 —净资产回报率 —债务比率 •融资能力 •损益平衡点	•现有设备状况水平 •技术装备水平 •研究开发能力 •组织结构 •激励机制 •资产状况 •管理流程 •生产能力
工作方法	•经销商访谈 •专家访谈 •工作资料	•竞争对手访谈 •经销商访谈 •销售人员访谈	•内部访谈 •工作资料	•内部访谈 •工作资料	•内部访谈 •工作资料
结果	•企业的核心能力是什么？ •企业在各个领域的劣势是什么？ •企业的核心能力还适用于哪些相关的产品或业务？ •影响或制约企业进一步发展的关键因素是什么？				

图 7.6 综合分析企业内部资源优劣势

（二）进行内外部组合分析

通过内外部组合分析（SWOT 分析），把企业内部竞争力与外部环境分析结合起来，并探寻具有竞争力的业务整合的新模式（见图 7.7）。此外，也可运用战略地位行动评价矩阵（SPACE 矩阵）来分析企业外部环境及企业应该采用的战略组合。

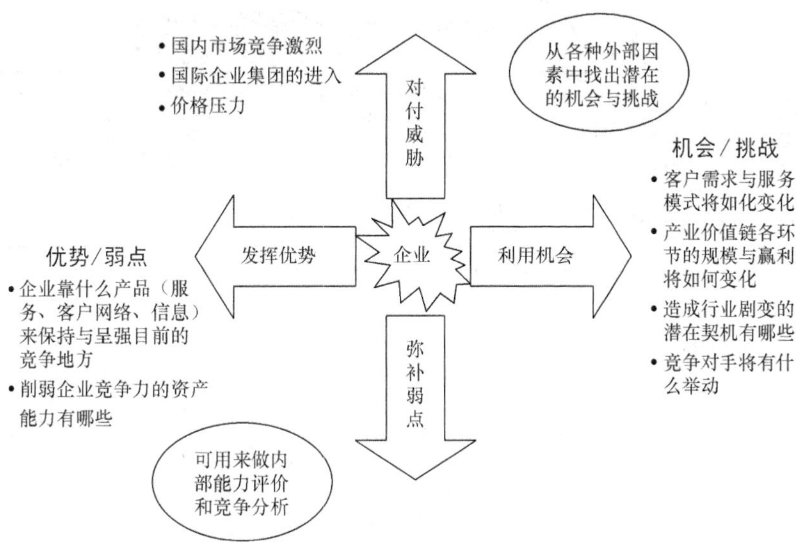

图 7.7 SWOT 分析

（三）确定业务的基本战略定位

用波士顿矩阵（BCG 矩阵）[或内部-外部因素矩阵（IE 矩阵）、大战略矩阵（GS 矩阵）] 对现有业务进行评价，决定每一业务的基本战略定位（见图 7.8）。

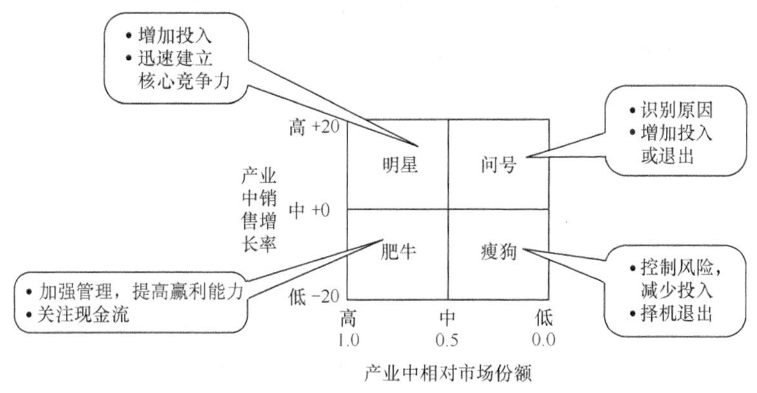

图 7.8 波士顿矩阵

波士顿矩阵（BCG 矩阵）[或内部-外部因素矩阵（IE 矩阵）、大战略矩阵（GS 矩阵）] 能够帮助多种经营的企业确定宜于投资哪些产品，宜于操纵哪些产品以获取利润，宜于从业务组合中剔除哪些产品，从而使业务组合达到最佳经营收获。

（四）确定企业发展层面和业务组

将企业各业务进行优先排序，以决定发展层面和业务组（见图 7.9）。

（五）明确企业的任务使命与愿景

在综合上述分析结果与充分考虑利益相关者期望的基础上，明确企业的任务使命与愿景（见图 7.10）。

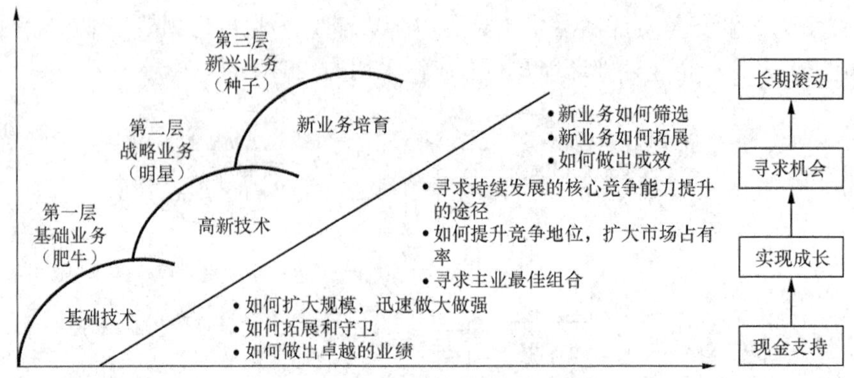

图 7.9　企业各业务组优先排序表

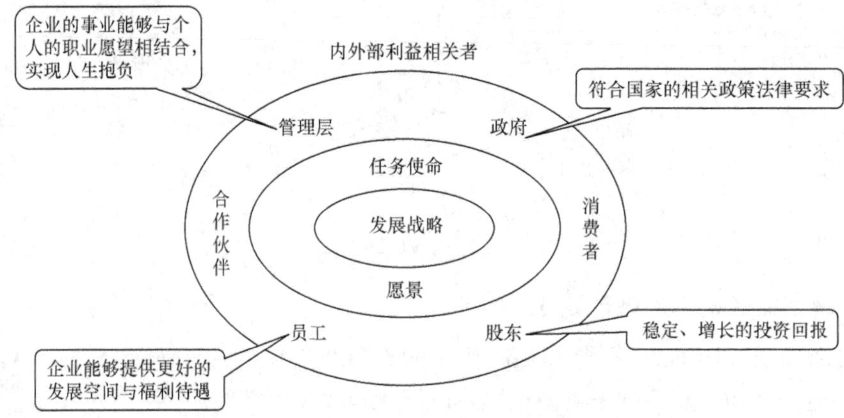

图 7.10　明确企业的任务使命与愿景

（六）拟订战略发展方向和可行方案

拟订企业未来几年内的战略发展方向和可行方案，见图 7.11。

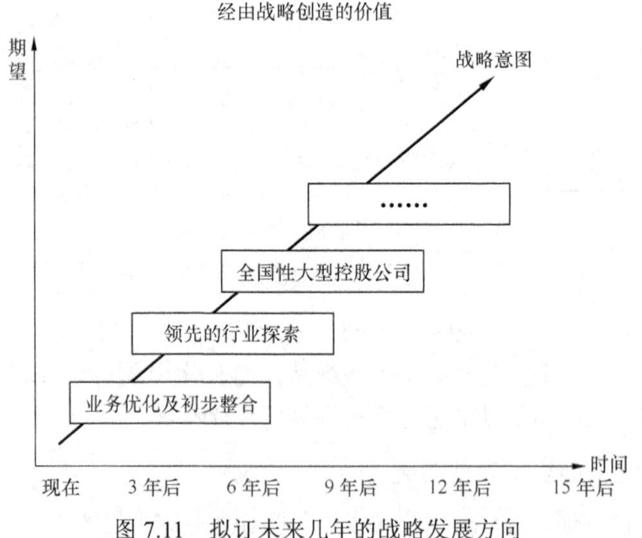

图 7.11　拟订未来几年的战略发展方向

（七）拟订整体战略目标与财务目标

在确定战略方向和方案的基础上，拟订企业的整体战略目标与财务目标（见图 7.12）。

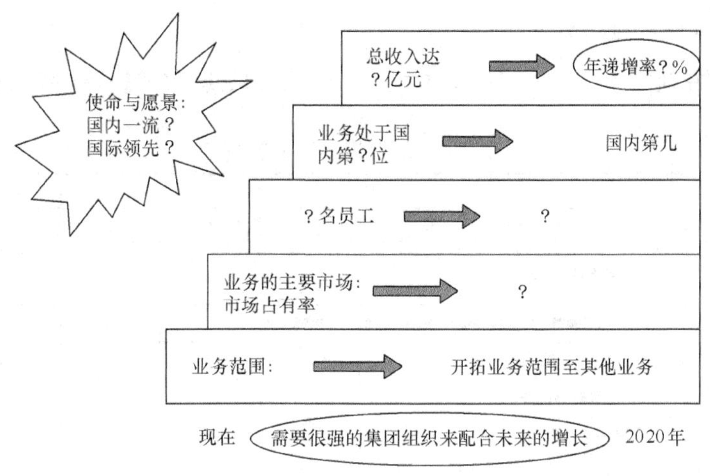

图 7.12　拟订企业整体战略目标和财务目标

（八）明晰提升核心竞争力的具体方案

根据总体目标，明晰提升核心竞争力的具体方案。根据核心竞争力的表现形式和依附载体，制订增强核心竞争力的具体措施（见表 7.1）。

表 7.1　增强核心竞争力的措施

核心竞争力	具 体 措 施
业务协作和支持	• 信息网络的建立和维护，包括对各个核心业务信息的收集、整理、分析和运用，并形成操作规范 • 跨专业、跨地区的业务协作，包括制订常规性的业务协作计划、执行信息跟踪
统一的服务规范	• 集中主要业务的不同层级和地区的业务管理者和操作者，对于常规业务进行研究，制定并形成统一的操作规范 • 通过抽查和客户调查等手段，对服务规范的执行进行监督，并与激励体系挂钩
经济规模下的成本控制	• 建立成本核算机制，在各级各地区业务公司实行统一的成本核算方法 • 建立由总部或核心专业化公司的成本核算分析小组，对成本控制进行研究分析，找出相应的降低成本的解决办法，并在相应的业务公司进行推广实施

（九）提出相应的对策措施

根据预测的机会与风险提出相应的对策措施（见图 7.13）。

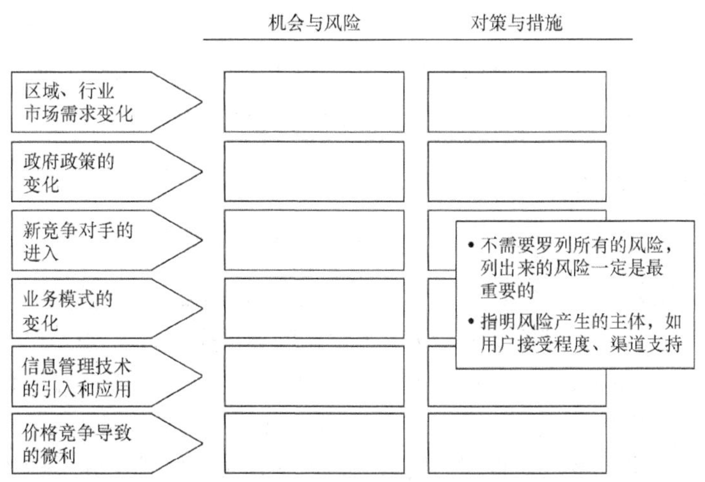

图 7.13　提出相应对策措施

（十）拟订近期实施计划

拟订具体的近期实施计划，一般可采用类甘特图表示法进行具体细划（见表 7.2）。

表 7.2　拟订近期实施计划

主要活动	2016												2017	2018	责任人
	1	2	3	4	5	6	7	8	9	10	11	12			
1. 确定组织结构、战略方向及投入															
• 对组织结构进行调整															
• 业务执行整合与实施															
• 确认投资预算及支持															
2. 建立业务发展															
• 确定详细人员编制及薪酬															
• 招聘并确定关键管理人员															
……															

补充阅读

四种战略制订工作方式

（1）自上而下方式。基本做法是先由企业总部的高层管理者制订企业总体战略，然后由下属各职能部门和经营单位，根据各自情况把企业总战略具体化为各部门、各单位的分战略，上下一致，形成一个系统化的战略管理体系。

（2）自下而上方式。即先民主后集中方式，首先由各部门和机构根据自己的认识和判断提出战略方案，然后由公司总部组织讨论和论证，进行平衡和协调，提出修改意见，最后做出选择。

（3）上下结合方式。它是由企业最上层的管理者与下属部门管理人员一起讨论，沟通思想、交换意见，最后达成共识，制订出企业战略的方法。

（4）战略小组方式。由企业最高管理者与其他高层管理人员组成战略制订小组，共同制订出战略决策。一般情况下，战略小组由总经理任组长，其他人员多半来自于所要解决的问题关系最密切的单位。

这四种方式，各有优缺点，在实际应用中，可根据具体情况灵活选择。

三、战略方案制订程序

战略方案制订程序，是指组织制订具体战略方案的先后次序。

在大型组织，比如多元化经营的大型企业，在管理方面通常有三个层次：总部、分部（事业部）和职能部门。由于实施的是多层次、分部门的管理模式，因此在制订战略时需要特别在层次之间、部门之间的协调、配合与统一。一般步骤是：先制订组织总体战略，然后是分部门战略，最后是职能部门战略。

大型事业部制企业的战略，根据管理层次，可以分为总公司战略、事业部战略和职能部门战略。根据战略的性质，一般可以将它们称为总体战略、经营战略和职能战略。

（1）总体战略（公司战略）（Corporate Strategy）。总体战略属于一个企业最高层次的战略。在战略方案中，要描述企业发展的总体方向，回答“我们的业务是什么？”和“我们业务的范围有多大？”等问题；同时要指明战略重点，确定资源在各部门之间的分配方案。

（2）经营战略（Business Strategy）。经营战略属于子公司或战略业务单位（Strategic Business Units，SBU）层次上的战略，或者是事业部层次上的战略。其战略重点在于强调公司的产品或服务，如何在所属产业，或者在产品事业部所处的细分市场上提高竞争地位。

（3）职能战略（Operational Strategy）。职能战略属于研究与开发、生产制造、人力资源、财务、营销等职能部门的战略。如果说总体战略和经营战略，主要是考虑选择做“正确”的事情；那么，职能战略就是强调如何把这些“正确的”事情做好，包括如何通过最大化资源使用效率，更好地实现公司总体战略和经营战略。

第二节　战略选择

战略选择，就是战略决策者通过比较和优选，从可能的两种或两种以上的备选方案中选定一种合理的战略方案的决策过程。

选择战略方案并非是一个理性的公式化决策，它需要决策者考虑多种因素，进行多方面的权衡，并且需要借助于一些选择分析工具。因此，战略选择就其本质而言是一个决策的过程，是一种智力的活动，它往往比想象的更复杂、更困难、更具有特性，可以说战略选择是战略决策者的专业知识、工作能力、业务水平、实际经验、领导作风和领导艺术的高度集中体现。

一、战略选择的过程

战略选择过程是选择某一特定战略方案的决策过程。它是一个动态的过程，是基于已经拟订出各种可行方案以供进一步选择的前提下进行的，备选方案的数量和质量往往决定了最终决策方案的优劣。

事实上，战略选择的过程并不是一个孤立的过程，它是与战略分析、战略实施的内容密切相关联的，这几个阶段是不能被截然分开的。图 7.14 显示出了它们之间的关联性，点划线框内所体现的是战略选择的主要内容。

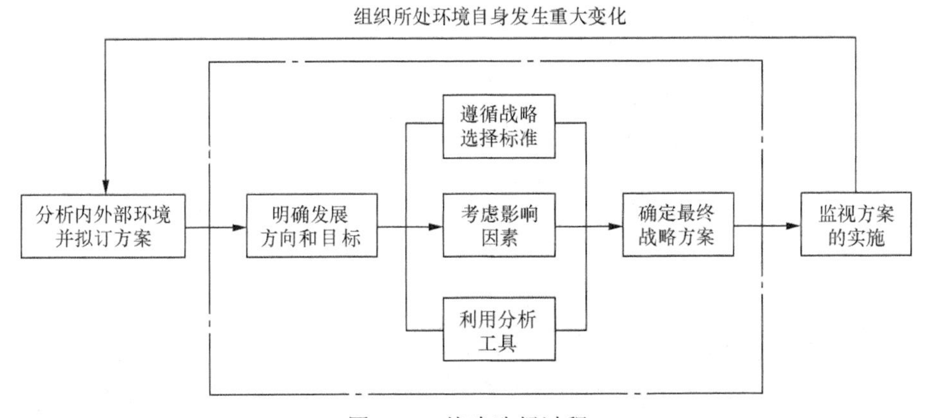

图 7.14　战略选择过程

（一）明确发展的目标和方向

决策目标是战略选择的出发点和归宿。在目标指引下，决策者才能把握组织发展的方向，考虑是否应该开发新产品、进入新市场，是通过自身发展，还是通过联盟和合并来获得发展等战略选择方面的问题。

可见，决策目标的确定既是开展战略选择工作的前提条件，也是最终评价战略选择是否成功的标准。

（二）遵循战略选择的标准

尽管战略选择是战略决策者凭借自己的直觉，并运用相应的分析工具，对备选方案进行筛选。但为了确保所选方案的成功，必须使拟选方案满足一定的标准，以增强所选方案的成功机会。一般来说，战略选择方案应该满足三个方面的标准。

（1）适宜性。适宜性是指战略与企业内外环境以及利益相关方期望的匹配程度。因此，在确定企业发展方向和方式时，应该从企业外部环境、企业内部资源和能力以及利益相关方三个方面来评价战略选择方案的适宜程度。

（2）可接受性。可接受性是指战略满足企业的经营者及其他利益相关者期望的程度。由于可接受性关注的是战略预期的业绩结果，所以其评价的主要内容是回报（如利润率、成本-收益等）、风险（如财务比率、敏感性分析等）以及利益相关方的反应。

（3）可行性。可行性关注的是企业是否具备实施战略所需要的资源和能力。了解可行性的方式有很多，如资金的支持，现金流分析；企业的有关能力，如设计能力、生产能力；其他相关的资源配置；市场地位的要求；技术的有效性等。

（三）考虑影响战略选择的因素

企业最终的战略选择往往是内部因素和外部因素共同作用的结果。外部因素是一个企业进行战略选择时的间接因素，而内部因素却是企业进行战略选择的直接因素。

具体来说，影响战略选择的因素大致可以分为三类。

1. 行为因素

一般来说，在进行战略选择过程中决策者经常面临多个备选战略方案，往往很难做出决断。因为影响战略选择的行为因素很多，在很多情况下，这一选择过程并不带有必然性与客观性，而是具有较多的主观性与偶然性。

（1）战略决策者对过去战略的偏爱。

（2）战略决策者对待外部环境的态度。

（3）战略决策者对于风险的承受能力。

（4）中层管理人员参与战略选择的程度。

（5）战略决策者对他人的影响力。

（6）竞争者的反应。

名人名言

战略制订者的任务不在于看清企业目前是什么样子，而在于看清企业将来会成为什么样子。

——约翰·W·蒂兹

2. 制度因素

影响企业战略选择的制度因素主要有产权制度与治理结构。

不同的产权制度会对企业的发展产生重要影响，并自然影响着企业的战略选择。

（1）产权制度。由于产权制度的不同而形成的不同类型的企业，其决策主体是不相同的，因而在战略选择时也各有特点。如个人独资企业，其战略选择往往是业主一人在进行决策，基本上是受控于业主本人；而公司制企业，由于企业资产的所有权与经营管理权分离，其战略选择往往被高层管理者左右。

（2）公司治理结构。在不同的治理结构下，董事会与高层管理者在战略选择的目标、作用方面具有较大的差异性。如英美型治理结构由于股权松散，董事会对战略参与的权能较弱，高层管理人员更多的出于对公司在资本市场的表现和自身利益的考虑而进行战略选择；而如德日型治理结构由于股权较为集中，董事会对公司战略决策的参与意愿和能力都比较强。

3. 文化因素

文化与战略的选择是一个动态平衡、相互影响的过程。任何一个希望能成功选择战略方案的企业，都必须深入了解所处的社会文化环境和自身的企业文化特点，只有这样，才能增加战略方案与社会文化以及企业文化的契合度，使方案能够得以顺利实施。

（1）社会文化。从影响企业战略选择的角度来看，社会文化主要包括人口和文化两个方面。

（2）企业文化。企业文化是一个企业得以长期生存的核心要素。如果战略方案的选择与企业文化完全匹配，那么就会大大减小来自企业内部的阻力，并会对战略的成功实施产生积极的支撑作用；相反，两者不相适应时，来自企业内部的共同信念等文化因素就会增加战略实施的风险。

（四）充分利用战略选择分析工具

在战略选择过程中，战略决策者面对所要选择的多个可行方案，往往需要把直觉与理性分析相结合；也就是对可行方案，既要做定性分析，也需要进行定量分析。

目前，决策者经常是借助于战略评价方法或工具来达到选择理想战略的目的，利用外部市场的机会，并中和不利环境的影响；同时加强企业内部的优势，并对自身的弱点加以改进。

虽然分析工具并非是万能的，每种分析模型或方法都有自己的局限性，但决策者要充分利用各种分析工具的优点并避免其不足，使选择结果更趋于满意与合理。

（五）确定最终的战略方案

由于最终选择哪一种战略方案既取决于它所处的环境和市场地位，同时也取决于它的文化，尤其是高层管理人员的思维和个性，从而使最终方案的确定更类似于管理评测问题——即在对多种方案分析评价的基础上权衡利弊的结果。

但不管在这一阶段有什么特色或差异，选择的准则都是相同的：选择可能效果最好而副作用最小、成本最小而受益最大的备选方案。

二、战略选择的方法

战略选择的结果对企业具有持久性的影响，这是因为在战略选择时所形成的决策将使企业在相当长的时期内与特定的产品、市场、资源和技术相关联系，进而决定企业的长期竞争优势，并决定着企业主要经营活动的成功。那么，战略决策者应该采取什么样的方法才能做出令人满意且比较合理的战略选择呢？

1. 主观的直觉判断

战略管理过程可以被描述为是进行企业重大决策的一种客观的、符合逻辑的、系统性的方法。然而，在现实中，许多高层管理人员在做出重大决策时并没有依赖严谨的逻辑分析，而是凭借自己的“直觉”“本能”“预感”或“内心的声音”。从这一点来看，战略选择并非是一种采用精确、明晰、一加一等于二的纯粹科学，而是经常需要决策者以往的经验、判断和感觉来决策的。特别是在战略选择具有很大不确定性或没有先例的情况下，直觉对于决策尤为重要。而且，在存在高度相关变量的情况下，当决策者就决策是否正确承受巨大压力时，或者必须在多种可行的战略间做出选择时，直觉对于决策就显得非常有帮助。

补充阅读

什么是直觉？纽约哥伦比亚商学院的比尔达根认为：战略直觉不是一种模糊的感觉，也不是一种反应，而是突然闪过的洞察力，能够解决你可能冥思苦想了几个月的问题。

战略直觉发挥作用的四点描述如下。

（1）长期在大脑的“架子”上存储信息。

（2）进行“思维沉淀”，也就是放松或者清理你的大脑。

（3）不同的信息有选择地在大脑中汇聚在一起，形成突然闪过的洞察力。

（4）行动的决心驱使你前进。

2. 分析工具的理性运用

然而，战略选择并非如此简单，直觉并不能代表全部。正如德鲁克所言：只有受纪律约束的直觉才是可信的，只进行诊断而不用事实对其进行检验的“预感”式艺术家，作为一个医生会治死病人，作为一个管理者会搞垮企业。虽然由于无法获取完全信息等因素使“完全理性”的决策只能停留于假设，但人们却将“有限理性”概念引入到管理决策模型之中，从而使决策者在做出决策时能够在一定程度上遵循理性过程。

所谓“有限理性”，就是把问题的本质特征抽象为简单的模型，而不是直接处理全部复杂性的决策行为；然后，在组织的信息处理限制和约束下，管理者努力在简单的模型参数下采取理性行动；其结果是一个满意的决策而不是一个最大化的决策，即是一个解决方案的“足够好”的决策。在此过程中，注重对分析工具的理性运用，在了解各种分析工具的基础上，以适宜的分析方法为战略选择提供必要的依据和支持。

战略选择中的直觉与理性分析不是一个非此即彼式的判断。企业中各层次的管理者应当将他们的直觉和判断融会到战略管理分析中去，让直觉式思维与分析式思维互为补充。

三、战略进化的历程

现实中很少有企业自始至终地采取一种发展战略类型。实际上，多业务类型的企业在同一时期会采取几种不同的发展战略，以使企业的资源得到最合理的利用。即使是单业务的企业，也会在企业发展的不同时期及时地调整战略，选择不同的发展战略类型。

绝大多数企业的发展过程及战略选择，基本上遵循了一定的规律性（见图 7.15）。

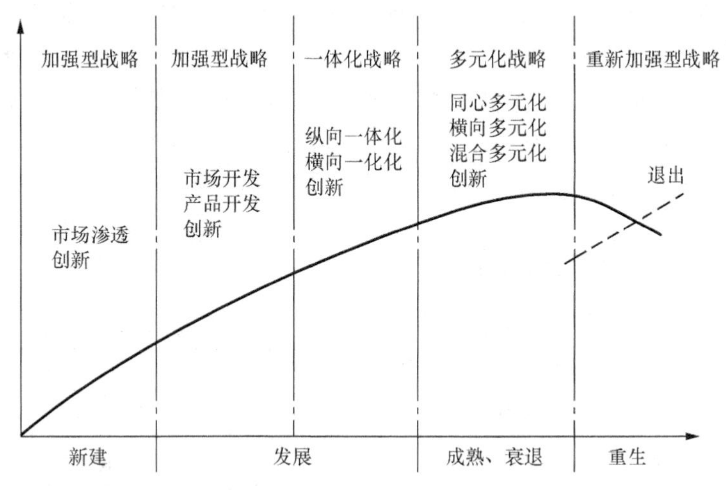

图 7.15　战略进化的历程（王玉，2005）[222]

（1）在企业刚刚建立时，多采取集中（加强）战略，即通过资源在一项业务中的高度集中，增加业务的销售量，提高市场占有率，培养消费者对企业的认同感。此时，战略中心是追求快速发展，以建立起超过主要竞争对手的优势。在具体做法上，则以不断强化产品线，满足不同细分市场需求为主要行动目标，同时通过不断扩大经营的地域范围来提升企业的知名度。

（2）当企业发现一种业务的扩展已经到尽头，或是在满足现有业务的需要之外还有剩余的资源，或是已不满足于单业务的结构时，首先考虑选择的战略将是一体化战略。此时，战略中心是追求实现其规模经济性和获得垄断地位。在具体做法上，则是借助于延长企业的价值链，或者通过扩大企业的规模，或是两者兼而有之的方式，来促进企业的发展、扩张、做大做强。

（3）为了避免资本全部集中到一个行业所可能产生的风险，以及产业进入成熟阶段后企业发展的低速度，在一项业务发展到一定规模后，企业往往会考虑采取多元化战略。此时，战略中心是寻求新的发展增长点，以求分散风险，增加综合利用资源的协同效应。在具体行动中，首先需要解决的是决定向哪一个新的行业发展，同时退出哪一个行业的问题。

（4）当企业经营遇到困难，而在短时期内造成经营困难的因素无法消除时，企业将不可避免地会面临对撤退战略的选择。

第三节　战略制订与选择的分析工具

战略分析是战略管理的重要任务之一，它是在收集企业内外部信息的基础上，通过各种分析工具和手段，最终确定战略方案的过程。它主要包括两个步骤：一是在企业内外条件分析的基础上，形成战略的初步方案；二是对备选方案作进一步的筛选，形成最终的战略方案。由此可见，战略制订与选择是战略分析的核心内容，两者相辅相成共同构成战略分析的主导框架。

在很多情况下，大多数企业并不是依靠决策者天才的直觉才得以生存和发展，而是将直觉与分析结合起来进行战略的制订与选择。对于战略方案的制订与选择，一般采用定性分析和定量分析的方法。通常条件下，定性的方法主要包括专家评议、类比法、座谈会、职工代表大会民主审议等；而定量的方法主要是数量模型评价法，如优势-劣势-机会-威胁矩阵、战略地位与行动评价矩阵、波士顿矩阵、内部-外部因素矩阵、大战略矩阵等。本节主要介绍这些定量分析方法。

一、优势-劣势-机会-威胁矩阵

将企业的内部资源与外部环境结合起来分析，就是优势-劣势-机会-威胁矩阵（Strengths-Weaknesses-Opportunities-Threats-Matrix，SWOT 矩阵），见表 7.3。

表 7.3　优势-劣势-机会-威胁矩阵分析框架

项　目	S 优势 （列出优势）	W 劣势 （列出劣势）
O 机会 （列出机会）	SO 战略 利用优势把握机会	WO 战略 利用机会克服劣势
T 威胁 （列出威胁）	ST 战略 利用优势回避威胁	WT 战略 将劣势降低到最小并避免威胁

（一）优势-劣势-机会-威胁分析方法

优势-劣势-机会-威胁矩阵是制订战略的匹配阶段的分析工具。它是在内部、外部关键成功因素确定的基础上，根据判断结果将优势与劣势、外部机会与威胁分别列出，由内部与外部的两种状态以及相互匹配关系，形成了四种不同的组合。

1. 优势-机会（SO）战略

此时企业的业务面临着许多机会，并有较多方面的内部优势，以使企业可充分利用外部机会。在这种情况下，企业倾向于采取发展性战略（加强战略），以充分利用环境机会和内部能力优势。如通过找出最佳的资源组合来获得竞争优势；通过提供资源来强化、扩展已有的竞争优势。

2. 劣势-机会（WO）战略

此时企业的业务具有较大的市场机会，同时内部弱势亦较明显。在这种情况下，这些业务的战略重点应放在减少内部劣势上，同时需要有效地利用市场机会。如可加强投资，将劣势转化为优势以开拓市场；或将机会放弃给对手。

3. 优势-威胁（ST）战略

此时企业的业务以其主要强势面对不利环境。在这种情况下，企业可持两种态度：一是利用现有优势在其他产品或市场上建立长期机会。需要注意的是，只有企业可以将其优势利用于新业务的条件下才宜于采取这种态度。改变服务对象、进入新的产品细分市场，改变经营地区等都是可以采取的有效方式；二是以企业的优势正面克服环境设立的障碍。一体化战略和多元化战略就是为克服环境威胁目的所能采取的战略。

4. 劣势-威胁（WT）战略

此时企业在其相对劣势处恰恰面临大量的环境威胁。在这种情况下，企业可以采取减少产品或市场的紧缩性战略，或是改变产品或市场的战略。

（二）构建优势-劣势-机会-威胁矩阵的步骤

构建优势-劣势-机会-威胁矩阵通常包括以下八个步骤。

（1）列出企业的关键外部机会。

（2）列出企业的关键外部威胁。

（3）列出企业的关键内部优势。

（4）列出企业的关键内部劣势。

（5）将内部优势与外部机会匹配，把作为结果的SO战略填入表的SO方格中。

（6）将内部劣势与外部机会匹配，把作为结果的WO战略填入表的WO方格中。

（7）将内部优势与外部威胁匹配，把作为结果的ST战略填入表的ST方格中。

（8）将内部劣势与外部威胁匹配，把作为结果的WT战略填入表的WT方格中。

第一步至第四步是对信息的收集和转化，这是一个彼此相关、需多次反复的咨询过程，要与管理者、职能专家、团队成员以及相关人员充分讨论。第五步至第八步的工作，则是研究战略、组织能力、外部环境之间的关系，确定不同组合的发展战略。

【实例7.1】 某电力集团公司发展多种经营的优势-劣势-机会-威胁分析矩阵（见表7.4）。

表7.4　某电力集团公司的优势-劣势-机会-威胁分析矩阵

项　目	优　势（S） （1）成功的集团化运作经验，经营发展初具规模 （2）在电力及其相关产业的市场垄断优势、先入优势、技术优势 （3）集团的资金雄厚，财务实行统一管理 （4）企业施工、安装、广告装饰等资质较高且资质老，大部分企业通过国标认证，企业信誉度高 （5）借鉴主业的人才、技术及管理资源	弱　点（W） （1）集团规模小，还未真正形成规模效应核心产业不强，未形成核心竞争力 （2）集团总部功能不全，决策、投资、控制能力不强 （3）集团企业组织松散，产业过度多元化，专业化不够 （4）现代企业制度不完善，产权、分配等激励、约束机制不健全；人员双重身份，任命、使用权受主业控制
机　会（O） （1）国家积极、扶持的再就业政策，鼓励企业安置富余人员 （2）国家逐步放宽投资、金融准入政策，鼓励民间资本进入经济领域 （3）社会主义市场经济法制的健全和保障 （4）国民经济快速增长，带动信息、制造、建筑施工、汽车等产业迅速发展，人民生活、消费水平提高 （5）经济全球化，知识经济的兴起，中国加入WTO，带来市场的开放、先进的生产技术、经营方式、管理理念	SO战略 （1）继续扩大集团规模，做大做强集团，形成规模经济性。（S1、S2、O1） （2）利用目前的垄断优势，加速集团企业原始积累。（S2、S5、O4） （3）加大投资，加快建筑施工、信息、汽修运输等产业的发展。（S3、O4） （4）进入金融、证券、投资等资本运营领域。（S3、O2）	WO战略 （1）强化集团总部功能，发挥决策、调控作用。（W2、O5） （2）精简集团组织结构，形成专业化和多元化协调发展。（W3、O3、O4） （3）加快民营化进程。（W4、O2、O3）

续表

威　　胁（T）	ST 战略	WT 战略
（1）电力体制改革，打破垄断，引入竞争，厂网分开，主辅分离 （2）国家暂停电力职工入股发电及电网业务 （3）全省电力系统多经经营不规范、不正当竞争，带来本品牌的负效应 （4）经济全球化，中国加入 WTO，市场竞争加剧，决策风险加大 （5）国家的可持续发展战略，鼓励节能降耗，治理污染	（1）实施改革，建立现代企业制度，规范经营，健全机制。（S1、T1、T3） （2）加大对高科技、环保型产业投资。（S3、T5）	（1）缩减集团产业结构，实施企业重组，分离亏损、停滞企业。（W3、O4、T5） （2）减少职工持股，加大集团公司控股，加大经营层持股。（W2、W4、T2）

说明：备选战略中括弧内的代号为战略选择依据条目。

（三）优势-劣势-机会-威胁分析方法的优缺点与注意事项

优势-劣势-机会-威胁分析方法主要有以下几个优点。

（1）优势-劣势-机会-威胁分析不要求大量的财务（或计算）资源，只需要利用一些必需的数据，即可迅速而相对有效地完成优势-劣势-机会-威胁分析。

（2）在分析市场、产品和财务等职能时，优势-劣势-机会-威胁分析模型可以处理并综合大量数据和信息，可作为有效的小组分析工具。

（3）优势-劣势-机会-威胁分析模型可以用来有效评估企业的核心能力和竞争优势；可以作为评估修正战略的管理工具，用于回答某些特定的企业在实施战略时为什么会成功，为什么会失败。

（4）优势-劣势-机会-威胁方格中数据的收集、解释和整理过程，为指导进一步的战略分析打下了基础。

优势-劣势-机会-威胁分析方法主要有以下几点不足。

（1）优势-劣势-机会-威胁分析只强调数据的质，忽略了数据的量，是一个纯粹的描述性模型，并不能给研究者提供明确的、格式化的战略建议。

（2）优势-劣势-机会-威胁分析强调事后而不是事前，在区分优势、劣势、机会和威胁时，过于简单机械化，缺少测试和检验手段。

在应用优势-劣势-机会-威胁分析方法进行战略分析时，需要注意以下几个问题。

（1）优势-劣势-机会-威胁分析对信息的质量和分析者的能力要求很高。但现实中常常无法保证信息的完备性，因而不得不更多地依靠分析者的经验和直觉，但这样可能会导致某些重要因素被忽略，从而使分析结果产生偏差。

（2）优势-劣势-机会-威胁分析制订的战略方案有一定使用限制。在大型企业中，由于不同业务的复杂程度不同，相互之间也存在关联。通过优势-劣势-机会-威胁分析得出的结论必须经过校准，以使不同业务的战略匹配。

（3）在优势-劣势-机会-威胁分析得出的战略并不需要所有都被实施。因为匹配阶段的工作目标是产生可行的备选战略，而不是选择或确定最佳战略。

二、战略地位与行动评价矩阵

战略地位与行动评价矩阵（Strategic Position and Action Evaluation Matrix，SPACE 矩阵），

主要用于分析企业外部环境及企业应该采用的战略组合。

（一）战略地位与行动评价矩阵的构成

战略地位与行动评价矩阵的两个数轴分别代表了企业的两个内部因素：财务优势（FS）和竞争优势（CA）；两个外部因素，环境稳定性（ES）和产业优势（IS）。这四个维度是企业制订总体战略最重要的参考指标。而每一个维度的因素，通常需要多个变量来表示或体现。根据组织类型的不同，可以选择不同的数个变量体现一个维度。

图 7.16 为战略地位与行动评价矩阵示意图，四个象限分别表示进攻、保守、防御和竞争四种战略模式。

（二）建立战略地位与行动评价矩阵的步骤

一般而言，建立一个企业的战略地位与行动评价矩阵需要经过以下六个步骤才能完成。

（1）选择构成财务优势（FS）、竞争优势（CA）、环境稳定性（ES）和产业优势（IS）的一组变量。

（2）对构成 FS 和 IS 轴的各变量给予从 +1（最差）到 +6（最好）的评分值。

（3）对构成 ES 和 CA 轴的各变量给予从 −1（最好）到 −6（最差）的评分值。

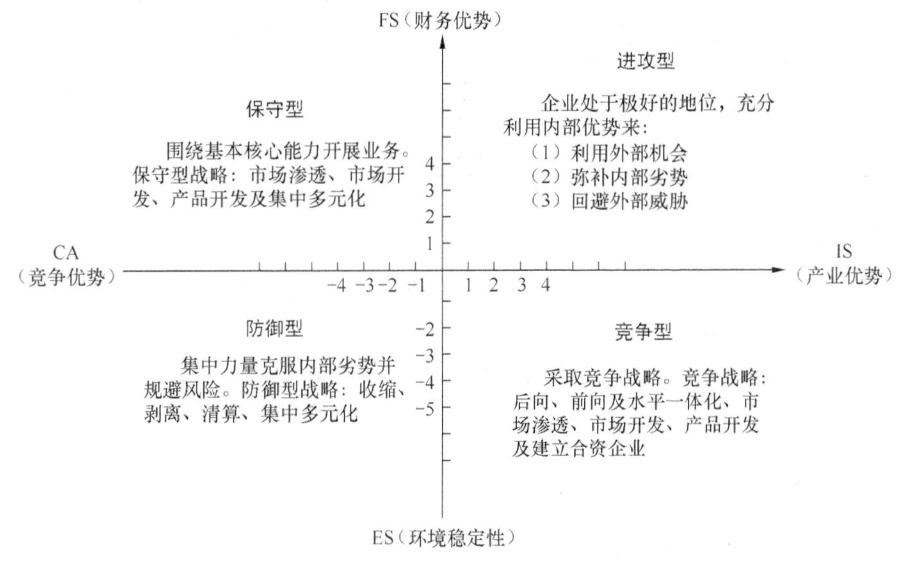

图 7.16　战略地位与行动评价矩阵

（4）将各数轴所有变量的评分值相加，再分别除以各数轴变量总数，从而得到 FS、CA、IS 和 ES 各自的平均分数。

（5）将 x 轴上的两个分数（IS、CA）相加，结果标在 x 轴上，将 y 轴上的两个分数（ES、FS）相加，结果标在 y 轴上，得交点坐标（x、y）。

（6）从原点到交点（x、y）画一条向量，即表明了企业可采取的战略类型。

【实例7.2】　假定有一家商业银行，反映其四维度的变量如表7.5所示，经采用战略地位与行动评价矩阵分析，最终得出的向量为（0.33，−2.08）（见图7.17），建议采取竞争型战略。

表 7.5　某商业银行的战略地位与行动评价矩阵

四个维度的变量	评分
财务优势（FS）	
资本比率为 7.23%，比通常要求的高出 1.23%	1.0
资产收益率为负 0.77，而行业平均收益率为正 0.70	1.0
净收入为 1.83 亿元，比前一年下降 9%	3.0
收入增长 7%，达到 34.6 亿元	4.0
小计	9.0
产业优势（IS）	
解除管制提高了地域及产品经营的自由度	4.0
解除管制提高了行业的竞争力	2.0
允许银行间进行并购	4.0
小计	10.0
环境稳定性（ES）	
国家经历着高通货膨胀率和物价波动	-4.0
所依赖的主要产业目前均不景气	-5.0
管制的解除使整个行业处于不稳定状态	-4.0
小计	-13.0
竞争优势（CA）	
向 31 个省、市的 450 余家机构提供数据处理服务	-2.0
其他银行和非银行机构正变得更有竞争力	-5.0
银行拥有庞大的用户群体基础	-2.0
小计	-9.0

结论：

FS平均值：9.0 ÷ 4 = 2.25

ES平均值：−13.0 ÷ 3 = −4.33

IS平均值：10.0 ÷ 3 = 3.33

CA平均值：−9.0 ÷ 3 = −3.00

向量坐标值：

x轴：3.33 +（−3.00）= 0.33

y轴：2.25 +（−4.33）= −2.08

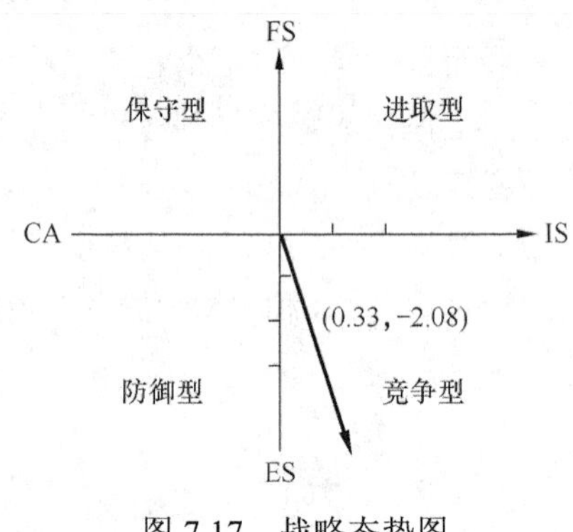

图 7.17　战略态势图

三、波士顿矩阵

波士顿矩阵因波士顿咨询集团（Boston Consulting Group）于 20 世纪 70 年代初开发而得名，可简称为“BCG 矩阵”，或“增长-份额矩阵（Growth-Share Matrix）”，是制订多元化大型企业资源配置战略的重要工具。其实质是通过对业务的优化组合，实现企业的现金流量平衡，从而使企业战略平稳推进。

（一）波士顿矩阵的构成

大型企业由多个独立运营的分部、分公司或战略业务单位（SUB）组合而成。哪个分机构或业务单位是利润的源泉？哪个分机构或业务单位是利润的漏斗？通过利用波士顿矩阵分析，可对企业内的各分机构或战略业务单位的不同业务进行划分，明确业务当前或预期的状态，进而制订业务组合调整的战略。

波士顿矩阵由两个基本参数和两个辅助参数构成。

1. 两个基本参数

波士顿矩阵的两个基本参数是相对市场份额和市场增长率。

（1）相对市场份额，指一个分机构或战略业务单位在本产业的市场份额与产业最强大竞争者所占市场份额之比。作为 x 轴，其中位值一般设为 0.5，表示企业的市场份额为产业最强大竞争者的一半。

（2）市场增长率（产业增长率），以一个独立单位在本产业销售额增长百分比表示。作为 y 轴，一般取值范围为−20%～+20%，中值为 0。

以上数值范围为常用的取值范围，但必要时可根据企业的具体情况确定其他数值范围。

2. 两个辅助参数

在波士顿矩阵中，用每一个圆圈来代表一个独立的分机构或战略业务单位，其含义用以下两个参数来说明。

（1）收入（销售额）百分比，即圆圈的大小。它表示该业务单位的收入（销售额）占公司总业务收入（销售额）的比例。

（2）利润百分比，即圆圈中阴影部分。它表示该业务单位所创利润占公司总利润的比重。

在波士顿矩阵中，以相对市场份额为 x 轴、以产业销售增长率为 y 轴构成 2×2 组合，将业务划分为问题业务、明星业务、肥牛业务和瘦狗业务四种类型（见图 7.18）。

（二）波士顿矩阵的分析方法

进行波士顿矩阵分析，有以下三个步骤。

第一步：分析在不增加新投入情况下，现有业务的现金流状况。

将所有业务分为三类：现金净流入业务；现金净流出业务；现金流基本平稳业务。具体标准可根据企业规模确定。

图 7.18 显示，现金净流入业务在左下角，现金净流出业务在右上角。在分析过程中，可以运用辅助图表（见图 7.19）进行分析。

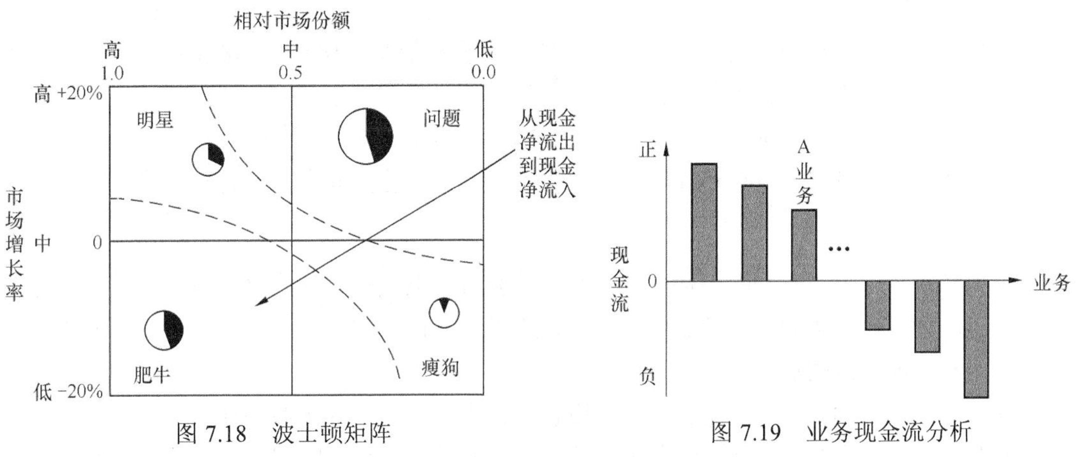

图 7.18　波士顿矩阵　　图 7.19　业务现金流分析

第二步：根据市场增长率和相对市场份额，划分为问题、明星、肥牛和瘦狗四类业务。

（1）确定各项业务的前景。根据“市场增长率”的大小来衡量业务发展的前景如何。通常，纵坐标“市场增长率”划分为高、低两个区域，其两者之间以该产业市场的平均增长率作为分界点。

（2）确定各项业务在产业中的地位。为使分析具有可比性，波士顿矩阵分析用“相对市场份额”而不是简单地用“市场占有率”来表示业务竞争力。基于规模优势理论，波士顿矩阵分析认为市场份额越高，成本越低，所以用单位收益对比来表示“相对市场份额”的大小，计算公式是把单位收益除以其最强大竞争者的单位收益。

（3）根据各项业务的数值，用圆圈将业务在波士顿矩阵图上的位置表示出来。具体方法是以业务在二维坐标上的坐标点为圆心画一个圆圈。圆圈的大小表示每项业务的销售额（收入），面积越大则销售额（收入）越大。

第三步：判断企业业务组合的健康度。

失衡的业务组合，通常是有太多的明星或问题类业务，或太少的瘦狗或肥牛类业务。

如果仅有少量肥牛类业务，就不能发展过多的明星或问题类业务。否则，就会使整个企业的现金流不平衡。过少的肥牛类业务也意味着企业财务风险很高，过少的明星类业务则说明企业缺乏发展的潜力。

（三）波士顿矩阵的四类业务

1. 问题类业务

典型特征：高增长率和低市场份额。具有高增长率要求有大量的现金投入，而低市场份额则说明其在成本竞争中处于劣势。

出路有两条：一是如果市场份额不能扩大，那么问题类业务将变成瘦狗类业务；二是如果市场份额可以迅速扩大，而且可扩大到足够的份额，那么问题类业务将变成明星类业务，最终也可能变成肥牛类业务。

对策：对那些有发展前景、符合企业发展长远目标、企业具有资源优势、能够增强企业核心竞争力的问题类业务，加大现金投入以扩大其市场；对那些没有发展前景的问题类业务，则不应该再进行现金投入。

2. 明星类业务

典型特征：高增长率和高市场份额。具有高增长率意味着需要有大量现金投入，而拥有高市场份额则意味着将有极大可能获得成本优势。

对策：大量投资，以保持和加强其在市场的主导地位。同时，可以考虑实施前向、后向和横向一体化、市场渗透、市场和产品开发等战略，扩大业务规模，提高竞争能力。

3. 肥牛类业务

典型特征：低增长率和高市场份额。肥牛类业务虽然只有较低的增长率，但却能产生较高的现金流。由于该类业务已处于成熟市场，所需现金投入较少，可以节约一大笔现金来支持其他更有发展前景的业务。

对策：对于仍然强壮的肥牛类业务，应投入适当的资金以继续保持其优势地位。可考虑实施新产品开发、本产业多元化经营等战略；对于开始变得虚弱的肥牛类业务，则要考虑采取缩减或剥离措施，逐步退出产业。

4. 瘦狗类业务

典型特征：低增长率和低市场份额。低增长率表明该类业务不需要大量的现金投入，而低市场份额则表明其成本不具有竞争性。可见，瘦狗类业务大多没有或仅有微利。

对策有三：一是考虑是否能通过采用专业化战略降低成本，增强赢利能力；二是如果瘦狗类业务不能产生正的现金流，就不再对其继续投入资金，逐步退出；三是放弃瘦狗业务，任其自生自灭。

波士顿矩阵的主要益处在于，它使人们很容易注意到企业各分部门的现金流动、投资特性及需求。很多企业的各分部门都随着时间的推移，其经营状态沿着逆时针方向演变：即“瘦狗→问题→明星→肥牛→瘦狗”；而按顺时针方向“明星→问题→瘦狗→肥牛→明星”演变的情况则比较少。

【实例7.3】 为一家由四个战略业务单位组成的公司建立波士顿矩阵，其具体数据见表7.6。

表 7.6 某公司相关业务数据

业务单位	销售收入（万元）	业务收入占公司总收入的比例（%）	赢利（万元）	赢利占公司总赢利的比例（%）	相对市场份额（%）	销售增长比例（%）
SUB 1	50	38.5	10	35.7	70	+15
SUB 2	30	23.1	8	28.6	60	−5
SUB 3	45	34.6	9	32.1	30	+10
SUB 4	5	3.8	1	3.6	3	−10
总计	130	100	28	100		

根据表7.6中的数据，可建立图7.20所示的波士顿矩阵图。由图可知：SUB1（70，+15），处于“明星”类业务；SUB2（60，−5），处于“肥牛”类业务；SUB3（30，+10），处于“问题”类业务；SUB4（3，−10），处于“瘦狗”类业务。

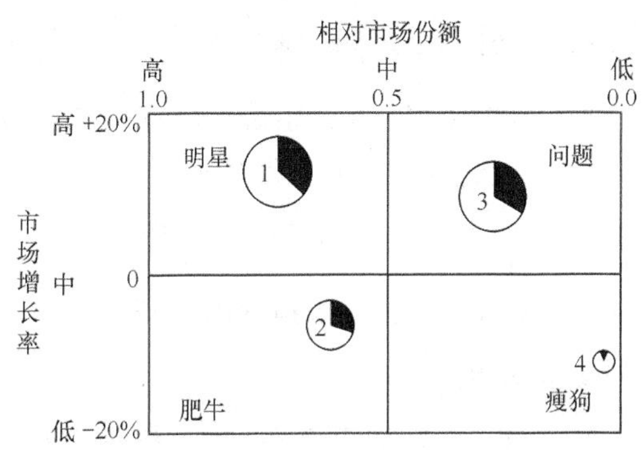

图 7.20 某公司的波士顿矩阵

补充阅读

新波士顿矩阵

1983年，美国波士顿咨询公司又提出了一种新的矩阵，其横坐标为竞争地位差别的大小，纵坐标为企业取得独特优势的多少。该矩阵如图7.21所示。

新波士顿矩阵将行业分为四种。

（1）“分层”行业。企业的赢利能力以与其是否能取得某种独特的优势直接有关，独特优势突出则赢利高，相反，则赢利低。但企业赢利能力与市场占有关系不大，如饮食业。

（2）“专业”分工行业。行业中企业市场占有率较小，但产品却具有特色，这种企业的赢利能力高，而市场占有率很大的企业，由于其产品成本低，企业赢利能力也很高。

（3）“僵持”行业。指行业的进入壁垒较低或退出壁垒较高，行业类所有企业的赢利能力都较低，它们的竞争地位和赢利率相差不大，与市场的占有率无关。如一般农产品的初加工。

（4）“产量规模”行业。这种行业随着市场占有率的扩大，企业产品成本降低、企业赢利增加。如汽车，家电等装配加工业。

以上四种行业，其市场占有率和投资回报率的关系如图7.22所示。

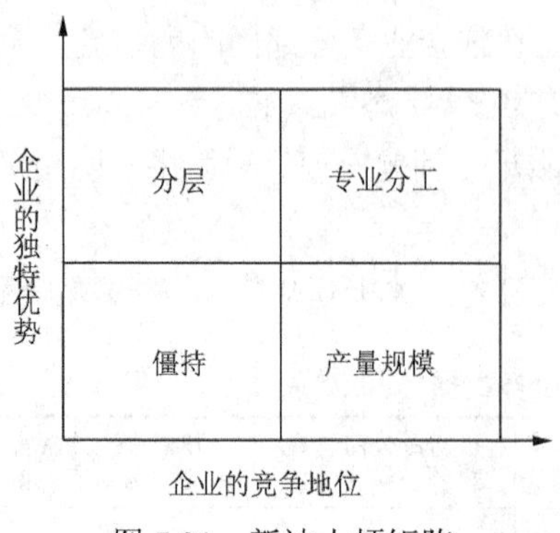

图 7.21　新波士顿矩阵

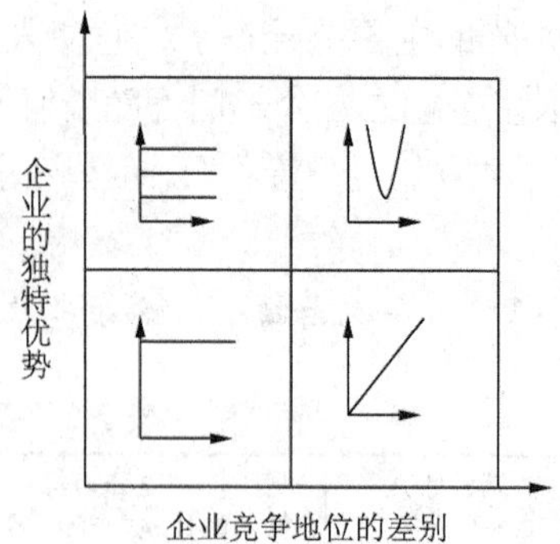

图 7.22　市场占有率与投资回报率的关系

注：图中四种行业方杠中的小坐标，横坐标表示市场占有率，纵坐标表示投资回报率。

四、内部-外部因素矩阵

内部-外部因素矩阵（Internal-External Matrix，IE 矩阵），与波士顿矩阵属于同一类，都是用来为一个企业中的业务组合——独立业务单位（分机构、分公司或战略事业部）定位的工具，是制订多元化大型企业资源配置战略的重要工具。

（一）内部-外部因素矩阵的构成

1. 基本量值

（1）x 轴——内部要素评价总加权分数（企业竞争实力），从内部要素评价矩阵得到的综合加权评价值，代表业务单位系统内部优势与劣势状态。

（2）y 轴——外部要素评价总加权分数（行业吸引力），从外部要素评价矩阵得到的综合加权评价值，代表业务单位对来自环境的机会与威胁的反应程度。

2. 辅助量值

在内部-外部因素矩阵中，用每一个圆圈来代表一个独立的分机构或战略业务单位，其含义用以下两个参数来说明。

（1）销售额的比例，即圆圈的大小。它表示该业务单位的销售额占公司总销售额的比例，圆圈越大，对企业业务的贡献（销售额）越大。

（2）赢利的比例，即圆圈中阴影部分。它表示该业务单位对公司赢利的贡献率。

3. 评价标准

（1）x 轴的标准：1.00～1.99 代表内部因素处于弱势地位；2.00～2.99 代表内部因素处于中等地位；3.00～4.00 代表内部因素处于强势地位。

（2）y 轴的标准：1.00～1.99 代表反应程度低；2.00～2.99 代表反应程度中等；3.00～4.00 代表反应程度高。

在内部-外部因素矩阵中，以内部要素评价总加权分数为 x 轴、以外部要素评价总加权分数为 y 轴构成 3×3 组合（见图 7.23）。

（二）内部-外部因素矩阵的分析

在图 7.23 中，九个方格被分为三个区域（用不同深度的色块表示）。相同区域，可以采取相同或类似战略；不同区域，可以采取不同战略。

第一区域，由第Ⅰ、Ⅱ和Ⅳ方格组成。位于这一区域的分部可以被看成是增长和建立（Growth and Build）型部门，可采取加强型战略或一体化战略，如扩大生产规模、扩张市场、开发新产品，或实施前向、后向或横向联合战略。

第二区域，由第Ⅲ、Ⅴ和Ⅶ方格组成。属于这一区域的分部，宜采取坚持和维持（Hold and Maintain）型的战略。内部劣势或中等强度、对外的反应程度低或中等水平，这样的分部首先应该争取存在或生存，然后再通过引进或开发新产品及市场渗透等方式求得发展。

第三区域，由第Ⅵ、Ⅷ和Ⅸ方格组成。落在这一区域的分部，采取收割或剥离（Harvest and Divest）战略，放弃经营可以被认为是明智之举。就像收割农作物一样，把果实拿走，秸秆处理掉，或者通过出售、清算手段从主体剥离。

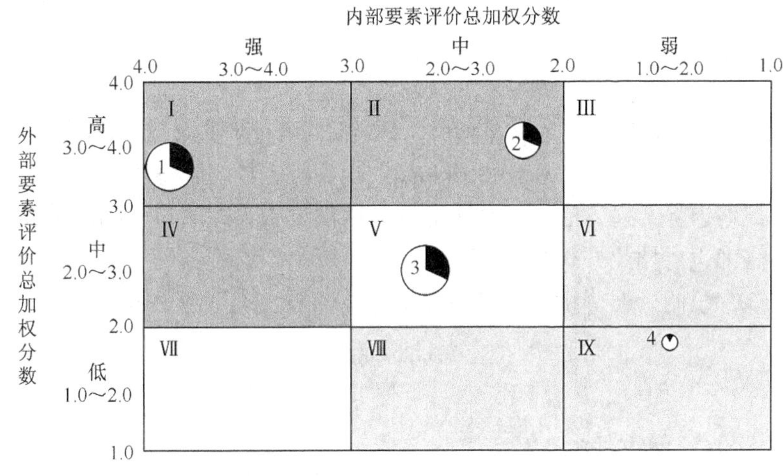

图 7.23　内部-外部因素矩阵

【实例7.4】　为一家由四个战略业务单位组成的公司建立IE矩阵，其具体数据见表7.7。

表 7.7　某公司相关业务数据

业务单位	销售收入（万元）	业务收入占公司总收入的比例（%）	赢利（万元）	赢利占公司总赢利的比例（%）	IFE 总加权分数	EFE 总加权分数
SUB 1	50	38.5	10	35.7	3.8	3.2
SUB 2	30	23.1	8	28.6	2.2	3.5
SUB 3	45	34.6	9	32.1	2.6	2.5
SUB 4	5	3.8	1	3.6	1.5	1.8
总计	130	100	28	100		

根据表7.7中的相关数据，我们可以建立该公司的内部-外部因素矩阵（见图7.23）。从图7.23中可以看到，SUB 1和SUB 2均位于第一区域，其中SUB 1位于第Ⅰ格，是该公司的最优业务单位；SUB 2位于第Ⅱ格，是该公司的次优业务单位；SUB 3位于第二区第Ⅴ格，是坚持和维持战略的对象；而SUB 4则位于第三区第Ⅸ格，应该及时对其采取措施，以免对整个公司带来不利影响。

补充阅读

20世纪70年代，美国通用电器公司与麦肯锡公司共同开发了一种衡量多种业务相对吸引力的投资组合模型，称为竞争地位-市场吸引力矩阵（Competitive Position-Market Attractiveness Matrix，CPMA矩阵）。

竞争地位-市场吸引力矩阵与内部-外部因素矩阵有类似的结构：均为九格，且在图中标示业务时，也是业务的规模越大，圆圈越大；但指标和战略内容不同。竞争地位-市场吸引力矩阵的横轴为“竞争地位（又称经营单位的竞争能力）”，考察的是企业内部实力，分为强、中、弱三个档次；纵轴为“市场吸引力（又称行业吸引力）”，反映的是影响市场吸引力高低的若干关键外部环境因素，也分为高、中、低三个档次。确定竞争地位、市场吸引力这两项指标数值的方法，与内部因素分析矩阵和外部因素分析矩阵中所用的方法类似。

五、大战略矩阵

大战略矩阵（Grand Strategy Matrix，GS 矩阵，战略聚类模型），是由小汤普森（A.A.Thompson）与斯特里克兰（A.J.Strikland）根据波士顿矩阵修改的一种战略聚类模型，也是一种企业战略态势选择方法。各种企业都可以被置于大战略矩阵的四个战略象限之一，同样公司的各分部也可按此方式被定位。

大战略矩阵基于两个评价指标：竞争地位和市场增长（见图 7.24）。

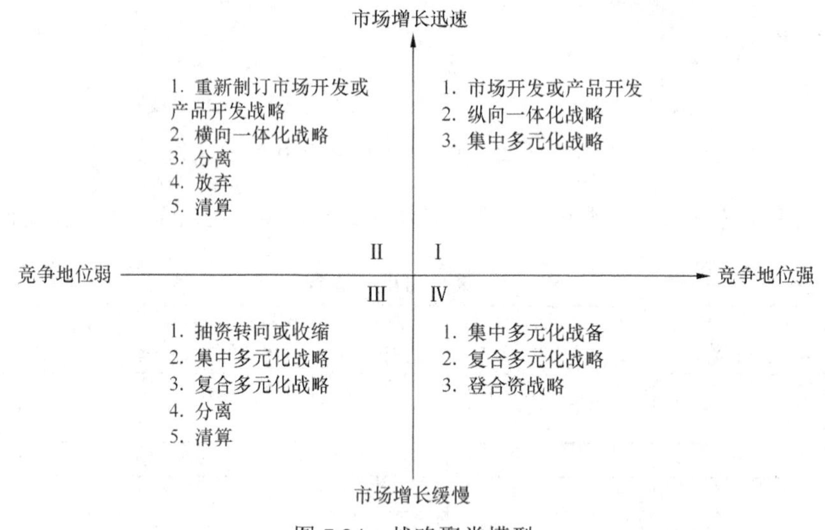

图 7.24 战略聚类模型

位于象限 I 中，企业处于极佳战略地位。此时企业需继续集中力量经营现有业务，不宜轻易转移其既有的竞争优势。若拥有过剩资源，则可考虑采用纵向一体化战略。若公司过分偏重于某单一产品时，可考虑采取集中多元化战略以降低过于狭窄的产品线所带来的风险。处于该象限的企业有能力利用众多领域中的外部机会，必要时可以冒险进攻。

位于象限Ⅱ中，企业在高速增长的产业中处于不利的竞争地位。此时的企业需要认真地评价其当前参与市场竞争的方法，找出效益不理想的原因，判断有无可能使竞争地位转弱为强。几种可能的战略选择是重新制订市场开发或产品开发战略、横向一体化战略、分离、放弃和清算。一般情况下，在迅速增长的市场中，即使弱小的企业也往往能够找到有利可图的商机，因此可首先考虑重新制订市场开发或产品开发战略。如果企业缺乏独特的生产能力或竞争优势，横向一体化往往是理想的战略选择。当企业产品的品种较多时，则可分离出耗费大、效益低的业务。否则可采取清理战略，退出市场。

位于象限Ⅲ中，企业在增长缓慢的产业竞争中处于劣势地位。此时企业必须迅速进行某些重大的变革，以避免情况的进一步恶化及可能的结业清算。首先应大幅度地减少成本和资产（收缩），另外还可将资源从现有业务领域转向其他业务领域，如利用集中多元化战略或复合多元化战略便于企业进入有前途的竞争领域。若各种尝试均失败，则只能选择分离或结业清算。

位于象限Ⅳ中，企业具有较强的竞争力，但处于增长缓慢的产业之中。此时企业由于具有较大的现金流量并对资金的需求有限，因而有能力在有发展前景的领域进行多元化经营。采取集中多元化战略或复合多元化战略可帮助分散经营风险；采取合资战略可开拓有前途的新领域。

第四节　战略决策阶段的分析工具

面对在匹配阶段所确定的备选战略，需要能从定量的角度来评判各备选战略方案的优劣程度，从而能够比较客观地指出哪一种战略方案是最佳的。目前文献中仅有一种用于确定各备选战略方案的相对吸引力，而不只是仅仅得到一个按重要程度排序的战略清单的分析技术，这就是定量战略计划矩阵（Quantitative Strategic Planning Matrix，QSPM）。

定量战略计划矩阵是一种可以用来从若干备选战略方案中选择出最佳战略的有用工具。其分析原理是：将备选的各种战略方案通过专家小组讨论的形式分别进行评分，评分的依据为各战略是否能使企业更充分利用外部机会和内部优势，尽量避免外部威胁和减少内部弱点四个方面，得分的高低反映战略的最优程度。

一、定量战略计划矩阵的基本结构

定量战略计划矩阵是基于事先确认的外部及内部因素来客观评价备选战略的技术，同时良好的直觉判断对定量战略计划矩阵的运用也极为重要。决策者首先要运用良好的直觉以及对行业的丰富经验剔除一些明显不可行的战略选择，只将最具吸引力的战略方案列入定量战略计划矩阵。反映各战略差异的是战略的最优程度，它是根据各备选战略对外部和内部因素的利用与改进程度而确定的。

定量战略计划矩阵利用信息输入阶段和匹配阶段的分析结果来客观选定战略。也就是由外部要素评价矩阵、内部要素评价矩阵、竞争态势矩阵构成的信息输入阶段和由优势-劣势-机会-威胁矩阵、战略地位与行动评价矩阵、波士顿矩阵、内部-外部因素矩阵、大战略矩阵构成的匹配阶段，共同为建立定量战略计划矩阵提供所需信息。

表 7.8 显示出定量战略计划矩阵的基本格式。

表 7.8　某房地产企业定量战略计划矩阵

关键因素			权重值	市场开发		战略联盟		差异化战略	
				吸引力分数	吸引力总分	吸引力分数	吸引力总分	吸引力分数	吸引力总分
外部关键因素	机会	经济发展增加了房产需求	0.11	4	0.44	4	0.44	4	0.44
		“十一五”规划的实施	0.13	3	0.39	4	0.52	3	0.39
		住房消费信贷业务发展迅速	0.12	3	0.36	4	0.48	4	0.48
		商品房住宅存在大量需求缺口	0.11	4	0.44	3	0.33	4	0.44
		国外资金提供了多种融资渠道	0.08	2	0.16	4	0.32	3	0.24
	威胁	房地产市场竞争加剧	0.09	3	0.27	4	0.36	4	0.36
		消费品位提高	0.07	4	0.28	4	0.28	4	0.28
		央行提高第二套房贷首付	0.13	3	0.39	4	0.52	3	0.39
		外来开发商进入	0.07	3	0.21	4	0.28	4	0.28
		人民币汇率提高，增加了建筑成本	0.09	3	0.27	4	0.36	4	0.36
总　计			1.00						
内部关键因素	优势	灵活的反应机制	0.10	4	0.40	4	0.40	3	0.30
		较强的资源整合能力	0.15	4	0.60	4	0.60	4	0.60
		准确把握客户心理	0.08	4	0.32	3	0.24	4	0.32
		较好的赢利能力	0.11	4	0.44	3	0.33	3	0.33
		人才众多	0.09	4	0.36	3	0.27	3	0.27
	劣势	规模较小，融资困难	0.20	3	0.60	4	0.80	4	0.80
		研发经费投入不足	0.07	2	0.14	4	0.28	4	0.28
		内部管理制度不够完善	0.07	2	0.14	3	0.21	3	0.21
		管理的提升未落实	0.06	3	0.18	3	0.18	4	0.24
		内部凝聚力不高	0.07	3	0.21	3	0.21	3	0.21
总　计			1.00		5.97		7.36		7.22

（1）定量战略计划矩阵的左边第一列为关键的外部和内部因素，它包括了从外部要素评价矩阵和内部要素评价矩阵直接得到的信息，在紧靠关键因素的第二列中，将标出各因素在外部要素评价矩阵和内部要素评价矩阵中所得到的权数。

（2）定量战略计划矩阵顶部一行包括了从优势-劣势-机会-威胁矩阵、战略地位与行动评价矩阵、波士顿矩阵、内部-外部因素矩阵和大战略矩阵中得出的备选战略。需要说明的是，并不是说在匹配阶段所建议的每种战略都要在定量战略计划矩阵中予以评价。战略决策者应该事先用良好的直觉性判断来选择进入定量战略计划矩阵的备选战略。

在定量战略计划矩阵中，所包括的备选战略的数量和战略组合的数量均不限，分析的结果并不是非此即彼的战略取舍，而是一张按重要性和最优程度排序的战略清单。

二、建立定量战略计划矩阵的步骤

构建定量战略计划矩阵一般需要经历以下六个步骤。

1. 在定量战略计划矩阵的左栏列出公司的关键外部机会与威胁、内部优势与劣势

矩阵至少应包括 10 个外部关键因素和 10 个内部关键因素，这些因素的相关信息可直接从外部要素评价矩阵和内部要素评价矩阵得到。

2. 给每个关键因素赋予权重

这些权重的大小应与外部要素评价矩阵和内部要素评价矩阵分析中确定的权重相同。

3. 确定企业应当考虑实施的备选战略方案，将其填入顶行

对匹配阶段所得到的备选战略分组归类，以便对一组同类的战略进行比较。

4. 确定吸引力分数

吸引力分数（AS）就是指一组战略中各战略的相对吸引力，即“哪个战略更适合企业采用”这样一个问题。确定吸引力分数的方法是：仔细研究每一项关键外部因素和内部因素，并对其提出“这个因素是否影响战略的选择？”的问题。

（1）如果回答“是”，应就这个因素对各战略进行比较。具体地说，即就特定的因素给各战略相对于其他战略的吸引力评分。

吸引力的评分准则是：4 分表示“很有吸引力”；3 分表示“有相当吸引力”；2 分表示“有一些吸引力”；1 分表示“没有吸引力”；

（2）如果回答是否定，说明该关键因素对特定的战略选择没有影响，则不作吸引力评分，以“—”表示。

值得注意的是：在确定吸引力分数时需要统一问题，要评分，则一组战略均需要评分；画短线，则一组战略均需要画“—”。

5. 计算吸引力总评分

吸引力总分（TAS）等于将各横行的权重值乘以吸引力分数。吸引力总分表示对相邻外部或内部关键因素而言，各备选战略的相对吸引力。吸引力总分越高，战略的吸引力就越大。

6. 计算吸引力总评分之和

将每一战略方案的吸引力总分栏纵向相加，即得到该战略的吸引力总评分之和。它表明了在各组备选战略中，哪种战略最具有吸引力。分数越高说明战略越具有吸引力。

【实例7.5】 某房地产公司由于业务发展需要，提出了市场开发、战略联盟和差异化三种备选战略方案，希望利用定量战略计划矩阵来确定最具吸引力的战略方案，具体数据如表7.8所示。

按照建立定量战略计划矩阵的具体步骤，我们建立起了该房地产企业的定量战略计划矩阵（见表7.8），从中可以看到，各战略方案的优劣排序为战略联盟（7.36）、差异化战略（7.22）、市场开发（5.97）。这表明战略联盟战略与差异化战略、市场开发相比，其具有最大的吸引力，应考虑选择该战略。

三、定量战略计划矩阵的优点与局限性

定量战略计划矩阵是一个比较有用的工具，与其他的战略管理技术一样，既有一定的优点，也存在着其使用的局限性。

定量战略计划矩阵有以下几个优点。

（1）可以方便地比较一组战略的相对价值，即相对可接受程度，从中选择出最优战略，并且可以同时评价的战略或战略组数量不受限制。

（2）定量战略计划矩阵将关键外部因素和内部因素结合在一起考虑，可以避免关键因素不适当地被忽略或偏重，从而有利于提高评价的客观性和全面性。

（3）定量战略计划矩阵有比较广泛的应用领域，既可以用于比较不同层次的战略，如公司层战略、业务层战略以及职能战略，又可以评价不同类型组织的战略。无论是大型组织还是小型组织；无论是企业组织还是事业组织；无论是营利性组织还是非营利性组织，都可以利用定量战略计划矩阵来选择最优战略。

定量战略计划矩阵的局限性体现在以下两个方面。

（1）定量战略计划矩阵总是要求直觉性判断和经验性假设。权重和吸引力分数的确定要依靠判断性决策，尽管这些判断所依据的是客观信息，但不同的战略决策者可能在相同的方法下却得出了不同的结论，这种差别就是由于他们的经验和微妙的直觉不同所造成的。

（2）定量战略计划矩阵分析结果的科学性取决于它所基于的信息和匹配分析的质量，而它们的质量常常受人为因素的作用。

补充阅读

管理技术的尖端与精致，不是战略管理的充分条件，也不是必要条件。战略管理的效率与成功，主要取决于战略决策者的洞察力、判断能力和整合能力，而不是技术。

本章小结

战略制订是企业的最高决策机构按照一定的程序和方法，为企业选择、制订合适的经营战略的过程。其过程一般包括信息输入、战略匹配和战略决策三个阶段。遵循规范的战略制订程序和工作程序将有助于提高战略方案制订的质量与效率。

战略选择，就是战略决策者通过比较和优选，从可能的两种或两种以上的备选方案中选定一种合理的战略方案的决策过程，它并非是一个理性的公式化决策，它需要考虑多种因素，进行多方面的权衡，并且借助于一些选择分析工具。一般而言，战略选择过程包括明确发展方向和目标、遵循战略选择的标准、考虑影响战略选择的因素、充分利用战略选择分析工具、确定最终的战略方案五个环节。主观的直觉判断和理性地运用分析工具是当前有效选择战略的最佳方法。现实中很少有企业自始至终地采取一种发展战略类型，绝大多数企业的发展过程及战略选择，都基本上遵循了一定的规律性。

对于战略方案的制订与选择，一般采用定性分析和定量分析的方法。通常条件下，定性的方法主要包括专家评议、类比法、座谈会、职工代表大会民主审议等；而定量的方法目前主要有优势-劣势-机会-威胁矩阵、战略地位与行动评价矩阵、波士顿矩阵、内部-外部因素矩阵、大战略矩阵等。

优势-劣势-机会-威胁矩阵是制订战略的匹配阶段的分析工具。它是在内部、外部关键成功因素确定的基础上，根据判断结果将优势与劣势、外部机会与威胁分别列出，由内部与外部的两种状态以及相互匹配关系，形成了优势-机会（SO）战略、劣势-机会（WO）战略、优势-威胁（ST）战略和劣势-威胁（WT）战略四种不同的组合。

战略地位与行动评价矩阵主要用于分析企业外部环境及企业应该采用的战略组合。它由代表企业内部因素的财务优势（FS）和竞争优势（CA）；代表两个外部因素的环境稳定性（ES）和产业优势（IS）四个维度构成，从而形成进攻、保守、防御和竞争四种战略模式。

波士顿矩阵是制订多元化大型企业资源配置战略的重要工具。它有相对市场份额和市场增长率两个基本参数，收入（销售额）百分比和利润百分比两个辅助参数，构成 2×2 组合，从而将业务划分为问题、明星、肥牛和瘦狗四种类型。

内部-外部因素矩阵与波士顿矩阵属于同一类，都是用来制订多元化大型企业资源配置战略的重要工具。它以内部要素评价总加权分数为 x 轴、以外部要素评价总加权分数为 y 轴，构成 3×3 组合，并将它们分为三个区域，用于表示企业各业务部门的竞争地位。

大战略矩阵也是一种企业战略态势选择方法，它以市场增长和竞争地位分别为纵横坐标，划分出四个战略象限，从而使各种企业都可以被置于其四个战略象限之一，同样公司的各分部也可按此方式被定位。

定量战略计划矩阵是战略决策阶段的重要分析工具，它利用信息输入阶段和匹配阶段的分析结果，从定量的角度来评判各备选战略方案的优劣程度，从而能够比较客观地指出哪种一种战略方案是最佳的。

复习与思考

一、名词解释

战略选择、战略分析、优势-劣势-机会-威胁矩阵、战略地位与行动评价矩阵、波士顿矩阵、内部-外部因素矩阵、大战略矩阵、定量战略计划矩阵

二、单选题

1. 外部环境分析主要包括宏观环境分析和（　　）两大方面。

A. 市场分析　　B. 行业结构分析　　C. 行业分析　　D. 竞争者分析

2. 财务优势（FS）、竞争优势（CA）、环境稳定性（ES）和产业优势（IS）是用于构建（　　）所必须的重要参考指标。

A. 优势-劣势-机会-威胁矩阵　　B. 战略地位与行动评价矩阵

C. 内部-外部因素矩阵　　D. 大战略矩阵

3.（　　）是由相对市场份额、市场增长率两个基本参数和收入（销售额）百分比、利润百分比两个辅助参数所构成的。

A. 内部-外部因素矩阵　　B. 战略地位与行动评价矩阵

C. 大战略矩阵　　D. 波士顿矩阵

4.（　　）是用来为一个企业中的业务组合——独立业务单位（分机构、分公司或战略事业部）定位的工具，是制订多元化大型企业资源配置战略的重要工具。

A. 内部-外部因素矩阵　　B. 战略地位与行动评价矩阵

C. 优势-劣势-机会-威胁矩阵　　D. 定量战略计划矩阵

5.（　　）是用来为一个企业中的业务组合——独立业务单位（分机构、分公司或战略事业部）定位的工具，是制订多元化大型企业资源配置战略的重要工具。

A. 战略地位与行动评价矩阵　　B. 定量战略计划矩阵

C. 波士顿矩阵　　D. 优势-劣势-机会-威胁矩阵

6.（　　）是根据波士顿矩阵修改的一种战略聚类模型，也是一种企业战略态势选择方法。各种企业都可以被置于该矩阵的四个战略象限之一。

A. 内部-外部因素矩阵　　B. 战略地位与行动评价矩阵

C. 大战略矩阵　　D. 波士顿矩阵

7. 有一家商业银行，经采用战略地位与行动评价矩阵分析，最终得出其向量处在财务优势（FS）与产业优势（IS）所构成的象限中时，应建议其采取（　　）战略模式。

A. 进攻型　　B. 保守型　　C. 防御型　　D. 竞争型

8. 有一家企业，经采用战略地位与行动评价矩阵分析，最终得出其向量处在竞争优势（CA）与环境稳定性（ES）所构成的象限中时，应建议其采取（　　）战略模式。

A. 进攻型　　B. 保守型　　C. 防御型　　D. 竞争型

9. 在波士顿咨询集团业务组合矩阵中，当市场增长率低，相对市场占有率高的时候，它是属于（　　）企业。

A. 问号类　　B. 明星类　　C. 肥牛类　　D. 瘦狗类

10. 在增长-份额矩阵中，当市场增长率高，相对市场占有率低的时候，它是属于（　　）企业。

A. 问号类　　B. 明星类　　C. 肥牛类　　D. 瘦狗类

11. 目前文献中仅有一种用于确定各备选战略方案的相对吸引力，而不只是仅仅得到一个按重要程度排序的战略清单的分析技术，这就是（　　）。

A. 竞争态势矩阵　　B. 定量战略计划矩阵

C. 大战略矩阵　　D. 内部-外部因素矩阵

三、多选题

1. 战略制订是企业的最高决策机构按照一定的程序和方法，为企业选择、制订合适的经营战略的过程。其一般包括（　　）三个阶段。

A. 战略分析　　B. 战略制订　　C. 战略评价　　D. 战略决策

2. 行业分析主要从（　　）等维度展开。

A. 市场分析　　B. 行业结构分析　　C. 竞争者分析　　D. 产业价值链分析

3. 内部环境分析主要从（　　）等维度展开。

A. 能力分析　　B. 市场营销　　C. 运作分析　　D. 资源分析

4.（　　）能够帮助多种经营的企业确定宜于投资哪些产品，从而使业务组合达到最佳经营收获。

A. 波士顿矩阵　　B. 内部-外部因素矩阵

C. 大战略矩阵　　D. 优势-劣势-机会-威胁矩阵

5. 企业最终的战略选择往往是内外部因素共同作用的结果。但就具体来说，影响战略选择的因素大致可以分为（　　）。

A. 行为因素　　B. 能力因素　　C. 制度因素　　D. 文化因素

6. 定量战略计划矩阵利用（　　）的分析结果来客观选定战略。

A. 信息输入阶段　　B. 匹配阶段

C. 优势-劣势-机会-威胁矩阵　　D. 竞争态势矩阵

7. 战略制定阶段的主要任务是根据输入阶段获得的信息对外部机会、威胁与内部优势、劣势进行匹配，需要运用到的工具或方法主要有优势-劣势-机会-威胁矩阵、（　　）、（　　）、内部-外部因素矩阵和（　　）等。

A. 战略地位与行动评价矩阵　　B. 波士顿矩阵

C. 定量战略计划矩阵　　D. 大战略矩阵

8. 企业战略环境对企业经营行为的影响具有以下特点：是（　　）的，而（　　）的；是动态的，而不是静止的；是现在和未来的，而不是过去的。

A. 全局性　　B. 可接受性　　C. 非可行性　　D. 非局部性

9. 波士顿矩阵是以（　　）和（　　）两个基本参数为纵横坐标，以销售额百分比、利润百分比为辅助参数所构成的矩阵，用以明确企业业务的当前或预期状态。

A. 相对市场份额　B. 竞争地位　　C. 市场增长　　D. 市场增长率

10. 大战略矩阵是根据波士顿矩阵修改的一种战略聚类模型，它是以（　　）和（　　）两个基本参数为纵横坐标所构成的矩阵，用于判断企业是处于何种战略态势。

A. 相对市场份额　B. 竞争地位　　C. 市场增长　　D. 市场增长率

11. 某企业在运用大战略矩阵分析其处的战略态势时，发现其是处于由竞争地位弱与市场增长缓慢所构成的象限中，此时建议其采取的战略主要可考虑的有（　　）、（　　）和（　　）。

A. 横向一体化战略　　B. 复合多元化战略

C. 分离　　D. 清算

12. 内部-外部因素矩阵是用来为一个企业中的业务组合——独立业务单位（分机构、分公司或战略事业部）——定位的工具，它通常是以（　　）和（　　）两个基本参数为纵横坐标所构成的。

A. 企业竞争实力　B. 竞争地位　　C. 市场增长　　D. 行业吸引力

四、判断题

1. 经营战略（Business Strategy）属于研究与开发、生产制造、人力资源、财务、营销等部门的战略。　（　　）

2. 经营战略主要是强调如何把总体战略中选择的“正确的”事情做好，包括如何通过最大化资源使用效率，更好地实现公司总体战略。　（　　）

3. 大战略矩阵借助于财务优势（FS）、竞争优势（CA）、环境稳定性（ES）和产业优势（IS）四维指标，将企业总体战略划为进攻、保守、防御和竞争四种战略模式。　（　　）

4. 内部-外部因素矩阵借助于相对市场份额和市场增长率两个基本参数，将企业业务划分为问题业务、明星业务、肥牛业务和瘦狗业务四种类型。　（　　）

5. 波士顿矩阵借助于外部要素评价总加权分数（行业吸引力）和内部要素评价总加权分数（企业竞争实力）两个基本指标，将企业分部的战略态势划分为增长和建立型、坚持和维持型，以及收割或剥离型三种类型。　（　　）

五、简答题

1. 小企业和大型企业在采用战略制订框架上有何不同？

2. 如何才能建立起战略地位与行动评价矩阵。

3. 简述影响战略选择的因素。

4. 战略制订的工作程序一般包括哪些方面的内容？

5. 简述定量战略计划矩阵的构建步骤及其优缺点。

六、论述题

1. 寻找一个你所能了解的企业，尝试着为其建立定量战略计划矩阵。

2. 为什么优势-劣势-机会-威胁矩阵是各战略矩阵中使用最为广泛的？

3. 试讨论不同战略制定与选择分析工具的局限性。

七、计算题

1. 某公司所属三个分部在20×5年的经营状况如表7.9所示，请运用波士顿矩阵分析方法，比较该公司三个分部的经营状况。

2. 某公司所属三个分部在20×5年的经营状况如表7.10所示，请运用内部-外部因素矩阵分析方法，比较该公司三个分部的经营状况。

3. 根据以下数据：FS = +3；ES = −6；CA = −2；IS = +5，请你为某公司制订一个战略地位与行动评价矩阵，并为其建议采取何种战略。

表7.9 某公司所属三个分部20×5年的经营状况

分部	销售（万元）	赢利（万元）	相对市场份额	市场增长率
1	120	12	0.2	+15%
2	70	22	0.5	+10%
3	150	35	0.8	−10%

表7.10 某公司所属三个分部20×5年的经营状况

分部	销售（万元）	赢利（万元）	IFE总加权分数	EFE总加权分数
1	120	12	1.6	2.5
2	70	22	3.1	1.8
3	150	35	2.2	3.3

案例分析

中国电信的战略选择

中国电信集团公司是我国特大型国有通信企业，连续多年入选“世界500强”企业，主要经营固定电话、移动通信、卫星通信、互联网接入及应用等综合信息服务，占有中国大部分固定电话市场及一定比例的移动电话市场。

随着2008年5月中国联通的分拆和重组，中国移动、中国电信、中国联通三大电信运营商形成了我国电信行业三足鼎立、各具竞争优势的新格局。2009年1月7日，工业和信息化部为重组后的中国移动、中国电信、中国联通发放了3张第三代移动通信（3G）运营牌照，标志着中国正式迈入3G时代。2014年12月4日，工信部又向这三家公司发放4G牌照，这意味着三大运营商新一轮竞争又将开始，并随着消费者需求的多样化，电信技术的迅猛发展以及国家信息化战略的延伸，我国电信产业正在发生战略性的转变——从传统的电信业务向通信信息服务转变，第三方通信技术服务商开始崛起。

一、中国电信的竞争优势

就总体而言，中国电信面对竞争对手，其优势主要体现在以下方面：一是固网领域的巨大优势。中国电信拥有国内最大的固话和中文信息网，覆盖城乡，通达世界各地，网络资源优势明显。二是品牌优势。中国电信打造了自身独特的全业务品牌体系，“商务领航”“我的e家”客户品牌和“号码百事通”等业务品牌深入人心，并且很多在本领域已领先于同业。三是广大的固网客户群优势。中国电信拥有2.1亿的固话用户群及近4 000万的宽带用户，特别是其利用“我的e家”品牌聚拢了大量的家庭用户，利用“百千万”等项目与政企客户建立了密切关系。四是全业务运营经验方面的优势。中国电信运营固话和宽带多年，而从中国联通转职过来的员工对移动业务经验十分丰富，开展3G业务来，中国电信全业务更加得心应手；此外，现金流充裕、人才储备充足、企业文化深入人心均是中国电信的竞争优势。

二、中国电信的竞争劣势

中国电信的竞争劣势表现在以下方面：一是在个人业务市场上的不足。CDMA网络规模较小，用户数量少，致使网络规模的扩大成为瓶颈，进而导致用户选择上的弱势，如网点覆盖不够，客户问题难以迅速响应，网络升级资金投入问题等。同时在市场定位、品牌建设两个方面与移动、联通相比仍存在相当大的差距；二是服务能力提升缓慢，包括服务感知改善不明显。缺乏全网一体的服务管理体系，面向移动互联网的服务能力不足、效率不高，数据准确性、一致性有待加强，多渠道协同服务能力有待提高；三是生态链竞争意识不强，机制创新需进一步强化；四是干部和员工队伍的团队建设亟待加强。管理者团队建设能力弱，领导力需提升；员工队伍能力素质与企业发展需要还不相适应，职业发展通道不畅。

三、中国电信的机遇

中国电信的机遇主要表现在：一是宏观政策环境利好。党的十八大把“信息化水平大幅提升”纳入全面建成小康社会的目标体系，提出推动信息化和工业化深度融合，促进工业化、信息化、城镇化、农业现代化同步发展，并把建设“下一代信息基础设施，发展现代信息技术产业体系，健全信息安全保障体系，推进信息网络技术广泛运用”作为推进经济结构战略调整的重大举措；二是无线互联网业务的迅猛发展。3G智能终端的普及和云计算的应用，推动移动互联网高速发展，不断催生新的产业形态，创造了旺盛的市场需求，信息通信业将继续保持快速发展的态势；三是三网合一，导致移动业务与互联网的同步发展。由于三网合一后，移动业务的发展同时带动了互联网的发展，移动业务从3G发展到4G，协议界限越来越模糊，通信宽带速率大体一致，中国电信大量的宽带用户、网络资源和平台的优势开始显现。

四、中国电信面临的威胁

中国电信受到的威胁，主要表现为：一是运营商间的竞争威胁。作为中国电信最强有力的竞争者：中国移动拥有大量的用户和雄厚的资金支撑、中国联通的成熟技术和运营经验、广电的强势地位和内容优势等，这些都给中国电信的主营移动业务和增值业务带来很大的威胁。在三网合一后，广电系统的内容不仅给中国电信带来威胁，计算机系统应用和互联网产品的进入也是很大的麻烦。尤其是2013年受4G牌照发放的影响，中国电信和对手之间的竞争更加激烈；二是互联网技术打破行业围墙，产业边界日趋模糊，融合竞争进一步加剧，产业价值加速由运营、制造环节向应用、服务环节转移。互联网企业通过掌控和开放平台，聚合了大量客户和流量，增强了产业链话语权。特别是OTT业务的快速发展，不仅替代传统电信业务，而且对电信运营企业基础能力的影响日益加剧，全球电信运营商均面临被管道化、管道低值化的压力。

面对如此复杂的竞争态势，中国电信应该如何应对？

（根据相关资料整理而成）

思考讨论题

1. 根据中国电信目前的竞争态势，尝试为其选择具体的竞争战略。
2. 如何才能有效运用优势-劣势-机会-威胁等战略选择分析工具进行战略分析与选择？

第八章　战略要素与战略文件

【学习要点及目标】

1. 了解五种典型战略报告的结构模式
2. 理解六个标准战略文件系统的适应条件
3. 理解制订和批准战略文件的五个步骤
4. 熟悉六个战略要素的基本内涵
5. 掌握使命陈述、公司战略、业务战略（事务战略/职能战略）、战略项目和分析报告五类战略文件的基本结构

【关键概念】

战略思想、战略定位、战略目标、战略阶段、战略重点、战略措施

引导案例

企业战略思想　如何才是正确理解？

老杜听完大家的介绍，明白了当前企业最主要的问题卡在企业战略思想的理解上。像往常一样，老杜又开始了提问。

“你们企业的战略是什么？”

老马心想：战略？怎么话题跑这来了！可依据以往的经验，老杜一定又有什么点子了吧？故沉思了片刻之后，老马走到白板前面，一边在上面写写画画，一边断断续续地解释说：“企业的战略嘛，是这样考虑的，在产品生产上，集中精力多生产目前最赚钱的P2产品，并且争取都卖出去；在市场上，主攻区域市场和国际市场；广告上有多少钱基本上都往上砸就是了……”

“这就是你们的战略？”

“大概就是这样的意思吧！准确的东西我们也说不出来。”老马显得有些尴尬。转念一想：我们怎么老是这么被动呢？咱也将他一军。

“老杜，那您说说，什么是战略？”

老杜并不计较，像往常一样，打开了投影，屏幕上显示了一张图片（见图8.1）。

而后，老杜又用他那一贯的语调开始了：“2014年6月，美国哈佛著名的战略管理大师迈克尔·波特到中国，他在两场讲座中实际上就说了一句话，战略就是配称。”

看到大家迷茫的眼神，老杜在白板上画出了一些圆圈并写下一些数字（见图8.2），大家

都在琢磨：老杜又要耍什么花招？

老杜画完之后，抬起头问老马："把1个数 10 ，拆分成三个整数，让这三个整数的乘积最大，你会拆分吗？"

又是数学！老马这几年让老杜的这些数学问题给绕晕了。干脆，他直接把眼睛转向小宋。

小宋看老马在瞧他，就直接说出了答案："分成 3、3、4，相乘时最大。"

> 所谓的战略，就是在企业的各项运作活动之间建立一种**配称**。
>
> ——哈佛大学商学院研究院教授　迈克尔·波特

图 8.1　什么是战略

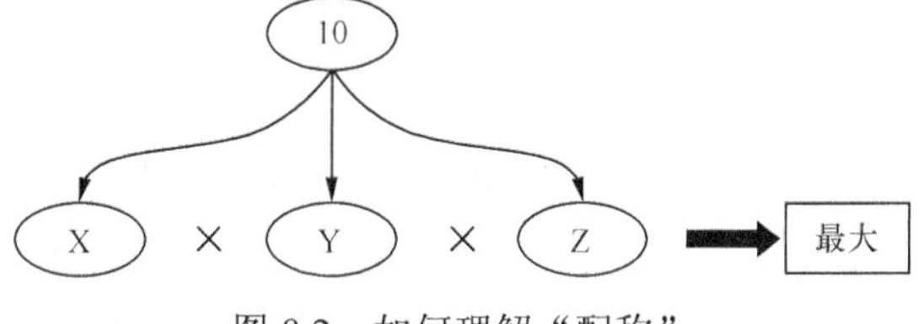

图 8.2　如何理解"配称"

"对！但你能否计算一下，所有可能的分解方式有多少种吗？"老杜用鼓励的口吻继续问。

小宋很自信地走到白板处，信手写出了计算公式。

所有可能的分解方式=10×9×8=720（种）

回到座位上，小宋又加了补充："第一个数可以在 10 个数字中任意选择一个，有 10种选择的可能；第二个数只能在剩下的 9 个数字中选择，第三个数字只能在 8 个数字中选择；因此，所有可能的情况是这些数字的乘积。"

老何、老马都在不停地点头，心想：还是年轻人脑子快。

"那么10、0、0 和 8、2、0 是否也是一种选择？"老杜的声音冷不丁地又冒出来。

小宋的脸立刻从得意转为通红。

其实，没有那么多种。因为3个数之和还要等于10。正确的计算应当是：

如果一个数是0，所有可能是：（0、0、10）（0、1、9）（0、2、8）（0、3、7）（0、4、6）（0、5、5）

有1没有0，所有可能是：（1、1、8）（1、2、7）（1、3、6）（1、4、5）

有2没有0、1，所有的可能是：（2、2、6）（2、3、5）（2、4、4）

有3没有0、1、2，所有的可能是：（3、3、4）

其他再选就重复了。

"不过，小宋的计算思路还是有一点儿道理的。"老杜不失时机地给小宋一个台阶。

"回到我们原来的话题，"老杜在大家都平静了之后继续："我们在第一年的咨询中，大家基本上已经明白了，企业的目标是'赚钱'。而要赚钱的一个重要因素是扩大销售收入。要扩大销售收入就必须考虑三个因素，即开拓销售市场、研制新产品和提升生产能力。这三个方向都必须花钱呀！"

老杜在白板上写下了几个因素。

"而你们的资金是有限的（其他资源也同样），要同时做三个方向的投资就必须考虑如何分配资源。同样，你们分配资源的选择也是非常非常多的，恐怕比上面的14种多得多吧？比如其中的一种：把企业所有的流动资金都用来打广告，当个'标王'。

这种选择无疑就是（0、0、10）方案，企业最终必死无疑。

那么，按照迈克尔·波特的配称理论，其实就是在多种方案选择之中，选择产生利润最大的那个方案，在结构上应当是这样。"

老杜在原来的图形上，做了一些文字的修改，见图8.3。

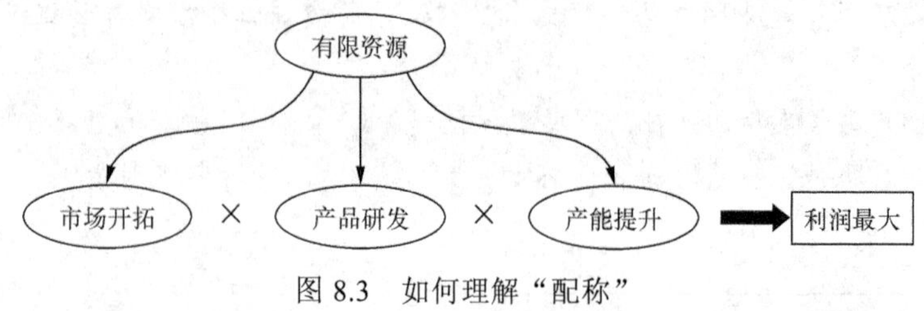

图 8.3 如何理解“配称”

“所以，有人曾经这样说：决策就是选择，决策也是放弃。有所为有所不为就是决策。”石破天惊！老马突然之间感觉自己完全弄明白了。

“啊！明白了！经营决策就是把资源按照最佳收益的目标进行搭配！”

（路晓辉，2005）

思考

1. 从此案例中，你认为如何才是正确理解企业的战略思想？

2. 迈克尔·波特所提出的“战略就是在企业的各项运作活动之间建立一种配称”的观点，体现了战略的什么内涵？

第一节 战略要素

战略制订与选择的最终结果是需要形成一个完成的战略报告，以供企业相关人员，特别是高层管理者认可，并在整个企业未来的几年、十几年，甚至几十年中加以贯彻执行。由此可见，战略报告作为战略制订与选择的一个重要组成部分以及最终表现形式，在整个企业战略管理中具有举足轻重的地位。一般而言，战略报告的具体结构，会由于不同行业、不同规模而存在一定的差异，但就企业总体战略报告的主体结构来说应该是基本上相同的，不外乎是外部分析、内部分析、战略思想、战略定位、战略目标、战略阶段、战略重点、战略措施等。

在本节中，我们所说的战略要素，是指在制订书面战略报告中所必须阐述的基本内容。它们主要包括战略思想、战略定位、战略目标、战略阶段、战略重点、战略措施等。从本质上来说，总体战略方案设计就是针对这些要素的具体谋划和明确规定。

一、战略思想

战略思想是指规划企业全局，引导企业发展，进行战略决策的指导思想。它给企业指明了发展的模式、依托的基础、最终的目标。它通常是以价值观为核心的若干思想观念的组合，如信用观念、创新观念、市场观念、竞争观念、服务观念、效益观念等。所以，正确的战略思想是从整体的角度中去看待企业与环境的关系以及人在这种环境中的作用，是对企业、企业成员与企业环境的全面认识。

战略思想是战略思维的结果，其认识过程是：以正确的战略理论为指导，科学地分析战略背景并对它做出理性的判断与认识，然后从各种认识中通过逻辑推理形成战略思想。所以，战略思想具有纲领性、稳定性与唯一性的特征，并通常是以方针、原则的形式，体现在战略方案或战略报告之中的。

企业在设计战略方案或编制战略报告时，必须明确战略思想，并用最简练的语言描述企业使命及其业务领域的设想，进行战略定位。

补充阅读

《孙子兵法》的“五事”“七计”与企业竞争

《孙子兵法》		军事斗争	企业竞争
五事	道	战争是否正义，上下意志是否统一	企业经营是否符合国家政策导向，经营方针是否符合实际要求，管理思想、方法是否先进
	天	自然气候及客观形势	企业所处的政治、经济、政策、法律等条件
	地	地形地势	企业地理位置、资源情况、布局、市场、交通
	将	将帅的智、信、仁、勇、严	企业领导的素质及能力
	法	军令法规	企业体制和规章制度
七计	主孰有道	国君是否贤明、战争是否获得群众支持	企业领导是否能够进行英明的领导
	将孰有能	将帅是否有才能	企业管理者的德才素质
	天孰有得	交战哪一方占据有利的作战地形	企业所处政治、经济环境及地理位置是否有利
	法令孰行	将帅的命令和军规是否贯彻执行	企业体制、规章制度、领导指令的有效贯彻情况
	兵众孰强	哪方军队实力强盛	企业全体成员素质是否较高
	士卒孰练	士兵的训练水平	企业内部技术创新、业务开拓能力的培养和提高
	赏罚孰明	军规、军令是否赏罚分明	企业奖惩制度的适用性及执行情况

二、战略定位

“凡有发展意图和求进取向的社会组织，其有效管理行为均起始于准确的组织定位。”所谓的战略定位，就是具有攻击性的市场精准定位。它是企业制订战略规划过程中承前启后的关键环节，是在科学分析企业外部环境和内部条件的基础上，根据一个或一组定位特征，合理地确定企业在未来市场中的位置。

准确的定位有助于企业在激烈的市场竞争中找准自己的发展方向，主动适应外部环境，优化企业内部结构和资源配置，促进企业的科学管理，有助于培育自己的核心能力，形成市场竞争优势，从而确立企业在市场竞争中的独特地位。

（一）战略定位的原则

1. 独特的价值链和价值诉求

独特的价值链就是要求在由基本活动和辅助活动所构成的企业价值链中，具有与竞争对手完全不同的特色，它的优势不是仅仅体现在某一项活动中，而是整个价值链一起作用，从而使竞争对手难以模仿。

独特的价值诉求就是企业要做的事情和其他竞争者相比有很大差异，从而构成自己的核心竞争力。价值诉求主要体现在三个重要的方面：一是市场细分，这需要从消费差异、个性差异、实力优势差异几方面寻求自己的客户群；二是选择切入点，即满足这些客户群什么样的需求；三是建立自己的成本优势。

选择要和竞争对手有所不同，就必须给自己合适的定位，采取一种独特的视角，满足一种独特的需求。

2. 有所为与有所不为

战略就是一种选择，因此在定位时必须做出明确而清晰的取舍，即确定哪些事是自己能做的，哪些事是必须放弃的。只有这样才能使企业将有限的资源用于培育自己的优势，迫使竞争对手很难模仿自己的战略。因此，企业要实现从做大到做强，从成功到成熟，就必须做到有所为，有所不为，学会放弃那些非自己擅长的事情，做自己该做的事，没有放弃就没有定位。

3. 长期性与连续性

任何一个战略必须要实施 3～5 年，否则就不算是战略，只有保持战略的长期性与连续性，才能确保企业形成自身的特色，培育出自身的核心竞争力。否则，每年都对战略进行改变的话，那就等于是没有战略，而是在赶时髦，这样企业永远会没有特色。另外，企业的战略必须由最高管理者制订，并由其指导推行。但如果最高管理者变更，战略也跟着变，这是企业不成熟的表现，除非是企业出现了重大问题。

4. 体现与时俱进

尽管战略具有长期性、连续性的特点，但这并不意味着一成不变，战略需要能够适应时代与环境变化的要求，否则企业只能抱住昨天的成功不放而失去前进的动力。

（二）战略定位的内容

战略定位决定着企业的发展方向和目标，它包括现状定位（现今所处的地位）和目标定位（今后的奋斗目标）。

1. 现状定位

只有知道现在身处何地，才能知道以后走向何处。现状定位就是明确企业当前在市场或产业中所处的位置，它既是对企业外部环境与内部条件的分析与总结，同时也关系到企业未来的发展方向，关系到如何将有限的资源投向何处、如何培养核心竞争力、如何获得竞争优势等一系列重要问题。

2. 目标定位

目标定位，是指企业在未来的特定一段时期内，期望达到的成果与变成的状态。它是战略规划的核心问题，表达了企业对未来的期望，指明了企业今后较长时间内的发展方向。目标定位的关键在于合理选择自己的发展空间，确定企业下一步的战略目标。从总体上来看，企业战略目标的定位，可从发展目标定位、效益目标定位、创新目标定位等方面展开。

补充阅读

某高校的战略定位

目标定位：建设“人才培育有鲜明特色、专业学科有竞争优势、科研成果有重要影响”的全国一流多科性教学研究型大学。

学科定位：以经济、管理类学科为主，其他学科协调发展。

办学层次定位：以研究生教育为先导，本科教育为主体，高职教育、继续教育、留学生教育为补充的办学格局。

办学类型定位：多科性教学研究型大学。

战略定位是一项复杂而又十分重要的工作，战略制订者必须慎重对待。如果企业的战略定位不准确或发生失误，战略理念再优秀，战略规划再具体、科学，都将是徒劳无益的。所以，进行科学的战略定位，应该遵循科学的方法。

（1）科学的市场调查和市场分析。在进行战略定位之前，企业必须对其所处的外部环境条件进行科学的分析，寻找企业发展的机遇，尤其要对产业吸引力的五个关键要素进行认真评估。如果某产业的市场容量大、市场增长率高、产业赢利能力强、人力资源丰富、法律及监管水平宽松，则说明该产业的吸引力高，企业定位于这样的产业，将会获得比较好的业绩。

（2）客观的自身能力评估。对企业自身能力的客观评估，将有助于准确地把握企业自身的能力特点，从而为正确寻找到自己的核心竞争优势提供科学依据。尤其要精细地分析，准确地把握企业竞争能力的水平，包括企业管理能力、创新能力、营销能力、研发能力、财务实力、生产能力。因为这些能力决定了企业的业务范围、市场范围、服务质量、竞争策略和赢利水平。

（3）准确分析竞争对手与相关市场要素。企业在进行战略定位时，既必须准确地分析竞争对手的实力，以及其所采用的竞争策略对自己的影响程度；同时还必须考虑到供应商、经销商讨价还价的能力，替代者和潜在进入者的威胁等方面的影响，从而确定自己的竞争战略定位。

在一些战略文献中，特别强调要注意做好任务陈述，因为这是进行企业战略定位必须研究的问题。任务陈述是对企业业务定义的陈述，回答了企业的业务是什么的问题，明确了自己在“做什么”的问题。这是确定企业经营重点、制订战略计划的基础，是基于基本假设之上的企业经营内容的战略定位。

补充阅读

蓝海战略

蓝海战略（Blue Ocean Strategy）的核心理论是价值创新。要创建蓝海，就要问自己四个问题：很多产业一向所关注的竞争因素，有哪些是可以完全剔除的？有哪些是可以减少的？有哪些投入是需要提高的？哪些竞争元素是需要创建的？做到这四点，就能创造出新的价值曲线，不仅在国内市场获利，还会在国际市场脱颖而出。

红海战略和蓝海战略比较见表8.1。

表 8.1　红海和蓝海战略的比较

红海战略	蓝海战略	红海战略	蓝海战略
在已经存在的市场内竞争	拓展非竞争性市场	遵循价值与成本互替定律	打破价值与成本互替定律
参与竞争	规避竞争	根据差异化或低成本的战略选择，把企业行为整合为一个体系	同时追求差异化和低成本，把企业行为整合为一个体系
争夺现有需求	创造并攫取新需求		

三、战略目标

战略目标是对企业战略经营活动在战略期内预期取得的主要成果的期望值。战略目标的设定，既是企业宗旨的展开和具体化，也是企业宗旨中确认的企业经营目的、社会使命的进一步阐明和界定，更是企业在既定的战略经营领域展开经营活动所要达到水平的具体规定。

1. 战略目标制订应注意的问题

鉴于战略目标既是企业战略选择的出发点和依据，又是企业战略实施和要达到的结果。因而，在战略目标制订时应注意以下几个问题。

（1）对象明确。有预期服务的对象，要完成的任务和达到的结果。

（2）定量和定性相结合。对企业预期达到的结果，既要有定量指标（如市场占有率、利润增长等），又要有定性内容（如树立良好企业形象、提高企业知名度等）。

（3）时间限定清晰，并且保证长、中、短期目标相互衔接协调。

（4）分阶段确立目标并分阶段考核。

2. 确定战略目标的原则

由于战略目标的制订既是企业宗旨的展开和具体化，也是企业宗旨中确认的企业经营目的、企业使命的进一步阐明和界定，同时也是企业在既定的战略经营领域展开战略经营活动所要达到水平的具体规定。因此，在确定企业战略目标时应遵循以下原则。

（1）关键性与全面性结合的原则。

（2）可行性与激励性结合的原则。

（3）定性与定量结合的原则。

（4）稳定性与权变性结合的原则。

3. 战略目标的核心结构

在企业使命和企业功能定位的基础上，企业战略目标可以按市场目标、创新目标、赢利目标和社会目标四大内容展开，并且每一个目标又可以作进一步的分解与细化。

（1）市场目标。一个企业在制订战略目标时最重要的决策是企业在市场上的相对地位，它常常反映了企业的竞争地位。一般包括产品目标、渠道目标、沟通目标等。

（2）创新目标。创新作为企业的战略目标之一，是使企业获得生存和发展的动力源泉。它一般包括有：制度创新目标、技术创新目标、管理创新目标。为确立创新目标，战略制订者一方面必须预计达到市场目标所需的各项创新；另一方面必须对技术进步在企业的各个领域中引起的发展做出评价。

（3）赢利目标。它是企业的一个基本目标，企业必须获得经济效益。作为企业生存和发展的必要条件和限制因素的利润，既是对企业经营成果的检验，又是企业的风险报酬，也是整个企业乃至整个社会发展的资金来源。赢利目标的达成取决于企业的资源配置效率及利用效率，包括人力资源、生产资源、资本资源的投入-产出目标。

（4）社会目标。现代企业越来越多地认识到自己对消费者及社会的责任，一方面，企业必须对本组织造成的社会影响负责；另一方面，企业还必须承担解决社会问题的部分责任。企业日益关心并注意自身良好的社会形象，既为自己的产品或服务争得信誉，又促进组织本身获得认同。企业的社会目标反映企业对社会的贡献程度，如环境保护、节约能源、参与社会活动、支持社会福利事业和地区建设活动等。一般包括公共关系目标、社会责任目标、政府关系目标。

补充阅读

我国技术标准国际战略[①]

总体目标：

经过20年的不懈努力，中国的技术标准对经济发展和社会进步起到充分的基础支撑作用，具有较大的国际影响，强有力地支撑科教兴国和可持续发展战略，从而提高我国的产业竞争力，最大限度地满足国际国内贸易以及全面建设小康社会的需要。

阶段目标：

完成我国技术标准管理体制由计划型向市场型的初步转变（2005—2010年）；

形成新型的技术标准体系，全面提高技术标准的市场适应性（2010—2020年）；

显著提升我国技术标准工作在国际标准化领域中的地位（2020—2025年）。

四、战略重点

战略重点是指企业战略所确定的，为贯彻战略思想、实现战略目标而在战略期内必须解决的重大经营问题。它是关系到全局性的战略目标能否达到的重大的或薄弱的部门与项目。为了达到战略目标，必须明确战略重点。没有重点，就没有政策。

战略重点通常包含两方面的含义。

（1）战略优势。它是指企业在较长时期内，在关系全局经营成败方面拥有强大的实力、丰富的资源和优势地位；是企业在激烈的竞争中取胜的法宝。

（2）战略劣势。它是指企业在实现战略目标中难免出现的薄弱环节，需要在资金、人力、物资、技术和管理等方面采取切实有效的措施予以解决，达到综合平衡，使劣势逐渐转化。

在确立战略重点时，必须遵循以下准则。

（1）关键环节。

（2）薄弱环节。

（3）优势环节。

（4）重大影响环节。

在确立战略重点时，必须注意以下问题。

（1）必须通过科学的分析，找出哪些事关战略目标能否实现或能否顺利实现的关键问题。

（2）必须通过划分战略阶段来确定不同阶段的战略重点。

（3）要正确处理和协调各阶段战略重点的转移，以及战略重点与非战略重点之间的关系。

一般来说，战略重点一经确定，往往需要在思想、组织与资源方面做出保证与协调，以便企业能集中优势资源，进行重点突破。但随着战略行动的逐步推进，战略重点会呈现出阶段性特征，因此必须注意及时调整。

① 王金玉．2004．我国技术标准国际战略研究．世界标准化与质量管理，（1），36.

五、战略阶段

战略阶段，又称战略步骤，它是企业为实现战略目标而作的阶段划分；是为了达到一定的战略目的而采取的有计划的行动次序。任何有计划的战略行动都必然是有步骤的、分阶段的行动，前一个步骤（阶段）为后一个步骤（阶段）创造条件，使整个战略计划得以实现。

为完成企业使命所确立的战略目标通常是一种长期目标与短期目标的结合。因此，对战略进行阶段性划分，就要求企业着眼未来、着眼现在；既要有远大抱负，又要有踏实的步骤；既要明确各阶段在战略过程中的地位、作用，又要明确不同阶段战略的中心任务，并通过各阶段短期战略目标的不断实现来实现企业长期战略的总目标。为此，在对战略阶段进行划分时，需要做到以下几点。

（1）要有比较明确的时间表和目标要求。

（2）要根据企业资源、文化、组织的实际情况，科学地阐述战略阶段之间过渡的条件、方式及具体量化的数据。

（3）必须突出重点、顾及一般，使整个战略蓝图通过各战略阶段能够清楚地展现出来。

划分战略阶段的主要依据或准则主要有以下几项。

（1）战略目标。

（2）战略重点。

（3）经济发展速度。

（4）经济周期。

（5）战略期。所谓的战略期，就是指企业实现各项战略目标、完成各项战略任务，预期花费的时间。

六、战略措施

战略措施就是达成企业战略目标，最终实现企业远景的方法和手段；是为了实现企业一定时间内的战略目标，在整体利益和长期利益的指导下，协调局部利益并兼顾短期利益，而采取的一整套行动计划；是在企业战略中为贯彻战略思想、实现战略目标、完成战略重点任务，所采取的各种全局性的、切实可行的方法和步骤。在战略方案设计中，往往把方针、政策的制定放在战略思想中与企业哲学和宗旨一起论述，而把对策、措施或手段作为战略策略的主要内容。所以，也将此称之为战略手段、战略策略。

战略定位和战略思想是战略行动的方向、目标与纲领、准则，但还不是行动本身，只有通过战略措施，才能将其付诸实施，使其得以贯彻落实。因此，战略措施是任何一个具体战略都不可缺少的重要组成部分。

战略措施的特点主要体现在“全局性”和“方法步骤”两个层面。从“全局性”看，它对应着公司总体战略部分中的战略方向，属于整理思路；从“方法步骤”看，它对应着各业务战略中具体的行动思路以及细化到各个企业管理模块所需要采取的具体行动。

1. 制订战略措施的基础

（1）战略措施为谁服务。弄清楚战略措施为谁服务，是正确提出战略措施的前提条件之一。战略措施的服务对象应该是战略目标，而战略目标又是企业整个战略规划的显性指引，所以战略措施构成了整个战略方案的最实际的部分，成为战略方案落地的保障。

（2）战略问题及分类。熟悉并了解企业管理常见问题，是正确提出战略措施的前提条件之二。战略问题可以分为宏观层问题和微观层问题。微观层问题是问题的表象，宏观层问题是问题的本质。问题的本质对应着战略方向，问题的表象对应着具体的行动方案。也就是说，战略方向的提出是未来解决问题的本质，战略措施的制订是在战略方向的指导下，解决一个又一个问题的表象。

（3）企业资源分析。对企业资源状况的客观的、全盘的了解，是正确提出战略措施的前提条件之三。企业资源体系可分为两大方面：一是有形资源，主要是指可以物化的，设备、厂房、资金、人才等；二是无形资源，主要是指不可以物化的，如品牌、社会网络、企业管理经验和技术、专利技术、企业文化等。

（4）未来不确定性分析。正确提出战略措施的第四个前提条件是对未来不确定性的分析。由于未来环境的变化会影响到战略的有效实施，一个不可调整的战略，不可动态管理的战略将会给企业带来经营的风险，甚至使企业毁灭。所以，一个着眼于未来变化，能够根据预测的前提条件做出若干应急方案的战略措施，将成为企业未来制胜的必要因素。

2. 战略措施的内容

战略制订完成之后，应该制订战略措施，从而保证战略落地。离开战略措施，战略实施的可行性将受到质疑，战略本身也有可能成为空中楼阁。

（1）组织保证措施。战略决定结构，结构跟随战略。企业要有效地运营必须将战略与组织相联系，因为组织的设计在很大程度上是企业的战略意图在组织结构上的反映。

（2）技术保证措施。一般来说，技术对企业发展战略的保证包括三个内容：一是新产品开发；二是老产品的技术改进；三是生产规模的技术改造。

（3）市场营销保证措施。

（4）管理控制系统保证措施。

（5）人力资源保证措施。战略要求人力资源所提供的保证，主要有以下几个方面：一是测算适应战略需要的人员结构和数量；二是如何落实战略所需员工的招募和培育；三是如何激励员工在各自岗位上发挥自己的才能。

补充阅读

战略规划的框架见表8.2。

表 8.2 战略规划的框架

分项战略（章）（节）战略要素	总战略	组织发展战略	市场战略	产品战略	技术战略	人才战略	企业文化战略	国际经营战略
战略思想	√							
战略目标	√	√	√	√	√	√	√	√
战略重点	√	√	√	√	√	√	√	√
战略措施		√	√	√	√	√	√	√
战略阶段		√	√	√	√	√	√	√
战略预算		√	√	√	√	√	√	√

以上所述的总体战略报告要素，基本上可以概括战略方案设计的主要内容，以供大家在实践中参考，但这并不意味着要求大家都按这种程式化的东西去具体操作。

一般来说，企业总体战略报告的主体结构是由外部分析、内部分析、战略思想、战略目标、战略阶段、战略重点、战略措施等内容组成的。但由于外部分析、内部分析所包含有大量的数据、图表、各种方法和工具等内容，从而使这两部分的内容，相对于其他部分来说显得太多、太繁杂，甚至有些让人难以看懂。因而，在实际制订书面战略报告中，我们可以将其一分为二，即将外部分析、内部分析这两部分内容归整为一个独立的部分，称之为战略分析报告；而将战略思想、战略目标、战略阶段、战略重点、战略措施等内容归整为另一个独立的部分，称之为战略报告。这样做有以下两个方面的益处：一是各报告的主题、内容、功能明确，战略报告是用于指导企业未来行动的，战略分析报告则是说明战略报告所提出内容的来源与依据，属于基本数据部分；二是便于各级相关人员的学习、领会与执行，特别是管理者。对于企业的各级相关人员来说，他们更多的是要学习、领会与贯彻执行战略，而不是去了解具体制订这个战略所引用、分析的各类数据。对企业的高层管理者而言，由于时间的关系，他们可能更多的是关注战略报告中所提出的具体战略内容，而不是战略分析报告内容。

补充阅读

企业战略思考 思想决定行为

当众多世界500强的首席执行官（CEO）们在强调“现在是战略制胜的时代”的时候，我们的企业家也在摩拳擦掌跃跃欲试，准备向更多的人传递自己的战略设想了，从重量级人物柳传志、李东生等纷纷走到前台，参与各种论坛互动，到众多中、小企业的广告宣传策略中不断体现自身企业的目标等，不一而足，甚至当你在某个胡同里买茶鸡蛋时，老婆婆一边找你零钱，一边还轻轻地告诉你“因为这个胡同卖蛋的不多，又经常有上班族打此经过，所以决定在此设点”等。似乎战略及战略管理已经妇孺皆知了。这当然是件好事，至少表明我们的企业家思想上已经和世界接轨了。

《企业战略思考 思想决定行为》
http://blog.sina.com.cn/s/blog_15d30e28d0102xftm.html

但事实又如何呢？推荐读者通过链接或二维码阅读《企业战略思考 思想决定行为》。

第二节 战略文件

战略被认为是一个企业的整体性、长期性的指南或者是该企业某些部门的长期指南，其目的在于用来长期指导企业实现其经营发展的主要目标。如果想要战略发挥其应有的功用，产生预期的效果，就必须让这些战略能够有效地传播，除了口头传播以外，还需要通过书面文件的形式进行传播。此外，书面形式的战略文件不仅利于长久保存，而且在实际运作中也能显得更加正式、庄重，特别是对于那些大型企业集团来说更是如此。

一、战略文件的基本类型

对于一个大型企业集团来说，其所需要规划制订的战略文件体系一般可分四个类型，即使命陈述、公司战略、业务战略（事务战略\职能战略）和战略项目。图 8.4 明确表示出四类战略文件的主要内容（鲁道夫，2005）[15]。

内容		使命陈述	公司战略	业务战略	战略项目
最重要的目标和价值		***			
成功潜能	•目标市场地位	*	***	*	*
	•市场提供方面的竞争优势		*	***	*
	•资源方面的竞争优势		*	***	*
实施方法					***
注：　*** 表示主要内容；　* 表示可能的补充内容					

图 8.4　战略文件基本类型的主要内容

从图 8.4 中可以看到，使命陈述并不是一个中心战略文件，因为它的目的不是保证或建立战略成功的潜能，仅是用来清楚地传递企业最重要的宗旨和价值观。

公司战略的主要内容说明与战略相关的业务和每项业务的目标市场地位，这意味着不仅仅是要弄清产品分类和公司需要争取的地区市场的问题，还需要确定目标竞争地位，这通常以绝对的或相对的市场份额来体现。

业务战略需要制订出市场提供方面的成功潜能和资源方面的成功潜能，在实际操作中最好首先对目标竞争优势的类型（如价格、差别化）和需要顾及的市场（整个市场或特殊市场）做出清楚的说明。所以，业务战略的内容主要包括许多具体的关于成功潜能开发和保持的陈述，当然还可以包括对目标市场地位的陈述。

战略项目，实际上就是实施项目。因战略意图的实施基本上要依靠这些项目计划，所以从实践的角度来说，它们是极其重要的。战略项目主要就是制订出具体而又详细的实施方法，诸如决定该项目的范围和目标、选定项目小组成员、制订出工作重点、做出财务预算等。表 8.3 给出了四种战略文件的基本内容架构（鲁道夫·格里宁，2005）[18]。

表 8.3　四种基本战略文件的内容架构

文　件	内 容 的 范 围
目标陈述	• 公司活动的明显特征（希望拥有的市场地位） • 最重要的目标和价值（向利益相关者表明态度）
公司战略	• 对各项业务的界定（所提供的产品和/或服务与市场和特殊市场相结合） • 所期望的市场地位（各项市场业务的份额目标） • 投资目标（不同业务的投资重点）
业务战略（为每一项业务）	• 一般竞争战略（成本领先或差别战略） • 市场层面上的竞争优势 • 资源层面上的竞争优势（它还能包括将业务分为几个部分和相应的不同市场份额目标有关的陈述）
战略项目（为每一种实施方法）	• 项目目标和边界条件（对项目效果的期望，重点的条件限制） • 项目的组织（组织结构、人员构成） • 步骤程序和起点（计划步骤、时间表、里程碑） • 预算（项目内外的费用）

二、企业战略文件总汇

作为战略指南的战略文件的类型和数量必须根据企业的具体情况来选择确定。对只有一种经营业务的小公司而言，通常只需要用一个文件来说明它们的战略指南即可；而对于大型企业集团，特别是跨国企业来说，则需要有一整套的文本文件来为不同的部门、产品、国家区域和附属机构等提供战略指南。

（一）战略文体的标准体系

虽然一个企业所需要的实施战略方案的一系列文本文件必须根据它的特定情况而定，但还是有可能制订出一些战略文件的标准体系。这个标准体系是以大多数企业的情况为依据，以产品群、地区市场和行业市场为划分坐标所确定的。在利用这个体系对某个具体企业选择适当的文件体系时，有必要将该企业不同业务和管理结构作为一个问题考虑进去，并也可以对所选择的标准文件体系做适当的调整以更适合于企业的需要。图 8.5 展示出了战略文件体系的六个标准系统。

不同标准体系企业的战略文件的结构有一定差异（鲁道夫·格里宁，2005）[19~20]。

（1）标准体系Ⅰ是一个最简单的战略文件体系，主要适用于微型的、小型的、以某一地域为其经营活动范围的地方性企业。因此类企业具有经营业务很简单；人员结构很简单、数量较少且多数人员的素质不高；所能利用的资本少，外部资本的筹措能力不必很强；环境变化对小企业的刺激或冲击是很大的；企业的成败完全取决于经营者个人能力等特点。所以，对于这类型企业而言，其公司战略和业务战略都用一个单一的文件总结出来。这种文件通常只包含目标市场定位的简要概括，且主要说明一些业务战略上的关键性要点。

（2）标准体系Ⅱ是一个针对于集中于一个行业市场，在产品或服务方面具有多个产品或服务群，且在一个地区市场进行经营活动企业的标准体系。对这类型企业而言，多样的产品和服务意味着更加倾向于公司战略，分清切合实际的目标市场定位和优选考虑的投资项目对企业的经营发展更为重要，同时该类型企业是以产品群来划分业务战略的。它主要是由中等规模的以国内市场为主的公司采用。

（3）标准体系Ⅲ与标准体系Ⅱ相比，此标准体系主要是针对于集中于多个行业市场，有多个产品或服务群，在一个地区市场进行经营活动的企业。对这类型企业而言，多样的产品和服务意味着更加倾向于公司战略，特别是会考虑以行业市场为依托制订行业公司战略，所以分清切合实际的目标市场定位和优选考虑的投资项目对企业的总体经营发展很重要，同时业务战略的划分是以产品群为依据。主要适合于中等规模的以国内市场为主的企业。

（4）标准体系Ⅳ是一个针对于集中于一个行业市场，具有一个产品或服务群，在多个地区市场进行经营活动企业的标准体系。对这类型企业而言，非常专注于在许多不同的地区市场推销其所生产的产品或服务，由于不同的地区具有不同的人文地理环境，所以应该为重要的服务区域市场制订独立的业务战略，以满足特定地区市场客户的特定要求。它主要针对活跃于特殊市场的高度专业化的国际化企业。

（5）标准体系Ⅴ是一个针对于集中于一个行业市场，具有多个产品或服务群，在多个地区市场进行经营活动企业的标准体系。对这类型企业而言，存在着以产品为导向和以市场为导向的业务战略同时产生的可能性（见图中连接产品和地区市场的双箭头表示两者之间可能需要相互配合与协调）。通常解决的方法是产品的业务战略优先于地域市场的业务战略，并且被最先制订出来；在非常特殊的情况下，也可以采用相反的方法，即先制订出地域市场的业务战略。它主要适合于许多中等规模的、以国际化为主的制造业和服务业企业。

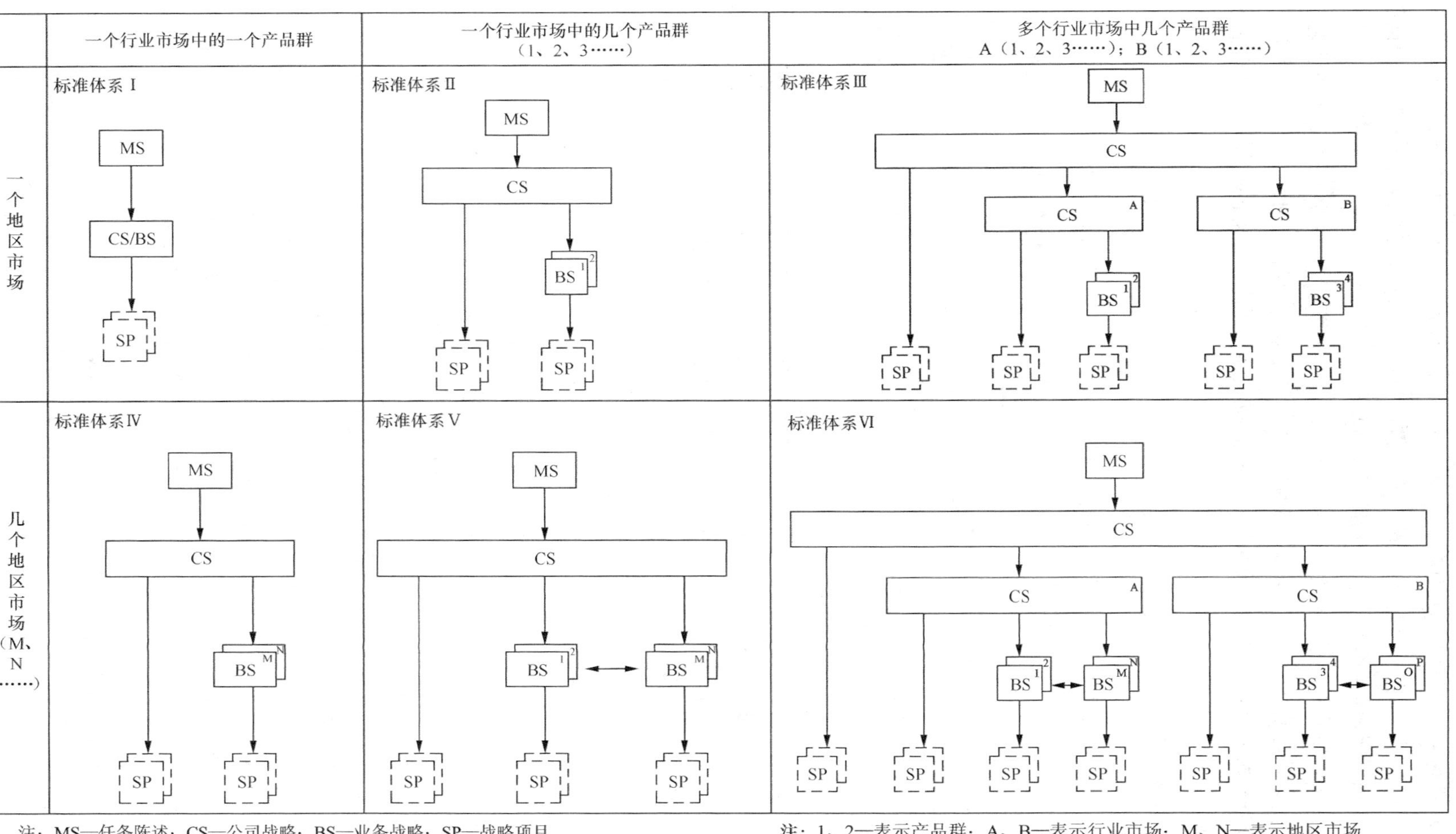

注：MS—任务陈述；CS—公司战略；BS—业务战略；SP—战略项目

注：1、2—表示产品群；A、B—表示行业市场；M、N—表示地区市场

图 8.5 战略文件的标准体系

（6）标准体系Ⅵ是一个最为复杂的标准体系，是标准体系Ⅲ和Ⅴ在逻辑上的组合，主要针对于在多个行业市场，具有多个产品或服务群，又在多个地区市场进行经营活动的企业。因此，它适用于活跃在全球范围的大型跨国企业集团。

图 8.5 所表现的六个标准体系，并不是现成的、可以直接为企业所采用的解决问题的方法，但它们可以帮助企业以此为基础来制订适合自己要求的战略计划体系。其工作程序：首先选择一个与本企业的需求最接近的体系；然后将根据其运用于企业的具体情况，并做出相应的调整。

案例 8.1

确立一家在国内运营的以生产啤酒为主业，兼生产糖果企业的战略计划体系。

分析：由于这家企业是在国内的两种不同市场（啤酒市场、糖果市场）中运作，参照标准体系（见图8.5）可选择标准体系Ⅲ，但由于它并不是一个大型企业，所以没有必要制订两个行业市场的公司战略，而仅需要用一个战略计划来反映两个市场中的情况就足够了。关于每个部分的不同产品和顾客群的信息可以包含在这些计划的某些章节里，无须拟出另外的文本。图8.6为该家企业最终选择确定的战略计划体系。

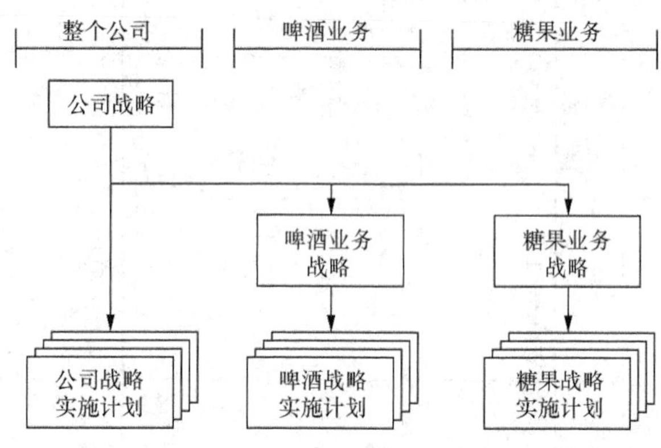

图 8.6　该企业战略文件体系

案例 8.2

为一家全球化运作的电梯生产企业制订战略计划体系。

分析：由于这家企业能够出生产国际市场所需要的所有电梯品种，参照标准体系（见图8.5）可选择标准体系Ⅴ。这家企业的战略体系选择了标准体系Ⅴ，但也做了一些适情性的调整，调整的内容有以下两个方面。

（1）为了与它的结构相统一，这家企业在拥有每个国内市场战略的同时，还拥有一套区域战略。区域性战略决定优先考虑的因素并决定区域的范围。

（2）这家企业没有完全按照标准体系Ⅴ中的要求那样，为每一个产品群都制订一套战略计划。相反只有一种发展战略文件和一种生产战略文件，这两者都对所有范围适用。其原因在于产品的计划、开发和生产的高度集中，虽然这两种文件属于职能方面的规划，但对于企业来说，它的确是一种战略，因为它包含了建立和维护成功潜能的最重要的指南。

图8.7所示的是该家企业最终选择确定的战略计划体系。

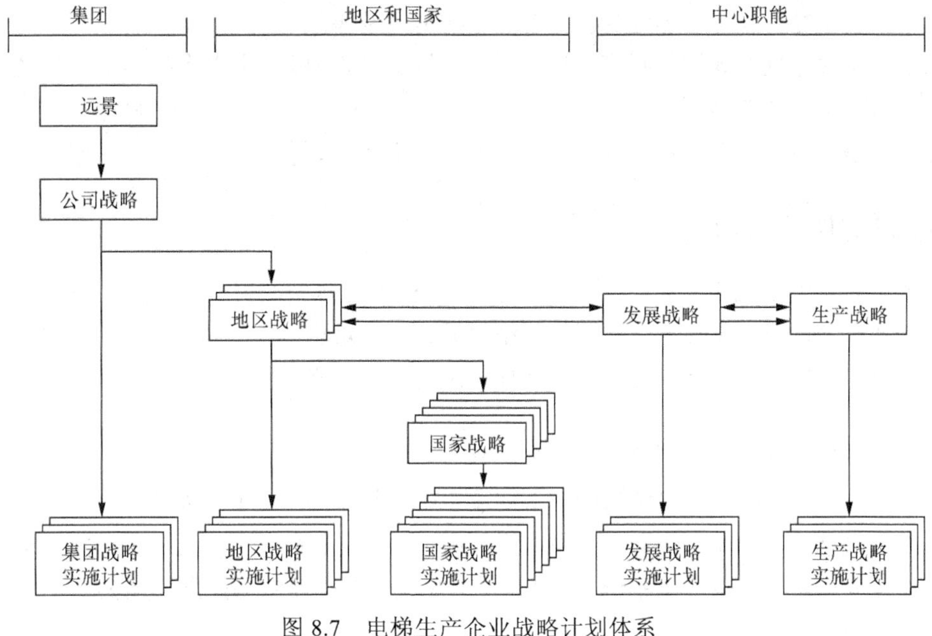

图 8.7　电梯生产企业战略计划体系

（二）三种不同复杂程度的战略文体体系

对于一个具体企业来说，应该编制哪些文件，主要取决于产品和服务的同质性、不同行业的数量、企业的地理市场数目或所从事的战略业务等。为此，我们在这里给出了三种不同复杂程度的所需的战略文件体系（见图 8.8）。

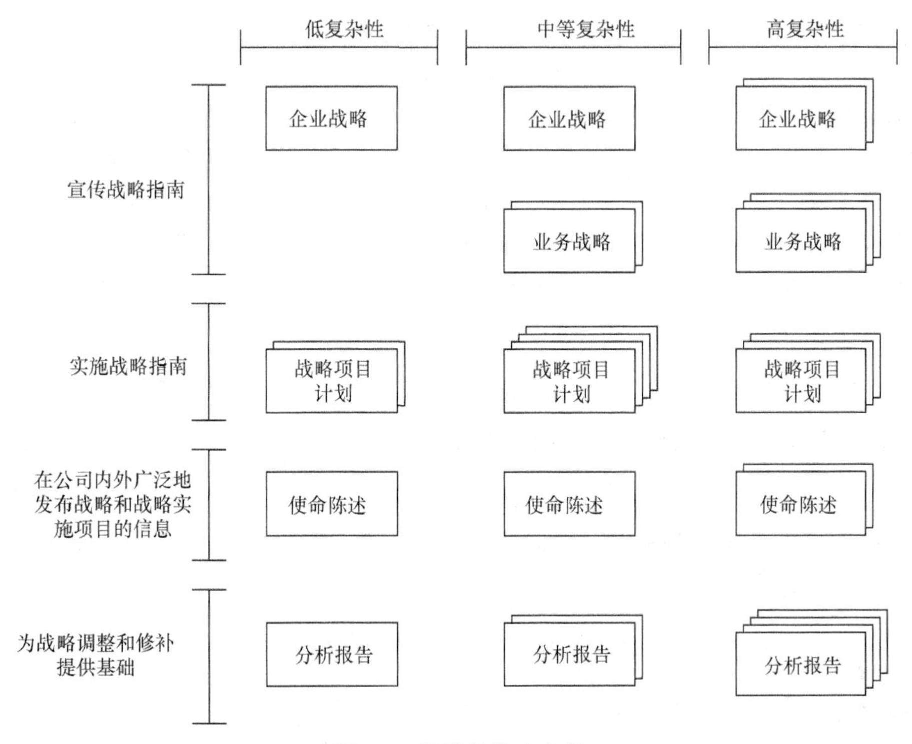

图 8.8　所需的战略文件

（1）低复杂性。单一产品组合在一个行业或地区销售。

（2）中等复杂性。大量不同产品组合在单一行业或者地区市场销售，或者单一的产品组合被投放到许多不同的地区。

（3）高复杂性。为多个行业或地区提供不止一个产品组合。

三、战略文件的结构

对于各种类型的战略文件的结构目前并没有统一的、规范的格式要求，在同一家企业中，为了便于比较，同类文件最好采取同样的结构模式。但对于不同的企业而言，则可以根据自身的环境与条件特征，以及企业偏好来选择适用自己的战略文件结构。

（一）各类战略文件的一般结构

各类战略文件既有其自身特有的内容要求，也有其通用的一般性结构，同时还应有能体现企业个性的格式。因此，对一个具体的企业而言，其各类战略文件结构的确定，应根据自身的环境与条件特征来选择。案例 8.3 为每类战略文件的一般结构提出了建议。

案例 8.3

1. 使命陈述
—导言
—目标和价值
—业务和目标市场位置
—利益相关者关系
2. 公司战略
—导言
—分析结果概要
—使命和核心业务
—各类业务
—各业务目标
—公司层面的关键资源
—投资优先项目
—实施项目概览
—文件发布
3. 业务战略
—导言
—分析结果概要
—一般业务战略
—市场提供的竞争优势
—资源竞争优势
—实施项目概览
—文件发布
4. 项目计划
—导言
—目标和一般条件
—项目组织
—过程和转折点
—项目预算
—文件发布
5. 分析报告
—导言
—所用步骤和方法
—总体环境分析
—行业分析
—公司分析
—威胁和机遇
—文件发布

（二）国内几种典型战略报告的结构简介

由于不同的战略制订者会根据自身的环境与条件特征，选择自己适用的战略报告结构，所以，本节所展示的若干战略报告结构，并非是唯一的标准格式，而仅是提供给读者作为参考借鉴的范本，见案例 8.4。

案例 8.4

战略报告结构之一，见图8.9。

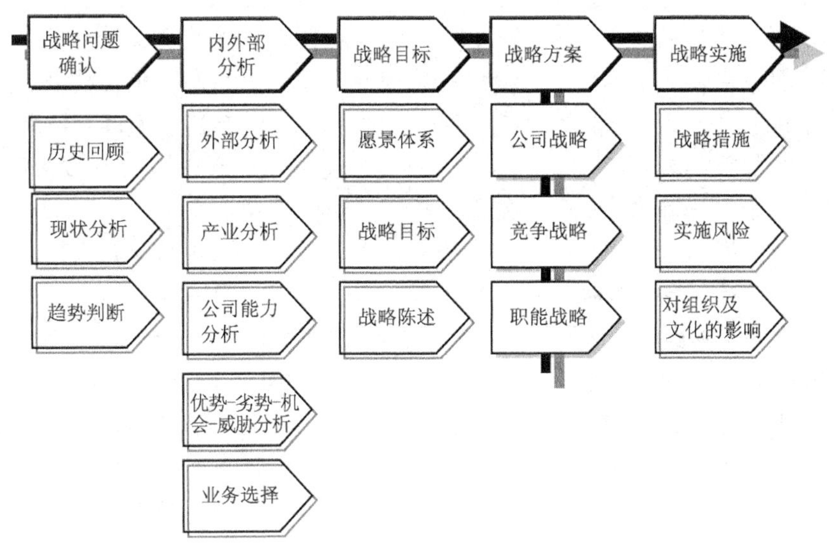

图 8.9　战略报告结构之一

战略报告结构之二——集团总体战略报告

1. 集团发展宏图及5年战略目标
2. 宏观经济环境与产业发展分析及对集团影响的评估
   2.1 今后5年集团所处的各产业的发展展望
   2.2 宏观经济与产业发展对集团造成的影响
      2.2.1 主要发展机会
      2.2.2 主要威胁
3. 集团现状分析
4. 集团未来5年战略目标
   4.1 集团未来5年业务重组
      4.1.1 放弃哪些产业
      4.1.2 进行哪些新业务行业
      4.1.3 各业务单元的发展重点
   4.2 主要战略措施
      4.2.1 关、停、并、转
      4.2.2 合资、兼并
5. 集团财务目标预测
   5.1 总销售额
   5.2 投资资本回报（ROC）
6. 主要资源需求预测
   6.1 资本投资
   6.2 人才
7. 前一年战略规划的差异及总结

战略报告结构之三——业务单元战略报告

1. 本业务单元发展宏图及5年战略目标
2. 宏观经济环境与产业发展分析及对本业务单元影响的评估
   2.1 今后5年内国内外宏观经济环境发展变化趋势
   2.2 今后5年内产业的发展展望
      2.2.1 主要发展趋势
      2.2.2 主要法规及经营环境变化
   2.3 宏观经济与产业发展对本业务单元造成的影响
      2.3.1 主要机会
      2.3.2 主要威胁
3. 本业务单元现状分析
   3.1 本业务单元近年业绩及发展趋势
   3.2 本业务单元主要竞争优势及弱点

4. 本业务单元面临的主要竞争对手分析（国内外竞争者）
   4.1 竞争对手近几年业绩分析（和本集团比较）
   4.2 竞争对手在之后5年可能采取的措施
   4.3 竞争对手战略措施对本业务单元的潜在威胁
5. 本业务单元5年战略（方案）
   5.1 本业务单元今后5年将在哪些市场竞争
      5.1.1 地理市场
      5.1.2 产品定位
      5.1.3 业务模式
   5.2 如何竞争：主要竞争手段
   5.3 主要战略措施
      5.3.1 市场扩张
      5.3.2 新客户与渠道的建立
6. 本业务单元5年经营及财务目标预测
   6.1 主要增长点预测
   6.2 总销售额
   6.3 市场份额
   6.4 投资资本回报（ROC）
7. 配合本业务单元战略的主要资源需求预测
   7.1 资本投资
   7.2 人才
8. 前一年战略规划的差异及总结

战略报告结构之四——国资委中央企业发展战略与规划编制大纲

1. 现状与发展环境
   1.1 基本情况
      1.1.1 概况
      1.1.2 组织机构
      1.1.3 法人治理结构
      1.1.4 二级公司分布与分析
      1.1.5 主要经济指标
      1.1.6 主业构成
      1.1.7 其他情况
   1.2 企业发展环境分析
      1.2.1 宏观环境分析
      1.2.2 企业所在领域的国内外现状和发展趋势分析，包括企业竞争环境的分析等
      1.2.3 企业主业和主导产品国内外市场分析
   1.3 竞争力分析
      1.3.1 企业基本发展条件分析
      1.3.2 企业主要经济技术指标对比分析
      1.3.3 核心竞争力分析
      1.3.4 存在的主要问题
2. 发展战略与指导思想
   2.1 企业战略定位与战略描述
   2.2 企业发展指导思想
3. 企业发展目标
   3.1 2025年远景规划目标
   3.2 企业发展3～5年目标
   3.3 2015—2025年主要发展目标及年度目标分解
      3.3.1 总体目标
      3.3.2 主要经济指标
      3.3.3 产业结构调整目标
      3.3.4 产权结构调整目标
      3.3.5 产品结构调整目标
      3.3.6 企业组织结构调整目标
      3.3.7 主要技术指标
      3.3.8 人力资源目标
      3.3.9 其他目标
4. 2015—2025年发展调整重点与实施计划
   4.1 发展调整重点
   4.2 发展计划

4.2.1 体制、机制创新计划

4.2.2 组织结构调整和资源优化计划

4.2.3 产业和产品结构调整计划

4.2.4 投融资计划

4.2.5 技术创新与科研开发计划

4.2.6 国际化经营计划

4.2.7 企业文化发建设及其他计划

5. 规划实施的保障措施及建议

战略报告结构之五

此战略报告结构可分为两部分：第一部分为战略报告，第二部分为战略分析报告（或作为战略报告的附件）。

××××企业发展战略报告

1. 战略分析概要
2. 战略定位
3. 战略思想
4. 战略目标
5. 战略阶段
6. 战略重点
7. 战略措施（战略策略）

××××企业发展战略分析报告

1. 总体环境分析
2. 行业分析
3. 主要竞争对手分析
4. 公司分析
5. 战略匹配
6. 结论与建议

四、制订与批准战略文件的步骤

制订和批准战略文件是战略管理中的一个重要步骤，同时也是规范战略管理文件的重要组成部分，且是战略控制的基础。制订和批准战略文件一般可分为五个步骤。

1. 确定战略文件及其结构

根据战略分析过程中所得到的结果，企业应确定所要制订战略文件的类型与数量，列出具体需要制订的文件清单，并为每一类战略文件确定具体的结构模式。

2. 制订战略文件

企业应根据所确定的战略文件的类型与数量，以及每一类战略文件的具体结构模式，按文件清单将制订工作具体分解落实到相关人员或部门。在制订过程中，企业应注意将制订战略、项目计划、使命陈述与重要的战略分析结果的有效结合，以保证战略文件的整体性、连贯性与实用性。

3. 检查战略文件的清楚程度和表述的一致性

战略文件表述的一致性与表达的清楚性将直接关系到相关人员与部门对文件的理解程度，必须引起高度的重视，尤其是要注意检查文件中可能引起误解的地方。确保表述一致性的好方式之一就是制订一个术语词汇表，这样就可以对诸如明显矛盾的术语以及描述同一现象的两个术语做出必须的说明，以免产生误解。对不同的战略文件应满足不同的要求，战略和战略项目的计划必须斟酌辞章以便让各个层次的管理者都很清楚；使命陈述要求能做到被企业员工和其他人都明白无误地理解；分析报告要求做到数据详尽真实，分析层次清晰，表达形式可以按照一个既定的目录表处理。

4. 批准战略文件

完成了上述各个步骤，就可以将战略文件递交有关机构待其批准。通常公司战略文件是由董事会批准的，其他类文件可能会由管理层批准。当然，在不同的企业，各层次的批准权限并不相同，没有统一的标准。

5. 宣传和发布战略文件

每份文件都应该附有一张需要得到该文件人员的名单，这样就说明每个人都没有被遗忘，收到文件的人也可以知道有哪些人得到了文件，可以和哪些人进行讨论。如果今后需要修改文件的话，能够确保所有的人都知道。

战略文件的发布不能只是简单地发放下去，而应该是一个有着宣传活动的过程，最好开展适当的讨论和交流，事先能制订出一个详细的宣传计划则更好。

本章小结

战略报告作为战略制订与选择的一个重要组成部分以及最终表现形式，在整个企业战略管理中具有举足轻重的地位。一般来说，战略报告的具体结构，会因不同行业、不同规模而存在一定的差异，但就企业总体战略报告的主体结构来说是应该基本上相同的，不外乎是外部分析、内部分析、战略思想、战略定位、战略目标、战略阶段、战略重点、战略措施等。

战略思想是指规划企业全局，引导企业发展，进行战略决策的指导思想。它给企业指明了发展的模式、依托的基础、最终的目标。它通常是以价值观为核心的若干思想观念的组合，如信用观念、创新观念、市场观念、竞争观念、服务观念、效益观念等。战略定位则是指在科学分析企业外部环境和内部条件的基础上，根据一个或一组定位特征，合理地确定企业在未来市场中的位置。独特的价值链和价值诉求、有所为与有所不为、长期性与连续性和体现“与时俱进”是战略定位的原则。而现状定位、目标定位则是战略定位的内容。战略目标的设定，既是企业宗旨的展开和具体化，也是企业宗旨中确认的企业经营目的、社会使命的进一步阐明和界定，更是企业在既定的战略经营领域展开经营活动所要达到的水平的具体规定。市场目标、创新目标、赢利目标和社会目标是战略目标的核心结构，在战略目标的制订中需要遵循四个的原则与注意四个问题。战略重点是指企业战略所确定的，为贯彻战略思想、实现战略目标而在战略期内必须解决的重大经营问题。在确定战略重点时，需要遵循四个准则并注意三个问题。战略阶段是企业为实现战略目标而作的阶段划分；是为了达到一定的战略目的而采取的有计划的行动次序。其主要是依据战略目标、战略重点、经济发展速度、经济周期和战略期等要素划分的。战略措施是达成企业战略目标，最终实现企业远景的方法和手段。战略措施为谁服务、战略问题及分类、企业资源分析和未来不确定性分析是制订战略措施的基础；而组织保证措施、技术保证措施、市场营销保证措施、管理控制系统保证措施和人力资源保证措施等则是战略措施的基本内容。

对于一个大型企业集团来说，其所需要规划制订的战略文体体系一般可分四个类型：即使命陈述、公司战略、业务战略（事务战略/职能战略）和战略项目。六个标准战略文件系统可为在不同行业市场，具有多个产品或服务群，且在不同地区市场进行经营活动的企业提供所要的文件体系的参考样板。对于一个具体企业来说，应该制订哪些文件，主要取决于产品和服务的同质性、不同行业的数量、企业的地理市场数目或所从事的战略业务等，三种不同复杂程度的战略文体体系可为其提供具体的指导。使命陈述、公司战略、业务战略、项目计划和分析报告五类战略文件，各有侧重且结构也各有千秋。五种典型战略报告的结构模式反映出战略报告结构的多样化趋势。制订和批准战略文件的五步骤说明了战略文件的制订是一个严肃而又认真、重要的工作。

复习与思考

一、名词解释

战略思想、战略定位、战略目标、战略阶段、战略重点、战略措施

二、单选题

1. 战略定位决定着企业的发展方向和目标，它包括（　　）和目标定位。

A. 市场定位　　B. 竞争定位　　C. 产业定位　　D. 现状定位

2. 战略措施的特点主要体现在“(　　)”和“方法步骤”两个层面。

A. 全局性　　B. 长远性　　C. 适应性　　D. 有效性

3. 对于一个大型企业集团来说，其所需要规划制订的战略文件体系一般可分四个类型，即使命陈述、公司战略、业务战略和（　　）。

A. 战略项目　　B. 事务战略　　C. 职能战略　　D. 财务项目

4. 对于一个从事单一产品组合在一个行业或地区销售的企业而言，其所需的战略文件体系通常由使命陈述、公司战略、(　　) 和分析报告等构成。

A. 事务战略　　B. 职能战略　　C. 战略项目　　D. 业务战略

5. 战略重点是指企业战略所确定的、为贯彻战略思想、实现战略目标而在战略期内必须解决的重大经营问题，它通常包含战略优势和（　　）两方面的含义。

A. 战略定位　　B. 战略劣势　　C. 战略目标　　D. 战略选择

三、多选题

1. 战略定位的原则主要包括(　　)、有所为与有所不为、(　　)和体现“与时俱进”。

A. 可行性与适宜性　　B. 独特的价值链和价值诉求

C. 长期性与连续性　　D. 全局性与长远性

2. 确定战略目标的原则主要有：(　　)、(　　)、定性与定量结合、稳定性与权变性结合等。

A. 关键性与全面性结合　　B. 适宜性与先进性结合

C. 可行性与激励性结合　　D. 短期性与长远性

3. 在企业使命和企业功能定位的基础上，企业战略目标可以按市场目标、创新目标、(　　)和（　　）四大内容展开，且每一个目标又可以作进一步的分解与细化。

A. 财务目标　　B. 资源目标　　C. 赢利目标　　D. 社会目标

4. 划分战略阶段的主要依据或准则主要有以下几项：战略目标、战略重点、(　　)、

(　　)和(　　)等。

A. 经济发展速度　B. 企业规模　C. 经济周期　D. 战略期

5. 在一个企业市场营销战略中至少应该包括(　　)、(　　)、战略重点、战略措施和战略预算等战略要素。

A. 战略思想　B. 战略目标　C. 战略定位　D. 战略阶段

6. 对于一个从事为多个行业或地区提供不止一个产品组合的企业而言，其所需的战略文件体系通常由使命陈述、公司战略、业务战略、(　　)和(　　)等构成。

A. 事务战略　B. 职能战略　C. 战略项目　D. 分析报告

四、判断题

1. 从本质上来说，总体战略方案设计就是针对战略思想、战略定位、战略目标、战略阶段、战略重点、战略措施等要素的具体谋划和明确规定。(　　)

2. 战略思想位是企业制订战略规划过程中承前启后的关键环节。(　　)

3. 战略重点的特点主要体现在"全局性"和"方法步骤"两个层面。(　　)

4. 对于一个大型企业集团来说，其所需要规划制订的战略文件体系一般可分四个类型，即使命陈述、公司战略、业务战略(事务战略\职能战略)和战略项目。(　　)

5. 使命陈述是一个中心战略文件，因为它的目的是保证或建立战略成功的潜能。(　　)

五、简答题

1. 在确立战略重点时，必须注意哪几个方面的问题？为什么？

2. 战略措施应该包括哪几个方面的内容？

3. 什么是战略定位？确定战略定位应遵循哪些原则？

4. 试分析公司战略与业务战略文件的结构差异，并说明为什么。

5. 制订与批准战略文件的步骤主要包括哪些方面的内容？

六、论述题

1. 试讨论战略思想、战略目标、战略定位、战略阶段、战略重点和战略措施间的关系。

2. 尝试着为一个你所熟悉的企业规划其战略文件体系。

3. 结合前面章节所学习的内容及方法，尝试着为一个你所熟悉的企业制订一份战略报告。

案例分析

红塔集团跨世纪发展战略

党的十五大提出了要组织联合舰队、行空母舰，实现大企业、大集团发展战略，实行跨地区、跨行业、跨所有制的经营，这给红塔集团开辟了新的路子，提供了政府的保证。为此，红塔集团需要抓住这个有利机遇，进一步求得更大的发展，制定从1996年到2010年的长远发展战略。

1. 战略指导思想

红塔的战略指导思想，就是学习邓小平同志的理论，坚持国企改革的方向，实现两个根本性的转变，顺应世界烟草发展的总趋势，抢占科技的制高点，争夺市场的竞争点，实现利税的最大化，为集团公司的发展制订一个符合公司实际并可操作的战略规划。

2. 战略目标

红塔集团的战略目标是把集团建设成为大规模的、现代化的、国际化的集团公司。这一提法是一个定性的提法。定量的说法就是争取进入世界500强。世界企业500强的含义是什么？500强它是按照销售额，从大到小排列出来的。

3. 战略重点

我们的战略重点主要分五个方面。

第一，科技兴烟战略。"科学技术是第一生产力"的作用比以往任何时代都显得格外重要。国际国内市场竞争，说到底就是科学技术和人才的竞争。我们的名牌卷烟能够在市场上畅销，能够成倍增长，其中一个重要因素就是及时引进国外先进设备、先进技术、通过技改工程不断降低原材料消耗，提高质量，而且我们的技改工程还由工厂延伸到田间，延伸到"编外职工"。所以，我们的干部职工都有一个共识，即"哪一年哪一天停止了技改，哪一年哪一天就为自己埋下了生存的危机"。

第二，国际化发展战略。我们的企业不能满足于国内一流的效率、一流的产品、一流的规模。我们要敢于到世界上竞争。这就是国际化的发展战略。关于国际化的发展战略，我们现在初步制订了一个"三五规划"。所谓"三五规划"就是在三五年的时间内，在三五个国家和地区建立三五个企业和办事机构。

第三，大企业大集团发展战略。拥有巨大实力的企业集团是一个国家、一个地区经济实力和科技水平的标志。组建大企业大集团从根本上说是现代化大生产的需要，是建立社会主义市场经济的需要，也是工业化发展的必然要求。大企业大集团作为一种更富于效率的经济组织形式，在促进资源优化配置，实现产业结构合理化和生产手段现代化方面将发挥重要作用。因此，我提出研究组建大企业、大集团战略，其目的就是要建立与现代市场经济体制相适应的产权清晰、权责明确、管理科学的现代企业制度，顺应企业改革和世界经济发展的大趋势。

第四，多元化的发展战略。我们以烟草为主来开展多元化经营，丝毫也不放松烟草的发展，而且要利用烟草积累的经验和资产实现多元化发展。现在我们已经在能源、交通、金融保险、烟草配套工业、高新技术、建筑建材等领域多元化发展。以市场为导向，进行低成本的扩展，追求利润的最大化，减少经营的波动和风险。我们多元化的发展所涉及的行业和项目应当是"有所不为，有所必为"。简单讲，就是"七搞八不搞"。"七搞"就是：一要搞国家和省重点项目；二是要搞高新技术；三要搞朝阳产业；四要搞形成规模的资源开发型项目；五要搞好政策，好的合作伙伴的项目；六要搞与烟草相配套，能够扩大烟草的生产链，提高烟草的关联度的项目；七要搞与国内外大企业、大集团相联合的"强强联合"项目。这是"七搞"。"八不搞"指：一是落后的、即将淘汰的传统工业不搞；二是与乡镇集体、民营企业抢饭吃的不搞，不抢别人的饭吃，但是我们可以支持它们；三是规模小的项目，即一两千万的项目原则上不搞；四是没有经过论证和科学决策的项目不搞；五是缺乏专门人才的项目，我们不搞；六是资源不清、市场不明的项目不搞；七是企业伙伴不理想，容易导致纠纷、扯皮甚至诉讼的项目不搞；八是不符合国家产业政策，又容易引起生态环境恶化，在技术上无法处理或者是要处理就要化巨额的投资解决的项目，我们原则上也不搞。"七搞八不搞"是个形象说法，其目的就是不要进入多元化的盲区。

第五，名牌战略。推进名牌计划，实施名牌战略，这就是我们集团公司的重大战略决策。对于名牌我有以下几点看法。第一，名牌是走向世界的通行证，名牌是多种效应的集中体现。

我们要把“红塔山”这个中国名牌推向世界，使它成为世界名牌。这就是我们名牌战略实施的目标。在世界名牌中，应当有我们中国的民族品牌，这是我们的雄心壮志，也需要我们付出艰苦的努力。第二，要用市场经济的眼光看名牌。名牌应当具有三个方面的要素：一是高质量的，粗制滥造成不了名牌；二是大规模的，它应当占有相当的市场份额；三是高效益的。如果这个名牌不是高效益，做出个牌子来很有名气，但是它规模小，还亏损，那这样牌子不能持久，最终将被淘汰，被人们所淡忘。第三，名牌的前面是荣誉和财富，名牌的后面是艰辛和危难。1922年，云南省第一包名牌烟“大重九”问世，到现在已经过了76年。自20世纪三四十年代中国植物学家蔡希陶从美国弗吉尼亚州引进了“红花大金元”品种的培育到现在，已过了近50年的时间。名牌不是一下子就能成功的，当然也有快速成为名牌的。就“红塔山”来说，从1959年的问世到现在经历了40年的时间才成为名牌，所以它的艰辛和危难是体现在名牌的后面。

4. 战略措施

我们对战略的研究和战略的实施都要求做到思路清晰、路子正确、措施扎实、方法灵活。战略措施有以下几个方面。

第一，人才是企业成功之本。企业的发展决定了企业对人才的全面需求。对人才的看法：一是人才有广泛的含义，有一技之长的人都称之为人才；二是对人才要使用和培养并举，光使用不培养不行，培养了不使用也不行，信任和监督并重，要信任但也要监督管理；三是要创造一个让人才脱颖而出的环境，不要压制、压抑人才；四是领导要有容才、识才、庸才的能力和才干，要用其所长，避其所短，形成合力。讲到企业的战略措施，人才是企业的成功之本。

第二，市场是企业生存的空间。我们要研究市场、分析市场，一切围绕市场转，一切围绕市场干，一切为消费者着想，这就涉及我们的营销战略，让利销售策略等。

第三，管理是企业永恒的主题。我们可以有无“婆婆”、无上级主管的企业，但是我们不能有无管理的企业。所以我讲，一是管理的方法；二是管理的层次；三是管理的原则；四是管理的调整；五是建章立制，通过制度来管理，我们制度一经制订，就要公开、公平、公正；六是严字当头，从严治厂，树立管理的权威。管理一定要动真格的。要有完善的制度、严肃的纪律、严密的组织、严格的职能，这样才行。大家都知道，严与不严，是企业最重要的问题，哪怕你的制度不完善，也可以去修正，但一定要从严治厂，我们讲的从严治党、从严治军、从严治厂，关键就在于敢不敢严，敢不敢承担责任；七是要加强思想政治工作，注重感情投资，培养企业文化，实现以人为本的管理。

第四、机制是企业活力的源泉。体制决定了机制，机制决定了活力，活力决定了发展。作为企业来说，机制是企业活力的源泉。为什么现在我国国有大中型企业缺乏活力，机制上的障碍是一个很大的问题。所以我们要形成良好的积累机制、发展机制、激励机制、分配机制、监督机制、约束机制等。也就是说国有企业的困难在一定程度上源于适应社会主义市场经济的良好机制没有形成。

第五，质量是企业的生命线。我们集团的观念就是“市场靠名牌兴旺，企业靠质量永存”。

（根据红塔集团总裁字国瑞在云南大学举行的“红塔集团跨世纪发展战略”报告会上的讲演修改）

思考讨论题

1. 从本案例中你得到什么启示？
2. 尝试着为红塔集团规划出一整套的战略文件体系。

第Ⅳ篇

战略实施与控制

内容概要

- 战略实施要点
- 领导、组织和文化
- 战略评价与控制

战略实施是实施企业战略的过程。企业在选定战略方案之后，通过目标分解、建立年度目标、制定政策、资源配置、激励员工等措施，以保障战略的实施。

战略实施是战略管理过程中的难度最大的一个阶段。这是因为战略实施的推进，需要企业全员的参与，需要有与企业战略相匹配的战略领导者，需要有能够与所采取战略相适应的组织结构，需要有能促进战略实施的企业文化。

战略评价与战略控制是战略管理中的一对孪生兄弟，通过开展战略评价与控制活动，及时发现问题与不足，并对战略进行适当调整。任何战略均需要不断地审视、修订和评价，因为企业外部环境和内部条件在不断地发生变化。

故知胜有五：知可以战与不可以战者胜，识众寡之用者胜，上下同欲者胜，以虞待不虞者胜，将能而君不御者胜。此五者，知胜之道也。

——《孙子兵法》

思想和战略固然很重要，但实施这些思想和战略才是真正的挑战。

——波西·巴尼维克

除非战略评价被认真地和系统地实施，也除非战略制订者决意致力于取得好的经营成果，否则一切精力将被用于为昨日辩护，没有人会有时间和精力开拓今天，更不用说去创造明天。

——彼得·德鲁克

第九章 战略实施要点

【学习要点及目标】

1. 了解战略制订与战略实施的区别
2. 了解战略实施的支持系统
3. 理解并掌握资源配置的三个基本问题、配置方法以及战略与资源的动态组合
4. 理解战略实施的阶段及其基本原则
5. 熟悉战略实施活动的三个中心任务，实施战略的三个基本问题
6. 掌握战略实施的模式

【关键概念】

战略实施、年度目标、政策、资源配置、战略实施模式

引导案例

好战略，执行起来为什么这样难

2004年3月，张剑峰放弃了知名外企中国区电子事业部总经理的职位，接受万奇电子董事长刘亚洲的邀请出任万奇总经理。万奇2003年已在国内数码宝行业排名第五。今年正逢数码宝更新换代的关键时刻，万奇希望抓住机会，一举进入行业前三。

在刘亚洲为张剑峰举行的欢迎宴上，志在必得的刘亚洲仍然不忘谈及公司的完美战略："在今年的年度计划中，采购部已经决定改变去年那种大批量采购的方式，只要小批量采购的元器件能够保证到位，上半年研发部推出7个新品应该没什么问题，这样公司冲进前三自然也不在话下。"一想到这里，张剑锋也是踌躇满志：当初在外企自己就是执行战略的一把好手，现在万奇的策略计划可谓十全十美，就等待着自己一展身手了。

但是，一切并不是张剑峰想象的那么顺利，问题很快浮现了出来。研发部的员工满肚子意见，他们反映采购部买的元器件技术参数不符合要求，质量不过关，技术支持也跟不上。研发部老总郑书同抱怨说："照这样下去，我们根本不可能在6月以前推出7个新品。"

研发部提出的问题引起了张剑峰的重视，他立即召集郑书同和采购部的老总何永强开了一个会。原来，为了达到董事长降低库存量的要求，采购部今年的采购计划是下小订单。不过今年元器件的供求市场发生了变化，对万奇下的小订单，国外供应商根本不予理睬。由于采购部没有及时跟进，所以延误了元器件的购买，以致最后不得不转向国内供应商。但正如郑书同所反映的，国产元器件技术参数不符合要求，质量不过关，技术支持也跟不上。

为了解决问题，张剑峰要求采购部的何永强与国产供应商协调，增强技术支持的力度。同时，张剑峰要求何永强确认，国外供应商需要多大的订单才肯供货。

经过这次冲突，张剑峰发现，万奇的战略虽然很美，但执行起来却很吃力。张剑峰觉得这是因为万奇各个部门的沟通不是很顺畅，公司内部也缺少一种团队合作精神。为此，张剑峰组织公司中层参加了一个旨在增强协作的拓展培训。

但培训的成功并没有带来销售业绩的增长。直到4月份，研发部只推出了1种新品，销售部的许傲也给张剑峰打来了告急电话，上半年连1/5的销售任务都没有完成。接完了许傲的电话，张剑峰打电话给何永强，想了解一下上次会议说的事落实得怎么样了。但何永强居然一问三不知，只回答说这些事都让手下人干了，具体结果还没过问。想到远远没有完成的销售计划，张剑峰的火气嗖嗖地往上蹿。

何永强去年的业绩就很一般，公司积压的库存有一多半是他的"功劳"。他虽然是万奇的老将，但随着公司的发展壮大，他已经没有能力应对瞬息万变的市场了。想到这里，张剑峰决定在当晚就跟董事长刘亚洲打个招呼，把何永强从采购部老总的位置上换下来，毕竟，采购部是公司的核心部门。但是，张剑峰没有想到的是，刘亚洲坚持认为何永强能力是差了一点，但人老实，又是万奇的老将，不同意换掉他。

当晚走出刘总家门的时候，一阵晚风吹过，张剑峰蓦地感到了一丝凉意。仰头望了望群星闪耀的天空，他觉得自己的脑子就像满天繁星一样纷繁杂乱：以前在外企，就是全球的战略也是说动就动；现在到了万奇，好好的战略目标怎么硬是越走越远呢？

本例整理自《商业评论》2004年第11期《好战略，执行起来为什么这样难》(徐志红，沈慧民)，网易有奖案例论坛曾刊登本例的原始素材，可供参考：http://biz.163.com/special/h/00020UQ5/hafo10.html

思考

1. 为什么在万奇公司，"好战略"会哪样难实施？
2. 根据本案例中，你认为战略实施过程中的核心问题是什么？

企业战略管理是一个系统的过程，从企业任务陈述、内外部环境分析、战略目标确定到战略选择评估和制订，只是理论或者说可能性层面上给企业的未来规划了一个明确的方向，而这个方向能否实现或能否顺利实现，还取决于另外一个关键的环节——战略实施。

战略实施是实现企业战略的过程。企业在选定战略方案后，需要通过对战略目的分解、设立年度目标，确立年度经营计划、制定政策、配置资源、选择战略实施的模式等来保障战略的成功实施。

第一节　战略实施的过程

不同的战略要求不同的实施技能，而并非所有的企业都具备相应的能力。如有些战略要求优秀的经营能力，有些要求在产品、市场优化上有明智的选择，有些则要求技术投资或业务系统的融合。所以，制订出了正确的战略并不等于能成功地实施战略，它需要为战略配备相应的资源和能力，并对战略的实施过程有全面的了解与掌控。

战略实施，或称为实施战略，是指企业按照确定的战略方案采取行动，最终实现既定战略目标的过程。

观点直言

常理说得好，做事要往细做，想事要往宽想。

一、战略实施与战略制订

战略实施阶段在整个战略管理过程中处于将理想（计划）变为现实的关键环节。成功的战略制订并不能保证成功的战略实施。因为实际做一件事情（战略实施）总是比决定做一件事情（战略制订）要困难得多。尽管战略实施与战略制订之间有着密切和复杂的关系，但是这两者之间又有着根本性的区别，见表 9.1（弗雷德 ·R ·戴维，2006）[234~235]。

表 9.1 战略制订与战略实施间的区别

序号	战 略 制 订	战 略 实 施
1	在行动之前部署力量	在行动中管理和运用力量
2	注重效果	注重效率
3	思维过程	行动过程
4	需要有好的直觉与分析技能	需要有特殊的激励和领导技能
5	只需要少数人员协调	要对众多人员进行协调

补充阅读

效果（Effectiveness）：

- 通常指目标的正确性（做正确的事）。
- 是确定“做什么”。
- 是从质的规定性来看有效性。
- 反映的是组织实现其目的和目标的能力。

效率（Efficiency）：

- 通常指实现目标的代价（正确的做事）。
- 确定“如何去做”。
- 是从量的规定性来看有效性。
- 反映的是花费的资源与所产出结果之间的关系。

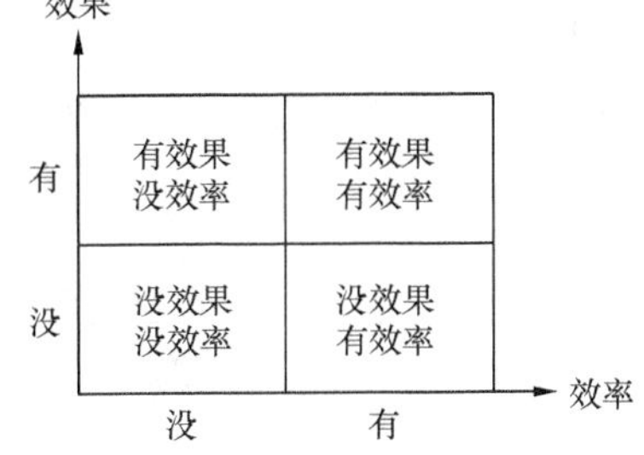

图 9.1 效果与效率关系

一般来说，讲求效率要以讲效果为前提，即不但求做好（有效率），而且首先求做对（有效果）。图9.1为效果与效率的关联性矩阵。

二、实施战略的基本问题

战略确定后，重点就是如何将其转化为行动。由于战略实施需要解决诸多的不一致、混乱和冲突，所以在实施战略行动开始之前，必须明确以下三个基本问题。

1．实施战略的主体

制订战略需要不同层次、代表各方面利益的人员参加。同样，实施战略也必然是有多主体参与的活动。事实上，在具有一定规模的企业中，每一位员工都是直接或间接的战略实施者。

对于一个企业来说，由于对不同的业务有不同的战略，因此实施战略的主体通常有以下几类群体。

（1）企业首席执行官及其他高层次经理人员，它们对影响整个企业的所有业务的大战略决策拥有主要的责任和权力。

（2）对某一项特定的业务承担自负盈亏责任的管理者，在其业务单元内，拥有主要领导权。

（3）对某一项特定的业务单位内的职能领导和部门领导，他们对该业务单位的某一部分（如制造、市场营销、研究与开发、财务、人事等）有着直接的权力，他们的职责就是在他们各自的领域里执行各自的战略，支持整个业务单位的整体战略。

（4）主要经营单位（如工厂、销售区域、地区分公司等）的管理者，他们往往承担一种现场责任，即在他们的领域里制订“细节”战略，在基层实施和执行整个战略计划中由他们承担责任的那部分内容。

（5）工作团队中的全体成员以及非团队工作的员工，他们是战略计划的直接实践者。

实际上，由于战略实施需要将战略内容层层分解到几乎每一位管理者和员工，因此，可以说每一位管理者和员工都是战略实施者，如有区别的话，那只是他们在战略实施的过程中所拥有的权力不同，所承担的责任和内容不同。

显然，战略实施活动的参与者，远多于战略制订活动的参与者。

2. 实施战略的内容

战略实施需要众多主体，或者说需要全体员工参与活动。每一项战略的实施对于资源和组织往往有特定的要求；每一个战略目标的实施，通常有多种途径可供选择。尽管不同企业、不同战略的战略实施过程千差万别，但其战略实施的内容都离不开八项基本任务（见图 9.2）。

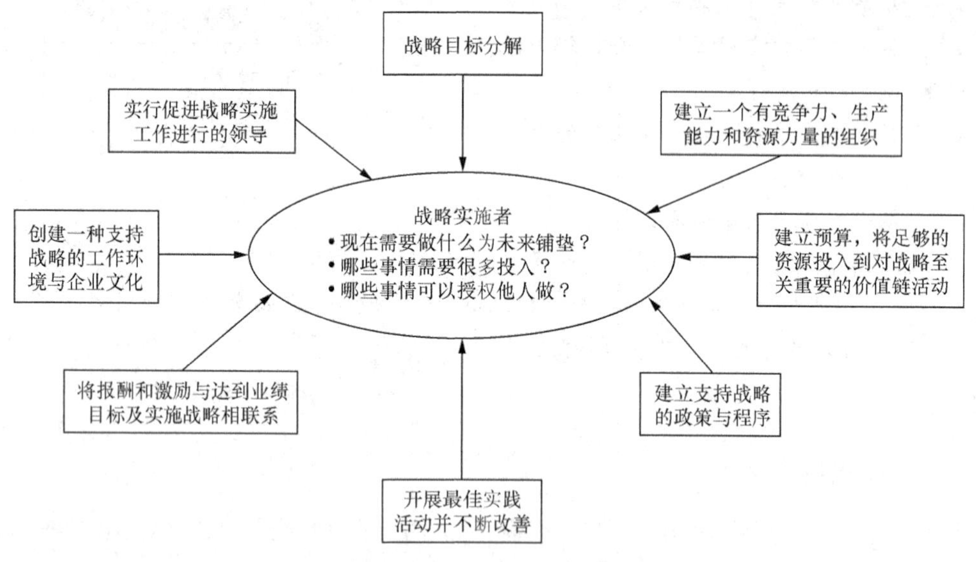

图 9.2 战略实施的主要任务

3. 实施战略的方式

实施战略会遇到各种各样的问题，如何解决所遇到的问题？如何成功地实现战略目标？什么是最佳的战略执行计划方式？这一类问题是在战略实施过程中普遍存在的，且是战略实施者普遍关心并急于想找到标准答案的问题。然而，在实际中对这一类问题没有唯一答案，而且也不可能有唯一答案。

尽管没有统一的标准答案，但在战略实施过程中还必须研究和运用正确的方式，不过以下几点值得注意。

（1）充分认识战略实施行动的不确定性。

（2）研究对策，克服阻碍战略实施的因素。

（3）密切关注各分阶段目标的实现情况，及时做出必要的调整。

补充阅读

战略实施的PDCA循环管理系统

PDCA循环是对企业经营计划的一种正式的、量化的表述形式，为企业提供衡量实际业绩的基准点。PDCA循环是进行事前、事中、事后控制的有效工具；它可以激励员工努力工作并作为员工绩效考评的依据。

P：计划/预算系统

P是（PDCA）流程管理系统中的启动系统，战略在执行过程中必须明确五个问题。定时化：经营计划/预算必须每年按一个严格的日程进行。流程化：经营计划/预算必须根据企业的组织机构按照标准的流程进行。数量化：经营目标量化，通过数字、金额表达。具体化：经营计划/预算不仅仅是一系列的数字表格，还应对实现目标的经营举措做出计划，并落实到人，这样才能保证经营计划/预算的非随意性，以及经营的主动性。考核化：计划一旦完成，即成为各部门业绩指标的目标值，必须有严格的监督、考核机制，而不是流于形式。

D：岗位职责系统

建立一对一的责任指向，层层落实责任，做到“千斤重担人人挑，人人头上有指标”，让企业客观公正地衡量各级管理者和员工的业绩,使业绩管理和上下级的交流有一个客观基础。一个企业的运营最后体现为一套权力系统，还是一套业务系统；体现为权力的驱动，还是体现为利益的驱动，这是在战略实施当中存在的根本问题。因此，可以建立两类关键业绩指标：财务类KPI指标，它是体现公司价值创造的直接财务指标，是衡量行动是否为企业创造价值的重要指标；市场/营运类KPI指标，这类指标是找出在战略实施结果中，哪些运营结果与控制变量能够对公司的价值增长起到重要作用，比如市场占有率、客户开发、研发周期等，都能对公司价值产生重大影响。

C：业绩跟踪系统

战略实施的重点在于有目的、主动地将远大的目标转化为具体的行动并经常加以检查，注重预防，从销售中存在的问题入手，以销售为导向，针对公司各个部门、各个环节所存在的不适应市场要求和企业发展的现象，找出原因，最终从根本上将问题解决，同时形成制度化的解决方案。

A：考核系统

目的和原则是战略绩效考核两大基本点。通过科学的打分机制和公开、公正的评估方法，采用统一标准的计算方法对业务系统的个人业绩进行评估。

三、战略实施的阶段

战略实施的过程可以分为四个相互联系的阶段（见图 9.3）。

1. 战略发动阶段

这一阶段的主要工作是将战略内容在实施意义、执行步骤、实行方法和执行部门等方面进一步具体化，并将这些具体化的内容传授给各层管理人员和员工，同时进行培训。

2. 战略计划阶段

这一阶段的主要工作是将战略目标分解到相应的业务单元和职能部门，并根据战略需要调整组织结构，确定资源配置方案。

3. 战略运作阶段

这一阶段的主要工作是根据既定战略计划执行战略，包括根据战略执行效果考核与奖励部门、员工，对战略执行过程进行领导，建设与战略相匹配的企业文化，建立信息支持系统等。

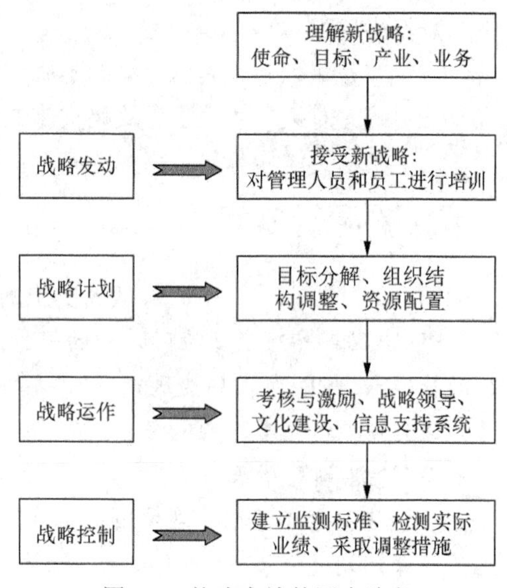

图 9.3 战略实施的四个阶段

4. 战略控制阶段

这一阶段的主要工作是建立战略执行效果的监测指标，监测战略执行的实际业绩，采取调整措施纠正战略与目标的偏差。

每个战略实施阶段都需要有明确的阶段目标、实施计划、部门分工及统筹协调等，同时还需要进行定期检查、评估，并根据具体检查情况做出适当调整，避免出现某一部分执行过度或是执行不足，以确保战略执行的长期性、整体性和系统性。

四、战略实施的基本原则

企业在战略的实施过程中，常常会遇到许多在制订战略时未估计到或者不可能完全估计到的问题。为此，以下五个基本原则可以作为企业实施战略的基本依据。

1. 统一领导，统一指挥原则

在战略的实施过程中，其资源的调配、组织机构的调整、企业文化的建设、人员的重组、信息的沟通及控制、激励制度的建立等，都将涉及企业内部利益格局的调整，如果不能做到统一领导，统一指挥，就不可实现企业内部各方面的相互协调与平衡，那么也就无法使企业为实现战略目标而做到卓有成效地运行。

2. 适度合理性原则

由于战略目标和战略的制订过程中，受到信息、决策时限以及认识能力等因素的限制，对未来的预测不可能很准确，所制订的战略也不是最优的，而且在战略实施的过程中由于企业外部环境及内部条件的变化很大，情况比较复杂，因此只要在主要战略目标上基本达到了战略的预定目标，就应当认为这一战略的制订与实施是成功的。这是由于：一是受到企业自身资源和能力的限制；二是受各方利益平衡要求的制约；三是受外部环境的约束，从而使得在客观现实生活中，不可能完全按照原先制订的战略计划行事。

3. 阶段目标原则

阶段目标就是把企业的总体战略目标分解为一个个具体而明确的短期目标，并明确这些目标应该完成的时间与标准，以便于评估、检查和纠正。但在对目标进行分解时，必须特别注意阶段目标之间的相互协调、配合与衔接，否则就可能导致出现偏离总体目标的结果。

4. 坚韧不拔原则

在战略的实施过程中，肯定会遇到这样或那样的问题，特别是在随着战略的深度推进，企业的各种问题，尤其是那些潜在性问题也可能会表面化、公开化、尖锐化。在这种情况下，战略实施者最重要的是思考如何在目前条件下解决问题，而不是放弃既定战略。只有那些不怕困难、不惧失败、百折不挠、坚韧不拔、具有良好心理素质和锲而不舍精神的战略实施者，才能最终实现既定的战略目标。

5. 权变性原则

战略的制订是建立在一定的环境条件基础之上的。在战略实施过程中，事情的发展与原先的预测有所偏离是不可避免的。其实，战略实施本身就是不断验证猜想和顺势调整的过程，但如果企业内外部环境发生重大的变化，以致原定的战略实施不可行，就需要对原定战略进行调整，这就是战略实施的权变问题。

战略权变贯穿于整个战略实施的全过程，不仅是战略目标可以进行权变调整，实施的方式、时间、人员、资源配置，也需要视情况的变化进行权衡变通。在实际工作中，既需要识别战略实施中的关键变量，也需要明确关键变量的允许值范围，只有这样才能做到当执行出现偏差时，能灵敏地察觉并迅速地做出反应。

补充阅读

龟兔重赛与战略运筹

有一则新寓言故事：兔子与乌龟赛跑输了以后，总结经验教训，并提出与乌龟重赛一次。赛跑开始后，乌龟按规定线路拼命往前爬，心想：这次我输定了。可当到了终点，却不见兔子，正纳闷时，见兔子气喘吁吁地跑了过来。乌龟问："兔兄，难道又睡觉了？"兔子哀叹："睡觉倒没有，但跑错了路。"原来兔子求胜心切，一路上埋头狂奔，恨不得三步两蹿就到终点。估计快到终点时，它抬头一看，发觉竟跑在另一条路上，因而还是落后在了乌龟的后面。

这则寓言故事深刻地说明：竞争道路上，你的实力再足、条件再好，也要依赖于明智的战略指导。可以说，战略决定胜负，这对我们的企业具有重要的借鉴意义。

第二节　战略实施活动的中心任务

对所有企业而言，战略实施活动的中心任务主要有：建立年度目标、制定政策和资源配置。

一、建立年度目标

现代企业的计划与管理体系将企业的战略及目标具体化，并进一步融入到日常的运作中，企业的高效运作有赖于各计划的有效执行和沟通，见图 9.4（马瑞民，2008）[101]。很多企业采取“方针、目标、任务”的形式，将战略目标分解到年度，即建立年度目标。

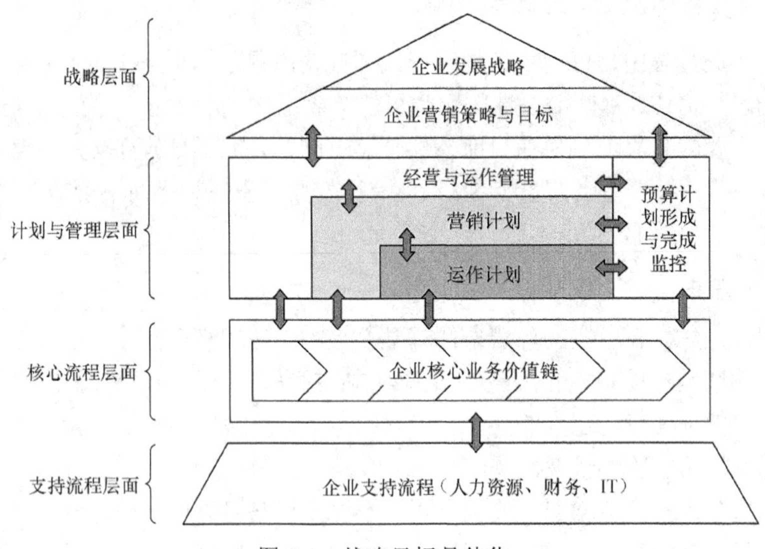

图 9.4　战略目标具体化

补充阅读

方针是以精练的语言表达年度的工作宗旨、精神。

目标是年度目标。

任务是指为完成目标，将企业的主要任务分解到部门、人员和时间，明确每一项经营措施的责任人及完成时间，并建立关键里程碑。

建立年度目标是由企业中所有管理人员直接参与的一项分散化的活动，它有利于加强全体管理人员与员工的认同感和责任感，它需要与全体管理人员与员工的价值观相符合，并由被明确陈述的政策所支持。

年度目标对战略实施的作用，主要体现在以下几方面。

（1）配置资源的基础。

（2）评价管理者的主要尺度。

（3）指引企业员工的行动、方向和努力的准则。

（4）监控战略实施过程的工具。

（5）可突出公司、经营单位和职能部门战略工作重点。

一般而言，所建立的年度目标应该具有可度量、协调一致、合理、有挑战性、明确、有适当的时间要求、附以相应的奖罚规定、与管理者和员工的价值观相符合等基本特征。此外，年度目标还应该既有数量、质量、成本和时间规定，又有在必要时便于调整的功能。

观点直言

奇瑞公司总裁尹同耀曾在描述研发过程时说，如果让研发人员的目标一开始就定位在研发整车，可能还没有研发完一个模块就已经没有了动力。但如果将整车研发分成一个个模块，在完成每个模块后及时给予奖励，那么效果就完全不同了。

战略实施同样如此，将 1 000 米的目标分成 10 个 100 米，每完成 100 米就给予 1 个奖励。这样的激励效果，远比完成 1 000 米目标后再给予 10 个奖励要好得多。

案例 9.1

某多元化公司根据长期目标所建立的分级年度目标模式如表9.2和图9.5所示。

表 9.2 某多元化公司的年度目标模式

（单位：万元）

项目	20×7 年	20×8 年	20×9 年	项目	20×7 年	20×8 年	20×9 年
Ⅰ分部收入	200	280	392	Ⅲ分部收入	100	150	225
Ⅱ分部收入	100	140	196	公司总收入	400	570	813

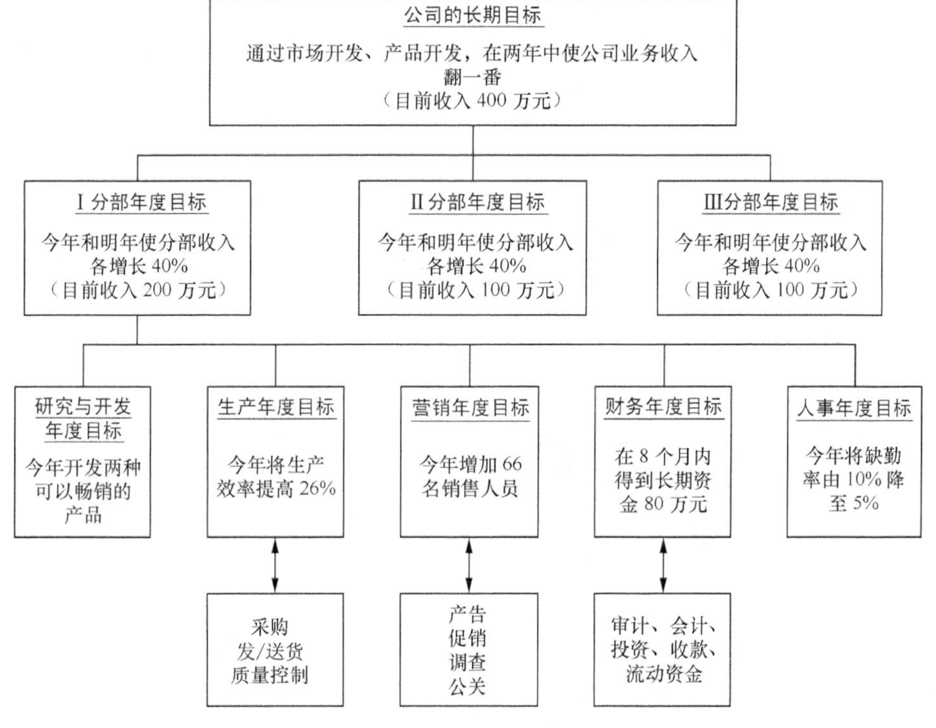

图 9.5 某多元化公司的分组目标

二、制定政策

在绝大多数情况下，战略的实施要求工作活动和对运营的指挥方式发生相应的变化，而让员工改变已经建立起来的程序和行为往往会扰乱事物的内部顺序，引发员工对变化所给他们带来的影响表现出某种程度的压抑和不安，从而会产生大量的抗拒心理。同时，随之而来的还有决定哪些活动需要采用刚性的规定方式来完成，哪些活动可以采用柔性的规定方式来完成，以及在哪些地方应当为独立的活动提供空间等问题。解决此类问题的根本出路在于制定出政策，即用具体的政策来指导战略实施中的日常工作。

这里所说的政策是广义上的政策，它泛指具体的准则、方法、程序、规则、形式以及支持和鼓励为实现既定目标而努力工作的管理活动。

政策可在以下几方面有助于企业战略的顺利实施。

（1）为企业的管理者与员工就某些事情现在需要怎样完成，以及预期采取何种行动提供由上至下的指导。

（2）帮助在整个企业内实现行动和行为与战略的密切配合，对独立的行为施加限制，从而实现沿着既定的方向引导个人和集体的努力。

（3）帮助加强地理上分散的经营单元在进行某些关键性活动时所采用的方式的一致性。同时，可有效地防止执行共同职能的经营（职能）单元在运营活动和程序方面出现的差异性。

（4）由于废除旧的并采用新的政策会改变企业内部的工作气氛，因此战略实施者能够将政策的变化过程作为改变企业文化，使之成为更加适合新战略的一根有力的杠杆。

总之，政策作为一种实施战略和实现目标的工具、手段，为企业员工在各种企业活动中的行为确立了边界、标准、约束和极限，使他们知晓企业期望他们做什么，谁应该做什么，各业务单元间应该如何协调关系等策略。

在可能的条件下，政策都应当以书面的形式予以陈述。

案例 9.2

某公司的不同层级的政策

公司战略：收购一家连锁店，以实现销售增长和赢利目标。

支持性政策：

（1）所有商店的营业时间都是周一至周六的早8点至晚8点。

（2）每个商店都必须上交月控制数据报告。

（3）所有商店都必须按月营业额5%的比例上交赢利以支持公司的广告宣传。

（4）各商店都必须遵守公司手册中所规定的统一定价的准则。

经营单位目标：将经营单位的收入从2016年的1 000万元提高到2017年的1 500万元。

支持性政策：

（1）自2017年1月起，经营单位的销售员必须每周上交业务活动报告，报告内容包括访问用户次数、业务旅行的总里程数、售出的商品单位数、销售总金额及发展新客户总数。

（2）自2017年1月起，各经营单位将毛利润的5%以年终奖的形式发给雇员。

（3）通过采用“准时”生产方式，自2016年1月起将库存水平降低30%。

生产部门目标：将产量由2016年的20 000个单位提高到2017年的30 000个单位。

支持性政策：

（1）自2017年1月起，雇员可自愿进行多至每周20小时的加班工作。

（2）自2017年1月起，对全年未缺勤一天的雇员发放1 000元的全勤奖。

（3）自2017年1月起，必须通过租赁，而不是购买得到新设备。

三、资源配置

"巧妇难为无米之炊"，没有资源，什么样的战略都无法实现；同样即使有资源，也不可能自由取胜。在战略实施过程中，资源配置的优劣将直接影响到战略目标的实现。因此，处在企业最顶层的高级管理人员，其最主要的工作之一就是配置战略资源。

名人名言

企业就像一个木桶，由各个业务板块构成，决定这个木桶盛水量大小的是最短的那块板子。如果企业想从平凡走向成功，领导者必须能够发现和补齐使企业"漏水"的最短的那块木板。在这个基础上，企业决策者还要积极发现和发挥"最长的板头"的优势，也就是发挥自己所有业务资源中比较优势最大的一项，来打造自己的核心竞争力。

——柳传志

资源配置不仅指有形资源的配置，同时还指无形资源的配置。无形资源虽然重要，但在现实中却极易被忽视，如品牌的延伸问题，高层高级管理人员和关键研究开发人员时间与精力的分配问题等，这些都应纳入资源配置的范畴。

（一）资源配置的三个基本问题

对于任何企业来说，资源总是相对稀缺的，而资源配置的过程却又是一个扩散的、不规则的，并且经常隐于无形的过程。因此，在资源的配置中企业必须认真对待以下三个问题，以防止资源配置不当。

1. 资源配置的效率

由于资源总是相对稀缺的，因此如何提高稀缺资源的利用效率是资源配置中必须解决的首要问题。对于战略实施而言，衡量其资源配置效率的主要标准应该是其是否有利于战略目标的实现。但对于实现战略目标来说，资源配置的效率只是必要条件，而不是充分条件。也就是说，仅仅有资源配置效率是不够的，还需要通过计划、组织、领导、控制等一系列管理活动才能使配置好的资源能够得到充分的利用。

为了使稀缺的资源得到充分利用，就需要不断地提高配置效率，为此，企业应该做好以下几方面的工作。

（1）制定规范、严格的资源配置制度。要明确资源主管人员的职权范围，根据国家有关部门的规定制定各种相关工作守则。

（2）要按照战略总目标、分目标和年度目标，依次确定资源分割比例。

（3）资源的配置要尽可能具体。资源的使用要按项目分配，要有专人负责，以利于保证使用效率。

（4）要坚持轻重缓急原则。实施战略目标，对资源的需求有轻重缓急之分；重点项目，重点投资。

（5）要重点关注关键性人力资源的配置。他们是一群具有专用知识、技能和高度责任心的管理者、员工。对他们的有效配置，不仅能实现对其他资源配置的高效率，而且能确保对这些配置资源的充分利用。

2. 资源配置的风险

由于战略实施过程中充满着变化，使资源需求的动态性与企业可使用资源的有限性之间充满了矛盾，再加之其他某些主观和客观方面的原因，往往会使得在资源配置过程中面临着一定的风险。

（1）资源配置目标与企业发展战略目标背离。由于企业内部各子系统（分部、职能部门、工厂、项目甚至班组、个人）都有自身的发展目标，而各子系统的阶段性、不断变化的目标，使得其管理者们往往过分关注本部门现阶段目标，缺乏对实现企业战略目标的长期性、整体性观念，其经营目标往往局限于本部门目标的实现，从而导致部门目标与企业战略目标之间产生背离。这种背离的结果是产生巨大的潜在战略风险，企业发展方向偏离预定的发展轨道，当外界环境不利于企业发展的时候，这种潜在的战略风险将会爆发。

（2）部门资源配置的短期性与企业资源配置要求的长期性矛盾。部门资源配置往往以满足现实需求为导向，立足于解决当前的问题，过于关注资源配置的眼前利益，且其资源配置主要局限于企业内部自有资源的配置，对吸收或引进外部资源意识不强，缺乏灵活性；而企业资源配置则要求从长远性考虑，以战略目标为引导，充分挖掘并发挥各种资源的潜力，通过现有资源的良好组合创造出新资源，从而实现资源的优化配置，并为企业长期发展储备资源。因此，部门资源配置的短期性与企业资源配置要求的长期性之间的矛盾，发展到一定程度也会成为战略风险形成的重要渠道。

（3）多目标之间存在的资源冲突。企业战略目标是通过阶段目标、部门目标，乃至个人目标的完成来实现的。而在这众多分目标实现的过程中，它们对资源配置的进度、数量、质量等方面的要求是各不相同的。由于企业的资源是有限的，对众多目标资源简单的平均配置必将造成企业资源和注意力的分散而失去发展重点，其结果可能是没有一个分目标能得到足够的资源，没有一个分目标能顺利实现。所以，在战略实施过程中，必须以战略目标来指导资源的配置，形成以战略业务（目标）为主体，兼顾一般业务（目标）的资源配置策略，只有这样才能防范产生资源配置的风险。

企业资源配置的根本目标主要有两个方面：考虑企业中多个项目（部门）之间的资源平衡，协调当前关键项目与其他项目的资源配置关系，追求资源使用效益的最大化；企业当前资源配置活动与企业战略发展相结合，不仅满足企业当前的需求，更为企业战略发展积累资源，避免“头痛医头，脚痛医脚”的短期资源配置行为，减少资源闲置浪费情况。通过对这两个方面的关注，全面考虑企业资源配置问题，就能有效地防范资源配置的风险产生。

由于资源配置问题而导致经营失败的例子不胜枚举。如曾经颇具知名度的巨人集团，就由于管理者无视资源配置的现实能力，实施非理性的高速扩张战略，最后落得一败涂地的结果。

补充阅读

社会资本：构成竞争优势的企业资源和能力要素

企业的社会资本是指那些能够被企业所控制的，有利于企业实现其目标和目标活动的，嵌入于企业网络结构中显在的和潜在的资源集合。

起初，“社会资本”一词用于描述嵌入于跨越个人连带中的关系资源，这种资源有利于共同体社会组织中个人的发展。最近的研究把这一概念用来描述更广泛的社会现象，包括家庭内外的关系、企业内外的关系、组织和市场的分界面、当代社会中的公共生活等。正像一些研究所指出的，和物理和人力资本一样，社会资本也是一个生产资源，有利于实现个人职业目标，有利于企业业务活动的开展。

社会资本理论的核心命题是：关系网络组成了一个有价值的资源，有助于完成社会事务，为网络内部的成员提供了集体所有的资本（Collectivity-owned Capital），即一个在感知的世界里值得信任的“信任状”（Credential）。这类资本大多嵌入于共同熟悉和认可的网络中。例如，Bourdieu发现，持久性义务来自于感谢、尊重、友谊，或者来自于家庭、班级或学校的成员资格中在制度上保证的权利。通过网络带来的接触或联系，人们可以得到其他的资源。例如，通过“弱连带”和“朋友的朋友”，网络成员可以获得特许的信息和机会。最后，特定网络中，尤其是那些成员受到严格限制的网络中的成员资格，可能会产生以社会地位和名声等形式表现的重要社会资本。

纳比特和高沙尔（1998）区分了社会资本的三个基本维度。一是结构维度，又称为结构性嵌入，是指行动者之间联系的整体模式。该维度强调社会关系网络的非人格化一面，分析的重点在于网络联系和网络结构的特点，即网络联系存在与否、联系的强度、网络的密度、中心与边缘、连接性等。二是关系维度，又称为关系性嵌入，是指通过创造关系或由关系手段获得的资产，包括信任与可信度、规范与惩罚、义务和期望以及可辨识的身份。该维度强调社会关系网络人格化的一面，即与社会联系的行动者有关，表现为具体的、进行中的人际关系，是行动者在互动过程中建立的具体关系。三是认知维度，是指提供不同主体间共同理解表达、解释与意义系统的那些资源，如语言、符号和文化习惯，在组织内还包括隐性知识等。

3. 年度资源配置

制订年度目标，按年度目标配置资源，对于成功实施战略具有重要作用。年度目标是企业当年年度内的运营指南，而年度资源的配置则是支持企业当年年度内经营活动的动力源。年度资源的配置应该以完成一个一个项目为基准进行，且年度资源的配置必须以满足实现年度目标的需求为准则，这既是实现年度目标的必然要求，也是检验年度资源配置效率的有效途径之一。

根据战略资源配置计划实施年度资源配置，并对年度资源配置过程进行动态的控制，需要正确处理两个方面的问题：一是选择资源获得方式，即自我开发、合作开发或外取；二是多项目（业务、部门）之间资源的平衡问题。在此过程中，要收集资源需求和项目、业务变化信息，动态地调整资源配置计划，确保满足年度项目、业务对资源的需求。

当然有效的年度资源配置并不一定能保证年度目标的成功实现，因为现有资源的有效利用只有通过计划、人员、控制和责任心才能发挥作用。

（二）战略资源的配置原则

无论企业具有怎样的资源优势，资源的稀缺性总是存在的。在资源配置过程中，企业的决策者总能感觉到来自不同部门或项目（业务）组资源竞争的压力。有限的资源在众多的“资源渴望”中配置时，需要遵循一定的原则，采取一定的策略。

在进行资源配置时，企业的决策者应遵循以下几个原则。

（1）满足关键要素的需求。优良资源的配置应首先满足于产业关键的成功要素和需要完成的关键任务的需求。

（2）把握任务时序上的缓急。任务或者项目的时序安排是战略内在要求所规定的，因此，在资源分配时，应按战略内在要求的规定明确各项战略任务、项目的优选次序，并按任务时序配置所需资源。同样，企业的业务组合也应该能够保证企业在现金流及其他资源方面实现动态平衡，资源配置在时序上的缓急，需要与实现这些平衡相适应。

（3）保留适当的战略资源冗余。企业按目标或任务来分配资源，其实只是一种以“预测”为基础的计划，具有很多不确定性。为了确保目标的完成，或提高可靠性，企业在进行资源分配时，不能满打满算，需要有一定的资源冗余，以应对环境变化所导致的资源短缺。

（4）战略目标导向的资源配置。战略资源的配置既要立足于当前，更要着眼于长远。战略目标是企业发展的总方向，是企业一切经营活动的基本原则，对资源配置也不例外。实施以战略目标为导向的资源配置可以促进企业在不断变化的资源需求中，充分挖掘并发挥各种资源的潜力，提高资源的使用效率，实现资源的优化配置。

（三）战略资源的分配

企业战略资源的分配是指按照战略资源的原则方案，对企业所属资源进行具体分配。由于企业资源中，无形资源很难把握，而除人力资源之外的有形资源均可以用价值形态来衡量，因此当前企业战略资源的配置主要是指人力资源和资金资源的分配。

1. 人力资源分配

人力资源分配一般包括三个方面的内容：一是为各个战略岗位配备现有的管理和技术人才，重点是对关键岗位的关键人才的配置；二是对战略实施中缺少的人才进行外部招聘，一方面及时提供战略实施需要的人才，另一方面适时增加企业的人才储备；三是战略实施过程中，保持对各经营单元、职能部门战略执行和人力资源状况的跟踪，及时调整它们人力资源的配置。

人力资源配置的重点，是详细考虑某特定战略对人力资源的需求，包括要求的人数、人员应有的技能和水平等。具体配置时需要从人力资源的构成、招聘、培训三个方面考虑。在招聘和选聘时，需与企业的战略方向和所经历的变革强度结合起来。

2. 资金资源分配

资金资源分配一般采用预算方式。当企业战略调整时，要求预算同步调整，资金重新分配，此时如果处置不当，削弱了执行关键性活动部门所必需的资金，将会损害整个实施过程，导致战略实施的失败。因此，重新修订预算使其能够支持战略，是战略实施过程中至关重要的一部分，因为对于每个经营单元来说，都需要人力、物力、财力、机构或其他资源，以执行战略规划中的任务。

预算是一种通过财务指标来显示企业目标、战略的文件，它将战略目标明确为数量指标，使其成为战略执行和考核的依据。通常企业采用的预算方法有以下几种。

（1）零基预算。根据阶段性战略目标的要求，将所有经营活动重新进行成本分析，然后确定预算。

（2）滚动预算。按战略规划的要求和年度目标，将上阶段的执行情况作为下阶段预算的依据，以战略目标增减为基准进行滚动调整。

（3）规划预算。按战略规划的项目来分配资源。规划预算覆盖整个项目期间，与项目规划期同步，旨在直接考察一项规划对资源的需要和成效。

（4）灵活预算。预算情况随执行情况变动，如随产出指标而变动，这有助于克服“预算游戏”及增加预算的灵活性。但在企业中难以全面操作，多用于重要项目的专项预算。

（5）产品生命周期预算。根据不同产品在不同生命周期阶段对资金的需求，以及不同的费用项目，编制各项资金的支出和回收计划，满足产品市场对资金的动态需求。

在资金分配中，应遵循以下两项基本原则。

（1）根据各经营单元、各职能部门、各项目在整个战略中的重要性来设置资金分配的优先权，以实现资源的有偿、高效利用。

（2）努力开发资金在各战略单位的潜在协同功能。

（四）战略与资源的动态组合

战略制订的基点之一是企业资源，战略的目标包括不断积累与扩大企业资源，当企业获得新的资源之后，就增加了基于资源的战略能力。这一过程实际上就是企业战略与资源的动态组合过程。在战略实施过程中，企业资源会逐渐向战略重点集中，新资源被不断引入以支持战略发展；同时，旧资源与新资源之间也逐步融合，从而形成进一步推进企业战略发展的基础。此时，高层管理者必须考虑资源的再调整和组合，以使资源与战略之间实现动态相辅，并发挥乘数效应。

1. 战略与资源的动态相辅状况分析

以支持战略程度与赢利状况为坐标，可将资源配置和战略的动态相辅效果划分为四个类型，即资源优势整合型、资源选择协调型、资源退出型和资源保持型（见图 9.6）。

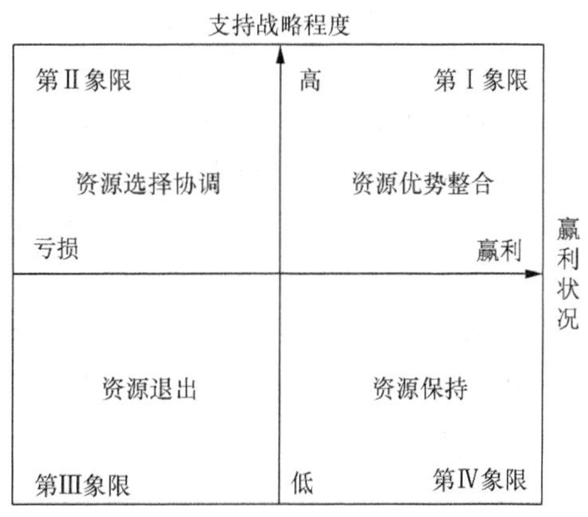

图 9.6　战略与资源配置效果分析矩阵

第Ⅰ象限：资源优势整合型，支持战略并有赢利。资源配置符合战略发展方向，而且能够产生赢利，表明资源使用效率较高。如果企业继续投入资源，可能会放大这种效果，从而进一步优化资源配置，推动战略执行，提高竞争力。在此区域的资源应发展成为企业的核心资源。

第Ⅱ象限：资源选择协调型，支持战略但尚未取得赢利。资源的组合尚存在问题，需要进行调整，以尽快实现赢利。一般有两种可能：一是业务规模发展符合战略预期，可能因某些资源投入过多，未能发挥应有的效应，此时应调出过多的资源；二是业务展规模没有达到战略预期，这可能是关键资源投入不足，此时应当增加这些资源的投入，以推动业务向第Ⅰ象限转变。

第Ⅲ象限：资源退出型，不支持战略也没有赢利。资源配置既不符合企业长期发展战略，又不能为其他业务发展提供资源，应果断退出。

第Ⅳ象限：资源保持型，不支持战略但有一定赢利。业务虽不符合企业长期发展战略，但能够产生利润，表明现有资源的运用能够为其他业务发展提供新的资源，应暂时保持该业务的资源配置。

以上分析矩阵可针对企业中不同业务，进行全面的资源分析。其横坐标用赢利状况主要是为了反映现有资源使用状况，也可调整为其他指标，如净现金流。

2. 战略与资源的动态乘数效应

战略与资源的动态乘数效应，是指企业在执行发展战略中产生的资源集聚效应，这既包含有形资源集聚产生的规模效应，也包含无形资源与有形资源叠加而产生的乘数效应(见图 9.7)。

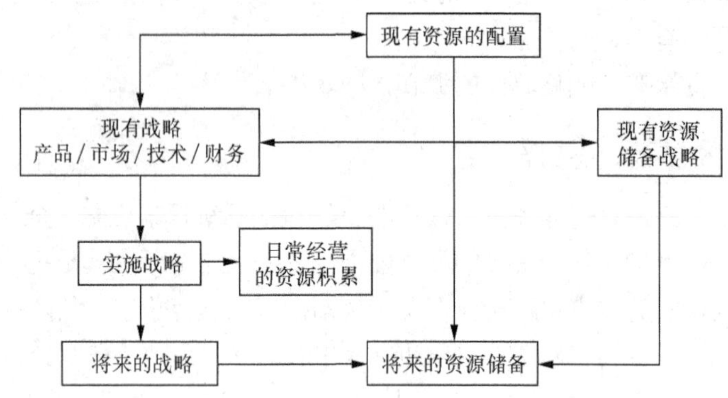

图 9.7 战略与资源的动态相乘效果

动态乘数效果产生的原因有两个方面：一是企业进入新环境、新市场中，动态重组内部资源提高了企业资源组合的效率；二是新业务与旧业务之间产生的规模效应，如单位产品管理成本下降、单位市场推广成本降低等。

企业在战略实施过程中，要想发挥动态相乘效应需要做好三个方面的工作。

（1）在战略实施过程中，特别是在业务重新组合时，应注重无形资源的积累。

（2）战略实施中，新业务拓展的先后次序应考虑与旧业务的相关性。一般而言，相关性强的业务更有利于产生动态相乘效应。

（3）为了实现动态相乘效应的良性循环，必要时可选择一些短期内看来与资源基础不符合的战略举措，这样有助于培育企业内在动力，促进动态相乘效应的产生。反其道而行之，常可获得意料不到的成功。

案例 9.3

英特尔资源配置案例

英特尔早年以生产半导体存储器起家，20世纪70年代，动态随机存储器（DRAM）芯片是英特尔公司绝大部分利润的来源，同时，英特尔公司微处理器的销售也逐年增长。

英特尔每个月的生产计划是在其所有产品之间分配可利用的生产力，产品范围包括DRAM芯片、可擦除可编辑只读存储器（EPROM）以及微处理器。销售部门在制订生产计划的会议上说明预计的订货量，财务部门将按照每一个晶片的毛利润率对产品进行等级排序。利润率最高的产品将配备适合该产品订货量所需的生产能力，然后次高利润率的产品将配备适合该产品订货量所需的生产能力，其他产品以此类推，直到利润率最低的产品也配备到剩余的生产能力为止。换句话说，每一个晶片的毛利润率构成了企业在做出资源配置决定时的重要依据。

日本的DRAM芯片生产商在20世纪80年代向美国市场发起了进攻，引起了产品价格的急剧下滑，并使得DRAM芯片成为英特尔公司利润率最低的产品。而微处理器由于竞争尚不激烈，它在英特尔一直保持着最具吸引力的利润率。这样，英特尔的资源配置系统成功地将生产力由DRAM芯片转移到微处理器。

1984年，当公司陷入了金融危机，DRAM芯片业务缩减为公司无足轻重的一小部分时，高级管理层最终意识到，英特尔已成为一家微处理器生产公司。他们随即停止了DRAM芯片的研发。所以说，是资源配置过程将英特尔从一个DRAM芯片公司转变为微处理器公司，英特尔卓越的战略转变并非源于执行官们制订的意图明确的战略，而是从中层经理在日常资源的配置过程中逐渐显露的。

管理层通过对资源配置过滤层施加有力的，甚至在某些时候是无情的控制，筛选掉对微处理器业务不能提供直接支持的泡沫创意。由此可见，以按毛利润率构成为主导的资源配置程序与管理层为主导的资源配置过滤程序对战略的实施都非常关键。一个可行的战略指示必须包含危机情况下的处理程序，因为没有人能够清晰地预见到建立在微处理器基础上的台式电脑的未来。一旦战略的成功趋于明显，高级管理层能否把握住资源配置过程，并慎重地自上而下贯彻执行，对于英特尔的最终成功同样重要。

第三节　战略实施的模式与支持系统

战略实施模式是指企业管理者在战略实施过程中所采用的手段；而战略实施的支持系统则是由将战略转化为行动所必需的要素组合构成的保障体系。

一、战略实施的模式

由于战略实施的模式通常与管理者的领导风格密切相关，所以对企业高层管理者来说，选择好战略实施的模式是实施战略的重要工作。一般来说，战略实施有以下五种模式。

1. 指挥型

在指挥型模式中，企业的战略决策者考虑的是如何制订一个最佳的战略，让下层管理人员去执行，而自己并不介入战略实施问题。在实施中，计划人员要向战略决策者提交企业战略报告；根据该报告，战略决策者将运用严密的逻辑分析完成战略的制订。一旦战略制订好了，战略决策者就会依靠发布各种命令指挥下层管理人员执行。

指挥型模式的运用要有以下约束条件。

（1）战略决策者要有较高的权威，靠其权威通过发布各种命令来推动战略实施。

（2）指挥型模式只能在战略比较容易实施的条件下运用。这就要求战略制订者与战略执行者的目标比较一致，战略对企业现行运作系统不会构成威胁；企业组织结构一般都是高度集权式的体制；企业环境稳定，能够集中大量的信息，多种经营程度较低；企业处于强有力的竞争地位，资源较为宽松。

（3）指挥型模式要求能够准确有效地收集信息并及时地汇总到战略决策者手中。因此，它对信息条件要求较高，不适应高速变化的环境。

（4）指挥型模式要有较为客观的规划人员。因为在权力分散的企业中，各事业部常常因强调自身的利益而影响了企业总体战略的合理性。因此，企业需要配备一定数量的有全局性眼光的规划人员来协调各事业部的计划，使其更加符合企业的总体要求。

指挥型模式的缺点是：把战略制订者与执行者分开，即高层管理者制订战略，强制下层管理者执行战略。因此，下层管理者缺少执行战略的动力和创造精神，甚至会拒绝执行战略。

2. 变革型

在变革型模式中，企业的战略决策者考虑的是如何实施战略。此时，通常一个好的战略已经建立。在实施中，战略决策者需要对企业进行一系列的变革，如改变组织结构、变更人事、改变计划和控制系统，甚至兼并或合并经营范围等，以促进战略的实施。为进一步增强战略成功的机会，战略决策者往往采用以下三种方法。

（1）利用新的组织机构和参谋人员，向全体员工传递新战略优先考虑的战略重点是什么，把企业的注意力集中于战略重点所涉及的领域中。

（2）建立战略规划系统、效益评价及控制系统，采用各项激励政策以支持战略的实施。

（3）充分调动企业内部人员的积极性，争取各部门人员对战略的支持，以此来保证企业战略的实施。

变革型模式存在以下缺点。

（1）没有解决指挥型模式存在的如何获得准确信息的问题、各事业部及个人利益对战略计划的影响问题以及战略实施的动力问题。

（2）缺乏战略的灵活性，在外界环境快速变化时使战略的变化更为困难。从长远观点来看，在环境不确定性的企业，应该避免采用不利于战略灵活性的措施。

3. 合作型

在合作型模式中，企业的战略决策者考虑的是如何让其他高层管理人员从战略实施之初就承担相关的战略责任。

合作型模式的应用需要以下条件/途径。

（1）战略决策者要和企业其他高层管理人员一起对企业战略问题进行充分的讨论，形成较为一致的意见，制订出战略。

（2）战略决策者的任务是组织好一支合格胜任的制订及实施战略的管理人员队伍，并使他们能够很好地合作。

（3）协调高层管理人员。协调的形式可多种多样，如可成立由各职能部门管理者参加的“战略研究小组”，专门收集在企业战略问题上的不同观点，并进行研究分析，在统一认识的基础上制订出战略实施的具体措施等。目的就是使每位高层管理者都能够在战略制订与实施的过程中做出各自的贡献。

合作型模式克服了指挥型模式及变革型模式存在的两大局限性，使战略决策者接近一线管理人员，获得比较准确的信息。同时，由于战略的制订者是建立在集体考虑的基础上的，从而提高了战略实施成功的可能性。

合作型模式存在以下缺点。

（1）战略是不同观点、不同目的参与者相互协商折中的产物，有可能使战略的经济合理性降低。

（2）存在着战略制订者与执行者的区别，仍未能充分调动全体管理人员的智慧和积极性。

4. 文化型

在文化型模式中，企业的战略决策者考虑的是如何动员全体员工都参与战略实施活动，即战略决策者运用企业文化的手段，不断向全体员工灌输这一战略思想，建立共同的价值观和行为准则，使所有员工在共同的文化基础上参与战略的实施活动。一旦战略已经制订，战略决策者就作为一个教练，帮助和鼓励不同的职能部门和工作区对实现战略目标的具体细节做出决策。由于这种模式打破了战略制订者与执行者的界限，力图使每位员工都参与制订和实施企业战略，因此使企业全体员工都在共同的战略目标下工作，使企业战略实施迅速、风险小，企业发展较快。

文化型模式的局限性具体表现在以下三个方面。

（1）文化型模式是建立在企业员工都是有学识的假设基础上的，而在实际中企业员工很难达到这种学识程度，受文化程度及素质的限制，一般员工（尤其是劳动密集型企业中的员工）对企业战略制订的参与程度有限。

（2）极为强烈的企业文化可能会掩饰企业中存在的某些问题，也可能使企业失去了战略的灵活性。

（3）采用文化型模式要耗费较多的人力和时间，而且还可能因为企业的高层管理者不愿意放弃控制权，从而使员工参与战略制订及实施流于形式。

5. 增长型

在增长型模式中，企业的战略决策者考虑的是如何激励下层管理人员制订和实施战略的积极性和主动性，为企业效益的增长而奋斗。战略决策者要认真对待下层管理人员提出的一切有利于企业发展的方案，只要方案基本可行，符合企业战略发展方向，在与下层管理人员探讨了解决方案中具体问题的措施以后，就应及时批准这些方案，以鼓励员工的首创精神。

采用增长型模式，企业战略不是自上而下地推行，而是自下而上地产生，因此，战略决策者应具有以下四个认识。

（1）战略决策者不可能控制所有的重大机会和威胁，有必要给下层管理人员以宽松的环境，激励他们帮助自己从事有利于企业发展的经营决策。

（2）战略决策者的权力是有限的，不可能在任何方面都把自己的愿望强加于组织成员。

（3）战略决策者只有在充分调动并发挥下层管理人员积极性的情况下，才能正确地制订和实施战略。一个稍微逊色但能够得到员工广泛支持的战略，要比那种“最佳”的却根本得不到员工热心支持的战略有价值得多。

（4）企业战略是集体智慧的结晶，靠一个人很难做出正确的战略，因此，战略决策者应该坚持发挥集体智慧的作用，并努力减少集体决策的各种不利因素。

在 20 世纪 60 年代以前，企业界认为管理需要绝对的权威，这种情况下，指挥型模式是必要的。60 年代，钱德勒的研究结果指出，为了有效地实施战略，需要调整企业组织结构，这样就出现了变革型模式。合作型、文化型和增长型三种模式出现较晚，但从这三种模式中可以看出，战略的实施充满了矛盾和问题，在战略实施过程中只有调动各种积极性因素才能使战略获得成功。

指挥型、变革型、合作型、文化型和增长型五种战略实施模式，在制订和实施战略上的侧重点不同，指挥型及合作型更侧重于战略的制订，而把战略的实施作为事后行为；变革型、文化型和增长型则更多地考虑战略实施问题。实际上，在企业中这五种战略实施模式往往是交叉或交错使用的。

补充阅读

麦肯锡7S模型结构

麦肯锡的7S模型（见图9.8）指出，企业在发展过程中，需要全面考虑结构、制度、作风、员工、技能、战略以及共同价值观这七方面的情况。换言之，企业在战略制订和实施中，需要综合考虑这七大要素，才能起到协同效果。

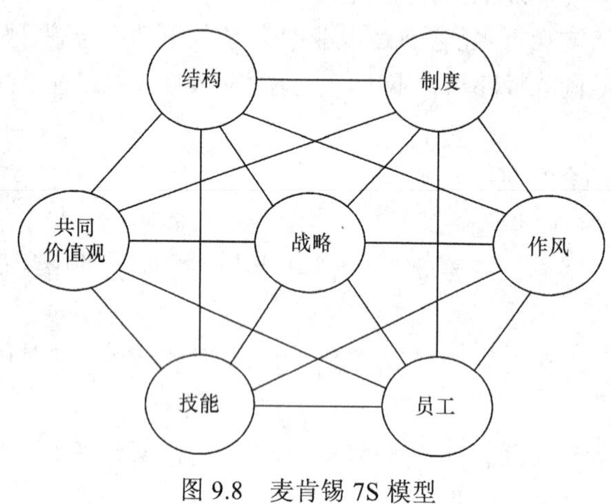

图 9.8　麦肯锡 7S 模型

该模型认为，企业战略、结构、制度是企业成功的"硬件"，而作风、员工、技能和共同价值观则是企业成功的"软件"。麦肯锡的研究表明，只有将硬件因素与软件因素相结合，如正式组织与非正式组织相结合，企业制度、文化、战略与共同价值相结合，才能使企业经营获得成功。

二、战略实施的支持系统

在企业中有诸多因素影响着战略转化为行动，这些因素构成了战略实施的支持系统（见图9.9）。它们主要是企业文化、组织结构、各级管理人员、资源配置、控制激励制度、信息沟通六大要素。

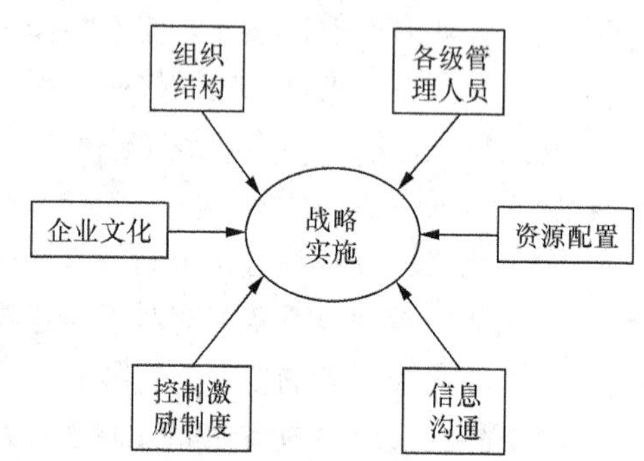

图 9.9　战略实施的支持系统

在战略实施中，这六大要素所针对的主要问题有以下几方面。

（1）在企业内形成的成文的（政策、工作程序等）和不成文的（惯例、风格等）企业文化是否与战略实施的要求相适应？

（2）企业的组织结构及其运行机制是否与战略的实施相适应？

（3）各级管理人员的素质和作风是否与战略实施要求其承担的角色是否匹配？特别是高层管理人员，他们更多的是通过他人工作而不全是直接亲自采取行动，是否能具有驾驭其他各项因素的能力？

（4）在企业内部的各个事业部和各个职能部门之间的资源配置能否使之相互协调，并能提供对实施企业战略的足够支持？能否在各个领域内针对各自的实质性问题，并使之得到解决？

（5）企业的战略是否为企业员工所清楚、理解？各级人员能否取得与其有关的战略意图的信息以及在其职责范围内为实施战略所必需的信息？

（6）控制系统能否提供及时、准确的反馈信息？报酬制度能否激励促进企业战略实施的行为？

在战略的实施过程中，上述六大因素并非是各自独立地发挥作用的，而是相互联系地综合起来产生效应的。如果这些因素能够相互协调一致，与战略的实施相匹配，则其效果将是很显著的；反之，如果这些因素与要求实施的战略不相匹配，相互之间不能协调一致，则将在战略实施中产生消极作用。

我们将在第十章中，重点介绍企业文化、组织机构、各级管理人员在战略实施过程中所产生的影响。

本章小结

战略实施阶段在整个战略管理过程中处于将理想（计划）变为现实的关键环节，它与战略制订之间有着密切和复杂的关系，但是这两者之间又有着根本性的区别。在实施战略行动开始之前，必须明确实施战略的主体、内容和方式这三个基本问题；了解战略实施必须经历战略发动、战略计划、战略运作和战略控制这四个相互联系的阶段，将有助于企业更好地规划战略实施。在战略实施的过程中，必须遵循统一领导统一指挥、适度合理性、阶段目标、坚忍不拔和权变性五项原则，只有这样才能做到有效地应对许多在制订战略时未估计到或者不可能完全估计到的问题。

尽管在战略实施过程中有许多工作、任务等待着我们去做，但重点抓好建立年度目标、制定政策和资源配置这三项中心任务，将能取得事半功倍的效果。建立年度目标是由企业中所有管理人员直接参与的一项分散化的活动，它有利于加强全体管理人员与员工的认同感和责任感，并将战略目标具体化，进而融入每一位员工的日常工作中。用具体的政策来指导战略实施中的日常工作，可为企业的管理者与员工在战略实施的过程中所遇到的问题提供由上至下的指导。这里所说的政策是广义上的政策，它泛指具体的准则、方法、程序、规则、形式以及支持和鼓励为实现既定目标而努力工作的管理活动。“巧妇难为无米之炊”道出了资源对战略实施的重要性。在资源配置的过程中，企业必须认真对待资源配置的效率、风险和年度资源配置这三个问题，以防止在资源配置中的不当。认真遵循战略资源配置的四项原则，积极做好人力资源和资金资源的分配是当前企业资源配置的重要工作。战略和资源之间是动态相辅、动态乘数的效果。

战略实施模式是指企业管理者在战略实施过程中所采用的手段。目前战略实施的模式主要有指挥型、变革型、合作型、文化型和增长型五种，它们在制订和实施战略上的侧重点各有不同。在企业中有诸多因素影响着战略转化为行动，企业文化、组织结构、各级管理人员、资源配置、控制激励制度、信息沟通六大要素共同构成了战略实施的支持系统。

复习与思考

一、名词解释

战略实施、年度目标、政策、资源配置、战略实施模式

二、单选题

1. 指挥型、变革型、合作型、文化型和增长型五种战略实施模式，在制订和实施战略上的侧重点各不相同，（　　）及合作型更侧重于战略的制订，而把战略的实施作为事后行为。

A. 指挥型　　B. 变革型　　C. 合作型

D. 文化型　　E. 增长型

2. 以支持战略程度与赢利状况为坐标，可将资源配置和战略的动态相辅效果划分为四个类型，当资源对支持战略程度高，而企业却处于亏损状态时，则企业战略与资源配置的效果是（　　）。

A. 资源优势整合型 B. 资源选择协调型 C. 资源退出型　　D. 资源保持型

3. 以支持战略程度与赢利状况为坐标，可将资源配置和战略的动态相辅效果划分为四个类型，当资源对支持战略程度低，而企业却处于赢利状态时，则企业战略与资源配置的效果是（　　）。

A. 资源优势整合型 B. 资源选择协调型 C. 资源退出型　　D. 资源保持型

4. 由于企业资源中，无形资源很难把握，而除人力资源之外的有形资源均可以用价值形态来衡量，因此当前企业战略资源的配置主要是指人力资源和（　　）资源的分配。

A. 设备　　B. 原材料　　C. 资金　　D. 技术

5. 由于战略实施需要解决诸多的不一致、混乱和冲突，所以在实施战略行动开始之前，必须明确实施战略的主体、内容和（　　）这三个基本问题。

A. 风险　　B. 方式　　C. 资金　　D. 技术

三、多选题

1. 战略与资源的动态乘数效应，是指企业在执行发展战略中产生的资源集聚效应，这既包含有有形资源集聚产生的规模效应，也包含有（　　）与（　　）叠加而产生的乘数效应。

A. 有形资源　　B. 无形资源　　C. 现有资源　　D. 将来资源

2. 以支持战略程度与赢利状况为坐标，可将资源配置和战略的动态相辅效果划分为四个类型，即优势整合型、选择协调型、（　　）和（　　）。

A. 退出型　　B. 进攻型　　C. 保持型　　D. 防守型

3. 由于战略实施的模式通常与管理者的领导风格密切相关，所以战略实施主要有指挥型、合作型、（　　）、（　　）和增长型五种模式。

A. 变革型　　B. 防守型　　C. 进攻型　　D. 文化型

4. 在企业中有诸多因素影响着战略转化为行动，这些因素构成了战略实施的支持系统，它们主要是企业文化、（　　）、（　　）、（　　）、控制激励制度、信息沟通等要素。

A. 组织规模　　B. 组织结构　　C. 管理人员　　D. 资源配置

5. 指挥型、变革型、合作型、文化型和增长型五种战略实施模式，在制订和实施战略上的侧重点各不相同，（　　）、（　　）和（　　）则更多地考虑战略实施问题。

A. 指挥型　　B. 变革型　　C. 合作型

D. 文化型　　E. 增长型

四、判断题

1. 战略实施与战略制订之间有着密切和复杂的关系，但是这两者之间又有着根本性的区

别，其区别之一是战略实施注重效果，而战略制订注重效率。（ ）

2. 制订战略需要不同层次、代表各方面利益的人员参加。但实施战略仅是操作层面员工的工作。（ ）

3. 战略实施活动中的资源配置仅指有形资源的配置。（ ）

4. 在文化型战略实施模式中，企业战略决策者考虑的是如何制订一个最佳的战略，让下层管理人员去执行，而自己并不介入战略实施问题。（ ）

5. 在变革型战略实施模式中，企业战略决策者是作为一个教练，帮助和鼓励不同的职能部门和工作区对实现战略目标的具体细节做出决策。（ ）

五、简答题

1. 企业战略实施的中心任务有哪些？
2. 年度目标对战略实施的作用主要体现哪些方面？
3. 战略实施过程应遵循什么原则？
4. 战略制订与战略实施之间的区别主要体现在哪些方面？
5. 在企业资源的配置中必须注意哪些问题，以防止资源配置不当？

六、论述题

1. 为什么说战略的主体、内容和方式是战略实施的三个基本问题？
2. 为什么说有效的政策将有助于企业战略的顺利实施？
3. 战略实施一般有几种模式？它们各有什么特色？

案例分析

上海梅山矿业公司的战略实施

上海梅山矿业有限公司是宝钢集团下属单位，由于长期实施低成本战略，生产成本等指标保持行业领先，连续三届荣获为全国冶金矿山“十佳厂矿”殊荣，即使是2008年金融危机发生后，仍然保持了健康的发展态势。其之所以能够取得如此成就，就在于该公司能够持之以恒地重视和推进低成本战略，并且建立起更多要素、更多方面的全方位支撑体系。

1. 体系支撑

梅山矿业公司的体系支撑主要体现在两个方面。一是组织体系。坚持分级管理，建立了“矿-厂-车间-班组”四级低成本战略推进工作小组的组织架构，并且各单位、车间、班组指定低成本工作负责人。行政主要领导亲自把关，职能部门分工合作，各单位逐级分解任务，保证各工序各环节各岗位有明确的低成本管理目标，逐级形成保证体系。二是指标体系。经过多年探索，构建了“矿-厂-车间-班组”四级低成本指标体系。

2. 团队支撑

经过多年的研究和探索，发现员工对“课题化”的团队工作更具有可理解性和操作性。于是，“班组低成本课题”这种有效的工作方式得到了推行。一开始是工会负责搞试点，开展“班组低成本课题活动”，后来公司高层认识到这一载体的功能，在全矿范围加以推广，着力建设“班组低成本课题”平台，既注重抓重点，又注意覆盖面。2009年还大力建设“跨团队低成本课题活动”平台，主要是针对影响生产成本和企业效益的重点指标，开展跨团队课题管理活动，在更大范围内调配资源，确立了降低综合能耗、降低选矿比、提高矿石资源综合回收率、降低水耗等14项成本改善重点课题。

3. 实体支撑

公司重抓三点。一抓资源，提高金属回收率。以提高采选综合回收率为重点，对影响资源利用的重要环节加强运行控制，努力提高回收率，降低选矿比。二抓能源，努力节能降耗。加强能源计量系统的完善，坚持做到有能源的消耗必有计量，有计量的地方必有指标，有指标的地方必有考核。三抓物资，降低备件材料消耗。在计划方面，严格控制考核计划的准确率，做到不该采购的绝不采购。在采购方面，严格执行招议标采购制度，最大限度地降低采购成本，提高物资性价比。在库存方面，不断完善库存结构模型，提高物资周转率。在使用方面，建立物资消耗考核指标并对照分析，对于报废物资，尤其是价值高的重要零部件，采取专家鉴定、修旧拆旧的方式加以利用。

4. 技术支撑

公司历来对科技重视有着良好的传统。一是促进井下装备大型化。近年先后引进喷浆台车、锚杆台车、装药台车等一系列新设备，主要采掘设备达到国际先进水平，有效地提高了采矿生产效率。二是抓好选矿工艺流程优化。2007年以后三四年间实施科研技改项目30余项，实现了在原矿品位不断下降的情况下，保证了选矿金属回收率。三是注重新工艺、新设备和新材料的使用。研究应用“大间距集中化无底柱采矿新工艺”，回采爆破一次崩矿量提高60%；研究应用进口细碎机、盘式过滤机、陶瓷过滤机，改进了环水利用系统，使选矿能耗降低了5%，水耗降低了80%。四是加强信息化建设。采矿生产实现了数据的自动采集，选矿生产实施了全流程视频监控，井下通风、矿石提升、动力调度等均实现了远程监控，当时数字化建设水平被国内行业组织鉴定为“国际先进水平”。

5. 文化支撑

公司把企业文化建设与低成本战略的实施有效结合起来，重点从三个方面培养“全员、全面、全过程”的降本增效氛围：一是抓协同。按照“协同、市场、成本、管理”的经营方针，针对重点项目和关键指标，实现班组与班组、车间与车间、单位与单位、单位与部门之间的协同，通过抓协同出效益。二是抓品牌。通过内部工序、服务和产品品牌的培育和创建，提升产品质量、服务质量、管理效能，实现降本增效。三是抓“行为养成”。在领导人员中深入开展“管理者示范”活动，领导人员带头过紧日子，“勤俭办一切事情”，大力倡导节俭文化，使节俭行为成为每个职工的日常行为习惯。

（根据多方资料整理而成）

思考讨论题

1. 梅山矿业公司的战略实施有何特色？对你有什么启示？

2. 根据梅山矿业公司战略实施的经历，你认为一个有效的战略实施支持系统应该包括哪些方面的内容？

第十章　领导、组织和文化

【学习要点及目标】

1. 了解几种典型组织结构的特点及战略优劣
2. 了解企业文化与战略的匹配基本思路
3. 理解战略与组织结构的关系
4. 理解企业文化与战略的关系
5. 熟悉战略领导行为的三大战略管理的基本内容
6. 熟悉企业文化与战略的匹配方式
7. 掌握组织结构的战略性调整与变革的基本内容
8. 掌握企业文化的构成与基本功能

【关键概念】

领导行为、组织结构、企业文化、工作适配性、组织变革

引导案例

巨人集团的三步险棋

巨人集团，曾经是一个红遍全国的知名企业，不到两年时间就成为销售额近4亿元，利税近5 000万元，员工达2 000多人的大企业；同样，历经不到4年就如同泡沫似的破裂了。有人说“巨人”是个神话，而这个神话终因史玉柱不是神而最终破灭。

第一步险棋

随着西方国家向中国出口计算机的浪潮，康柏、惠普、AST、IBM等国际计算机公司开始围剿中国的计算机公司，计算机业于1993年走入低谷，巨人集团用超出自己能力十几倍的投资兴建巨人大厦，几乎采用了破坏式的影响主业发展的方式来建设这个巨人大厦，由原来的18层增至38层。后来当地政府的一些领导建议巨人集团为珠海建一座标志性大厦，因此，巨人大厦又由原来的38层改至54层、64层，最后决定盖个70层的大厦，预算也因此从2亿元增至12亿元。

单凭巨人集团的实力，根本无法承担这项浩大的工程，而且更令人瞠目结舌的是，大厦从1994年2月动工到1996年7月，史玉柱竟未申请过一分钱银行贷款，全凭自有资金和卖楼花的钱支撑。房地产必须有金融资本作后盾，可史玉柱竟将银行搁置一边。

第二步险棋

1995年，一个名为“二次创业”的总体目标被提出：跳出计算机产业，走产业多元化的扩张之路，以发展寻求解决矛盾的出路。史玉柱亲自挂帅，成立了“三大战役”总指挥部，下设八大方面军和30多家独立分公司，各级总经理都改为“方面军司令员”或“军长”“师长”。

对巨人集团来说，生物工程是一个完全陌生的领域，在对这个市场的开拓中，由于不了解该领域的消费者特性，尤其不熟悉这一新领域的资金运作和营销策略，巨人集团越陷越深。虽然1994—1996年，巨人集团在保健品方面异军突起，但整个生物工程出现全面亏损。生物工程领域萎缩的另一个重要原因还包括受巨人大厦的拖累。

在决定进入房地产和生物工程领域之前，史玉柱曾设想了一个绝妙的财务运作机制：先用开发巨人大厦卖楼花的钱投入生物工程，再用生物工程产生的利润来支持巨人大厦。但是，实际的运作出现了偏差，由于巨人大厦预算的不断上升，史玉柱不能去为生物工程注资，反而不断从生物工程中抽资去支撑巨人大厦，活钱变成了死钱，结果是巨人大厦没能撑起，反倒赔进了生物工程。1996年巨人大厦资金告急。史玉柱决定将保健品方面的全部资金调往巨人大厦。保健品业务因“抽血”过量，迅速衰落。

第三步险棋

突变式的巨人管理变革。管理的目标就是如何使企业更具有生命力，就是如何获得更多的利润。管理的进步和升级，是需要基础的，毕竟管理中人的成分占了80%，是动态的人，针对人的管理变革，管理基础系统不能少，缺乏基础的管理变革经不住不良的市场环境的冲击。巨人的管理变革几乎是以大换血的方式运行，风险是巨大的，要么走向成功，要么走向失败。

（佚名）

思考

1. 巨人集团的军事化组织结构是否与其产业多元化的扩张战略相适应？
2. 从巨人集团的三步险棋中，我们可得到哪些方面的启示？

战略实施是战略管理过程中难度最大的一个阶段。战略实施的推进，首先，要有与企业战略相匹配的战略领导行为，并注重战略领导行为的提升；其次，要对企业的组织结构进行构建，使之能够适应所采取的战略，为战略实施提供一个有利的内部环境；最后，还要建设能促进战略实施的企业文化，以保证企业战略的成功实施。

第一节　领导行为

在战略实施的过程中，任何行动都是通过人来完成的。因此，如何通过领导行为来提高人的行动力就成为企业战略实施过程中的一个重要问题。就作为行为主体的人而言，其行动力可分解为行动技能、行动意愿和行动条件三个方面。其中，行动技能体现的是行动主体的素质胜任程度，即“能做好”；行动意愿表达的则是行动主体的动机充分程度，即“想做好”；行动条件表明的是行动主体的环境支持程度，即“可做好”。

从战略实施的角度来看，领导行为就是通过战略赋能管理来提高员工的行动技能，通过战略激励管理来增强员工的行动愿意，通过战略变革管理来改善员工的行动条件，从而在整体上达到提高员工的行动力，以保证企业战略实施能够实现预定的战略目标，见图10.1（李庆华，2009）。

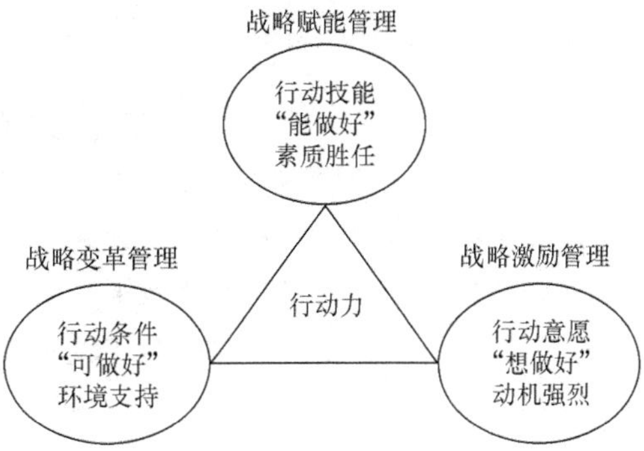

战略赋能管理
行动技能
“能做好”
素质胜任
战略变革管理
行动条件
“可做好”
环境支持
行动力
战略激励管理
行动意愿
“想做好”
动机强烈

图 10.1 基于行动力的领导行为三维度

一、战略赋能管理

战略赋能管理的基本目的就是使员工的素质达到能够胜任所做工作的要求，这包括三个方面：一是员工工作岗位调配；二是员工工作技能培训；三是员工工作潜能开发（李庆华，2009）。

（一）工作岗位调配

一般来说，任何人都在一个或几个方面具有自己特定的专长。但是，这种专长必须在合适的工作岗位上才有可能充分地展现出来。反之，如果在一个不合适的工作岗位上，其专长就无法有效地发挥出来。此时，就需要进行工作岗位的调配。

1. 员工与岗位的适配性

所谓的工作适配性，是一个综合性的概念，它包括员工的工作兴趣、态度、个性、气质、性格等因素是否与工作岗位的要求相吻合。

由于员工技能与其工作岗位之间存在着较高的适配性要求，所以，只有当员工技能水平高且与其工作岗位的适配性高时，员工才能充分发挥出其特有的专长，取得较高的工作业绩，得到迅速成长；如若当员工技能水平高但与其工作岗位的适配性低时，员工就会感到困惑，无法发挥自己的工作技能，也就无法取得高工作绩效；当员工技能水平低且与其工作岗位的适配性低时，员工就会非常消极；同样，当员工虽与其工作岗位的适配性高，但由于工作技能水平低，无法适应工作岗位要求时，员工就会有强烈的挫折感。图 10.2 形象地反映了员工与岗位适配性的各种情况。

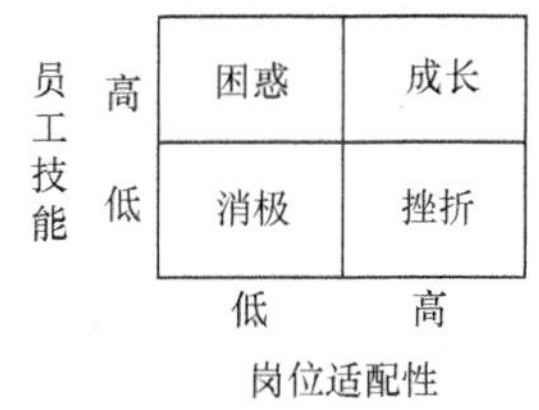

图 10.2 技能与岗位的适配性

2. 工作岗位设计

在战略实施中，也有可能是由于组织设计不当而导致战略失败。因此，在工作岗位设计中，必须站在管理者的立场审视所面临的问题。一是为了完成工作任务，我掌握了哪些资源？二是企业用什么指标来评估我的工作业绩？三是为了我的目标，我要与谁打交道？要影响谁？四是当我寻求别人帮助时，能得到多少支持？而这四方面的问题正对应着工作岗位的四种基本幅度：控制、责任、影响和支持。每种幅度都可以调整，因此它们的设置可宽可窄。如果设置得当，就能合理设计工作岗位，让有才干的员工成功地实施企业战略；如果设置不当，任何员工都将很难有效地执行企业战略。

补充阅读

工作岗位的四种基本幅度

（1）控制幅度。它界定了管理者在多大范围内对企业资源拥有决策权。这里的资源不仅是指人员，也包括各种资产和基础设施。

（2）责任幅度。它指的是管理者可以在多大范围内做出影响绩效衡量指标的抉择。

（3）影响幅度。它指管理者为了搜集数据、信息和影响他人工作而需要建立的人际网络的广度。

（4）支持幅度。它是管理者可以从企业其他部门得到多大的帮助，这可以定在从窄到宽的任何一个位置，关键是看这个人为了执行战略需要别人多大程度的投入。

在设计工作岗位时，第一步是要确定控制幅度，以反映在创造客户价值中扮演重要角色的每个工作岗位所能分配到的资源；第二步是扩大或缩小责任幅度和影响幅度，以便把某些工作岗位的开创性行为和创造性张力调节到不同水平；第三步是必须调整支持幅度，以确保这个工作岗位可以得到它所需要的各种支持。

（二）工作技能培训

员工工作技能培训主要包括培训需求的分析、培训目标的制订、技能培训的要素分析、技能培训的组织和培训成果的转化等方面的内容。

1. 培训需求的分析

培训需求的分析是一个综合了解组织、工作和个人三类需求的分析，实际要求员工参加何种培训的过程，它主要分析和评估组织中因为存在什么问题而需要培训、哪些人需要培训、在哪些方面需要培训，从而确定有无必要组织培训项目，为确定培训目标和有的放矢地开展培训做好准备，以确保所提供培训项目内容与组织、员工所需求相一致。

2. 培训目标的制订

根据培训需求分析的结果确定技能培训的目标。它是以描述受训者应该能做些什么作为培训结果，也就是确定培训活动的目的和预期结果。每一个培训项目和计划都应当制订自身切实可行的总体目标、阶段目标以及各项工作的具体目标。

合理的培训目标一般应包括三个构成要素：组织希望员工做什么（绩效）、组织可以接受的质量或绩效水平是什么（标准）、受训者在何种条件下有望达到理想的培训结果（条件）。

3. 技能培训的要素分析

一般来说，员工技能培训主要由六种基本要素（简称 4W2H）构成。一是培训什么（What），培训的对象是谁，培训的目标和内容是什么；二是何时培训（When），选择什么样的时机进行培训；三是何处培训（Where），培训的场所和环境，具体到选择培训的地点、空间；四是谁来培训（Who），谁是培训主体，培训的责任、权限、运作、控制落实给谁；五是如何培训（How），培训采取什么样的方法、技术和手段；六是花费多少（How much），对员工培训作一个详细的预算。

4. 技能培训的组织

组织实施培训活动就是要以既定的员工技能培训计划为蓝图，具体落实员工技能培训的六个要素，扎扎实实地组织开展各项技能培训活动，保质地完成员工技能培训计划，圆满地实现员工技能培训目标。

5. 培训成果的转化

培训的最终目的是希望员工能将其在培训中所学习到的知识、技能、行为等内容应用或转移到实际的工作中，从而实现由培训学得的内容变为工作能力的提高、工作业绩的改善。所以，在培训计划制订与组织实施工作的过程中，同时应当关注培训成果的转化环节及其配套措施。

（三）工作潜能开发

现代心理学研究认为，一个正常且健康的人只运用了其能力的极小部分。因此，有效的战略领导行为应加强员工工作潜能的开发，这对企业战略实施具有十分重要的意义。

潜能是指未发挥出来的能力。员工潜能开发就是希望通过实践、学习和潜意识开发等途径，将人的潜在能量释放到工作中来，从而达到提高员工工作绩效的目的。

实践是促进人的潜能开发的根本途径。它能够有效地将员工已经拥有的、且也知道自己所拥有的、但未能发挥出的某种能力充分激发出来；同时还能将那种员工已经拥有但自己未意识到的潜能，诸如“急中生智”类的潜能也激发出来。所以，激励员工参与实践应该成为一种十分重要的战略领导行为。

人们在学习复杂任务时能够按本质不同的两种模式来进行。一种是外显学习模式，它是在明确的意识支配下，以理性思维为核心的认识活动；另一种是内隐学习模式，是指个体对复杂规则知识的无意识获得的过程。由于内隐学习具有无意识的、自动化的、资源无限的、并行加工等特点，因而可成为企业加强员工潜能开发的有效学习模式。

潜意识指的就是潜藏在我们一般意识底下的一股神秘力量，是相对于“意识”的一种思想，又称“右脑意识”“宇宙意识”。它聚集了人类数百万年来的遗传基因层次的信息，囊括了人类生存最重要的本能与自主神经系统的功能与宇宙法则，即人类过去所得到的所有最好的生存情报，都蕴藏在潜意识里。因此，只要懂得开发这股与生俱来的能力，几乎没有实现不了的愿望。

二、战略激励管理

激励是激发和鼓励人们朝着所期望的目标采取行动的过程。一般来说，一个组织的员工在工作技能方面与其他组织的员工相比，本质上并没有显著的差异。但如何让具有同样潜质的平常人表现出尽可能高的能力水平，这就是管理的任务。在战略实施的过程中，战略领导行为就是帮助员工理解对他们的期望，即建立工作业绩目标，同时，帮助他们有效地满足这些期望，评价员工工作业绩和提供反馈信息，并给予及时的考核与奖励，以实现让员工表现出尽可能高的能力水平，这就是战略激励管理的任务。它意味着应在企业战略目标的指引下，通过采取各种切实可行的激励措施来激发组织成员的积极性和创造性。

案例 10.1

黄炳买饭——管理的艺术

南宋嘉熙年间，江西一代山民叛乱，身为吉州万安县县令的黄炳，点起了大批人马，严加守备。一天黎明前，探子来报说，叛军即将杀到。黄炳立即派巡尉率兵迎敌。巡尉问道：“士兵还没吃饭怎么打仗？”黄炳并没有开“空头支票”，他立刻带上一些差役，抬着竹箩木桶，沿着街市挨家挨户叫道：“知县老爷买饭来啦！”当时城内居民都在做早饭，听说知县亲自带人来买饭，便赶紧将热气腾腾的米饭装进木桶就走。这样，士兵们既吃饱了肚子，又不耽误进军，还打了一个大胜仗。这个县令黄炳，没有亲自捋袖，也没兴师动众，劳民伤财，他只是借别人的手，烧自己的饭。

县令买饭之举，算不上高明，看来也平淡无奇，甚至有些荒唐，但却取得了很好的效果。

（一）战略激励综合模型

根据管理学关于人性的假设，现代组织中的员工是一个“复杂人”，激发员工行为需要依靠各种激励因素的综合作用，单纯依靠任何一个激励因素都不会取得理想的效果。因此，在战略实施的过程中，需要建立起一种由各种激励因素相互关联、相互支持、强大、积极、具有自我强化功能的综合激励循环体系（见图 10.3），以便更好地激发出组织成员的更大潜能。

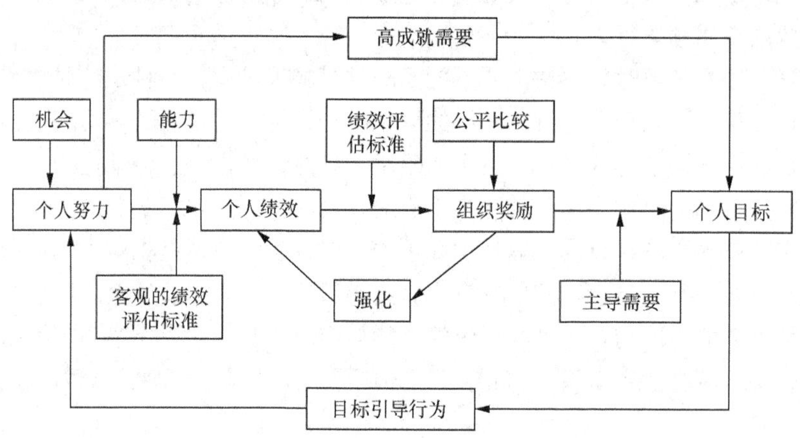

图 10.3　战略激励综合模型（李庆华，2009）

激励综合模型整合了需要理论、期望理论、双因素理论、公平理论、强化理论、目标设置理论等理论内核，为员工激励提供了理论依据，为激励系统的设计提供了参考。可用一个简明的公式表示。

业绩 = F（能力、激励、机会）

机会可能促进也可能妨碍个人努力，个人努力易受到个人目标的影响。总之，努力、业绩、奖励、个人目标的实现之间存在着密切的联系。

（1）努力与业绩之间的关系受到评价标准和个人能力的影响，为了取得高业绩，个人必须具备工作所要求的能力。

（2）业绩与奖励之间的关系受到业绩评估标准的影响，衡量个人业绩的业绩评估体系必须被认为是客观和公平的。

（3）奖励与个人目标之间的关系受到主导目标与目标一致性的制约，两者越是一致，奖励效果越好。

（二）战略激励基本途径

一般来说，个体是根据他对某种行为结果实现的可能性和相应奖酬的重要性的估计来决定是否采取行动的。当然，在一个组织中，工作任务本身的性质和特点，企业文化的内涵与作用，也在很大程度上影响并决定着员工的积极性和创造性。因此，战略领导行为可从四种途径激励员工更加高效地完成工作任务。

1. 工作任务设计激励

根据激励理论，一个人的投入产出取决于其所从事的工作是否与其所拥有的能力、动机相适应。所以，通过合理地设计和分配工作，能极大地激发出员工内在的工作热情，提高其工作业绩。

具体来说，要求在设计和分配工作时，做到三点：一是所分配给员工的工作应与其能力相适应；二是所设计的工作内容应符合员工的特长和爱好；三是所提出的工作目标应具有一定的挑战性。

2. 考核方法设计激励

考核方法设计的前提是制订合理的战略业绩标准。一般来说，用战略业绩标准来对战略实施过程进行有效的控制，可通过将企业经营业绩衡量和员工工作业绩考核结合起来实现。员工工作业绩考核既可以为员工的薪酬调整、奖金发放、职务调整等提供依据，也可以为上级与下属之间提供一个正式沟通的机会，让员工清楚企业对自己的真实考核，尤其是自己的工作绩效与企业经营业绩之间的关系，以及企业对他的未来期望。同时，企业也可以及时准确地获得员工的工作信息，为改进企业政策提供依据。

战略业绩标准的制订关系到企业的发展导向，通常有三种类型的考核标准：员工特征导向的考核方法、员工行为导向的考核方法和结果导向的考核方法。

3. 薪酬体系设计激励

战略激励的一个重要途径是薪酬体系设计激励。薪酬体系主要是由基本工资、激励工资、津贴和福利组合而成。广义的薪酬体系应当包括：

（1）不同薪酬形式（即基本工资、激励工资、津贴和福利）之间的横向结构模式。

（2）同一种薪酬形式在不同职位或不同技能员工之间的纵向结构模式。

在战略性激励机制中，薪酬结构是企业为保证内部公平而形成的不同职位之间薪酬的相对比例和绝对差距，是与其所需的知识技能、工作强度、工作量、对组织整体利益目标贡献的份额相一致的。企业应该通过工作评价确定各种工作职位的相对价值，在赋值上努力做到机会均等、民主、透明、公平竞争、同工同酬。此外，在设计薪酬结构时，还需考虑外部公平、程序公平的问题。

4. 企业文化建设激励

创建一种支持战略实施的企业文化对提高战略实施的效率至关重要。因为优秀的企业文化营造了一种和谐的工作氛围，它不但使员工能够取得高工作绩效，而且还可以使团队成为高绩效团队。企业文化本质上是员工长期形成的共同行为方式，它往往受许多因素的综合影响。其中，最重要的就是共同的价值观和信念，它是高层管理者支持和期望的道德标准，是基于关键政策的经营哲学和经营宗旨的反映。

有关企业文化对战略实施影响方面的相关内容将在本章第三节中给予专题介绍。

三、战略变革管理

在战略实施的过程中，随着外部经营环境的不断变化，企业内部将会产生大量新的与战略实施不相容的因素，从而阻碍战略实施的进程，这就要求企业进行战略变革管理，以确保战略实施能够达到预期的效果。

（一）战略变革的基本类型

企业战略变革的类型主要取决于战略变革的性质和方式。一般来说，主要有四种基本类型（见图 10.4）。

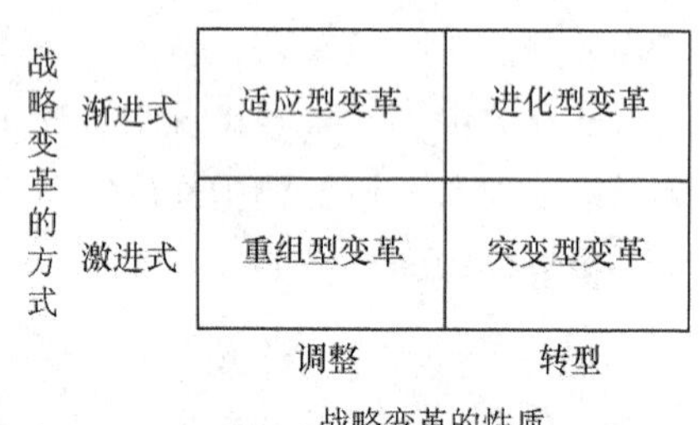

图 10.4　战略变革基本类型

（1）适应型变革。即在环境变化相对缓慢的情况下，在现有的基本框架和范式内渐进地进行变革，以适应环境变化的要求。

（2）重组型变革。这种变革速度很快，但并没有从根本上改变组织范式。如在企业内部推行一个大型成本削减项目，以应对不断上涨的原材料涨价。

（3）进化型变革。即需要改变组织范式的战略变革，通常需要较长时间才能完成。即将组织视为一个“学习型组织”，随着环境的变化不断调整其战略，以此形成一个战略性的学习型组织。

（4）突变型变革。指需要对组织战略和范式进行重大而快速的变革，通常是因为战略预期出现重大偏移，最终带来的要求组织进行变革的巨大压力。如利润严重下滑或面临敌意收购。

（二）战略变革的基本过程

战略变革是一个充满艰险的过程，常常需要很长的时间才能完成。因此，为确保战略变革的长久性、有效性，战略必须严格按照一定的步骤进行。一般说来，企业战略变革包括八个步骤。

1. 增强战略变革的紧迫感

紧迫感是打破常规的战略变革所不可缺少的动力源泉。没有紧迫感，就没有做出额外努力的动力，也就不会有做出牺牲的精神，这也正是许多企业战略变革不能成功的根本原因所在。

2. 组建强有力的领导联盟

由于战略变革往往会触及各相关利益群体的切身利益问题，如果没有强有力的领导联盟支持，那么对立派的破坏、反对就有可能使战略变革流产。

重视关键人物的选择、成员的合理搭配、成员的信誉声望以及领导能力这四要素，对提高领导联盟的有效性是至关重要的。

3. 描绘企业战略变革愿景

要想让战略变革得到企业内部大多数员工的支持，企业就必须清晰地勾画出一幅关于企业未来前景的蓝图——企业远景。通过描绘企业远景，战略变革的推行者才能很容易地与企业的顾客、股东和员工进行沟通，并能最大限度地感染他们，激发起他们支持和参与变革的热情。

4. 传播企业战略变革愿景

在描绘出企业战略变革愿景之后，还必须努力传播企业战略变革愿景，即与员工进行深度的沟通与交流，否则企业战略变革仍然难以得到大多数员工在行为上的支持与参与，企业战略变革也就不可能取得成功。

5. 清除战略变革中的障碍

进行战略变革必然会受到各种各样的阻力，它们可能是来自管理部门的偏好、管理风格和企业文化，也可能是来自对变革意识的阻碍。只有清除掉这些阻力，才有可能让越来越多的员工参与变革，也才有可能让企业战略变革更容易取得成功。

6. 争取获得短期战略变革成效

任何企业战略变革都需要时间。但是，短期内如果不实现一些短期目标并为此而庆祝，战略变革的努力就会面临缺乏动力的危机。大多数人如果在一段时间内不能看到令人振奋的成绩，不能证明变革的努力达到了预期的结果，他们将很难长时间地保持旺盛的斗志。如果没有短期成效出现，很多人会放弃努力，甚至投入到阻碍变革的队伍中。

7. 巩固成果并推进变革

成功的企业战略变革领导者会充分有效地利用短期胜利所赢得的声誉，进一步解决更重大的问题。他们知道变革努力的时间不是以月为单位，而是以年为单位，要想将变革进行到底就需要抓住每一个有利时机,将所取得的短期成果变化为不断激发员工的变革热情的动力，以不断推进企业战略变革的深入。

8. 使新方法融入企业文化

如果要巩固战略变革的成果，那么使新方法融入企业文化就必须成为人们处理问题的主要方式，必须深入地渗透到企业或是部门的血液中去。除非新的行为方式能够深植于企业的行为规范和普遍的价值标准中，成为企业的行为惯例，否则当变革的力量有所削弱，变革所承受的压力降低时，企业新的行为标准自然就会下降，甚至有可能会很快地回到原来的行为中去。

（三）战略变革的时机选择与问题判断

信息是使战略决策者认识变革力量大小的根据。财务报告、质量控制数据、预算和标准成本等是重要的信息内容，通过它们可以显示出外部和内部力量的变化状况。例如，当利润下降、市场份额下降就明显地表明企业竞争力量减弱，到了需要进行战略变革的时候。

一般来说，战略变革时机有三种选择（见图 10.5）。

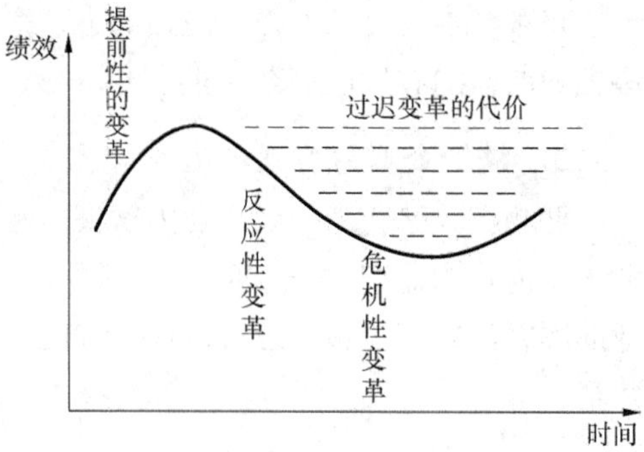

图 10.5　变革时机的选择

1. 提前性变革

提前性变革即企业战略决策者能及时预测未来的危机，提前采取行动，进行必要的战略变革。这是一种正确的变革时机选择。国内外企业战略管理的实践经验证明，及时地进行提前性战略变革的企业是最具有生命力的企业。

2. 反应性变革

在反应性变革这种环境情况下，企业已经存在有形的、可感觉到的危机，并且已经对过迟的变革付出了一定的代价。

3. 危机性变革

危机性变革时企业已经存在根本性危机，再不进行战略变革，企业将面临倒闭和破产。因此，危机性变革是一种被迫的变革，往往企业付出较大的代价才能取得变革的收效。

在企业决定进行战略变革时，需要对问题的症状进行分析，以发现问题的实质。这项工作可围绕以下三个方面来讨论。

（1）什么是有别于问题表象的实质问题？

（2）解决这个问题要改变什么？

（3）变革的目标是什么？如何衡量这些目标？

补充阅读

管理三要素

联想的管理思想被高度浓缩为“管理三要素”——“建班子、定战略、带队伍”。“建班子”是“定战略”和“带队伍”的先决条件，领导班子通过“定战略”正确决策，通过“带队伍”有力执行，实现企业的稳健发展。

（1）建班子。选拔德才兼备的管理者组成领导班子，班子内部形成纵向和横向分工，倡导“有话直说”和“有话好好说”，以群策群力的方式实现理性决策和高效执行，对一把手形成制约，提升领导层威信。

（2）定战略。描绘愿景、明确战略、制订策略、分解战术、确定领军人物、调整组织架构和考核激励是联想制订战略的“七步法”，但这并不是一个简单的依次按部就班的过程，也不能过分强调某一环节的作用，而需要在制订战略过程中充分务虚，系统思考，协调推进。

（3）带队伍。“带队伍”就是让士兵爱打仗，会打仗，团队作战有序，以确保战略的有力执行。“带队伍”的关键是激励和文化。

第二节　组织结构

战略是通过组织来实施的。所谓组织，就是一个为了特定目标而由分工协作的人及不同层次的权力和责任制度所构成的集合，它往往能完成独立的个人无法完成的目标。而组织结构则是组织单位的界限，以及使组织运行其中的框架结构。

一、组织结构的内涵

（一）组织结构的含义

美国著名的心理学家、1979 年诺贝尔经济学奖获得者赫伯特·西蒙曾经说过："有效地开发社会资源的第一个条件是有效的组织结构"。关于组织结构的定义是众说纷纭，但由于组织结构与战略具有密不可分的联系，是决定战略成败的关键因素之一。因此，在这里我们只是从它与战略的关系角度去定义，即：组织结构是组织成员为了实施组织总体战略和组织目标而分工协作，在职权、职责等方面所形成的结构体系。

一般而言，组织结构至少包含以下三个关键要素。

（1）复杂性。复杂性指组织结构内各要素之间的差异性，它包括组织内的专业化分工程度，垂直领导的层级数，以及组织内的人员、部门、地区分布情况等。

（2）规范性。规范性指一个组织内的纪录、规章制度、工作程序、生产过程及产品的标准化程度等。

（3）集权化程度。集权化程度是描述组织内决策力的集中程度。

事实上，组织结构不仅是战略实施的主要工具，而且从一开始就影响了战略的形成和选择过程。正因为如此，组织结构与战略的关系一直是战略管理研究的重要课题之一。

（二）组织结构的类型

组织结构是表明组织各部分排列顺序、空间位置、聚散状态、联系方式及各要素之间相互关系的一种模式。没有一成不变的、普遍适用的、最佳的组织模式，不同的企业及同一企业的不同发展阶段，都应当根据当时的企业内部条件和外部环境来设计与之相适应的组织结构。组织结构因企业环境、企业战略、企业技术、人员状况、企业规模、企业寿命周期等因素的不同而有所不同。在这里仅简要介绍几种典型的组织结构。

1. 简单结构

简单结构是工业发展初期企业的一种最早使用、最为简单的一种组织结构类型。基本原则是：下级从上级那里直接接受命令，上级对下级进行综合管理。在这种组织结构下，厂长或经理都是实行没有职能机构的"个人管理"，权限是直线的，关系是明确的，并且按照有效的管理幅度和企业总人数，决定企业组织的层次与结构。

2. 职能型组织结构

随着管理工作日趋复杂，简单结构已不能适应企业的发展，企业开始设立专业职能人员和机构，把相应的管理职责与权力交给职能部门，各职能部门在本职范围内有直接指挥下级的权力。此时，下级既服从直接领导的指挥，也服从上级职能部门的管理。

3. 事业部型组织结构

事业部型组织结构又称M型组织结构，即多单位企业、分权组织，或部门化结构。它是指以某个产品、地区或顾客为依据，将相关的研究开发、采购、生产、销售等部门结合成一个相对独立的组织结构形式。它表现为在总公司领导下设立多个事业部，各事业部有各自独立的产品或市场，在经营管理上有很强的自主性，实行独立核算，是一种分权式管理结构；它是在企业宏观领导下，拥有完全的经营自主权，实行独立经营、独立核算的部门，既是受公司控制的利润中心，具有利润生产和经营管理的职能，也是产品责任单位或市场责任单位，对产品设计、生产制造及销售活动具有统一领导的职能。

4. 区域型组织结构

区域型组织结构就是以公司在各地生产经营活动的区域分布为基础，设立若干区域部，每个部负责该管理该区域范围内的全部经营活动与业务，每个区域部通常由一名副总裁挂帅，领导该区域部工作，并直接向总裁报告的组织结构。在区域型组织结构中，生产产品或提供服务所需的全部活动都基于地理位置而集中在一起。区域型组织结构可按销售区或行政区来建设。

区域型组织结构的优点是把地区分部作为利润中心，有利于地区内部各子公司间的协调；有利于提高管理效率；公司可以针对地区性经营环境的变化，改进产品的生产和销售方式。但是缺点也是明显的，各区域之间横向联系，不利于生产要素在区域间的流动，还有可能从本部门利益出发，影响企业整体目标的实现；同时，地区分部结构易造成企业内部在人员和机构上的重叠，增加企业管理成本。

5. 矩阵型组织结构

在组织结构上，把既有按职能划分的垂直领导系统，又有按产品（项目）划分的横向领导关系的结构，称为矩阵型组织结构。矩阵型组织是为了改进直线职能与横向联系差、缺乏弹性的缺点而形成的一种组织形式。它的特点表现在围绕某项专门任务成立跨职能部门的专门机构上，例如，组成一个专门的产品（项目）小组去从事新产品开发工作，在研究、设计、试验、制造各个不同阶段，由有关部门派人参加，力图做到条块结合，以协调有关部门的活动，保证任务的完成。这种组织结构形式是固定的，人员却是变动的，需要谁，谁就来，任务完成后就可以离开。项目小组和负责人也是临时组织和委任的。任务完成后就解散，有关人员回原单位工作。因此，这种组织结构非常适用于横向协作和攻关项目。

二、战略与组织结构的关系

名人名言

有什么样的战略，就应有什么样的组织结构。然而这一真理往往被人们忽视。有太多的企业试图以旧的组织结构实施新的战略。

——戴尔·麦康基

实践告诉我们，战略与组织结构的有效结合是企业生存和发展的关键因素。一个成功的企业善于制订适当的战略以达到其目标，同时建立适当的组织结构以贯彻其战略。

1. 战略决定组织结构

美国学者钱德勒教授通过对美国 70 家大型公司的研究，于 1962 年出版了《战略与结构：美国工业企业历史的篇章》一书，并提出战略与结构关系的基本原则，即组织战略决定组织结构。

该原则指出，组织不能仅从现有的结构出发去考虑战略，而应该根据外部环境的要求，动态地制订相应的战略，然后再根据新制订的战略来审视组织结构，并进行适当调整。只有这样，战略的实施才能得到组织层面的保障。

新战略的实施，在管理中会引发一些问题。这可能导致组织绩效的下降。此时，有必要建立新的、适应战略要求的组织结构。在新的组织结构中，绩效水平得以提高，战略计划得到有效执行。也就是说，如果组织结构成为战略实施的桎梏，就需要打破它，建立新的结构。这就是钱德勒教授发现的公司发展和战略改变过程中的一种特定的组织结构演变顺序（见图 10.6）。

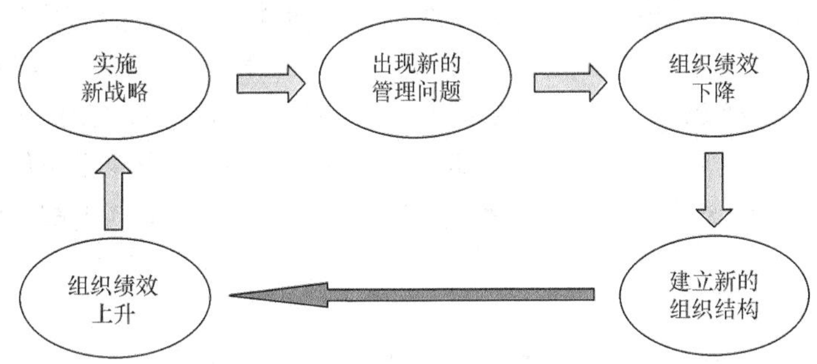

图 10.6　钱德勒结构追随战略示意图

外部环境的变化，要求组织战略及其结构也进行相应的调整，而组织结构变革的形式也往往与外部环境的动态程度有关。在外部环境相对稳定的情况下，企业战略实施的外部障碍相对较少，战略与结构调整的动因主要来自企业内部，此时的战略与结构变革往往是渐近式的、温和式的。随着环境变化的加剧，组织战略将面临重大转折，组织结构也不得不进行大的调整，以保障企业战略的实现（见图 10.7）。

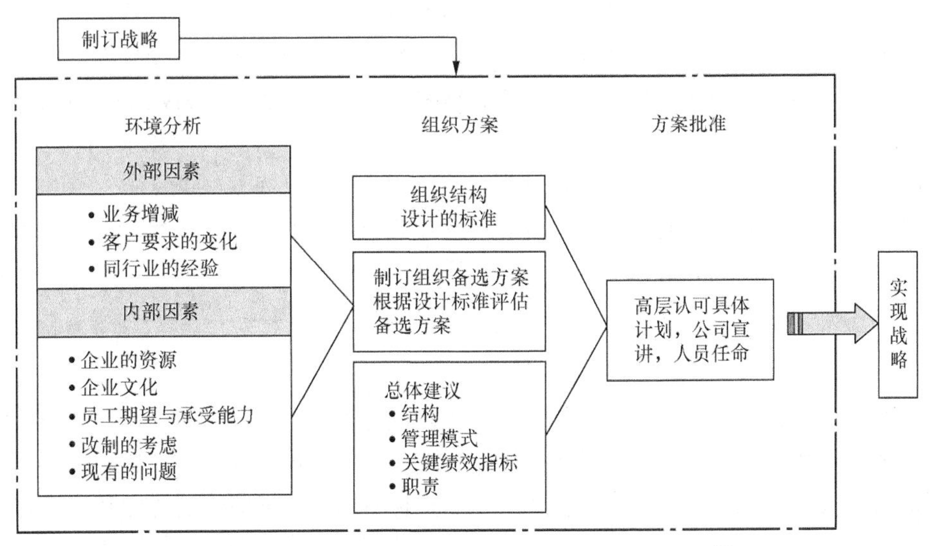

图 10.7　企业结构随战略变化（马瑞民，2008）[126]

2. 组织结构支持战略

组织结构不只是追随战略，还会影响战略，而且能够对战略的实施起到支持和保障作用。在战略实施的过程中，组织结构的保障作用非常关键。首先，组织结构是战略实施的载体。其次，当前的组织结构能够影响到未来的战略制订。组织结构本身具有刚性，企业在重新制订战略的时候，不可避免地要考虑到原有的组织结构特征和组织变革的风险。当对现有组织结构的变革存在重重阻力，或者现有结构的调整成本过高的时候，组织高层可能会让战略变革对现有组织结构做出妥协，即组织结构在新的战略中将得到保持。最后，组织结构决定了企业的资源配置方式，进而影响到企业战略的制订与实施。

战略、组织结构与环境之间的交互作用，形成了一个战略-结构关系闭环（见图 10.7），三者之间常见的作用方式是：环境变化→选择战略→重建结构。

由于一定的环境条件和内部因素决定组织结构的选择，进而影响组织战略的选择。这就意味着受当前组织面临的机会与威胁、具有的优势与弱点的制约，组织结构并不能任意设计，而只能在一定的范围内变化。此时，在制订和实施战略时，就要考虑组织结构的升级配套问题。如果忽视这一点，实施战略所要求的组织结构就无法形成，结果很可能以失败告终。

所以，战略、组织结构与环境，三者相互适应、高度协调，是实施战略的理想状态。

补充阅读

有关企业发展阶段的研究可以从另一角度进一步说明战略与结构的关系。企业发展到一定阶段，其规模、产品和市场都发生了变化。这时，企业会采用合适的战略，并要求组织结构做出相应的反应。主要战略有以下几种。

（1）增大数量战略。在行业处于发展阶段，外部环境竞争不激烈的条件下，企业要增大生产的数量，只需采用简单的结构或形式。

（2）扩大地区战略。随着行业进一步发展，在一个地区的生产或销售已不能满足企业的发展速度和需要时，则要求企业将产品或服务扩展到其他地区去。为了协调这些产品和服务，形成标准化和专业化，企业组织应采用职能部门结构。

（3）纵向整合战略。在行业增长阶段后期，竞争更加激烈，为了减少竞争的压力，企业需要拥有一部分原材料的生产能力，或拥有销售产品的渠道。在这种情况下，组织应采用事业部制结构。

（4）多种经营战略。在行业进入成熟期，企业为了避免投资或经营风险，便开发与企业原有产品不相关的新产品系列，或到其他行业里经营自己原有的产品。这时企业应根据规模和市场的具体情况，分别采用矩阵结构或战略业务单元结构。

3. 战略的前导性与组织结构的滞后性

钱德勒在对美国工业企业历史发展的四个阶段进行深入研究后指出：相对于企业外部环境变化而言，战略与组织结构作出反应的时间是有差别的，最先作出反应的是战略，而后组织结构才在战略的推动下对环境变化做出反应。这样就形成了战略的前导性和组织结构的滞后性。

（1）战略的前导性。战略的前导性指企业战略的变化要快于组织结构的变化。这是因为在企业外部环境，或者内部条件发生变化之后，企业将面临新的机遇或者挑战，为了抓住这一机遇或者应对挑战，企业需要对战略进行调整，以谋求经济利益的持续增长。新战略的实施，要求组织结构也进行相应的调整以适应战略的需要。否则，战略的实施效果将大打折扣，无法实现既定的利益目标。

例如，经济的繁荣与萧条、技术革新的发展都会刺激企业发展或减少企业现有的产品或服务。而当企业自身积累了大量的资源时，企业也会据此提出新的发展战略。当然，一个新的战略需要一个新的组织结构，至少在一定程度上需要调整原有的组织结构。

（2）组织结构的滞后性。组织结构的滞后性指组织结构的变化常常要慢于战略的改变。造成这种状况的原因有两个：一是从旧结构向新结构的过渡需要一定的时间，当新的环境出现后，企业首先考虑的是战略，新的战略制订出来后，企业才能根据新战略的要求来改组企业的组织结构；二是旧的组织结构已经被熟悉、习惯，且运用自如。当新的战略制订出来后，人们常常仍沿用旧有的职权和沟通渠道去管理新的经营活动，总认为原来有效的组织结构不需要改变；另外，当管理人员感到组织结构的变化会威胁到他们个人的地位、权力和心理的安全感时，往往会以各种方式抵制必要的改革。而战略则不同，战略方向的变化始于组织高层，而高层是最具灵活性的组织层级。

从战略的前导性和组织结构的滞后性可以看出，在应对环境变化进行组织战略变革的过程中，总会出现一个利用旧结构推行新战略的阶段，即交替时期。这就要求战略实施者在开始实施新战略时，要正确地认识到组织结构的滞后性特点，在组织结构变革上不能操之过急，但又要尽量努力缩短组织结构的滞后时间，使组织结构尽快变革。

补充阅读

钱德勒对美国工业企业历史发展的四个阶段所产生的战略，以及伴随这些战略而形成的组织结构的描述，清楚地阐述了战略与组织结构的关系，见表10.1。

表 10.1 美国工业企业历史发展的四个阶段

工业化阶段	发展战略	组织结构特征
发展初期	数量扩大战略	只需要设立执行单纯生产或销售职能的办公室
发展增长期	地区扩散战略	具有相同职能的总部与地区分部 / 部门
增长阶段后期	纵向一体化战略	总部中心办公室机构和多部门的组织结构
成熟期	多元化战略	总公司本部与事业部相结合的组织结构格局

总之，组织战略的变化会导致组织结构的相应调整，组织结构的重新设计又能够促进组织战略的实施，孤立地制订战略或者进行组织结构设计都是无效的，只有将两者视为一个整体，综合加以考察，才能确保战略实施的有效性。

三、不同组织结构的战略优势与劣势

组织结构对战略的实施具有促进或阻碍作用，表明不同的组织结构具有不同的战略优势与劣势。因此，了解不同组织结构的优势与劣势，对于正确设计与选择实施战略所要求的组织结构具有很好的指导作用。表 10.2 列出了几种典型的组织结构的战略优势与劣势（汤姆森，2001）[302~315]。

表 10.2　不同组织结构的战略优势与劣势

组织结构	战 略 优 势	战 略 劣 势
职能组织结构	• 对战略结果的集中控制 • 适合开发职能性相关的技能和能力 • 有助于开发与职能专业化相关的学习曲线效果 • 提高日常性和重复性任务的运行效率 • 当在一个功能或流程中领导深入程度成为成功的关键因素时，这一结构可以成为竞争优势 • 最适合构建一项单一业务 • 提高深入的专业技能	• 职能专业化导致战略关键流程的不完整 • 能够导致部门之间的敌对或冲突，而不是团队精神或合作 • 多层次的管理机构和集权式的决策加长了反应时间 • 将赢利的责任推到高层 • 职能专业人员注重对其职能领域最好，而非整个业务 • 职能专家专注于部门内部和上司的偏好，而非集中于业务、顾客或整个行业 • 职能专业化引起创造跨职能能力和部门之间合作的障碍
地理组织结构	• 可以调整战略以适应不同地理市场的需要 • 将赢利或亏损的责任下放至最低的战略层次 • 在目标市场范围内提高职能协作 • 利用本地经营的经济性 • 地区性单位成为高层总经理很好的培训基地	• 形成这样一个问题，就是允许多大程度上的地理多样性，公司总部又需要建立多大程度上的地理上的一致性 • 当区域经理实施更大的战略自由度时，维持一致的公司形象或声誉就更困难 • 在经营区域单位时又加入了另一层管理 • 导致公司总部和地理区域层次员工服务部门的重复，造成成本上的不利
分权的业务直线型组织结构	• 为多元化经营的组织在分担责任和授权方面提供了合乎逻辑的、可行的手段 • 业务单位经理所担负的赢利或亏损的责任非常清晰 • 将制订和执行战略的责任放到更加接近每项业务的环境中 • 允许每个业务单位围绕自己的关键价值链活动、业务流程和职能需要进行组织 • 迫使首席执行官去处理公司的战略问题	• 可能导致公司层和业务单位层人员的职能重复，增加企业的日常管理费用 • 引起哪些决策应该放权，哪些决策应该分权的问题 • 为争夺公司的资源和得到公司的重视，可能引起部门之间的过分敌对情况 • 业务或部门的自主权与形成不同业务单元的相关业务活动的合作相抵触，因此在一定程度上阻碍了战略匹配和资源匹配利益的获得 • 公司经理层变得过度依赖业务单位经理 • 公司经理可能不接触业务单位的状况，出现问题时不知所措
战略业务单元组织结构	• 为广泛多元化的公司组织业务单元组合提供战略相关的方法 • 促进一个业务单位内的相关活动的合作，从而帮助获得在相关业务之间的战略匹配和资源匹配的利益 • 提高独立但又相关的业务之间的凝聚力和合作 • 可以使战略计划在整个公司最相关的层次上制订 • 使得高层经理的战略审视更加客观、有效 • 有助于将公司的资源分配到增长最快和有赢利机会的区域 • 小组副总裁的位置是未来首席执行官很好的训练基地	• 容易武断地将业务定义和分组到不同的业务单位中，这样除了提供管理上的便利之外，无法达成其他目的 • 在制订未来的方向上，业务单位仍然可能缺乏远见 • 在高层管理中又增加了一个层次 • 必须仔细制订首席执行官、小组副总裁和业务单元经理的角色和职权，如果职责确定不好，小组副总裁可能会陷在中间 • 除非战略业务单元的领导非常愿意进行在不同的战略业务单元之间进行跨业务单位的合作和协调，否则是不可能的 • 对业绩的识别模糊；对于成功的业务单元首先归功于首席执行官，然后是业务单元的领导，最后是小组副总裁
矩阵型组织结构	• 给予战略优先序中每一层次的部门以有效的注意 • 在各种竞争性观点中达成制衡 • 促进获取多元化公司中职能基础上的战略匹配利益 • 促进了以“对组织整体最佳的方案”为基础的权衡决策的制订 • 鼓励合作，建立共同看法，解决冲突和相关活动间的协作	• 非常复杂难以管理 • 很难在两条权力直线间保持“平衡” • 这样的职能分享能够导致交易中的阻塞，并将花费不合理数量的时间用于沟通、建立共同意见和协调上 • 如果没有与许多他人进行核检或使其清楚内容，就很难迅速果断地采取行动 • 加剧了组织中官僚主义，压制了有创造力的企业家的积极性 • 要为相互交叉的目的进行工作，不得不对每一范围中的经理和雇员进行授权

四、组织结构的战略性调整与变革

战略随着环境的变化要求组织结构也作出相应的变化，但根据环境影响程度的不同，组织结构进行变化的程度也不一样。当外部环境只发生较小变化，或者外部环境的变化没有影响到组织的核心部门运行时，组织结构只需要根据环境变化做出适当调整；当遇到外部环境的剧变时，组织结构就需要进行根本性的变革。

（一）组织结构的战略性调整

组织结构的战略性调整本质上是结构与战略的二次匹配，通过组织结构对战略的循环适应与调整，强化组织结构的优势，避免其劣势。因此，在对组织结构进行战略性调整时，应全面审视企业自身的条件与战略实施的要求，以确保对组织结构调整的有效性，使其既满足战略要求，又简单可行。

1. 组织结构战略性调整的原则

尽管组织结构的调整是追随外部环境的变化与战略的要求而进行的，但在具体的调整过程中还是需要遵循一定的原则。

（1）动态与适应性原则。动态与适应性原则要求组织结构跟随战略是一种动态性的、适应性的调整过程。动态性要求它随时与战略的变化保持一致性；适应性要求组织结构应有利于战略的实施、组织职权安排应有利于战略决策与落实、组织资源应能够适应外部环境的变化。

（2）循环性原则。循环性原则强调的是整个战略、结构与环境的变化应该形成一个动态调整的闭环，即环境的变化使得组织战略进行一定的调整，战略的调整又推动着组织结构的相应变化；当环境的变化导致战略再一次变化时，组织结构又需要进行相应的调整，从而形成了一个动态调整的闭环。

2. 组织结构战略性调整的基础与内容

为了确保组织结构调整工作的有效开展，在组织结构调整之前，需要做好以下几方面的工作。

（1）确定战略实施的关键活动。

（2）对战略实施活动进行必要的任务分解。即将企业整个战略实施过程划分为若干个战略活动单元，这些活动单元本身能够作为组织架构中的一个部分，从而也就形成了组织结构调整的基本框架。

（3）明确各战略活动单元的责权。

（4）协调各战略活动单元的战略关系。

在上述工作的基础上，组织结构需要根据战略的变化做出以下调整。

（1）设计组织结构的基本模式。在组织结构战略性调整的框架下，组织结构的重新设计实际上只是对原有结构的修正或调整，并不需要进行颠覆性的重构。经再设计后的组织结构模式应能够满足战略的需要，并具备一定的柔性，以减少后续结构调整的工作，提高结构的抗变能力。

（2）划分管理层级、设置部门岗位。管理层级的划分应以不会导致降低组织对外部环境变化的反应速度、导致信息传递不畅，以及过多提高管理成本为准。部门岗位的设置应尽量考虑原有的设置情况，以避免过大的变动而影响员工的工作与组织内部的协调。

（3）选择合适的人才。人才选择的准则应该是根据岗位的要求来确定所需人才的数量与素质。尤其需要重视关键岗位上的人才选择。

（二）组织结构的战略性变革

战略实施的组织变革是在战略实现路径上对职能进行战略分组的安排，对组织结构的安排，对权力体系的安排。这个安排是由宏观环境、产业技术、消费需求、企业规模、企业战略、企业人力资源存量等要素决定的制度性的安排。而最为关键的是，这个安排是动态的、过程性的，其根本目的在于形成一套长期性的、相对稳定的组织结构体系。

1. 战略实施中的组织结构变革依据

组织结构本身并不是企业战略管理的一个目的，而只是实现企业价值的一个手段。从组织结构对企业的贡献来看，组织结构对创造企业价值的功能，可以概括为效能、效率和安全，而这恰恰是战略实施的核心要素。

（1）战略实施的效能。组织结构的效能是指其对企业目标的支撑作用、对企业战略的推动作用、对满足客户需要的保证作用。影响组织结构效能发挥的因素主要有：公司治理结构、管理模式、关键职能。公司治理结构从组织上决定了经营者的主动性、行为的规范性以及企业的决策和监管水平。管理模式则对企业的集权和分权程度、制度化管理水平、企业子公司或二级机构的设置方法产生重要影响。关键职能则在“技术方面”决定了企业的目标和战略的实施效果。由于企业的目标和发展战略决定了特定阶段的关键职能，所以关键职能既决定了关键活动，也决定了相应的部门及其活动在企业中的重要地位。

（2）战略实施的效率。组织结构的效率是指组织结构在企业以资源和时间的投入换来企业新价值中发挥的能力。主要表现在两个方面：一是企业内部业务运作的效率；二是对企业外部技术、客户需求、市场变化的反应速度。

（3）战略实施的安全。组织结构的安全功能是指组织结构对企业战略持续性的保证。具体表现在财务安全、产品或服务的质量安全、资产和人员安全，以及生产运营、生产秩序、生产状况、业务行为、统计分析生产安全事故情况、采购行为、销售行为等方面。

处于不同发展阶段的企业，其组织结构的功能有很大区别。创业期的企业，效率高是其追求的直接目标；进入成长期后，企业关注的重点是资源回报率、培育优势、不断降低成本，这就对管理模式、流程设计、责权利的明晰、职能与部门划分的合理性有了更高要求。到了成熟期或者二次创业阶段，企业更关注内部控制，关注企业持久经营，所以安全功能就在组织结构管理中得到强调。此外，不同的业务性质对组织结构功能的要求也有所偏重。

2. 组织结构变革的核心原则

（1）以顾客为导向的原则。以顾客为导向的原则强调企业所有工作都要以顾客为导向，以顾客满意为标准，并在以顾客为导向的基础上进行流程管理，组织结构的变革必须围绕企业价值链的主导流程展开。

（2）以流程为中心的原则。以流程为中心的原则强调在组织结构设计的时候必须以流程为中心，而流程又是以顾客为导向，这样组织变革的核心就自然实现了从“职能式”管理向“流程式”管理过渡。实施以流程为中心的组织结构设计，首先是改变了管理者角色——从领导到指导；有了流程式的管理以后，依据流程，员工都知道如何进行工作，领导的责任就从原来交代工作步骤变成指导，只有员工在做得不正确的时候才会亲自指导员工。其次是员工地位的变化——从被动到主动；流程规定了员工做什么事，什么时候完成，所以员工会主动工作。

3. 组织结构变革的关键环节

具体来说，实现战略与组织结构有效结合的关键环节主要包括以下几方面的内容。

（1）当前组织结构优劣势适应性分析。首先，要从公司治理结构、战略业务单元、经营主体三个层面上对照企业战略目标，分析当前组织结构的优势与劣势，了解阻碍组织变革的内部因素，从中找到发动组织变革的驱动力，其次，根据企业所处环境、企业发展阶段及战略决策的特点，设计或选择一种最合适的、且与企业战略相匹配的组织结构。

（2）企业价值链及关键岗位分析。企业要发展或者保持自己的竞争优势，关键是发展、保持那些能创造价值同时具有比较优势的战略环节。通过价值链分析能够明确给出企业创造价值的各业务单位及其间的附属关系，以便在组织结构设计时，从企业价值链的角度入手，通过企业内部管理层次的划分、相应的责权利匹配和适当的管理方法与手段，为组织结构中的关键战略岗位选择最合适的人才，并使得这些关键岗位成为企业组织的核心单位，以获得必要的资源、组织影响力及决策影响力，促进企业战略的实施。

（3）组织结构变革的环境风险分析。企业作为一种客观存在，其组织方式是对外部环境和内部资源条件两方面客观存在的反映，而组织设计和运作又是人们主观能动的过程。由于组织变革是打破现有的组织结构从而也打破了现有的利益格局，是事关组织内每一个人的“牵一发而动全身”的系统工程。所以，在组织结构的变革中，应充分考虑到各种环境风险，不能为了变革而变革；不应一味强调变革，而不考虑员工或管理层的接受程度。对于重大组织变革，需要深入了解各个层面的意见。而对于小的变革，应该在日常的工作中连续进行，着重考虑怎样既能满足变革的需要，同时又能避免造成震动性破坏。此外，管理人员还应做大量工作设法让其部门中的员工了解他们应该为变革做些什么，并置身于变革之中，以变革成员的身份开展工作。总而言之，在组织结构变革的进程中，应尽量避免组织结构剧烈的、过大的变动，而应采取一种平稳的、渐进的方式去对组织结构进行改革，以减少变革过程中组织效率的损失。

（4）组织结构变革需要考虑的其他关键因素。这主要包括有横向跨度与纵向层级、集权管理与分权管理、规范化与灵活性、客户导向的评价体系等方面。

总之，组织变革是企业战略实施的第一步或第一道坎，这一步不迈出去，战略实施就会大打折扣。所以，在进行组织变革的过程中，只有掌握了组织变革中的关键环节，组织结构变革才会成功。

第三节　企业文化

企业战略是企业对自己未来发展方向和路径的一个周密筹划，主要关注的是企业发展的未来。而企业文化是企业对成长环境、能力、经验的归纳与整合，是企业适应环境变化的能力和让这种能力延续发展的能力。由此可见，企业战略与企业文化是有着密切关系的，两者的脱节将会影响到企业的发展和绩效。

一、企业文化概述

企业文化是指企业全体员工在长期的生产经营活动中培育形成并共同遵守的最高目标、价值标准、基本信念及行为规范。它是一种管理文化、经济文化及微观组织文化。

名人名言

所有成功的企业必须有非常强烈的企业文化，用这个企业文化把所有人凝聚在一起。上百年的企业，不知道有多少东西都变化了，唯独它的企业精神百年不变，这非常能够说明问题。所以企业文化就是企业精神，企业精神就是企业灵魂，而这个灵魂如果是永远不衰、永远常青的，企业就永远存在。

——海尔总裁：张瑞敏

（一）企业文化的构成

从文化人类学的角度看，企业文化的构成分为三个层次，即精神文化、制度行为文化和物质文化。

1. 精神文化

它是企业文化的核心和主体，是企业员工共同而潜在的意识形态，具体包括管理哲学、敬业精神、人本主义的价值观念、道德观念。

2. 制度行为文化

制度行为文化主要是指对企业员工和企业组织行为产生规范性、约束性影响的部分，它集中体现了企业文化的物质文化及精神文化对员工和企业组织行为的要求，它规定了企业员工在共同的生产经营活动中所应当遵守的行动准则，主要包括那些体现企业文化特色的各种规章制度、道德规范和员工行为准则等，也包括企业内部的分工协作关系的组织结构。

3. 物质文化

物质文化指凝聚着企业文化抽象内容的物质体的外在显现，既包括企业整个物质的和精神的活动过程、组织行为等外在表现形式，也包括企业实体性的文化设备、设施等。它是企业文化最直观的部分，也是人们最容易感知的部分。

企业精神文化为企业的制度行为文化和物质文化提供思想基础，是企业文化的核心；制度行为文化能约束、规范精神文化和物质文化的建设；物质文化为制度行为文化和精神文化提供物质基础，是企业文化的外在表现和载体。

（二）企业文化的功能

企业文化对于一个企业的成长来说可能不是最直接的因素，但却是最核心、最持久的因素，它对企业经营发展的功能可归纳为以下几方面。

1. 导向功能

导向功能即指共同接受的价值观念把企业员工个人的目标引导到企业所确定的目标上

来，具有对企业行为方向性的影响。肯尼迪说“人员是公司最伟大的资源，管理的方法不是直接用电脑报表，而是经由文化的暗示，强有力的文化是引导员工行为的有利工具，它帮助员工做得更好”。

2. 凝聚功能

企业文化在充分尊重个性特征的前提下，发挥黏合剂的作用，把全体员工凝聚在一起，形成一种同心力。企业有强凝聚力的文化，员工会有共同的价值观和信仰。《孙子兵法》中说：“上下同欲者胜。”建立在共同价值观基础上的员工，其行为模式能最大限度地使员工为实现战略目标而奋斗。

3. 激励功能

通过企业文化营造一种平等和谐的氛围，保证员工技能的充分发挥，并通过共同的价值观和目标以及典型人物和仪式，培养和强化员工的团队意识，从而保证员工在日常生产经营活动中自觉地根据企业文化所倡导的价值观念和行为准则要求调整自己的行为。

4. 规范功能

规范功能指在企业文化的影响下，组织员工能自觉地意识到该做的和不该做的事情，能对客户和消费者高度负责，并把企业看得比个人重要，对公司制度的认同大于对个人利益的追求，从而使企业上下左右达成统一、和谐和默契。同时，企业文化还减少了组织员工的“搭便车”行为，使组织员工为企业战略实施共同行动。

5. 适应功能

从根本上改变企业员工的旧有价值观念，建立新的价值观念，使之适应企业外部环境的变化。尤其当企业的能力不足时，企业文化的适应功能便发挥出更加重要的作用。企业通过适应，逐步壮大实力，积聚能量，保持企业发展的稳定，最后才能够改变环境，引导潮流。

补充阅读

联想的企业文化与方法论

联想的企业文化由核心价值观和方法论这两个部分构成。联想核心价值观是联想长期发展所信奉的关键信念，是联想企业文化的根本。联想方法论是在核心价值观主导下，联想人思考和解决问题的方法。

核心价值观：

（1）企业利益第一。企业利益是其他利益实现的前提，在价值判断和利益取舍时，把企业利益放在第一位，个人服从组织，局部服从整体。

（2）求实。实事求是，不骗自己；诚信负责，说到做到。求实是一种态度，也是一种能力。

（3）进取。超越眼前利益，立意高远；超越固有经验，有想象力和创造力；超越自我局限，将5%的希望变成100%的现实。

（4）以人为本。办公司就是办人，重视人的作用，尊重人的需求，为人的发展创造条件，搭建没有天花板的舞台。

方法论：

“目的性极强、分阶段实现目标、复盘”是联想的方法论，是联想文化的重要组成部分。

联想的方法论有其内在的逻辑。目的性极强是说凡事先厘清目的，保证做的是正确的事；然后，将目标进行分解，变得可执行，分阶段推进；在过程中，还要注意不断复盘，及时调整，并为更长远的发展积累经验，总结规律。

（1）目的性极强。凡事先弄清楚目的，先弄清楚“为什么”，是瞄着打而不是懵着打。在做事的过程中，要经常“跳出画面看画”，时刻都想着做事的根本目的，把想做的事做成。

（2）分阶段实施。实现目标不是一个一蹴而就的过程，要注意不把长跑当短跑，综合考虑好轻重缓急，资源配置，分析好各种边界条件，前瞻性地将目标划分成子目标和阶段性目标，分阶段推进。

（3）复盘。复盘原本是一个围棋术语，在联想是指在工作中注意回顾总结，不断校验和校正目标，不断分析得失便于改进，不断深化认识和总结规律。联想复盘方法论的本质是基于核心价值观的自我反省，强调“开放心态。坦诚表达、实事求是、反思自我、集思广益”。

二、企业文化与战略的关系

企业的运行，通常伴随着软硬两个链条，一个是硬链条，即企业战略管理链条；另一个是软链条，即企业文化管理链条（见图 10.8）。战略管理链条反映了企业组织实施战略的逻辑顺序，文化管理链条则反应了企业作为具有灵魂的有机体从抽象到具体的过程。不论是战略管理链条，还是文化管理链条，每个链条上的各个环节，是承前启后，环环相扣的，同时文化管理链条与战略管理链条之间又存在着相互影响之关系（李一夫，2002）[36~37]。

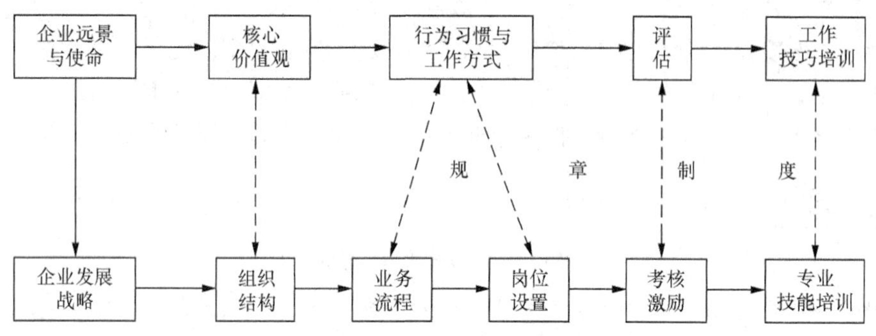

图 10.8　文化管理链条与战略管理链条

明确企业的远景和使命、设定核心价值观、优化员工的行为习惯和工作方式、建立健全评估制度、持续开展工作艺术和技巧的培训构成了企业文化建设的整体。在这个整体链上，公司的远景和使命影响企业核心价值观的定位。企业的核心价值观必须对企业的使命提供强有力的观念支撑，如果两者“同床异梦”，企业将无法实现自己的使命。因此，企业的核心价值观必须与企业的远景和使命紧密地结合起来，形成有所侧重的价值观。从核心价值观到员工的行为习惯和工作方式，则是企业文化从抽象到具体，从虚到实，从空中楼阁到脚踏实地的关键环节。这时，核心价值观给予员工的是战略方向上的指示，而行为习惯和工作方式则表现的是企业文化最本质的东西。企业文化的精髓全部隐藏在这些行为习惯、决策方式、处理问题的技巧和方式之中。这些细节代表了企业文化，如团队精神、以人为本、创新的本质特征。如果企业不能在员工的行为习惯和工作方式上扎扎实实地贯彻核心价值观的精神，那么核心价值观就沦落成一句口号，对企业的战略发展就无法产生实质性的支持，甚至摧毁人们对价值观原有的信念，对战略实施产生反作用。

在企业的运行过程中，企业文化管理链条与战略管理链条不是相互孤立存在的，而是相互支持，相互依赖，相互在一起。

从相互对应的角度看，双方形成了比较完整的对应关系：双方拥有共同的起点——公司的远景和使命；相对于企业的组织结构，企业的核心价值观则是企业的精神架构，是一种软性的组织结构；而员工的行为方式和工作习惯则体现了员工处理问题时的逻辑顺序和行动步骤，是企业运行过程中的软流程，决定了员工对时间资源的配置方式；对员工工作方式、作风的评估和考核激励制度一起构成了对员工完整的（包括精神方面的价值和物质价值两个方面）价值评估体系，成为人力资源管理体系最重要的组成部分；由此进行的工作技巧、工作方式的培训和适应岗位所必需的专业技能培训也就构成了企业的培训体系，双管齐下，共同促进员工的发展，提高企业运行的质量。

从相互作用的角度来分析，企业形成的核心价值观影响着企业战略的制订和实施，企业实施一些与企业的核心价值观相互抵触的策略和项目时，企业就难以贯彻实施这些策略；同样，企业进行战略调整时，常常同步调整自身的企业文化，比如企业从生产型企业向经营型企业转变时，企业文化往往要从重视纪律向重视合作转变；具体的行为习惯和工作方式制约着更优良的组织结构的设计，影响岗位的数量，影响业务流程的优化；考核激励和培训对员工的行为方式和价值观产生重要的引导作用。

观点直言

一个企业的文化与战略，就好比一个人的修身与生存，就如同这段精彩的描述："作为一种文化氛围，企业文化不是管理方法，而是形成管理方法的理念；不是行为活动，而是产生行为活动的原因；不是人际关系，而是人际关系所反映的处世哲学；不是工作状态，而是这种状态所蕴涵的对工作的感情和责任心；不是服务态度，而是这种态度中所体现出的精神境界。可以这样说，企业文化渗透于企业的一切活动之中，而又流溢于一切企业活动之外。"

三、企业文化与战略的匹配方式

将企业组织要素的变化（包括结构、技术、共同价值观、生产作业程序等）与企业文化的潜在一致性作为分析的变量，可探寻出战略与企业文化相匹配的方式（见图 10.9），从而为解决企业文化与战略的匹配提供思路。

从图 10.9 中可以看到，企业在实施战略时，会与目前的企业文化形成四种不同的关系和管理方式。

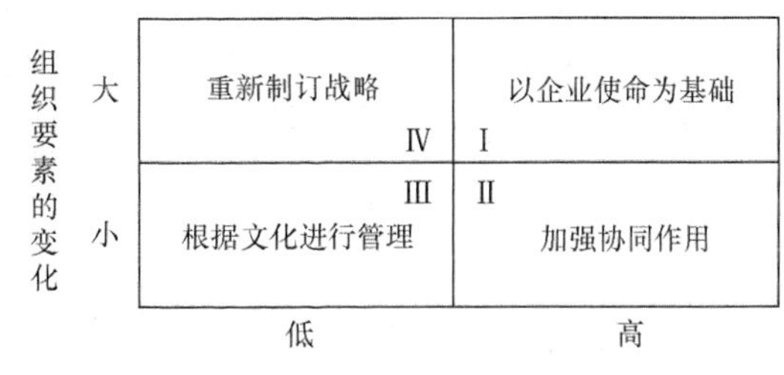

图 10.9　企业文化与战略的匹配关系

1. 以企业使命为基础

在第Ⅰ象限里，企业的组织要素会发生很大的变化，但这些变化与企业原有文化具有高度的潜在一致性。这时，企业一般处于非常有利的地位，可以在原有文化的支持下，实施新战略。企业处理战略与企业文化关系的重点主要有以下几方面。

（1）进行重大变革时，必须考虑与企业使命的关系。因企业使命是企业文化的基础与起点，所以战略决策者在处理这一关系、促进两者匹配的过程中，一定要注意组织变革与企业使命保持不可分割的内在联系，以实现最大限度地利用原有文化对企业战略的促进作用。

（2）充分发挥现有人员的作用。由于这些人员仍然保持着企业原有的价值观念和行为准则，可以保证企业在原有文化一致的条件下实施变革。

（3）在保持原有文化基本不变的基础上，以不破坏企业已经形成的行为准则为原则，引入新的文化管理，丰富和完善原有的文化。

2. 加强协同作用

在第Ⅱ象限里，企业的组织要素变化不大，而且这种变化与企业原有文化相一致。因此，在这种情况下，企业主要考虑以下问题。

（1）利用目前的有利条件，巩固和强化企业原有文化。

（2）利用企业文化相对稳定和持续性的特点，解决企业生产经营中的问题，排除组织方面的障碍，以充分发挥企业文化对战略实施的保证作用。

3. 根据文化进行管理

在第Ⅲ象限里，企业的组织要素变化较小，但这些要素的变化与企业原有文化较不一致。在这种情况下，企业最好根据企业文化的要求进行管理，其管理要点是：要实现预期的某些战略变化，但不与原有的企业文化直接冲突。即在不影响企业总体文化一致性的前提下，根据需要对某些特殊的领域实行不同的文化管理。

4. 重新制订战略

在第Ⅳ象限里，企业的组织要素会发生重大变化，而且这些要素的变化与企业原有文化很不一致。在这种情况下，企业首先需要考虑的是企业是否有必要大动干戈推行新战略，因为企业实施这个新战略要冒很大的风险，可能会付出巨大代价，且这一改变能否取得预期的效果，还很不好预料。如果没有必要，则应考虑重新制订与原有文化相一致的战略。但如果外部环境发生了重大变化，企业必须推行新战略，那么企业就必须考虑如何进行企业文化的重建。

四、培育企业文化与战略的匹配

战略实施需要文化的支持，同时文化也引导着战略的实施，两者相互影响，密不可分。因此，当一个企业的文化无法与战略相匹配时，就应该改变这种文化以适应新的战略，但文化现状的制约性也是需要考虑的。在进行文化培育时，需要把握两个原则：一是承认历史，尊重现实，考虑文化变革的成本；二是体现改良性，要逐步使企业文化朝着适应环境变化的方向发展。毕竟要生存，就要适应环境的变化，否则没落的文化只能是阻碍企业发展的步伐。

1. 让员工了解现有文化

在改变企业现有文化前，有必要让员工了解现有的文化是怎么样的，以认清在企业中主导的价值观、信念、行为。一般来说，企业文化的类型取决于市场的两种因素：一是企业经营活动的风险程度；二是企业及员工工作绩效的反馈程度。让员工认识到企业或所属部门属于哪一类型的文化，这将有助于减少未来变革的各种阻力，从而利于企业工作的开展和战略的实施。

2. 向员工渗透新的战略意图

在一个新的战略实施之时，很可能会与原有的企业文化相抵触，此时就需要战略决策者利用各种方式、渠道与途径，努力将新战略的意图渗透给每个员工，有时甚至还需要向企业的利益相关者解释理念。在这个过程中，一定要让员工相信改变的方向是正确的。有效的方式是让各利益相关者确信实施新战略后能给他们带来成功，这在很大程度取决于高层管理者的能力。

3. 形成群体决策的氛围

从长远来看，群体决策能够做出让企业中各个群体都有利的决策，同时，通过群体决策也能够让企业员工清楚地了解企业变革的目的，从而增强对企业变革的支持力度与协同程度，这样有利于企业的长远发展，特别是在当所实施的新战略与企业文化存在抵触的情况下，就更需要群体的力量来改变原有文化，去创造一个战略得以顺利实施的氛围。

当然，群体决策也有不足之处，这就是要看企业是属于哪一类型的文化。如果是攻坚文化，如航天航空企业，由于倾向于慢速反馈，做出决策的时间偏长，这样群体决策就更有利。但如果是在快速反馈的企业，由于做出决策的时间较短，群体决策容易影响战略实施的效率。

4. 努力塑造学习型企业文化

努力塑造学习型企业文化将有助于降低风险、减少阻力，变被动为主动，从而保证企业在不同时期的各种新的战略实施的成功。因为一个企业的文化如果是学习型的，那么当企业的战略根据外部环境调整后，企业的员工就能以一种积极态度去面对这种改变，努力改变自己的行为方式，以适应新战略实施的要求；而不是以一种消极、抵触的情绪来对抗这种改变。这对于促进企业战略的成功实施是非常有益的。

补充阅读

张瑞敏与海尔的发展

张瑞敏在企业内部会议上曾讲过一个故事：我总是在思考一个现象，1965年，我上中学时到中山公园劳动，在喂狼的时候，给它一根骨头，所有的狼都上来抢。再扔一根骨头，这些狼又同时来抢这一根骨头，哪怕扔进去五六根骨头，它们也不会是每一只狼分一根，而是共同去抢一根，抢完了再抢另一根。

面对国内家电行业的无序竞争，怎么样做一只聪明的“狼”，海尔采取了“不争而善胜，不言而善应”的策略。在此策略下，提高企业竞争力的途径就是满足用户需求，获取有价值的订单，除此之外别无他法。张瑞敏要求海尔人：不专注于竞争对手的广告而专注于用户的需求，做到“不争而善胜”。

要想“不争而善胜”，应该踏实、专注和善始善终，紧跟市场的变化而不必在意竞争对手的举动，一切行动以用户的需求为出发点和着力处，这样就可以创造同行无法仿效或就算模仿也远不能及的核心竞争力。“争”需要对手；而“不争”，是想别人没有想过的问题，做别人没有做过的事情。 而这就意味着创新。没有核心技术的隐忧好像一直困扰着中国家电业，实际上没有核心的产品技术并不等于产品不能创新，核心技术短缺同样可以获得很好的竞争优势，海尔的创新历程对此做出了绝好的印证。由大洗衣机微缩成的“小小神童”洗衣机没有技术的突破，却在洗衣机的淡季市场创造出新的市场；“快乐王子007”冰箱解决了冰箱储肉出箱即时切的问题；以及空调的无尘安装、冷柜的上下开门等产品和服务的创新都为企业带来了独有的旺盛市场。

“善胜敌者，不争。”不争最终是为了更好地去争，不是和对手争，而是和自己争，和用户争。

和自己争就是要战胜自我；和用户争就是争得他们的潜在需求。企业自身迅速发展壮大了，消费者的潜在需求被开发出来了，竞争对手自然会落在后面，市场也就把握在了自己的手中。不争，绝不是消极以待的哲学，绝不是无所作为、甘愿落后的思想，而恰恰是在更高程度上的“争”。海尔的高明，在于以“不争”淡化那些形名之争，而得潜在的大势态，“故天下莫能与之争。

本章小结

在战略实施的过程中，任何行动都是通过人来完成的。因此，如何通过领导行为来提高人的行动力就成为企业战略实施过程中的一个重要问题。从战略实施的角度看，领导行为就是运用战略赋能管理，从员工工作岗位调配、员工工作技能培训和员工工作潜能开发等三个方面来提高员工的行动技能；运用战略激励管理，通过工作任务设计激励、考核方法设计激励、薪酬体系设计激励和企业文化建设激励等途径来增强员工的行动愿意；运用战略变革管理来改善员工的行动条件，从而在整体上达到提高员工的行动力，以保证企业战略实施能够实现预定的战略目标。一般来说，企业战略变革主要有适应型、重组型、进化型和突变型四种基本类型。战略变革是一个充满艰险的过程，一般来说，它包括增强战略变革的紧迫感、组建强有力的领导联盟、描绘企业战略变革愿景、传播企业战略变革愿景、清除战略变革中的障碍、争取获得短期战略变革成效、巩固成果并推进变革和使新方法融入企业文化八个步骤。战略变革时机主要有提前性、反应性和危机性等。

战略是通过组织来实施的。所谓组织，就是一个为了特定目标而由分工协作的人及不同层次的权力和责任制度所构成的集合，它往往能完成独立的个人无法完成的目标。它主要有简单结构、职能型、事业部型、区域型、矩阵型等几种典型的组织结构，它们的战略优势与劣势是各不相同的。战略决定组织结构、组织结构支持战略、战略的前导性与组织结构的滞后性，这充分体现出了战略与组织结构的关系。组织结构的战略性调整与变革是适应外部环境变化需要的必然结果，否则组织结构将会成为阻碍企业战略实施的枷锁。

企业文化是指企业全体员工在长期的生产经营活动中培育形成并共同遵守的最高目标、价值标准、基本信念及行为规范。从文化人类学的角度看，企业文化是由精神文化、制度行为文化和物质文化三个层次所构成的，具有导向、凝聚、激励、规范和适应功能。企业文化与战略之间存在着相互对应与相互作用的关系。将企业组织要素的变化与企业文化的潜在一致性作为分析的变量，可探寻出战略与企业文化的四种相互匹配的方式。让员工了解现有文化、向员工渗透新的战略意图、形成群体决策的氛围和努力塑造学习型企业文化等是培育企业文化与战略匹配的有效途径与方法。

复习与思考

一、名词解释

领导行为、组织结构、企业文化、工作适配性、组织变革

二、单选题

1. 由于员工技能与其工作岗位之间存在着较高的适配性要求，所以，当员工技能高但与其工作岗位的适配性低时，员工就会有（　　）感。

A. 成长　　B. 困惑　　C. 消极　　D. 挫折

2. 由于员工技能与其工作岗位之间存在着较高的适配性要求，所以，当员工技能低，但与其工作岗位的适配性高时，员工就会有（　　）感。

A. 成长　　B. 困惑　　C. 消极　　D. 挫折

3. 企业战略变革的类型主要取决于战略变革的性质和方式，当采取激进式的战略变革方式进行战略调整时，此时企业所采取（　　）型的战略变革。

A. 适应型变革　　B. 重组型变革　　C. 进化型变革　　D. 突变型变革

4. 企业战略变革的类型主要取决于战略变革的性质和方式，当采取渐进式的战略变革方式进行战略转型时，此时企业所采取（　　）型的战略变革。

A. 适应型变革　　B. 重组型变革　　C. 进化型变革　　D. 突变型变革

5. 战略与结构关系的基本原则上组织结构要服从于（　　）。

A. 战略目标　　B. 组织目标　　C. 战略创新　　D. 战略控制

6. 战略与结构关系的基本原则是（　　）。

A. 组织战略服从于组织结构　　B. 组织结构服从于组织战略

C. 组织战略与组织结构并列　　D. 产生共同愿景

7. 当企业的组织要素变化较小，但这些要素的变化与企业原有文化不很一致时，企业最好（　　）。

A. 重新制订战略　　B. 根据文化进行管理

C. 加强协同作用　　D. 以企业使命为基础

8. 战略实施是战略管理过程中难度最大的一个阶段。因为要确保战略实施的成功，一需要有与企业战略相匹配的（　　）；二需要构建与所采取战略相适应的（　　）；三需要创建能促进战略实施的（　　）。

A. 战略领导行为、组织结构、企业文化　B. 企业文化、战略领导行为、组织结构

C. 战略领导行为、企业文化、组织结构　D. 组织结构、企业文化、战略领导行为

三、多选题

1. 战略领导行为可从文化建设、薪酬体系、（　　）和（　　）四个途径激励员工更加高效地完成工作任务。

A. 考核方法　　B. 津贴和福利　　C. 工作能力　　D. 工作任务

2. 从文化人类学的角度看，企业文化的构成可分为精神文化、（　　）和（　　）这三个层次。

A. 理念性文化　　B. 制度行为文化　　C. 物质文化　　D. 非物质文化

3. 企业的运行通常伴随着软硬两个链条，其中作为硬链条的战略管理链条反映了企业组织实施战略的逻辑顺序，它主要由组织结构、业务流程、岗位设置、（　　）、（　　）等环节组成。

A. 考核激励　　B. 行为习惯与工作方式

C. 专业技能培训　　D. 工作技巧培训

4. 企业的运行通常伴随着软硬两个链条，其中作为文化管理链条则反映了企业作为具有灵魂的有机体从抽象向具体的过程，它主要由企业远景与使命、核心价值观、（　　）、评估、（　　）等环节组成。

A. 考核激励　　B. 行为习惯与工作方式

C. 专业技能培训　　D. 工作技巧培训

5. 从文化人类学的角度看，企业文化的构成分为三个层次，它们是（　　）、（　　）和（　　）。

A. 精神文化　　B. 制度文化　　C. 物质文化　　D. 制度行为文化

四、判断题

1. 在外部环境相对稳定的情况下，企业战略实施的外部障碍相对较少，战略与结构调整的动因主要来自企业内部，此时的战略与结构变革往往是渐近式的、温和式的。（　　）

2. 钱德勒在对美国工业企业历史发展的四个阶段进行深入研究后指出：相对于企业外部环境变化而言，战略与组织结构作出反应的时间是有差别的，即组织结构先行调整，然后推动企业的战略变革。（　　）

3. 企业文化可分为三个层次，即精神文化、制度行为文化和物质文化。其中制度行为文化是最直观的部分，也是人们最容易感知的部分。（　　）

4. 当对现有组织结构的变革存在重重阻力，或者现有结构的调整成本过高的时候，组织高层可能会让战略变革对现有组织结构做出妥协，即组织结构在新的战略中将得到保持。（　　）

5. 企业文化对于一个企业的成长来说，是最直接、最核心、最持久的因素，因为它对企业的经营发展具有导向、凝聚、激励、规范等功能。（　　）

6. 从战略实施的角度来看，领导行为就是通过战略赋能管理来提高员工的行动技能，通过战略激励管理来增强员工的行动愿意，通过战略变革管理来改善员工的行动条件，从而确保企业战略实施能够达到预定的目标。（　　）

五、简答题

1. 简述战略领导行为的三大战略管理的基本内容。
2. 简述战略变革的基本类型。
3. 简述组织结构战略性调整与变革的基本内容。
4. 简述战略实施中组织结构变革的依据。
5. 简述企业文化的构成以及它们之间的相互关系。

六、论述题

1. 以一个你所熟悉的企业为例，判别其所采用的战略及其组织结构，并探讨其组织结构与战略的匹配性。

2. 以一个你所熟悉的企业为例，探讨其企业文化与战略的匹配性。

3. 试阐述你对企业文化和战略关系的理解与认识。

案例分析

联想文化传播“三板斧”

第一招：单向传播

传播者“给予”，受传者“接受”，便形成了简单的单向传播关系。我们熟悉的报纸、书刊、电视、广播等都在一定程度上属于单向传播。这一板斧的特点是能够传递较为系统的文化内容。

联想文化传递最先借助的便是内部网站、《联想》杂志、《联想人》报纸三大平台。内部网专栏，主要针对企业内部的一些“大企业病”进行自我揭露和自我批评，使大家看到自己的不足、改善自己的工作。而要找联想的“明星”们，就一定要去联想总部三层平台的“荣誉墙”了，墙上贴满了每年获得最高奖项的员工。每个联想人桌前都放有联想的杂志和报纸，读《联想》杂志可以了解联想系统的企业文化和最新的管理理念。他们还会将这些经验和成果分享给高端大客户、政府、合作伙伴等。而《联想人》报纸则主要是联想某时段大事小情的信息汇总，员工可以拿来与家人、客户分享。还有一个非常及时有效的方法，就是手机短信传播。通常，在公司某项重大事件发生时，每一位员工都会在第一时间收到相关的短信通告。通过三大平台，多种方式，联想保证了文化沟通的及时性，并最大限度地保证了沟通效果。

第二招：双向传播

与单向传播相比，双向传播使传播者与受传者能通过某种平台进行互动沟通。这一板斧可以现场检验沟通效果，保证双方信息的对称。

联想的文化双向互动传播方法有：“入模子”培训、生日礼物、进步信箱、总裁在线、沙龙、主题会议、大头猴有话说等。

有人说，联想人有“范儿”，但这个“范儿”可不是与生俱来的，他们可都是通过“入模子”培训输出的“新星”。因此，“入模子”可以算是联想的“星工厂”，所有新员工在经过这样的封闭培训后，都会极为认同联想的文化，了解联想，并能积极与团队合作，从而成为一名合格的联想人。

新员工如果有什么问题，老员工会很自然地说上一句：有事儿就找“大头猴”。“大头猴”到底是何方神圣？原来，“大头猴有话说”成为联想内部文化的一个沟通工具，源于一次裁员谣言危机。那是在2004年3月，联想启动了一次大规模的战略裁员计划，裁员比例约为员工整体的5%。裁员结束后，集团内部谣言四起，纷纷传言当年6月还要进行一轮裁员。虽然人力资源部及各部门的负责人赶紧站出来辟谣，但员工根本不相信。就在这时，员工在联想的网站、报刊等显著位置上看到了一只大头猴，它自我介绍道，如意大头猴是联想集团人力资源部新闻发言人，上知天文，下晓地理，中知人事。

原来，当时正值猴年，网络上流传的一个可爱的卡通猴形象给文化传播管理者带来了灵感。这只可爱的大头猴告诉大家，“6月联想还要裁员”的信息严重失实！它还点评说：“小道消息害死人啊！”这只保持中立的可爱大头猴，逐渐得到联想员工的信任。从此，联想设立了“Bigmonkey大头猴信箱（Bigmonkey@lenovo.com），员工有任何意见都愿意向大头猴反映，有任何问题，也都会向大头猴请教。它已经成为联想的“招牌猴”，在普通员工中建立了信任的沟通氛围。

如果碰上重大事件，员工还可以通过“总裁在线”，请总裁杨元庆亲自在线回答大家的提问。许多员工至今难忘2003年的那次连线，当时，联想公布了新的战略，杨元庆随即便在线回答了员工的诸多提问，保证战略沟通的及时、有效。

当然，沙龙、会议也是在公司重大事项宣布之后，必不可少的内部沟通手段。联想的员工，尤其是跨部门、跨公司的员工，还可以通过“进步信箱”来交流，这也是联想的特色方法。员工可以通过写信参与公司建设、对工作中遇到的问题提出建议和意见。信箱里还设置了“落实通报”栏，由客户关系部及时跟踪建议、意见的落实情况，建立起公司级的意见处理反馈流程，以保证各项建议得到反馈处理。

联想的文化传播管理者当然不会错过通过为员工庆祝生日与员工沟通的机会，因此，每位员工在过生日的时候，都会收到公司赠送的礼物。工作人员尽量选择一些可分享的礼物，通过分享加强员工间的沟通与情感交流。

第三招：体验传播

活动是文化传播的一个重要、有效的方式，也是文化理念附着的重要载体。这一板斧的最大特点在于：通过活动的方式，让员工参与进来，在活动中体验文化主题的内涵、理解文化的外延。通过多年的实践积累，联想的文化活动可谓是多种多样，大多都为原创性的特色活动：无总称谓、C-time（沟通时刻）、元庆午餐会、迎接新财年、誓师大会、庆功宴、足球联赛、春节联欢会、运动会等，数不胜数。

例如，从2003年开始，员工每周二中午，可以利用午休的一个小时时间，在三层大平台上享用免费的咖啡、茶点，可以与公司高管进行自由、轻松、无主题的沟通交流，联想称之为“C-time”。其中，C代表两个含义：“Communication（沟通）”和“Coffee（咖啡）”。

每个月，部分员工还可以与杨元庆共进午餐。用餐时，大家就一个话题进行详细、深入的交谈，这便是“元庆午餐会”。这个活动之所以开展是因为，当联想越来越大时，杨元庆与基层员工接触的机会越来越少，他想通过一个活动加强与基层员工代表的交流，并通过这种非正式渠道将自己此阶段的重点想法和观点传达给员工。至于选择什么样的员工代表，要根据每次午餐会的主题而定，杨元庆会主动邀请与该主题相关的员工来参加，员工也可以自愿申请，或者规定一些特定类别，如党员、新员工、新任经理、创业之星、研发工程师等。“元庆午餐会”真正开拓了午餐沟通的新模式，效果明显，因此引来其他高管竞相效仿。

此外，考虑到员工在一年里，很难有时间集中起来进行文化学习，联想还特地发起了“文化月”活动，即在一年中的某一个月里，集中开展学英语、图片展、生活技能、书市、十佳歌手、贺岁电影、联欢会等活动，丰富员工生活，使员工，特别是新员工能更切身感受到联想的文化，激发身为联想人的强烈自豪感。

联想每年在文化传播上还有很多固定的活动，比如，每年的第一天举行升旗仪式来迎接新财年；每年的第一个月，召开全体员工誓师大会，公布集团战略方向和部署；每个季度结束后，如果公司超额完成了任务，要举行全体员工庆功宴；定期举行内部足球联赛、春节联欢会、运动会等，通过多种文化活动，传播文化理念、文化主题，达到凝练团队、提升员工士气的目的。

“单向传播”“双向传播”“体验传播”三个招式看起来都很简单，威力似乎也不大，但将这“三板斧”有计划地使用，就会使文化落地工作变得有效、易操作、易传承。

好风凭借力，好文化还得“三板斧”！

（李国刚，2009）

思考讨论题

1. 试分析联想文化传播体系对其战略实施产生的影响。
2. 从联想文化传播体系当中我们可以得到哪些启迪？

第十一章　战略评价与控制

【学习要点及目标】

1. 了解平衡计分卡法和战略审计这两种战略评价方法
2. 理解战略评价的目的及标准，战略控制的方法以及实施途径
3. 熟悉战略评价的内涵、类型和战略控制的内涵
4. 掌握战略评价的流程与主要内容

【关键概念】

战略评价、平衡计分卡法、战略审计、战略控制

引导案例

盲目多元化致恒顺醋业投资失败

江苏恒顺醋业有限公司创始于1840年，是中国规模最大、经济效益最好的食醋生产企业，于2001年成为中国食醋行业首家上市公司——江苏恒顺醋业股份有限公司。恒顺醋业公司以香醋为主体，配合生产果醋、酱油、料酒等，逐步发展形成了以调味品为核心的农业产业化重点的龙头企业。随着国内外对企业多元化发展研究的深入，上市后手握大把现金的恒顺醋业却开始迷失方向，房地产、LED、金融……恒顺醋业不断试错，游走在各个热点领域。

上市后的一年里，恒顺醋业便进入房地产、汽车贸易、LED和消防器材领域，完成了从食品企业到横跨房地产、LED、医药等多个行业的多元化布局。截至2002年年底，其旗下控股、参股的公司数量便已达到了19家；而到2011年，恒顺醋业旗下的控股、参股公司已经多达47家。借助于这一庞大的产业版图，恒顺醋业总资产由2000年的1.9亿元迅速膨胀至2011年底的33.2亿元。不过令人遗憾的是，虽然资产暴增，但公司的净利润却并没有因此而同步增长，反而呈现很大的波动，2012年度，甚至出现了3 700万元的亏损。恒顺醋业的发展主要依靠酱味调制品，房地产和其他产业的收入都很少，例如，在2013年恒顺醋业的营业收入中，酱味调制品的收入为94 647.74万元，占当年总收入为86.7%，房地产的收入为7 897.92万元，占当年总收入的7.24%，其他产业的收入为6 614.27万元，占当年总收入的6.06%。

回顾恒顺醋业上市以来的多元化战略，从房地产到LED再到金融，无一不是紧追时下热点，但遗憾的是，至少以今日来看，这些投资无一称得上是成功的。上市以来，作为恒顺醋业主营业务的酱醋调味品一直保持每年10%左右的增长，毛利率则稳定在35%左右，而副业发展却一直不尽人意，业绩多在起伏，近几年来甚至深陷亏损泥潭，特别是2012年出现巨亏。

这就意味着，在恒顺醋业的多元化大局下，实际上是在用持续赢利的主业贴补副业。恒顺醋业的多元化发展，真可谓丢了西瓜拣芝麻。

在恒顺醋业所追逐的众多行业中，房地产是其最为看重的一个，不过也正是这一投资让其备受煎熬。涉足地产十多年，其业绩随着房地产市场跌宕起伏。恒顺醋业的地产之旅起源于2003年，进入当年，恒顺醋业便开始大幅囤地。恒顺醋业旗下子公司江苏恒顺置业有限公司及其下属子公司获得6块共1 500亩土地的开发权。疯狂拿地背后便是大笔举债，而且恒顺醋业缺乏房地产开发思维，再加上受到房地产宏观调控的影响，恒顺醋业的房地产业务犹如过山车一般，大起大落。受房地产业务所累，2008年恒顺醋业亏损4 922.88万元。不断攀升的负债率，沉重的财务负担，终于让管理层忍无可忍，2012年12月3日正式宣告剥离地产业务。

（根据多方资料整理而成）

思考

1. 从战略评价的角度看，恒顺醋业多元化战略的失败说明了什么？

2. 从战略控制的角度看，恒顺醋业在实施多元化战略时其战略控制体系是否发挥作用？

第一节　战略评价

战略是将一个企业的主要目的、政策和行动计划整合为一个有结合性的计划和模式。一个明确形成的战略会帮助一个组织去配置和分配它的资源，成为一个独特和可行的形态。而评价是一种观念性活动，其目的是把握价值主体和价值客体之间的价值关系。战略评价体系是公司战略目标实现的重要保障。因此，如何建立一个科学的战略评价观和评价方法，对企业来说是至关重要的。

一、战略评价的内涵与类型

（一）战略评价的定义

战略评价是指基于企业的总体战略目标为导向，以定性与定量相结合的方法来评定企业战略及其工作环节是否存在问题和价值大小的手段与过程。

其内涵可从以下四个层面去理解。

（1）战略评价本身不是一个独立的过程。它是企业战略管理过程中的一个重要工作环节，它与企业战略管理的其他工作环节，诸如战略分析、战略选择、战略制订等一样，都要为实现企业的总体战略目标而服务。

（2）战略评价本身价值的评定与企业的总体战略目标实现程度相关联。如果企业的总体战略目标实现，战略评价的任务完成且目标也实现。如果企业的总体战略目标失败，战略评价则也失败。有时战略评价不成功也会导致企业总体战略目标落空。

（3）战略评价兼有“价值判断”与“问题审视”两个基准。其中“价值判断”更多地要借助定量评价的方法以确定实实在在的价值大小；而“问题审视”则要更多借助定性评价的方法以判断问题之有无。由于企业战略的要求不同，因而在战略评价中要因地制宜地选用不同的评价方法，而不能“一法统天下”。

（4）战略评价既是一种手段，也是一个过程，但它又不是一个独立的过程。作为一个过程，它要评价战略管理的各个阶段，包括战略分析阶段、战略选择阶段、战略制订阶段、战略实施阶段、战略控制阶段以及战略评价阶段本身。作为一个非独立的过程，它要紧密地与战略管理的其他阶段进行积极的互动，以在战略管理的大系统中充分发挥其子系统的最大化的作用。

（二）战略评价的类型

由于战略评价总是贯穿于战略管理的全过程，因而我们可以把战略评价概括为战略分析评价、战略选择评估与战略绩效评价三种类型。

1. 战略分析评价

战略分析评价是对企业所处现状环境的评价，其目的是发现最佳发展机遇。通过运用相关分析评价方法，如优势-劣势-机会-威胁分析法，一方面是检查企业现行战略是否能为企业带来经济效益，如果不能增效，就要重新考虑这种战略的可行性；另一方面是通过考察外部环境，看在现行环境下，企业是否有着新的机遇。最后综合两方面的结果，企业或继续执行原战略，或采取适应环境要求的新战略。战略分析评价主要包括以下几个方面的内容： 企业的现行战略和绩效的分析；不同战略方案的制订；对企业相关利益备选方案的评价；竞争力的评价，即产品、市场、技术、人才、制度竞争力的评价。

2. 战略选择评估

战略选择评估是在战略执行过程中进行的，是对战略执行情况与战略目标的差异的及时获取与及时处理，是一种动态评估。它涉及很多的评价模型，如 SAM 模型、定量战略规划模型（QSPM）、Eletre 方法（E 法）。它是针对不同战略方案可行性的研究，是用数学的方法对不同的战略方案所面临的机会与威胁设定标准，通过数学的方法计算机会与威胁的权重，并以所得风险与收益的结果选择最优的战略方案。

3. 战略绩效评价

战略绩效评价是在末期对战略目标完成情况的分析、评价和预测，是一种综合评价，也是在战略执行的过程中对战略实施的结果从财务指标、非财务指标进行全面的衡量。它本质上是一种战略控制手段，即通过战略实施成果与战略目标的对比分析，找出偏差，并采取措施纠正。如平衡计分卡就是实行战略绩效评价的一种有效手段，目前被认为是一种新的战略评价和管理系统。

二、战略评价的目的及标准

适时地、客观地、高效地对正在实施的战略进行评价，并据此采取相应的配套行动，这无疑是保证组织实现既定战略目标的必要条件，也是战略评价的主要目的，它完全体现了“战略因应环境而生，随着环境的变化情况而动”的特点。

当然，战略评价还有其他目的，如检验战略分析的信息是否精准、适用，评判所选择的战略实施方案是否科学、高效，评价战略资源的准备与储备是否充足、到位，为战略控制提供行动依据以使之能够及时纠正偏差，等等。后面的这些目比较具体，所以看起来更像是战略评价的目标。

一个有希望的企业会制订符合自己特点和需要的战略，对之进行有效的管理，并在正确的标准指导下，建立一个具有可操作性的战略评价指标体系以监控和确保战略管理得以高效进行，并确保战略目标得以顺利实现。英国战略学家理查德·鲁梅特（Richard Rumelt）提出了可用于战略评价的四条标准：一致、协调、优越和可行。协调与优越主要针对公司的外部评估，一致与可行则主要针对内部评估。

1. 一致性

一个战略方案中不应出现不一致的目标和政策。组织内部的冲突和部门间的争执往往是管理无序的表现，但它也可能是各战略不一致的征兆。

2. 协调性

协调指在评价战略时既要考察单个趋势，又要考察组合趋势。在战略制订中将企业内部因素与外部因素相匹配的困难之一在于绝大多数变化趋势都是与其他多种趋势相互作用的结果，对此必须综合考察。

3. 可行性

一个好的经营战略必须做到既不过度耗费可利用资源，也不造成无法解决的派生问题。对战略最终的和主要的检验标准是其可行性，即依靠自身的物力、人力和财力资源能否实施这一战略。企业的财力资源是最容易定量考察的，通常也是确定采用何种战略的第一制约因素；而人员和组织能力在定量性上是较差一些的制约因素。因此，在评价战略时，很重要的一点是要考察企业在以往是否已经展示了实行既定战略所需要的能力、技术及人才。

4. 优越性

经营战略必须能够在特定的业务领域使企业保持竞争优势。竞争优势通常来自以下三方面的优越性。

（1）资源。对资源的合理配置可以提高整体效能，这一道理已经为各类管理专家所熟知。

（2）技能。在进行战略评价时，分析哪些技能可以帮助企业在特定的领域建立和保持竞争优势，以确保战略实施的质量，是至关重要的。

（3）位置。位置在企业战略中往往能发挥关键作用。好的位置是可以防御的，会阻止竞争对手向本公司发动全面的进攻。只要基础性的关键内外部因素保持不变，位置优势便会趋向于自我延续。因此，在评价某种战略时，企业应当考察与之相联系的位置优势特性。

补充阅读

关于战略评价标准的几种主流观点

在战略管理研究和实务领域，关于战略评价标准并不像一般所想象的那样看法一致，至少存在下列几种典型的观点。

其一，利润最大化。这一观点认为战略的目标就是获得最大化的利润。由于利润是在不同年份产生的，所以，所有各年的利润要折算成当前的现金价值，把这些现金价值加总就是企业当前的利润总价值。战略的目标就是使这个总价值最大化，自然，能否使总价值最大化就成为判断战略是否有效的标准。

其二，市场占有率。持这一观点的人认为，市场占有率是企业长期利益的最好保证，因此用市场占有率代替利润是一个更好的办法，战略管理只要紧盯市场占有率这个目标，就自然可以成为卓越的公司。据此，市场占有率的高低就成为战略优劣的评价标准。

其三，多元目标。这一观点的拥护者认为企业战略标准由多种因素决定，社会环境、企业的组织结构、企业利益相关方都会对战略评价标准产生影响，所以，没有绝对一致的标准，战略要满足多种目标的要求，利润只是其中的一个。

三、战略评价的流程与内容

战略管理决策会对企业产生显著的和持久性的影响。错误的战略决策会给企业未来的经营活动带来严重的损失。因此，战略评价对企业利害攸关，而及时的评价可以使管理者对潜在问题防患于未然。所以，战略评价是企业通过设计有效的战略评价与控制系统对竞争环境的变化、战略本身的可行性以及战略实施情况的信息进行及时反馈、分析、评价、迅速反应，并同时进行人员激励的一个持续动态的过程，目的是保证组织竞争战略的有效实施，并最终确保企业在迅速变化的竞争环境中获得持续的竞争优势。一般而言，它包括以下三项基本活动。

（1）考察企业战略的内在基础。

（2）将预期结果与实际结果进行比较。

（3）采取纠正措施以保证行动与计划的一致。

图11.1显示的是战略评价的流程和主要内容。

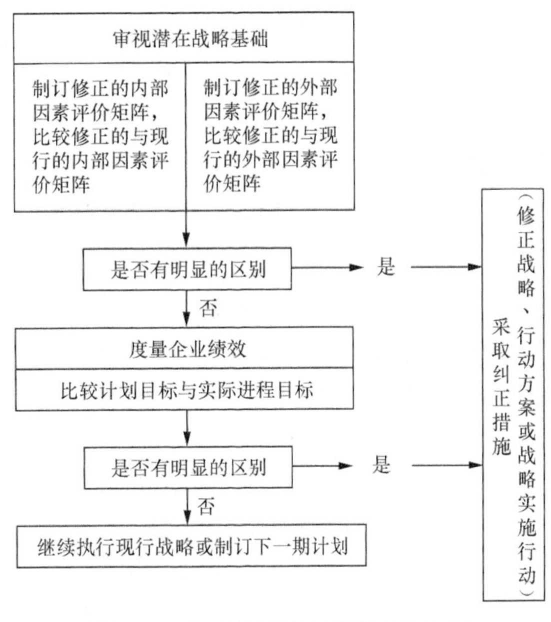

图 11.1 战略评价的流程和主要内容

（一）检查战略基础

构成企业现行战略基础的外部机会与威胁、内部优势与弱点是时刻都会发生变化的。检查战略基础就是要求企业应不断监视其发生变化的时机与方式，即它们将于何时、以何种方式发生变化及变化程度如何。

1. 对外部机会与威胁的检查

对外部机会与威胁的检查可用建立修正的外部因素评价（EFE）矩阵的方法来审视企业战略这方面的基础。修正的外部因素评价矩阵主要表明企业战略如何对关键的机会与威胁作出反应，同时还需要对以下问题进行分析。

（1）竞争对手对我们的战略做出了何种反应？

（2）竞争对手的战略曾发生了哪些变化？为何其正在进行某些战略调整？

（3）主要竞争对手的优势与弱点是否发生了变化？

（4）主要竞争对手在进行报复之前还有多大忍耐空间？

（5）主要竞争对手对其现有市场地位和赢利空间的满意程度如何？

（6）我们如何才能更有效地与主要竞争对手进行合作？

2. 对内部优势与弱点的检查

对内部优势与弱点的检查可用建立修正的内部因素评价（IFE）矩阵的方法来检查企业战略这方面的基础。修正的内部因素评价矩阵侧重于审视企业在管理、营销、财务、生产、研究开发等方面优势和弱点的变化。需要重点审视以下关键问题。

（1）我们的内部优势是否仍是优势？

（2）我们的内部优势是否有所加强？如果得到加强，主要体现在哪些方面？

（3）我们的内部弱点是否仍为弱点？

（4）现在我们是否又有了其他新的内部弱点？如果出现，它们主要体现在哪些方面？

（二）度量企业绩效

度量企业绩效是一项重要的战略评价活动。这一活动包括将预期结果与实际结果进行比较、研究实际进程对计划的偏离、评价个人绩效和在实际既定目标过程中已取得的进展。度量企业绩效的原则是：依据战略评价标准和侧重对未来业务指标的预测。战略评价标准的选择取决于特定企业的规模、产业、战略和管理宗旨。一般来说，度量企业绩效的标准有定量和定性两种。

1. 度量企业绩效的定量标准

度量企业绩效的定量标准主要是财务指标。各种财务比率被广泛地用做战略评价的定量标准。一般用财务比率进行三种关键性比较。

（1）将企业不同时期的业绩进行比较。

（2）将企业的业绩与主要竞争对手的业绩进行比较。

（3）将企业的业绩与产业平均水平进行比较。

适用于战略评价的一些关键财务比率主要有资收益率、股本收益率、赢利率、市场份额、负债对权益比率、每股收益、销售增长率和资产增长率。

采用定量标准进行战略评价也存在一些潜在的问题。

（1）绝大多数数量标准都是年度目标而不是为长期目标而确定的。

（2）对很多数量指标，用不同的会计方法计算会得出不同的结果。

（3）在制订数量指标时总要利用知觉性判断。

2. 战略评价的定性标准

鉴于定量（主要是财务指标）标准评价存在的潜在问题，因此采用诸如生产质量、生产数量、员工满意度、员工出勤率等非财务性的质量指标来评价也就显得非常必要了。

西摩蒂尔斯提出了六个可用于战略评价定性的问题。

（1）战略是否与企业内部情况相一致？

（2）战略是否与外部环境相一致？

（3）从可利用资源的角度看，战略是否恰当？

（4）战略所涉及的风险程度是否可以接受？

（5）战略实施的时间表是否恰当？

（6）战略是否可行？

（三）采取纠正措施

作为战略评价的最后一项行动，采取纠正措施是要求通过变革使企业为了未来而重新进行更有竞争力的定位。

采取纠正性措施时，应该注意以下几个方面的问题。

（1）应当能够使企业更好地发挥内部优势，更好地利用外部机会，更好地回避、减少或缓和外部威胁，以及更好地弥补内部弱势。

（2）应当为纠正措施制订明确的实施时间表和适当的风险允许度。

（3）纠正措施既要同企业的经营目标保持一致，又要向社会负责。

（4）采取纠正措施并不一定意味着放弃现行战略或必须制订新的战略，它可能需要进行的是诸如调整组织结构、关键人员的调换、修正企业任务陈述、建立或修改目标、制订新政策、增加销售人员、重新配置资源或采取新的绩效激励措施等方面的变革。

案例 11.1

皮鞋的来历

很久很以前，人类都还赤脚走路。有一次，一位国王忽然心血来潮，要到那些偏远的乡间旅行。结果因为道路崎岖不平，遍地碎石子，硌得国王双脚疼痛难忍而败兴而归。等回宫后，气急败坏的国王一边揉着青紫的双脚，一边愤愤不平地下了一道命令：“把全国的道路给我用牛皮铺起来！”而且他还颇有“人文关怀”，认为这样大动干戈不是为了自己，而是为了全国百姓的双脚着想……于是越想越觉得该铺路。

可问题是就算把全国的牛都杀掉，也不够用来铺路。然而圣令如山倒，谁敢不从？于是百姓们只得摇头叹息。这时，有一位聪明的仆人斗胆向国王进言说：“与其劳师动众牺牲那么多牛，您何不只用两小片牛皮包住您的双脚呢？”国王如梦初醒。

据说，这就是皮鞋的来历。当我们的前进目标遇到阻碍时，与其去“愚公移山”，不如“反求诸己”，去首先改变自己。

四、战略评价的决策矩阵

对企业内部战略地位是否已经发生重大变化？企业外部战略地位是否已经发生重大变化？企业是否令人满意地朝着既定目标前进？这三个问题的不同答案的组合构成了一个评价决策矩阵（见表 11.1），它为企业采取什么样的纠正性措施提供了决策的依据。

表 11.1　战略评价决策矩阵

企业内部战略地位是否已经发生重大变化	企业外部战略地位是否已经发生重大变化	企业是否令人满意地朝着既定目标前进	结　果
否	否	否	采取纠正措施
是	是	是	采取纠正措施

续表

企业内部战略地位是否已经发生重大变化	企业外部战略地位是否已经发生重大变化	企业是否令人满意地朝着既定目标前进	结　　果
是	是	否	采取纠正措施
是	否	是	采取纠正措施
是	否	否	采取纠正措施
否	是	是	采取纠正措施
否	是	否	采取纠正措施
否	否	是	继续目前的战略进程

五、战略评价的方法

战略实施的效果如何，需要通过对战略实施的评估来予以确认。而采取适宜的评估方法，则能够有效地帮助企业在战略实施的各个循环过程中不断完善、纠正偏差，最终使得企业战略得到实现。用于企业战略评价的方法有许多，如活动成本法（简称 ABC 法）、股东价值衡量法[包括经济附加值（EVA）法、市场附加值（MVA）法]、利益关系群体衡量法、标杆法等。但在本节中将只重点介绍平衡计分卡法和战略审计这两种战略评价方法。

（一）平衡计分卡法

平衡计分卡（Balanced Score Card，BSC）充分体现了权变理论的思想，综合考虑了企业的内外部因素。它是用财务、顾客、内部业务流程、学习与成长四个方面一系列的经营指标，把公司的使命和主要策略转化为一套相互联系、相互制约的衡量目标体系，用以全面评价公司经营业绩的一种评价系统。它平衡了外部评价指标（股东和顾客）和内部评价指标（运营、技术创新、成长），平衡了成果评价指标（利润、市场占有率）和动因评价指标（新产品开发投资、员工培训、信息系统更新），平衡了客观评价指标（员工流动率、顾客抱怨次数）和主观评价指标（顾客满意度、员工忠诚度），平衡了短期指标（利润）和长期指标（顾客满意度、员工培训次数），等等。因此，它是一种超越数字的动态与静态评价相结合的业绩评价系统（见图 11.2）。

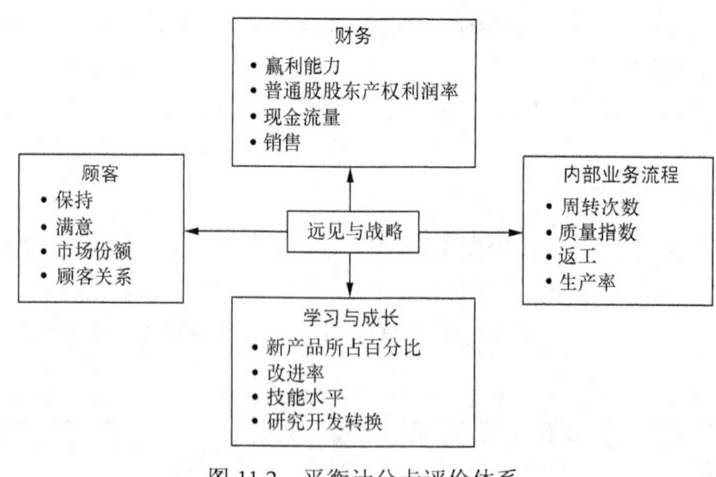

图 11.2　平衡计分卡评价体系

1. 平衡计分卡模型的内容

平衡计分卡是一种以“因果关系”为纽带，战略、过程、行为与结果一体化，财务指标与非财务指标相融合的绩效评价制度。它通过财务、客户、内部业务流程、学习与成长这四个方面指标之间相互驱动的因果关系展现企业的战略轨迹，实现绩效考核与绩效改进以及战略实施与战略修正的目标。平衡计分卡中每一项指标都是一系列因果关系中的一环，通过它们把相关部门的目标同企业的战略联系在一起；而“驱动关系”一方面是指计分卡的各方面指标必须代表业绩结果与业绩驱动因素的双重含义；另一方面是计分卡的分卡本身必须是包含业绩结果与业绩驱动因素双重指标的绩效考核系统。

（1）财务观的指标。它能有效地显示出企业的战略及其实施和执行是否正在为最终经营结果的改善做出贡献。常见的指标包括：赢利能力、普通股产权利润率、现金流量、销售等指标。

（2）顾客观是指为了完成财务指标，企业应该进行有效的市场细分，找到自己的目标客户群体，针对目标客户制订适当的市场目标，关键在于明确企业的现有客户群体和潜在客户群体。客户对产品的满意度和市场占有率的实现情况是完成企业财务目标的主要途径。核心衡量指标主要有：顾客满意度、顾客忠诚度、赢得顾客、顾客赢利能力以及目标市场中的市场份额和账面份额。

（3）内部业务流程一般包括订单处理流程、产品开发流程、服务流程、销售流程、策略发展流程和管理流程。尽管不同企业的流程会各不相同，但顾客关心的只是流程的终点，因此，对流程业绩进行评价首先要确定关键业务流程；然后围绕影响企业效率的产品质量、成本、服务和速度等主要因素展开。其中，衡量制造企业产品质量的指标主要有：加工零件次品率、一次完工率、浪费、废料、返工。衡量服务业服务质量的指标有：顾客长时间等待的项目、不准确的信息、拖延、未能完成订单、顾客的财务损失、顾客目标值达不到、无效沟通等。

（4）学习与成长方面需确认创造长期成长和改善所必须建设的基础设施。企业的学习与成长有三个主要的来源：人才、系统和组织程序。平衡计分卡前三个方面的目标一般会揭示人才、系统和程序的现有能力与实现突破性绩效所必需的能力之间的巨大差距。为了弥补这些差距，企业必须投资，以使员工获得新的技能，加强信息技术及系统，并理顺组织的程序和日常工作。这些目标将在学习与成长方面得到阐明。衡量学习与成长业绩中的“产品与服务创新”的指标有：新品开发、柔性制造、技术能力、研发能力和效率。衡量“员工能力”的指标有：员工满意度、员工流动率、教育与培训、内部认同、公司文化等。

2. 运用平衡计分卡的前提

将平衡计分卡运用于企业的战略评价与控制中，一般应具备以下四个前提条件。

（1）企业的战略目标能够层层分解，并能够与企业内部的部门、工作组、个人的目标达成一致，其中个人利益能够服从企业的整体利益，这是平衡计分卡研究的一个重要前提。

（2）计分卡所揭示的四个方面指标——财务、客户、内部业务流程、学习与成长之间存在明确的因果驱动关系。但是这种严密的因果关系链在一个战略业务单位内部针对不同类别的职位系列却不易找到，或者说针对不同职位类别的个人，计分卡所涵盖的四个方面指标并不是必需的。

（3）企业内部与实施平衡计分卡相配套的其他制度是健全的，包括财务核算体系的运作、内部信息平台的建设、岗位权责划分、业务流程管理以及与绩效考核相配套的人力资源管理的其他环节等。

（4）企业内部每个岗位的员工都是胜任各自工作的，在此基础上研究一个战略业务单位的组织绩效才有意义。

3．平衡计分卡实施的步骤

建立平衡计分卡的关键在于企业内部就战略问题达成共识，并弄清楚如何把企业的使命和战略转换成经营目标和评估手段。平衡计分卡的制订始于企业战略，所以它反映的是企业最高管理层的集体智慧和能力，如果没有最高管理层的积极参与，就不应该制订平衡计分卡。制订与实施平衡计分卡通常包括以下六个步骤。

（1）为平衡计分卡计划确定目标，选择设计人员。在就制订平衡计分卡达成共识之后，企业高层应明确平衡计分卡的主要意图并在认识上取得一致，同时确定一个能够担当起平衡计分卡总体设计重任的人选。

（2）选择适当的企业部门。设计人员必须确定出适宜于实行最高级别的平衡计分卡的业务部门，而这个业务部门的活动最好贯穿企业的整个工作流程——创新、经营、营销、销售和服务。这样一个下属业务部门应有自己的产品和客户、销售和流通渠道、生产设施。同时，该部门应该制订全面的业务绩效评估手段，且不涉及企业其他部门的开支、产品与劳务转让价格问题。确定该部门同其他业务部门的关系，使该部门面临的机遇和受到的限制明朗化。

（3）就部门的战略目标达成共识。设计人员应通过对部门的全面了解，帮助部门管理人员理解企业的战略目标并了解他们对平衡计分卡的评估手段的建议，解答他们提出的问题。在充分交流的基础上，确定企业的战略目标。

（4）选择和设计评估手段。该阶段的要点：对每一目标设计出能够最佳实现和传达这种目标意图的评估手段；对每一种评估手段，找到必要的信息源和为获得这种信息而采取必要的行动；对每一目标的评价体系之间的相互影响以及与其他目标的评价体系的影响进行评估。

（5）制订实施计划。以实施平衡计分卡目标部门的下属部门为单位，成立实施小组。各实施小组确定平衡计分卡的目标并制订实施计划。该计划包括如何把评估手段同数据库和信息体联系起来，负责在企业内部传播平衡计分卡，并帮助下级下放权力的部门制订实施计划。直至完全建立一个全新的执行信息制度。

（6）通过最终的实施计划，把平衡计分卡融入企业的管理制度并发挥作用。制订平衡计分卡一般持续 3 个月的时间。在制订过程之中，主管人员可以有充分的时间考虑平衡计分卡和战略、信息制度以及最重要的管理过程之间形成和演变。制订平衡计分卡的过程，也就是企业目标在组织中进行传播的过程，如果能够让企业的各级员工参与到计分卡的制订中来，将有助于战略目标的推广和得到员工的认同。

案例 11.2

德邦物流的时效管理

德邦物流是国家“AAAAA”级综合服务型物流企业，主营国内公路零担运输和航空货运代理。德邦物流时效管理在市场竞争压力和公司创新动力推动下，不断优化进步，引领物流行业发展。

德邦物流一直追求卓越运作，实行运作的制度化。德邦物流2002年7月率先在行业内通过ISO9001：2000质量管理体系认证，全面规范公司的品质管理制度。推行标准化运作，积极制订和完善时效标准。公司通过SOP标准作业程序对车队、外场、营业部等部门进行定期和不定期检查，保证为客户提供优质服务水平。公司的运作以数据说话，推行KPI时效考核，时效KPI指标包括车辆运行时效、卸货时效、城际兑现率、卡货兑现率等。货物的安全问题也会延误时效，安全KPI包括操作差错率、破损率、丢货率等，时效管理实行每周、每月和每年考核。时效考核合格和优秀，公司给予奖励；时效考核不合格，公司给予罚款；时效考核长期不合格，部门经理需要脱岗学习、降级甚至开除。

（二）战略审计

战略审计是企业董事会评估和控制管理层战略业绩的有效方法。战略审计按照领域和主题提供了一系列问题，以便对企业的不同职能和行为进行系统分析，以检查战略实施情况和战略结构是否与它的战略计划相吻合。战略审计关注于一些关系到企业长期优势和劣势的关键性问题，这有利于企业认识到某些领域存在的重大问题。

1. 战略审计的程序

企业战略审计最显著的特点是将被审计单位置于一个大的经济环境中，运用立体观察的理论来判断影响因素，从企业所处的经济环境、条件到经营方式和管理机制等构成控制架构的内部和外部两个方面来分析评估，以利于在找出关键战略缺口的同时，发现产生业绩缺口的原因并提出改进措施。

企业战略审计的程序一般分为计划阶段、实施阶段和报告阶段。在具体实务中，为了使审计工作做得更为细致，并关注企业战略管理过程中的重要方面，审计程序可在这三个阶段的基础上进一步细分（见图 11.3）。

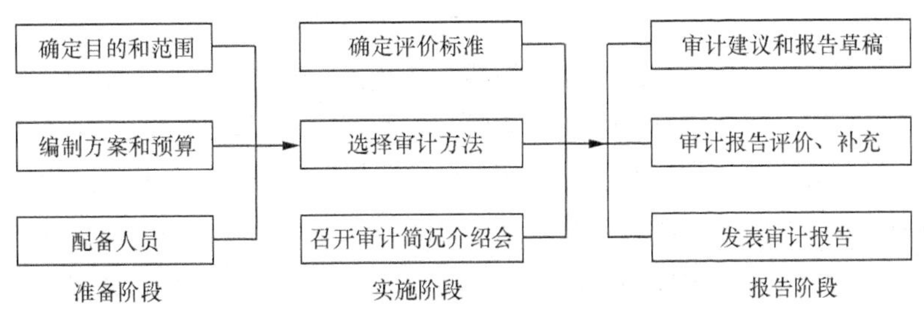

图 11.3　企业战略审计程序的三个阶段

（1）战略审计的准备阶段。准备阶段的主要工作是制订战略审计计划。具体来说，则包括调查研究、搜集材料、分析情况、制订计划、安排任务、落实人员、发出审计通知书、做好有关的实施阶段前的各项准备工作。

（2）战略审计的实施阶段。实施阶段主要是根据企业战略审计工作方案确定的审计范围、内容、目标和方法，通过检查、取证来进行分析和评价，并将审计人员的意见编写成文，用以说明审计结果。在各项审计事项的评价意见的基础上，最终形成企业战略审计报告。

（3）战略审计的报告阶段。报告阶段主要是评价、补充、完善并发表企业战略审计报告。企业战略审计报告是针对其审计过程中所发现的情况发表审计意见并做出审计评价的一种书面文件，通过企业战略审计报告可对被审计单位的战略管理过程进行评价，指出其在战略管理中存在的各种问题，并提出解决问题的办法和建议，以供被审计单位参考。

2. 战略审计的方法

战略审计作为一门新兴的交叉边缘学科，借鉴其他学科的已有成果，既有一定的必要性，又具有一定的可行性。但鉴于企业战略审计对象的特殊性，以下几种审计方法能较好地体现企业战略审计的特殊性。

（1）风险评估法。企业战略审计是以减少企业的战略决策失误、规避风险为目的的，审计风险的评估贯穿在企业战略审计的整个过程中。为将企业战略管理活动的风险降到最低，以维持企业战略决策的正确性。进行审计时，最关键的是要按审计程序执行，以便把战略管理活动的风险降到最低。审计程序的性质很重要，对于特定的企业战略制订过程，确认使用适当的审计程序，工作效率会更高。

（2）对比分析法。对比分析法的基本思路是当两个或两个以上的企业在生产性质、经营方式、规模、社会影响及实施的战略管理等方面相似时，它们具有可比性。对比分析法有助于预测竞争对手的行动，既可以提醒企业决策层早做准备，防御竞争对手的进攻，又可以抓住由于竞争对手的错误和劣势所提供的机遇。在执行对比分析法的时候我们需要明确以下几个问题：企业与谁竞争？竞争对手的目标是什么？竞争对手的优势和劣势是什么？

（3）系统分析法。企业战略审计的系统分析法就是对企业战略制订的目的、功能、环境、费用、效益等问题，通过充分调查研究，在收集、分析、处理所获得信息资料的基础上，确定企业战略目标，制订出为达到此种目标的各种方案，通过模型仿真实验和优化分析，对各种方案进行综合评价，从而为企业战略管理活动提供可靠的依据。

（4）成本-效益分析法。它是对社会经济活动的投入成本与产出收益之间的关系进行分析评价的一种基本方法，使用这种方法对经济活动进行评价，可以更直观和科学地反映某种经济行为可能产生的结果，从而为决策者提供是否实施其经济活动的依据。因此，成本-效益分析法是企业战略审计中最为适用的一种方法。成本-效益分析可以确保企业战略管理活动的科学性、合理性及可行性，使企业能以最小的投资成本取得最大的效益，即达到经济上最佳状态的收益水平。

补充阅读

有效战略评价系统的特征

（1）战略评价活动必须做到经济。

（2）战略评价活动应当有意义。

（3）战略评价活动应能提供即时的信息。

（4）战略评价应能够真实地反映企业的经营状况。

（5）战略评价应能够做出公正的评价。

（6）战略评价过程不是主导决策，而是促进相互理解和信任。

（7）战略评价活动应力求简单而不应过于复杂和有过多的约束。

第二节 战略控制

战略管理的基本假设是所选定战略将能实现企业的目标。然而，在战略实施过程中，一方面，企业中每个人会由于缺乏必要的能力、认识和信息，对所要做的工作不甚了解，或不知道如何做得更好，从而出现行为上的偏差；另一方面，由于原来战略计划制订的不当或环境的变化与原来的预测不同,造成战略计划的局部或整体已不符合企业的内外部条件。因此，一个完整的战略管理过程就必须有战略控制，以保证实际的成果符合预先制订的目标要求。

一、战略控制的内涵

（一）战略控制的基本概念

战略控制就是监督战略实施进程，及时纠正偏差，确保战略有效实施，使战略实施结果基本上符合预期计划的管理过程。

战略控制的直接功能是纠正企业在战略管理过程中发生的偏差。战略控制的根本目的是保证企业战略方向的正确，并且保证这个正确的方向能够得到有效地贯彻实施。为了保证战略方向的正确，就要不断地纠正实施中的偏差。现实中，偏差有以下两种类型。

（1）执行中的偏差。这主要是由于管理人员在执行中出现了问题，导致实施结果与计划目标不符。例如，部门管理人员对企业战略的理解与高层领导不一致；部门主管有一套自以为是的做事方法；企业总体战略影响了部门或个人利益；执行人员的综合能力有限，等等。

（2）计划本身的偏差。在计划的实施过程中，发现计划本身有偏差，这主要是由三个方面原因导致的：一是计划制订的偏差，具体目标、目的不符合企业使命所规定的基本方向；二是计划严重脱离实际，非要做外部环境不允许、内部条件不具备的事；三是外部环境和内部条件出现了当初预料不到的变化。

（二）战略控制的类型

战略控制主要有避免型控制、开关型控制、事前控制和事后控制四种类型。

1. 避免型控制

避免型控制即采用适当的手段、工具与方法，使不适当的行为没有产生的机会，从而达到不需要进行控制的目的。如通过与外部组织机构共同承担风险减少控制；或者采用外包的方式，转移某项战略活动，以此来消除相关具体环节的控制活动；通过自动化使工作的稳定性得以保证，从而能按照企业的预期目标正确工作。

2. 开关型控制

开关型控制又称事中控制或行与不行控制。其原理是：在战略实施控制过程中，按照既定的标准检查战略行动，确定行与不行，类似于开关的通与止。

开关控制方法的具体操作主要如下。

（1）直接领导。管理者对战略活动进行直接指挥和指导，发现差错及时纠正，使其行为符合既定标准。

（2）自我调节。执行者通过非正式、平等的沟通，按照既定标准进行自行调节自己的行为，以便和协作者配合默契。

（3）共同愿景。通过使组织成员对目标、战略宗旨的统一认识，以保证成员在战略行动中表现出一定的方向性、使命感，从而达到殊途同归、和谐一致、实现目标。

开关控制方法一般适用于实施过程标准化的战略实施控制，或某些过程标准化的战略项目的实施控制。

3. 事前控制

事前控制又称前馈控制、跟踪控制。其原理是：在战略实施过程中，对战略行动的结果趋势进行预测，并将预测值与既定的标准进行比较和评价，发现可能出现的偏差，从而提前采取行动，使战略推进始终保持在正确的轨道，确保企业战略目标的实现。

事前控制是在战略行动结果尚未实现之前，通过预测发现战略行动的结果可能会偏离既定标准。因此，管理者必须对预测要素进行分析与研究。一般有三种类型的预测要素。

（1）投入要素。投入要素即战略实施投入要素的种类、数量、质量等，它们将影响到产出的结果。

（2）早期成果要素。早期成果要素即依据早期的成果，可预见未来的成果。

（3）外部环境和内部条件的变化，对战略实施的控制要素。

事前控制对战略实施的趋势进行预测，对其后续行动起到调节作用，能防患于未然，因而是一种卓越的战略控制方法。

4. 事后控制

事后控制又称后馈控制。其原理是：在战略推进和转移过程中先对行动的结果与期望的标准进行衡量，然后根据偏差大小及其发生的原因，对行动过程采取校正措施，以使最终结果符合既定的标准。事后控制方法在战略控制推进中控制监测的是结果，纠正的是资源分配和人的战略行为；根据行动的结果，总结经验教训用于指导未来的行动，从而将战略实施过程保持在正确的轨道上。由于事后控制往往纠偏不及时，通常会给战略实施带来一定的损失。

所以，其运用大都局限在企业经营环境比较稳定条件下的战略实施控制。

事后控制方法的具体操作主要有以下两类。

（1）联系行为。联系行为即对员工的战略行动的评价与控制直接同他们的行为联系挂钩。这样员工比较容易接受，并能够明确战略行动的努力方向，使个人行为导向与企业战略行为导向接轨；同时，通过行为评价的反馈信息修正战略实施行动，使之更加符合战略要求；通过行为评价，实行合理的分配，从而强化员工的战略意识。

（2）目标导向。目标导向即让员工参与战略行动目标的制订和工作业绩的评价，这样既可以让员工看到个人行为对实现战略目标的贡献程度，又可以从工作业绩的评价中看到成绩的不足，从中得到肯定与鼓励，以达到提高员工推进战略动力的目的。

补充阅读

现代战略管理强调“前项控制”

传统意义上的控制是指反馈控制，即将实施结果与原计划标准的差距，这种“相对静态”的控制方式，比较适合竞争相对稳定的产业或处理企业的日常经营活动。在当今激烈的市场竞争和大规模的行业改革重组阶段，企业决策层迫切需要通过预测未来可能发生的变化，变被动地接受战略规划实施结果为采取主动行动，因此，提出了以未来为指向的“前项控制”的观念。

前项控制可分为“前提控制”“战略监视”与“实施控制”。

“前提控制”就是对形成企业战略规划有重大影响的一般环境和行业环境因素进行系统的监测，以确定企业战略规划形成的前提是否成立。如果前提发生变化，相应的战略和规划也随之而变化。

“战略监视”则是将未发现的内部与外部关键事件作为监视的对象，从中发现机会和分析现实和潜在的威胁。

“实施控制”主要关注发展规划是否按原计划完成，是否达到预期的经济指标，资源配置是否合理等。

（三）战略实施控制系统

战略实施控制系统主要由三个基本的控制系统所构成，即战略控制系统、业务控制系统和作业控制系统。

1. 战略控制系统

战略控制系统是以企业高层管理者为主体，关注的是与外部环境有关的因素和企业内部的绩效。其控制职能由企业战略领导小组的战略规划部门负责，主要是对企业业务战略的目标和标准的完成情况与战略环境进行监督和审计。

2. 业务控制系统

业务控制系统是对企业的主要下属单位及主要战略职能的控制，包括战略经营单位和职能部门两个层次，关注的是企业下属单位在实现构成企业战略的各部策略及中期计划目标的工作绩效，检查是否达到了企业战略为他们规定的目标。其控制职能由企业战略领导小组的其他相关分组分别监控相对应的战略职能实施情况，并提出改进措施，主要是对各职能战略目标和标准的完成情况与战略环境进行监督和审计。

3. 作业控制系统

作业控制系统是对具体负责作业的人员的日常活动的控制，关注的是员工履行规定的职责和完成作业性目标的绩效。其控制职能由各级各层管理人员在日常工作中进行，战略领导小组只负责检查与监督。

战略控制一般主要由高层管理者执行，业务控制主要由中层管理者执行，作业控制主要由基层管理者执行。战略控制具有开放性，作业控制具有封闭性。战略控制既要考虑外部环境因素，又要考虑企业内部因素，而作业控制主要考虑企业的内部因素。

补充阅读

赛普拉斯半导体公司的控制系统

在快速变化的半导体产业中，组织适应性是非常重要的。在赛普拉斯（Cypress）半导体公司，CEO罗杰斯（T.J.Rogers）面临着一个问题：如何控制好已经超过1 500人的规模同时又要避免官僚主义的科层制度。罗杰斯相信，高大的组织科层制度必然削弱组织对环境变化的适应能力。他决心创建扁平的分权组织结构，令层级最少化。与此同时，他还必须控制公司员工的行为与公司保持一致。罗杰斯的解决方案是建立计算机信息系统来管理分权后的组织中员工和团队的工作。每位员工都分配有10～15个目标，如“与营销人员开会讨论新产品发布”“保持同×顾客的沟通”。在每个目标下面标注目标设定的时间、预计完成的时间、是否已经完成。所有这些信息都储存在中央计算机中。罗杰斯声称他可以在4小时之内完成对1 500名员工目标的检查，而他每周都会做一次。他的做法是检查例外，只注意那些落后于目标的员工。然后他会给这些员工打电话，不是去指责，而是为了了解他需要做什么来帮助员工。每周每位员工只要在目标评估和更新上面花半个小时的时间。这一系统令罗杰斯得以拜托昂贵的组织科层来实施控制。

（希尔，2007）

二、战略控制的方法

正确有效的战略控制不仅能够及时发现和纠正偏差，确保战略目标的实施，一定条件下还可以提出新的目标和计划。

战略控制可以采用调节偏差的反馈控制、紧盯目标的随动控制两种方法。

1. 调节偏差的反馈控制

调节偏差的反馈控制的特点是首先确定战略控制的标准，然后编制控制对象的程序，最后根据预定的程序来实现战略目标。该方法尽管没有干扰装置，但信息反馈系统预定的程序在反馈信息的作用下进行调整。图 11.4 是反馈控制模型的工作流程图。

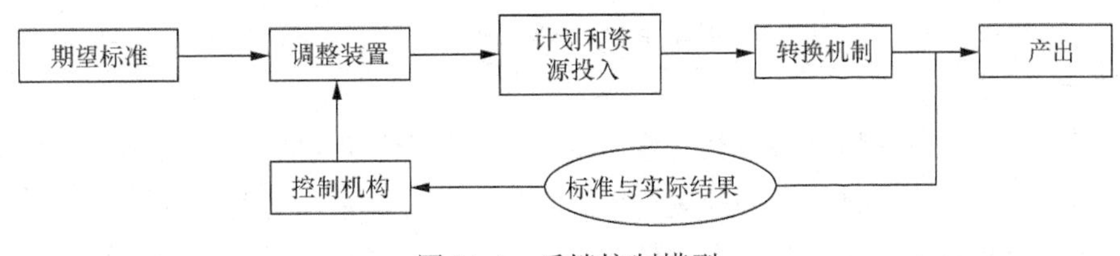

图 11.4　反馈控制模型

这种方法的优点是既能保证目标实现，又有一定的灵活性和适应性。缺点是调节行为发生于事后，可能会造成一定的资源损失。

2. 紧盯目标的随动控制

战略控制中普遍采用的控制方法是实施随动控制，这种控制的特点是控制编程确定后，并不预先设计好控制程序，控制系统只是跟随目标，随机应变地决定自己的控制行为。典型的随动控制例子就是狼追捕羊的过程，狼的行为轨迹是随着羊的奔跑轨迹而定的。图 11.5 是随动控制模型的工作流程图。

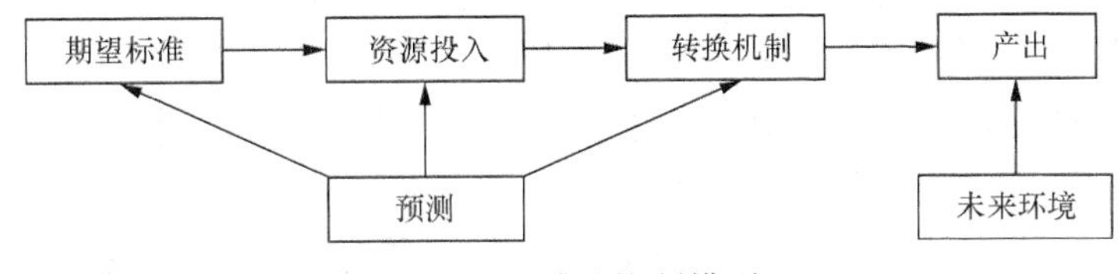

图 11.5　随动控制模型

战略随动控制是一种面向未来的控制方法，与事后控制相比，目标结果和预测结果都是未来，矫正行动开始于事件发生之前。把计划所要达到的目标同预测目标相比，并采取措施修正计划目标而使新的预测结果成为计划目标。如企业销售预测表明销售量将下降到比期望的标准更低的水平，企业可能采取两种措施：一是修订销售量的计划目标；二是若不修改目标，则要根据预测的结果制订相应的措施，如广告宣传、促销手段的应用。

在随动控制模型中，对未来环境的预测结果，可能直接改变既定的期望标准，也可能在期望标准不变时，改变资源投入或改变资源加工过程。随动控制理论较好地反映了“前项控制”理念，在企业战略控制和经营管理中被广泛应用。

三、战略控制的实施途径

1. 全面预算体系

全面预算通常被用来评价实际的收入与支出，以此来保证必须采取的战略行动。预算也是管理部门对规划进行量化的基本框架，对实行战略管理和经营管理一体化企业的战略控制非常有用。不同的企业由于经营性质不同，其全面预算的重点和内容也不完全一样。预算方式一般包括经营预算、费用预算、资本预算等。

（1）经营预算是衡量一个企业竞争力的重要指标。生产量、销售量、销售收入等经营预算中的指标，常被用于反映市场对本企业产品接受水平及企业在市场中的竞争位置。

（2）费用预算更适用于以“成本领先战略”为自身基本竞争战略的企业，这些企业成功的关键在于保持低成本及低售价，大型超市就是“成本领先战略”的典型例证。

（3）资本预算主要控制企业用于确保战略成功的关键部门、子企业的资源分配。相应的财务指标如投资回报率，是检测企业在市场竞争能否成功的一个要素，对投资者和股东也是非常重要的控制手段。

由于现代企业竞争环境日益复杂，战略本身也有很大的不确定性。因此，一些成功的企业有时并不完全以严格的预算作为控制体系的基础，而是保持一定的灵活性。如采取以利润而不是支出为控制的主要手段测算投入与产出；或者定期修订预算，以增加预算的灵活性和有效控制能力。

2. 主要控制点的选择

企业一般都有其基本的竞争战略，关键性的成功因素是企业检测与控制实现战略目标的基础。企业在建立控制链架构及控制重点时，既可以成本作为实施基本竞争战略并在市场中取胜的关键因素，也可以产品质量作为取胜法宝，但关键是必须根据内外部环境的变化和资源状况慎重选择。一般情况下，应考虑以下几方面。

（1）企业的战略目标。控制的最终目的是将企业的战略落实到企业的生产经营过程的实际运作之中，控制应该以战略为导向，服务和支持企业的战略。

（2）外部环境的影响程度。企业战略从构思、制订到执行一般都要经历较长的时间。在这段时间内，企业外部环境发生变化，必然会影响到既定的目标。因此在选择控制重点时应侧重受外部影响较小的部分。

（3）企业内部的组织结构。组织结构的变化会影响部门和员工的权限以及业务活动范围，进一步影响员工的思想、产品质量和企业目标的实现，控制链及重点的有效性是建立在合理的组织结构基础之上的。

（4）企业员工的素质。目标要靠人去执行、实现，而企业员工的才能、动机和工作态度是非均质的、不断变化的。也就是说，控制在实践中能否达到预期的效益主要取决于员工的素质。

（5）企业的资源条件。企业控制的主环节和重点，受制于企业的资源约束，如技术、资金等。

3. 有效控制的软因素

实际运作中，除了运用监测、评价、控制等专门的战略控制工具与技术方法外，行为控制等“软因素”对战略实施效果的影响也非常突出。行为控制有三种基本类型：规则、奖励与文化。

（1）规则。规则是以书面形式清晰地对行为施加外部限制的指导方针。由于行为控制的重点是引导企业员工的行为与企业目标相一致，这就涉及领导的权威、权力与员工的服从问题。而规则在建立权威、权力与员工的服从方面起着举足轻重的作用。我们知道在一个企业中权威很重要，如果一个企业的领导没有权威，制订的制度和相应的决策也就没有权威。当然权力的应用也要恰当，一般而言，组织能控制满足个人需要的因素越多，组织对成员的权力也就越大。

（2）奖励体系。大多数企业通过设立奖励体系，使企业员工的利益与企业的运行表现密切相关。不同类型的企业及不同性格的管理人员，奖励方式也不同。常见的对企业高层管理者激励的方式有两种：一是长期评价法。通常采用任期考核和奖励、股票期权等激励方式。二是加权战略因素法。这种方法是对影响企业战略目标的关键因素给予充分重视，如资产回报率、现金流、战略目标的完成程序、市场份额等，高层管理者的报酬根据其相应关键因素加权汇总而获得。

（3）企业文化。企业文化的核心是企业的价值观，包括企业共同的文化观念、思维方式、价值准则、道德规范、进取方向等。在一个企业文化层次相互协调、基本价值观被企业员工认同并共同追求的企业内，员工会自觉地将企业目标作为自己的个人目标，从而使各环节、各层次之间的行为衔接既有规范性、又有灵活性，按照企业的全局利益来掌握自己的行为尺度。

观点直言

网络化世界遵循的法则是网络的个体化、个体的网络化。所谓网络的个体化，是指网络会使每个人都体现自己的价值，每个人都可以发布、发声、编辑、创作；而个体网络化是指每个人所做的一切都必须借助网络才能够发挥作用。这是必然的趋势，又是我们今天做网络化战略的必要条件，是我们达到目标的必要条件，而我们的目标就是希望通过网络化战略真正使我们每个人都成为自己的CEO。

本章小结

“战略评价”评定的是价值，所以，简单地理解战略评价的定义就是评定战略及其分解以后的过程是否有价值，价值是高还是低。由于战略评价总是贯穿于战略管理的全过程，因而我们可以把战略评价概括为战略分析评价、战略选择评价与战略绩效评价等三个环节。战略评价的主要目的就是适时、客观、高效地对正在实施的战略进行评价，并据此采取相应的配套行动。一致、协调、优越和可行是战略评价的四条标准。

检查战略基础、度量企业绩效、采取纠正措施共同构筑了有效战略评价的框架体系，它可以企业在发展时利用内部优势，在崛起时利用外部优势，识别并抵御威胁，以及在内部弱点对企业造成危害之前对其进行弥补。用于企业战略评价的方法有许多，但平衡计分卡和战略审计则是当前比较先进、适用的评价方法。

战略控制与战略评价是战略管理中的一对孪生兄弟，它的直接功能是根据战略评价的结果，纠正企业在战略管理过程中发生的偏差。调节偏差的反馈控制和紧盯目标的随动控制是战略控制的有效方法；而全面预算体系、主要控制点的选择和有效控制的软因素则是战略控制的最佳实施途径。战略控制有避免型、开关型、事前和事后四种控制类型。战略控制系统、业务控制系统和作业控制系统三者共同构成了企业的战略实施控制系统，它们分别承担着对企业不同层次的战略实施过程的监控与审计任务。

复习与思考

一、名词解释

战略评价、平衡计分卡法、战略审计、战略控制

二、单选题

1. 英国战略学家理查德·鲁梅特提出了可用于战略评价的四条标准：一致、协调、优越和可行，其中（　　）主要是用于对公司的外部评估。

A. 一致与协调　B. 协调与优越　C. 一致与可行　D. 优越与可行

2. 英国战略学家理查德·鲁梅特提出了可用于战略评价的四条标准：一致、协调、优越和可行，其中（　　）则主要是用于内部评估。

A. 一致与协调　B. 协调与优越　C. 一致与可行　D. 优越与可行

3. 战略控制的目的主要是控制（　　）。

A. 战略实施　B. 战略失效　C. 战略目标　D. 战略方案

4. 战略控制的类型主要有避免型控制、（　　）、事前控制和事后控制。

A. 前馈控制　B. 跟踪控制　C. 后馈控制　D. 开关型控制

5. 战略评价的目的是为企业的（　　）而服务。

A. 战略实施　B. 战略失效　C. 战略目标　D. 战略方案

三、多选题

1. 英国战略学家理查德·鲁梅特提出了可用于战略评价的四条标准：一致、协调、优越和可行，其中（　　）主要用于对公司的外部评估，（　　）则主要用于内部评估。

A. 一致与协调　B. 协调与优越　C. 优越与可行　D. 一致与可行

2. 鉴于企业战略审计对象的特殊性，通常采用风险评估法、系统分析法、（　　）、（　　）等审计方法，以能较好地体现出企业战略审计的特殊性。

A. 活动成本法　B. 平衡计分卡法　C. 对比分析法　D. 成本-效益分析法

3. 适宜的评估方法能够有效地帮助企业在战略实施的各个循环过程中不断完善、纠正偏差，最终使得企业战略得到实现。用于企业战略评价的方法有许多，常用的主要有：股东价值衡量法、利益关系群体衡量法、标杆法、（　　）、（　　）和（　　）等。

A. 活动成本法　B. 平衡计分卡法　C. 战略审计　D. 成本-效益分析法

4. 战略控制的类型主要有（　　）、（　　）、事前控制、事后控制。

A. 避免型控制　B. 跟踪控制　C. 后馈控制　D. 开关型控制

5. 实际运作中，除了运用监测、评价、控制等专门的战略控制工具与技术方法外，行为控制等“软因素”对战略实施效果的影响也是非常突出，它主要有（　　）、（　　）与文化等几种基本类型。

A. 规则　B. 奖励　C. 价值准则　D. 思维方式

四、判断题

1. 作为企业战略管理过程中的一个重要工作环节，战略评价本身是一个独立的过程，它为实现企业的总体战略目标而服务。（　　）

2. 适时、客观、高效地对正在实施的战略进行评价，并据此采取相应的配套行动，这是战略评价的唯一目的。（　　）

3. 当企业内部战略地位与外部战略地位都没有发生重大变化，且企业并没有令人满意地朝着既定目标前进时，企业可以继续目前的战略进程。（　　）

4. 战略控制一般主要由高层管理者执行，业务控制主要由中层管理者执行，作业控制主要由基层管理者执行。战略控制与作业控制都具有开放性。（　　）

五、简答题

1. 战略评价的主要内容包括哪些方面？
2. 战略评价标准有哪些？
3. 将平衡计分卡运用于企业的战略评价与控制时，一般需要具备哪些前提条件？
4. 战略实施控制系统主要包括哪些方面的内容？
5. 对于一个企业而言，有效实施战略控制的途径主要有哪些？

六、论述题

1. 为什么战略评价对今天的企业来说是十分重要的？
2. 试用平衡计分卡为某个企业建立战略评价体系。
3. 调研当地的某企业，分析战略评价方法中的哪种方法更适合于该企业评价，为什么？

案例分析

中海油并购优尼科

改革开放之后的30多年，我国主要是“引进”外资，向国外投资甚少；在我国企业发展壮大后，“走出去”慢慢成为“潮流”，但当时我国企业进行跨国并购、投资的经验并不多。2005年中国海洋石油有限公司（简称中海油）并购优尼科案、2014—2016年万达集团改建西班牙大厦均是值得研究的经典案例。

2005年1月，中海油计划斥资130亿美元，收购美国第九大石油公司优尼科。这一并购计划随即遭到来自全球第四大石油公司雪佛龙的挑战，三个月后，雪佛龙宣布将以180亿美元现金加股票、加债务承担的方案，“友好收购”优尼科。6月23日，中海油向优尼科全体股东发出收购要约，以185亿美元的全现金方式并购优尼科。

自2002年以来，中海油先后成功进行了五次收购（包括一次变相增持），收购总金额达到了14.5亿美元，总市值从最初的60亿美元增长到2005年7月7日的260亿美元。由纯上游公司演变为上中下游并举兼涉足金融产业的综合型集团，中海油并购优尼科体现的战略需求，符合行业发展规律，也符合企业发展生命周期理论的必然选择。

中海油虽然在国内是三大石油企业之一，但185亿美元对于当时的中海油来说还是一个非常大的数字，在中海油董事会审议优尼科并购案时，中海油独立董事们极力反对这桩并购，担心太高的并购费用将成为中海油无法承受之重。

但中海油还是决定背水一战，其主要原因是他们发现这个收购项目的潜在价值，通过测算发现优尼科今后二十几年每年的产量乘以一个油价，然后再贴现到今天，公司的价值远远超过220亿美元。油价的基准是关键。即使用一种保守的预测来计算，今后10～20年油价长期保持每桶25～30美元，而天然气则是用今天销售合同中实际价格的40%～60%来评价，它的价值也远远大于200亿美元。

石油行业评估收购的一个标准是看每桶储量的收购价。优尼科公司按纽约证券交易所的标准登记的可采储量有17.54亿桶油当量，而实际可采储量高达44.28亿桶油当量。实际可采储量之所以未能公开，是因为按照美国证券交易所的规定，没有市场，没有销售合同，就不能登记为储量，而不能登记为储量，就没有价值。这也是优尼科储量、产量都比中海油大，而市值却远远低于中海油的原因。中海油之所以敢于报出185亿美元的高价，也是因为中海油背靠着中国大市场，可以迅速让优尼科的实际可采储量变现成现实的价值，从而充分发掘后者的潜在价值。

为此，中海油进行了精心准备，成立了完备的并购项目工作组，涵盖技术、法律、财务、人力资源、公共关系及交易支持和价值评估等领域。同时中海油还聘请了各领域的世界知名顾问助战。在并购的过程中，中海油进行了主动公关，比如中海油正式提议美国外国投资委员会（CFIUS）对该交易进行提前审查，并重申该收购对美国国家安全并不构成任何实质性威胁。随后又向媒体宣传并购完全是商业行为，表示目前在美国的油气产出都将继续在美国市场销售，不会把资源拿到海外。

虽然经过了众多努力，但在7月30日美国参众两院通过了能源法案新增条款，要求政府在120天内对中国的能源状况进行研究，研究报告出台21天后，才能够批准中海油对优尼科的收购。这一法案的通过基本排除了中海油竞购成功的可能。8月2日，中海油宣布撤回对优尼科的收购要约。这一震惊中外的并购案就这样落幕。

中海油虽然在收购上失败了，但自6月23日开始，到8月10日，仅仅一个多月的时间，中海油市值上涨30%以上，从220亿美元增长到300亿美元；宣布退出当天，中海油股票上涨了5.6%。收购过程中、收购失败后股价持续上涨，这种情况极其罕见。

中海油的并购之路并没有停止，收购优尼科的机会失去了，但中海油在等待下一次机会的出现，不过这一等就是七年：2006年1月，中海油以22.68亿美元收购尼日利亚130号海上石油开采许可证（OML130）的45％的工作权益；2008年，中海油以171亿元人民币成功收购挪威海上钻井公司；2009年，中海油计划以13亿美元收购美国马拉松石油公司持有的安哥拉石油资源项目权益，后失败；2010—2012年，中海油完成5宗数亿至数十亿美元的并购交易；2012年机会再次来临，加拿大尼克森能源公司负债43亿美元，前景堪忧意欲出售，此时的中海油在正式收购前做了大量研究和游说的工作，意图最大限度地提高这桩交易的成功率，2013年2月26日，终于以151亿美元完成收购。

思考讨论题

1. 从战略的角度评价，中海油收购优尼科失败的原因是什么？我国企业实施此类规模扩张战略时，应该注意哪些关键性的问题？

2. 在这场并购战中，中海油可以利用的机会和优势有哪些？又面临着哪些内外部约束？

参 考 文 献

[1] Insinga R.C，Werle M J. 2000. Ling Out sourcing to Business Strategy. Academy of Management Executive,14（4）:55-70.

[2] Quinn J.B，Hilmer F F. 1994. Strategic Out sourcing. Sloan Management Review,（40）：43-55.

[3] Ravi Venkatesan,1992. Strategy Sourcing:to Make or Not to Make.Harvard Business Review,（6）：98-108.

[4] Rumelt Schendel，Teece. 2002. Fundamental Issues in Strategy . Harvard Business School Press.

[5] Stephen P Robbins，Mary Coulter. 2005. Management. 8th. 北京：清华大学出版社.

[6] TeeceD J，Pisano G，Shuen A. 1997. Dynamic Capabilities and Strategic Management. Strategic Management Journal,18（7）:509-533.

[7] 阿诺尔多·C·哈克斯，尼古拉斯·S·迈勒夫. 2003. 战略实践：如何系统制定企业战略. 庞博，王德忠译. 北京：机械工业出版社.

[8] 彼得·德鲁克. 2006. 卓有成效的管理者. 北京：机械工业出版社.

[9] 蔡希贤. 1998. 现代企业战略管理. 武汉：华中理工大学出版社.

[10] 达维尼·理查德. 1998. 超优势竞争——新时代的动态竞争理论与应用. 许梅芳译. 台北：台湾运流出版事业股份有限公司.

[11] 大前研一. 1986. 企业家的战略头脑. 北京：生活·读书·新知三联书店.

[12] 丁金辉. 2008. 星巴克的顾客服务创新策略. 物流技术，（11）.

[13] 丁宁. 2012. 企业战略管理. 北京：北京交通大学出版社.

[14] 多萝西·伦纳德·巴顿. 2000. 知识与创新. 孟庆国，侯世昌译. 北京：新华出版社.

[15] 弗雷德·R·戴维. 2006. 战略管理. 10版. 李克宁译. 北京:经济科学出版社.

[16] 黄旭. 2012. 战略管理：思维与要径. 2版. 北京：机械工业出版社.

[17] 加斯·塞隆纳，安德里·谢帕德，乔埃尔·波多尼. 2004. 战略管理. 王迎军，汪建新译. 北京：机械工业出版社.

[18] 克莱顿·M·克里斯坦森，迈克尔·E·雷纳. 2004. 困境与出路：企业如何制定破坏性增长战略. 容冰译. 北京：中信出版社.

[19] 克雷格·弗莱舍，芭贝特·本苏桑. 2004. 战略与竞争分析——商业竞争分析的方法与技巧. 王俊杰，沈峰，杨斌等译. 北京：清华大学出版社.

[20] 劳伦斯·G·赫雷比尼亚克. 2006. 有效的执行：成功领导战略实施与变革. 范海滨译. 北京：中国人民大学出版社.

[21] 李春波. 2011. 企业战略管理. 北京：清华大学出版社.

[22] 李庆华. 2009. 战略管理. 北京：中国人民大学出版社.

[23] 李一夫. 2002. 企业文化与战略调整. 现代企业教育，（4）：36－37.

[24] 刘平. 2015. 企业战略管理——规划理论、流程、方法与实践. 2版. 北京：清华大学出版社.

[25] 龙春香. 2007. 企业文化与战略，好比人之修身与生存——浅论企业文化与企业战略的关系. 广西烟草，（10）.

[26] 鲁道夫・格里宁，里查德・库恩. 2005. 如何制定公司战略. 李向红，李国军译. 北京：中央编译出版社.
[27] 路晓辉. 2005. ERP 制胜：有效驾驭管理中的数字. 北京：清华大学出版社.
[28] 马浩. 2015. 战略管理：商业模式创新. 北京：北京大学出版社.
[29] 马瑞民. 2008. 新编战略管理——咨询实务. 北京：中信出版社.
[30] 迈吉尔・古尔德，安德鲁・坎贝尔，马库斯・亚历山大. 2004. 公司层面战略：多业务公司的管理与价值创造. 黄一义，谭晓青，冀书鹏等译. 北京：人民邮电出版社.
[31] 迈克尔・A・希特，等. 2009. 战略管理：竞争与全球化. 吕巍等译. 北京：机械工业出版社.
[32] 迈克尔・E・波持. 1988. 竞争优势. 夏忠华译. 北京：中国财政经济出版社.
[33] 迈克尔・E・波特. 2005. 竞争战略. 陈小悦译. 北京：华夏出版社.
[34] 汤明哲. 2004. 战略精论. 北京：清华大学出版社.
[35] 汪长江. 2013. 战略管理. 北京：清华大学出版社.
[36] 王铁男. 2006. 企业战略管理. 哈尔滨：哈尔滨工业大学出版社.
[37] 王迎军，柳茂平. 2003. 战略管理. 天津：南开大学出版社.
[38] 王玉. 2005. 企业战略管理教程. 2 版. 上海：上海财经大学出版社.
[39] 王元地. 2014. 企业战略管理的理论与实践. 北京：经济管理出版社.
[40] 希尔・C・W・L，琼斯・G・R. 2007. 战略管理. 7 版. 周长辉，孙忠译. 北京：中国市场出版社.
[41] 肖海林. 2013. 企业战略管理：理论、要径和工具. 2 版. 北京：中国人民大学出版社.
[42] 杨锡怀. 2014. 企业战略管理——理论与案例. 3 版. 北京：高等教育出版社.
[43] 杨锡怀. 2004. 企业战略管理. 北京：高等教育出版社.
[44] 杨增雄. 2013. 企业战略管理：理论与方法. 北京：科学出版社.
[45] 周素萍. 2012. 企业战略管理——理论与案例. 北京：北京交通大学出版社.

配套资料索取说明

购买本书的读者可在 www.ptpedu.com.cn 注册后下载配套学习资料。

采用本书授课的老师可发邮件至 13051901888@163.com 或 education_book@163.com 索取配套教学资料。

扫一扫，发邮件

13051901888@163.com

姓　　名：_____　性别：___　职称：_____　职务：_________

办公电话：_____　手机：__________　电子邮箱：__________

学　　校：_______________________　院　　系：__________

通信地址：_______________________　邮　　编：__________

本课程开设于_____学年_____学期，原采用__________出版社出版__________主编的《_________》为本课程教材，_______________专业_____个班共_____人使用该教材。

证 明 人：_______　办公电话：__________　手机：__________　电子邮箱：__________

21 世纪高等院校经济管理类规划教材

已出版教材

书　　名	主　编	书　号	编 辑 推 荐
管理学——原理与实务（第 2 版）	李海峰	978-7-115-35395-5	2013 年陕西普通高校优秀教材二等奖；提供课件，教案，实训说明，教学体会，案例分析集（文字、视频），习题集及参考答案，补充阅读；作者开通有教学博客
企业战略管理（第 2 版）	舒　辉	978-7-115-43139-4	二维码打造立体化阅读环境；案例、习题等营造多方位学习环境；提供课件、补充案例、模拟试卷等素材
客户关系管理理论与应用	栾　港	978-7-115-39343-2	60 组案例助力理论联系实际，33 个二维码打通网络学习通道，在线 Xtools 软件方便实践训练；提供课件、教案、教学日历、免费教学账号、习题库、试卷等
社会心理学	陈志霞	978-7-115-40977-5	40 余二维码拓展读者视野；兼顾基础与应用社会心理学；数百实例助力理论与实践相结合；提供课件、案例、答案、试卷等
经济学基础	邓先娥	978-7-115-39039-4	近 300 个实例连接理论与生活，130 余个二维码打通网络学习通道，70 余项扩展阅读指南指引学习方向；提供课件、教案、答案、文字和视频案例、试卷等
微观经济学（第 2 版）	胡金荣	978-7-115-39400-2	简明易懂，关注热点；二维码扩展网络视野；提供课件、答案、案例、试卷
政治经济学（第 2 版）	张　莹 李海峰	978-7-115-42571-3	着重于分析社会经济问题；利用二维码拓展读者阅读空间；提供电子课件、教学大纲、视频案例、习题集、模拟试卷等
财务管理	王积田	978-7-115-28482-2	吸收相关学科的最新成果，与企业财务管理实践接轨；提供课件、习题答案、试卷
中级财务会计（第 2 版）	吴学斌	978-7-115-33887-7	四川省"十二五"普通高等教育本科规划教材；涉及营改增等最新知识点；章后设置大量习题并提供电子版习题集；提供课件、教案、案例库、试卷等资料
财务会计实训教程（上、下册）（第 2 版）	裴永浩	978-7-115-40690-3	原始凭证和记账凭证单独成册；按营改增调整相关业务；利用二维码提供相关网络资源；融基本功训练、岗位技能训练和综合技能训练为一体；提供答案、课件、习题集、阅读资料等
成本会计（第 2 版）	张　林	978-7-115-39288-6	近百道例题详解要点，近 450 道习题助力读者学习，20 项计算题例释详解计算难点；提供课件、教案、答案、试卷等
中国税制	孙世强	978-7-115-42708-3	课件、课后习题答案、试卷及答案等；二维码方便查询税法最新变化；例题、习题、即问即答助力教学互动
应用统计学（第 2 版）	潘　鸿	978-7-115-38994-7	以 Excel 为实验软件，适应职场需求；提供全套实验资料，提升读者应用能力；提供课件、教案、上机操作数据、常函数实现用统计表等

国际市场营销	李　爽	978-7-115-39077-6	80 余个实例追求学以致用，80 余个二维码拓展读者学习空间；提供课件，教案，案例（文字、视频），实训资料，答案，试卷等
国际贸易理论与政策	毛在丽	978-7-115-37138-6	包括新新贸易理论等新内容，将非关税措施分为技术性和非技术性两类，提供课件、教案、答案、试卷和教学案例等
国际贸易实务	吕　杜	978-7-115-37235-2	提供课件、答案、单证样本、习题集、试卷、模拟操作训练材料和常用规则文本等
报关实务（第 2 版）	朱占峰	978-7-115-42629-1	五十余个二维码链接网络学习资源；理论与实务并重，操作与案例同行；提供课件、补充教学案例、习题答案、模拟试卷等
电子商务概论（第 3 版）	白东蕊	978-7-115-42630-7	新增跨境电商、互联网+等新内容；百余二维码拓展读者学习空间；提供课件，教案，大纲，答案，实验指导，补充教学案例（文字、视频），行业动态等
电子商务概论	仝新顺	978-7-115-38748-6	七十余个二维码拓展学习空间，近百组案例、实训促进学练结合；提供大纲，课件，案例（文字、视频），自测试题，试卷等
金融法	李良雄 王琳雯	978-7-115-30980-8	吸收截至 2012 年 12 月的最新法律法规，高度融合职业资格考试要求，提供课件、教案、视频案例、习题答案、补充练习题
现代金融学	刘　伟	978-7-115-36897-3	提供教学大纲、课件、答案、习题库和试卷等
保险学	刘永刚	978-7-115-31048-4	以大量案例解读相关内容，提供课件、教案、习题答案、教学案例和试卷
证券投资学（第 2 版）	杨兆廷 刘　颖	978-7-115-34302-4	省级精品课程配套教材；根据 2013 年证券业变化调整相应内容，集合证券业从业资格考试重点，提供课件、教案、视频案例、答案等
证券投资学	陈文汉	978-7-115-28271-2	针对非金融类读者，内容紧跟时代；提供课件、教案、视频教学案例、习题答案、试卷
外汇交易原理与实务（第 2 版）	刘金波	978-7-115-38372-3	着重突出外汇实际业务，二维码打造立体化阅读环境，有外汇交易模拟操作指导手册；提供课件、教案、答案、试卷、习题册、实训指导
期货交易实务	曾啸波	978-7-115-39021-9	80 余个二维码拓展无限学习空间，百张图表、40 个案例/讨论突出实务操作；提供课件、教案、大纲、教学要点、视频指导、最新数据、参考答案、习题库、试卷等
国际金融理论与实务（第 2 版）	孟　昊	978-7-115-34697-1	新增国际资本流动管理等内容；提供课件、大纲、教案、习题库、试卷库、视频案例库等
金融专业英语	刘铁敏	978-7-115-39042-4	旁注、尾注和大量练习提升学习效率，以二维码指出丰富的网络学习资源；提供课件、部分译文、习题答案和试卷等
财政学	唐祥来	978-7-115-31521-2	以丰富的案例提升学习兴趣，提供课件，教案，习题答案，教学案例（文字、视频）和试卷等
财政与金融	袁晓梅 陈　宁	978-7-115-40465-7	集中阐述基础知识、理论和实务；数百案例理论联系实际；百余二维码链接网络资源；提供课件、教案、视频和文字案例、答案、试卷等
商务礼仪	王玉苓	978-7-115-36091-5	图文并茂，追求学以致用；提供教案，课件，答案，教学案例（文字、视频），课外阅读资料等
现代社交礼仪（第 2 版）	闫秀荣	798-7-115-25681-2	图文并茂，二维码链接网络资源；提供课件，教案，教学案例（文字、视频），实训手册，练习题及参考答案等
商务谈判理论与实务	林晓华	978-7-115-41308-6	以即学即练、模拟商务谈判实践、模拟商务谈判大赛等形式增强互动；二维码链接网络学习资源；提供课件、答案、案例、试卷等资料
商务沟通与谈判（第 2 版）	张守刚	978-7-115-43065-6	二维码打造立体化阅读环境；强调实践教学，提供模拟商务谈判素材；提供教案、课件、案例、视频库等资料